中國學術思想 研究輯刊

十 編
林 慶 彰 主編

第 24 冊
李二曲思想研究（下）

葉 守 桓 著

花木蘭文化出版社

國家圖書館出版品預行編目資料

李二曲思想研究（下）／葉守桓 著 — 初版 — 台北縣永和市：
花木蘭文化出版社，2010〔民99〕
目 6+284 面：19×26 公分
（中國學術思想研究輯刊 十編；第24冊）
ISBN：978-986-254-353-5（精裝）
1.（清）李顒　2.學術思想
127.1　　　　　　　　　　　　　　　　　　　　99016462

ISBN - 978-986-2543-53-5

9 789862 543535

中國學術思想研究輯刊
十　編　第二四冊　　　　　　　　ISBN：978-986-254-353-5

李二曲思想研究（下）

作　　者　葉守桓
主　　編　林慶彰
總 編 輯　杜潔祥
出　　版　花木蘭文化出版社
發 行 所　花木蘭文化出版社
發 行 人　高小娟
聯絡地址　台北縣永和市中正路五九五號七樓之三
　　　　　電話：02-2923-1455／傳眞：02-2923-1452
網　　址　http://www.huamulan.tw 信箱 sut81518@ms59.hinet.net
印　　刷　普羅文化出版廣告事業
封面設計　劉開工作室
初　　版　2010年9月
定　　價　十編40冊（精裝）新台幣62,000元　　　　　版權所有・請勿翻印

李二曲思想研究（下）

葉守桓　著

目
次

第五章　經世思想與實踐

第一節　緒　論

　　關於二曲的經世的思想與實踐，主要討論的是二曲對現實經濟民生、人心教化問題的關切，與其謀求改善與積極參與之過程。本質上，「經世」思想是傳統儒學的知識份子之基本特徵所在。余英時在論述〈古代知識階層的興起與發展〉一文中，即曾引邁克爾・康菲諾（Michael Confino）所舉的近代俄國知識階層的五項特徵，來對中國傳統知識份子加以說明。其特徵分別為：一、深切地關懷一切有關公眾利益之事；二、對于國家及一切公益之事，知識份子都視爲他們個人的責任；三，傾向于把政治、社會問題視爲道德問題；四，有一種義務感，要不顧一切代價追求終極的邏輯結論；五，深信事物不合理，須加以努力改正。余氏認爲除了第四項以外，「其餘四項，則在以天下國家爲己任的中國傳統知識份子的身上，都同樣找得到清楚的痕跡。」〔註1〕從其所論之特色與精神來看，儒學之特色是將社會群體秩序化發展，視爲主體之責任所在，而有著以「天下興亡爲己任」承擔世道之精神。故當世道人心、治道管理失去道德化與秩序化過程之際，儒學之實踐者，必然的加以承擔與改正，此即所謂的經世之意義。

　　具體而言，所謂「經世」即爲「經國濟世」，就其內涵之意義，據林樂昌之分析可有幾個層面：第一、是制度或政治的層面，包括典章法制的沿革，政治準則的釐定，對國家、社會事務的掌管與治理；還包括對以上諸項批評

〔註1〕見余英時著，《士與中國文化》（上海：上海人民出版社，2003年9月），頁56。

或重構等。前者如北宋王安石的變法，后者如晚明東林黨的「紀綱世界」、「訾議國政」。這一層面，直接關係著國家和社會的治亂。第二、是物質或經濟層面，亦即「開物成務」，諸如農工商賈、水利漕運、兵馬錢糧等一應有關國計民生的實際事務都包括在內。這一層面，直接關係著國家的強弱和社會的盛衰。第三、是精神或文化的層面，其重心在于建構、完善和維護社會的精神文化價值系統。以範導和整合「世道人心」，它關係著社會各階層道德水準的高低、精神氣質的優劣、社會風氣的好壞等等。上述三個層面，體現儒家重建社會秩序的全面要求。〔註2〕

二曲在世道人心、治道管理失去道德化、秩序化之過程中，他也突顯了這種以天下興亡爲己任的經世實踐，他也對此問題深究，並提出若干意見加以匡正，也透由自身的身體力行，實踐個人經世理想。這些思想觀點與實踐歷程，皆是我們在討論其經世過程中須要掌握的。

本章對於二曲對於經世思想與實踐之探究，基本上有兩種面向。首先，就「經世思想層面」之討論，主要扣緊於二曲〈司牧寶鑑〉與〈匡時要務〉二文之著，關於〈匡時要務〉之宗旨，據二曲弟子王心敬在〈司牧寶鑑·序〉中指出：「〈匡時要務〉一書，惓惓以講學救正人心爲吾儒第一義。其與當事諸君子往還贈遺書答及商榷治理之言，則懇懇望以實心實政，務底乎唐虞三代之舊。」〔註3〕至於〈司牧寶鑑〉，倪雕梧在〈司牧寶鑑·序〉中，即指出此編「則言言經濟，字字本源，於盤根錯節之中，具批卻導窾之妙。司牧者得是一編。以爲暗室中一炬，則利可興，弊可除，經可行，權可達，可以因時而補救，可以因地而致宜。」〔註4〕亦即據二曲之著來看，他對經世之面向是兼具「治道」與「世道」之問題。就「治道」層面之問題，治道之理在於爲政者之心行處，二曲對此有所謂的〈司牧寶鑑〉之編著，來加以說明。其次，「世道」層面之問題，世道之治在於人心之教，對此則有所謂〈匡時要務〉之著。可見二曲經世思想，實乃偏向政治層面之治理，以及精神文化層面之問題。

其次，就「經世之實踐層面」來說，這是二曲講學經世、道德經世之層面，其內容則就二曲一生的學術教化、經世講學之歷程來討論。具體的將從

〔註2〕見林樂昌著，〈李二曲的經世觀念與講學實踐〉，《中國哲學史》第一期，2000年，頁117。

〔註3〕見〈司牧寶鑑·序〉，《二曲集》，卷二十八，頁368。

〔註4〕見〈司牧寶鑑·序〉，《二曲集》，卷二十八，頁367。

二曲之講學、關中書院之建設與教育、關學的推揚、道德節義之展現等四個
單元加以陳述。以下則依序說明之：

第一、針對二曲經世之討論大抵有二個層次。首先是在於「理論之部份」，
這方面之論述是建立在對於「治道」與「世道」之改革方面。關於治道管理
方面，闡述之方向有二，分別從其著〈司牧寶鑑〉之意義加以剖析；以及二
曲針對關中大旱，所提出的「荒政治理」之道加以陳述。

第二、關於世道人心、精神文化建設部份，則從〈匡時要務〉一文中闡
明其意義，其論述主要建立在二曲對「經世」、「學術」、「人心」三者之關係
與詮釋之觀點。

第三、經世之思想必有經世之實踐，關於二曲之經世實踐，首就其於江
南與關中講學之歷程加以分析，以明其對關中教育之貢獻。其次，在二曲之
講學歷程中，二曲曾於關中書院主講，並訂立了關中書院之〈會約〉，後來也
對書院之典制作了部份之建議，這也是討論其經世歷程中，須加以說明的。
再則，二曲身繫關學之傳，對關學之推揚不遺餘力，除表章先哲，刊其遺著，
並修葺書院專祀，以顯揚關學一脈，此亦討論之重點。最後，經世實踐之落
實必須本之道德節義的實踐，亦即二曲屢薦而違旨不仕清廷，實亦身繫風俗
教化之意義，這是二曲個人氣節之展現，亦是其經世實踐之一面，乃為最後
陳述之處。

第二節　二曲的經世思想

二曲之經世思想，主要見之於其所輯的〈司牧寶鑑〉一書中關於治道管
理之思想與討論，其內容乃是針對為官司牧者作為借鑑與取法之意。除此，
二曲亦針對關中大旱，而有上書當事的荒政措施，從其所陳，亦可見其對於
經世思想之立論。以下則依序論之：

一、〈司牧寶鑑〉中關於經世治道的探索

〈司牧寶鑑〉一文乃輯於康熙十八年（1679）己未，而刊於康熙三十六
年（1697）丁丑〔註5〕。關於其文之內容與編輯之目的，二曲在〈司牧寶鑑・

〔註5〕見吳懷清〈年譜〉康熙三十六年（1697）丁丑言：「春，無錫倪大令離梧攝邑
　　　篆來謁，先生出示十九年前所輯〈司牧寶鑑〉，倪即序而梓行。」（見《二曲
　　　集》，附錄三，頁697）是故，此篇當完成於康熙十八年己未（1679）年間。

小引〉則明確的指出：「有眞正念切民隱，欲盡司牧之實者，儻取而鏡之，法其可法，而戒其當戒，則生民受賜多矣。」〔註6〕可見其編乃是給欲盡司牧之實者，作爲一種經世借鑑取法之處，達至興利除弊、經行達權補正之目的。此書雖非二曲之著，但從所輯編之內容與按語之處，誠可見其對經世治道之觀念。

〈司牧寶鑑〉之輯，按其體例與內容共分爲四：首先，乃是眞西山之〈眞公論屬〉，以及呂新吾〈呂公論屬〉二論。二曲認爲此二論乃「爲政大經大法」〔註7〕，誠屬爲政之規矩與準繩所在。其次，乃〈先賢要言〉部份，此要言乃錄魏莊渠、呂東萊、張希孟、段伯英等諸人「警偏救弊」之言，以期能爲施政者所戒。第三、即〈牧政往蹟〉，其意在於舉「歷代膺牧民之任而無愧其職，彪炳史冊者。」〔註8〕作爲牧民之榜樣，其內容共收段堅、張需、海瑞、徐九思、顧光遠、王印長、王永命等都諸人之例。最後，則爲〈救急單方〉，此方乃爲辛復元對爲政之患的「治標」的討論。

從所輯之內容與標準來看，〈司牧寶鑑〉本質上是以「治道」爲主的經世思想之編輯體例，其特點大抵是：既兼具了理想的爲政之道的「應然面」探索，又有「實然面」的爲政典範的表彰，涵蓋了理論與實際面；除此，既有「治本之經法處」，又有「治標危急應變之需」的內容，而使本源與現象之問題，無有遺漏。按其內容，大抵可從「實心實政之經世思想」、「正己自反與虛心求益的爲政態度」、「教養爲先的施政措施」、「仁政與實政之落實」等四項要點來予以說明，以下則依序論之：

（一）實心實政之經世思想

〈司牧寶鑑〉是以「實心實政」爲典範的思想。這種觀念即是傳統儒學「爲政以德」、「仁心必有仁政」的「道德指導政治」的理想模式之展現。重視的是萬物一體之心與對生民痛癢相關之情，並由此心、此情而形成的恤民、濟民、利民、教民等之實踐。

關於〈司牧寶鑑〉之中心思想的探索，須從二曲之學術本源來加以把握的。其弟子王心敬在〈司牧寶鑑・序〉中即指出：「蓋先生之心，萬物一體之心；先生之學，萬物一體之學。嘗自言曰：『離人無所爲我，此心一毫不與斯

〔註6〕見〈司牧寶鑑・小引〉，《二曲集》，卷二十八，頁369。
〔註7〕見〈司牧寶鑑〉，《二曲集》，卷二十八，頁382。
〔註8〕見〈司牧寶鑑〉，《二曲集》，卷二十八，頁385。

世斯民相關，便非天地之心，便非大人之學，便是自私自利之小人儒，便是異端枯寂無用之學。』」〔註9〕二曲之學乃明體適用之學，這是承自宋儒張載〈西銘〉「萬物一體」而成之一體之仁，並經由「四為大業」之實踐落實的「實心實政」模式。此不但為二曲經世的根本原則，亦為〈司牧寶鑑〉編輯之觀念所在。

　　分析而言，所謂「實心」，指的是萬物一體之仁，是司牧者「真實的怵惕惻隱的愛民之心」。而「實政」乃基於「實心」而發，指的是由「真實的怵惕惻隱愛民之心」進而推行的「真正的恤民、濟民、利民、教民等牧民實踐」。故「實心實政」，乃是由道德本心為主導的淑世善群之行為，並非對政治制度良窳與否的討論與改造，是故，其特質仍為傳統儒學強調的道德人治之思想。

　　亦基於萬物一體之心的「實心實政」，其所編輯選錄皆本於此要則。如對於〈真公論屬〉之節錄，二曲就開宗明義的指出：「西山先生真公帥長沙，宴所屬官僚於湘江亭，作詩以勉之曰：『從來官吏與斯民，本是同胞一體親，既以脂膏供爾祿，須教痛癢切吾身，此邦素號唐朝古，我輩當如漢吏循。今日湘江一盃酒，便煩惜作十分春。』又為文以諭，聞者莫不感動，吏治為之一變。」〔註10〕「同胞一體親」與「痛癢切吾身」，即說明為政者要體「萬物一體」之心與「民胞物與」之精神，感人民之所感，為民興利除害。而〈呂公論屬〉中所強調之意涵，據呂氏指出：「宇宙之內，一民一物，痛癢皆與吾身相關，故其相養相安料理，皆是吾人之本份。」、「蓋聖人以天地為心，為生民立命，心思既竭，仁愛無窮，必使乾坤清泰，海內安寧，無一事不極其妥貼，無一物不得其分願，而其心始遂。」〔註11〕呂氏之言亦承張載四為大業之觀念，重視的是存有一體相關相切之理，故為治之道，即是盡心竭力的實踐《中庸》所謂的「天地位焉，萬物育焉」之思想。

　　此外，在〈先賢要言〉所輯之例亦是如此。如魏莊渠答俞縣可知縣曰：「大丈夫欲致君澤民，不為相莫如為令與守。近君者莫如相，近民者莫如守令，而令彌親矣，癢痀疾痛，無一而不相關也。」〔註12〕重視的是百姓之癢痀疾痛所在。呂新吾亦言：「朝廷設官，自公卿以至驛遞，中外職銜，不啻百矣，而惟守令稱之曰『父母』。父母云者，生我養我者也。稱我以父母，望其生我

〔註 9〕　見〈司牧寶鑑・序〉，《二曲集》，卷二十八，頁 368。
〔註10〕　見〈司牧寶鑑〉，《二曲集》，卷二十八，頁 370。
〔註11〕　見〈司牧寶鑑〉，《二曲集》，卷二十八，頁 376。
〔註12〕　見〈司牧寶鑑〉，《二曲集》，卷二十八，頁 382。

養我者也。」〔註13〕二曲對此觀念就指出:「令之於民,果癢痾疾痛,一一相關,出塗炭而置之枕席,方不愧爲民父母,方是知重此官。」〔註14〕這說明了,朝廷設官之目的,即在於對人民生活之建全與完善之治理,而基層之守令更與民眾生活是殷切相關的,他必須如父母保赤子一般的生之養之,如此方謂眞父母,才是善盡守令之責。

在〈牧政往蹟〉所舉牧民之蹟,無不本於一體之心,愛民如子,恤民之所苦,濟民之所需。而在〈救急單方〉中則引辛復元自序曰:「吾晉頻年加師旅,因饑饉死者肝腦塗地,生死骨肉各天,仳離情狀,悽愴不忍言。」〔註15〕故急切治其標,遂有〈救急單方〉之作,推其本因亦源於萬物一體之仁,不忍見生民蒙難百姓失所,進而提出的急救之法。

所以實心方有實政,此實政是基於「萬物一體」後的「一體之仁」等道德思想而成的牧民之道,是給欲司牧、執政者借鑒與仿效的。這不但是二曲所學所本之處,亦爲其編輯〈司牧寶鑑〉的準則之所在。

(二)「正己自反」與「虛心求益」的爲政態度

〈司牧寶鑑〉在爲政的態度上,重視的主體的「正己自反」與「虛心求益」的爲政態度。亦即,實政之道是基於一道德心靈爲引導的治理原則。爲政者,必須對自我之「立身行道」進行深切的體察,這是儒學正己之思想。除此,更應「虛心求益」,以知爲政之誤、民情之隱,進而體現「仁心而仁政」的經世實踐。

關於此正己自反的討論,主要見於〈眞公諭屬〉以及呂新吾〈呂公諭屬〉之說。〈眞公諭屬〉中,眞西山就指出爲政者須先正己,其因在於:「正己之道未至,愛人之意不孚,則雖有教告而民未必從。故某願與同僚各以四事自勉,而爲民去其十害。」〔註16〕所謂「四事」指的是「律己以廉」、「撫民以仁」、「存心以公」、「蒞事以勤」等。「十害」指的是「斷獄不公」、「聽訟不審」、「淹延囚繫」、「慘酷用刑」、「汎濫追呼」、「招引告訐」、「重疊催稅」、「科罰取財」、「縱吏下鄉」、「低價買物」等。從所勉之四事十害來看,事事關乎民生經濟與生活教化,是爲政官吏所要重視之事。眞西山認爲爲政首重視教化,此所

〔註13〕見〈司牧寶鑑〉,《二曲集》,卷二十八,頁380。
〔註14〕見〈司牧寶鑑〉,《二曲集》,卷二十八,頁382。
〔註15〕見〈司牧寶鑑〉,《二曲集》,卷二十八,頁390。
〔註16〕見〈司牧寶鑑〉,《二曲集》,卷二十八,頁371。

教之正人者，須先正己，此說乃本自儒學爲政者，乃正其身之觀念〔註 17〕。亦即，實政之形成是根本於爲政者的「道德自律」之表現，他所指向的是自身之檢束與自反，是否廉而不貪？是否仁而不殘？是否公而無私？是否勤而不匱？故「自勉」其實是「自反」，是自反吾身是否能廉、仁、公、勤等道德行爲的實踐過程，能正己後方能正人，這是一種身先實踐的本末之道。

其次，呂新吾〈呂公論屬〉所說明的，則爲居官爲吏的「應然」之道。呂新吾按其品格能力將爲官分之八等，分別是：「率其自然」的第一等人、「盡其當然」的第二等人、「爲名而善」的第三等人、「愛民而無才」的第四等人、「品格無成，治理難成」的第五等人、「庸才」的第六等人、「巧宦」的第七等人、「嗜利競進」的第八等人。此八等人乃爲現行官場的眾生相。呂新吾即指出：

> 吾黨泄泄沓沓以苟富貴，世道傾頹，萬物愁歎，將遂任其所終乎？
> 儻一深思，可爲慟哭，天生此身，豈爲酒肉之囊，錦繡之架哉？天
> 生此民，豈爲士大夫之魚肉，官府之庫藏哉？儻一深思，可爲大
> 愧。〔註18〕

呂氏之說乃本自惻隱之眞心、萬物一體之心，進而對爲官的實心處作深切之自反，期許爲政之吏皆能振拔其罪，而能心存體愛，發之仁心而施之仁政。呂新吾更具體的按各級官吏之職，提出「應然之道」。如言「知府之職」，他指出：「知府一身，州縣之領袖，而知州知縣之總督也。今之爲知府者，廉愛嚴明，公誠謹愼，便自謂好官，而課知府者，見其能是，亦以好官稱之矣。不知此八字者，知州知縣之職，而非知府之職也。」〔註 19〕呂氏認爲眞正的「知府之職」是要能夠奉院司之科條而董督僚屬，要能酌郡邑之利定而細與興除，方不愧所職。這種對爲官之職，提出「應然之道」，乃本之呂氏擔任都察院右僉都御史所著的《實政錄》一書。其著書之目的在於，除藉此書以明治道之施措興廢外，重視與強調的是爲官「點檢自慊自愧」的正己之義。可見其「應然之道」的論述，其實是深寓自反檢點的正己意義。二曲對〈眞公論屬〉及〈呂公論屬〉評價甚高，他認爲〈眞公論屬〉乃「萬世爲政之大經」，

〔註17〕見《論語集注》〈子路第十三〉載：「子曰：『其身正，不令而行，其身不正，雖令不從。』」、「子曰：『苟正其身矣，於從政乎何有？不能正其身，如正人何？』」〔宋〕朱熹撰，《四書章句集注》，卷七，頁 143～144。

〔註18〕見〈司牧寶鑑〉，《二曲集》，卷二十八，頁 378。

〔註19〕見〈司牧寶鑑〉，《二曲集》，卷二十八，頁 378。

〔註20〕而〈呂公論屬〉此書:「凡政務所關,及小民生計,區處靡不詳盡,痛快精確,秦漢以來僅見,誠經世碩畫,救時指南也。」〔註21〕是故,此二論乃爲政大經大法之所在,是後人司牧爲政應有之規矩與準繩。

二曲對經世典範之評價與認同,基本是建構在一種「正己自反」的意識下展開的。如對於「仕宦八等」一說中,二曲就指出:「仕宦有此八等,吾人自審果居何等?若遜一等而弗居,區區介於二三之閒,已爲無志,儻更瞠乎其後,將何以自立耶?」〔註22〕在論「知府之職」中,二曲亦言:「府職之責任如此,拊心自問,曠癏與否,快歉自知。」〔註23〕總的來說,二曲認爲爲政本質上即是一種道德的「內省之思」。此「內省」指向自我之職之責,所「思」指向「人民群體」之安樂順遂與否?惟有內省所思無疢,人民和順安樂,方是司牧爲官經世功能眞正的體現。

其次,爲政的態度除「正己自反」外,爲政之道更講究「虛心求益」。眞西山在〈眞公論屬〉即指出:

> 夫州與縣,本同一體,若長吏偃然自尊,不以情通於下,僚屬退然自默,不以情達於上,則上下痞塞,是非莫聞,政疵民隱,何從而理乎?昔諸葛武侯開府作牧,首以集思廣忠益爲先。某之視侯,無能爲役,然虛心無我,樂於聞善,蓋平日之素志。〔註24〕

眞氏認爲爲政者除正己自反外,尚要能開誠佈公,虛心求益於人。政務之事必須要能夠上下通達,方能無所隱諱,政通而人和,若爲政者不能虛心以求,聞善而改,自然則造成「政疵民隱」之弊。二曲對爲政虛心求教甚表重視,他指出:

> 當事者果虛心無我,樂於聞善,孰不樂告以善。集眾人之才識以爲才識,則其才識何可限量。若自恃才識,而好察不行,上下之情不通,自病病民,將有不可勝言者矣。智愚賢不肖之分,正在於此。〔註25〕

二曲認爲集眾人之才識而爲乃「智賢之舉」,而自恃才識而使上下蒙蔽、民情

〔註20〕見〈司牧寶鑑〉,《二曲集》,卷二十八,頁 376。
〔註21〕見〈司牧寶鑑〉,《二曲集》,卷二十八,頁 376。
〔註22〕見〈司牧寶鑑〉,《二曲集》,卷二十八,頁 378。
〔註23〕見〈司牧寶鑑〉,《二曲集》,卷二十八,頁 379。
〔註24〕見〈司牧寶鑑〉,《二曲集》,卷二十八,頁 373。
〔註25〕見〈司牧寶鑑〉,《二曲集》,卷二十八,頁 374。

不達，促使自病而病民乃爲「愚不肖者之行」。爲政者當知悉民情，而後集思廣益方能有治，這是從「爲政者」之角度來思索。除此，辛復元在〈救急單方〉亦舉出：「王陽明先生開府豫章，置二匭於行臺前，榜曰：『求通民情，願聞己過』。」〔註26〕陳述此「虛心求益」之重要性。求通民情雖非爲政治本之舉，但實爲救急之方。但相對的，二曲亦從「人民」之觀點來思考，認爲人民當針對境內之痛癢處，據實以告，方能求治。他指出：「民之欲惡，惟民知之，如人有痛癢，自家獨曉，若不告人，誰便理會，即與摩搔，亦何得便到痛癢之處？」〔註27〕但此據實自陳，須是建立在爲政者願意求通民情之前提下。是故，二曲認爲陽明此舉「無我如此，此大知也，大仁也，大勇也。」〔註28〕即肯定其求治之切的態度與方法。

所以「正己自反」與「虛心求益」，皆是爲政司牧者應有的施政態度，能正己方能正人，能虛心以求方能得益。此是爲政司牧者理應深察而爲之之處。

（三）教養爲先的施政措施

〈司牧寶鑑〉重視的是以教養爲先的施政措施，這是儒學既富而教之觀念〔註29〕。爲政之治在於「衣實足而知榮辱」，重視的是養民之過程；除此，教育而使其知人倫、重禮節，亦是風俗淳厚之主因。故道德之教化，經濟生活之穩定，皆是爲政司牧之急務所在。

關於教化的部份，在〈眞公論屬〉中眞西山即指出「蓋聞爲政之本，風化是先。」〔註30〕故爲官者，當人民不幸有過時，當許之自新，而勿使狃於故習。而在具體之推行上，眞西山則言「若民閒有孝行純至，友愛著聞，與夫協和親族，賙濟鄉閭，爲眾所推者，請采訪確實，以上於州，當與優加襃勸。至於聽訟之際，尤當以正名份、厚風俗爲主。」〔註31〕這是對良善世風

〔註26〕見〈司牧寶鑑〉，《二曲集》，卷二十八，頁390。
〔註27〕見〈司牧寶鑑〉，《二曲集》，卷二十八，頁391。
〔註28〕見〈司牧寶鑑〉，《二曲集》，卷二十八，頁391。
〔註29〕見《論語集注》〈子路第十三〉載：「子適衛，冉有僕。子曰：『庶矣哉！』冉有曰：『既庶矣，又何加焉？』曰：『富之。』曰：『既富矣，又何加焉？』曰：『教之。』子適衛，冉有僕。子曰：『庶矣哉！』冉有曰：『既庶矣，又何加焉？』曰：『富之。』曰：『既富矣，又何加焉？』曰：『教之。』〔宋〕朱熹撰，《四書章句集注》，卷七，頁143～144。
〔註30〕見〈司牧寶鑑〉，《二曲集》，卷二十八，頁370。
〔註31〕見〈司牧寶鑑〉，《二曲集》，卷二十八，頁370。

積極之推揚，而在興訟之際，則以教化爲導，期許必也無訟乎。除此，在〈牧政往蹟〉，則載段堅知福州時「以德化民，刊布《小學》諸書，令邑人講誦，復以詩歌興之，必欲變其風俗。」〔註32〕因終其不懈，由是陋俗丕變，此即道德教化成功之例。

其次，關於生養之處，在〈牧政往蹟〉中，則舉張需之例。張需知霸州時，民生凋殘，張需乃究其故，於是「每里置薄，列戶各報男女大小口數，派其種粟麥桑麻、及女紅紡績之具，畜牧雞豚之數，偏行勸諭。」〔註33〕於是在其治理下，需州生理日滋，民用殷富。張需對於生養恆產之事，認爲乃是執政急務所在，故須加以關切而導其正，使人民生活能夠穩定與安行。

二曲認爲重視教養乃爲「知所先務」之體現，而這種必要性的措施，常爲基層之官吏所乎略。二曲指出：

> 教化有司急務，而俗吏每多忽之，簿書之外，漫不關懷，其政可知。先生諭屬，首惓惓焉，急先務也。有師帥之責者，尚其鑒於斯。〔註34〕

> 守令之職，不出教養二端；……。教則不過申飭鄉約，了一故事；養則并故事亦不了，惟知刻意繭絲，誰肯留心樹桑？張公獨能以是爲務，得致治之本矣。職司民牧者，不可不是則是效。〔註35〕

二曲認爲爲政之吏不應只觀注於薄書公堂之事而已，而當對教化之務投注更多之觀懷，亦即風俗之淳厚乃源於教化之效，惟有導正人倫綱常，才有善良之風俗，相對的也才有良政之形成。故教化爲急其意義即在此，而所教之際亦要留心於民生經濟，惟有衣食無虞，方能行教化之導。

所以教與養乃爲政之急務之所在，二曲認爲民眾的「道德教化」與「民生經濟」是治道之本質所在，而這一本質的落實向爲基層之吏所疏忽，故能夠重視教養且深切的落實，則爲司牧所應當注重的。

（四）仁政與實政之落實

〈司牧寶鑑〉所展現的是一仁政與實政之落實。此仁政與實政，本質上是基於萬物一體之實心，與正己自反、虛心求益之態度後所展現的「爲政之

〔註32〕見〈司牧寶鑑〉，《二曲集》，卷二十八，頁385。
〔註33〕見〈司牧寶鑑〉，《二曲集》，卷二十八，頁385。
〔註34〕見〈司牧寶鑑〉，《二曲集》，卷二十八，頁371。
〔註35〕見〈司牧寶鑑〉，《二曲集》，卷二十八，頁386。

道」。此「為政之道」重視的是自我為官之責，針對人民之困苦而展現的恤民、濟民、利民、教民等行為。

首先，在〈真公諭屬〉中，真西山揭示的是「律己以廉」、「撫民以仁」、「存心以公」，「蒞事以勤」等「四事」。真氏認為「士之不廉，猶女之不潔。」〔註36〕是故雖美何則道哉，故要能自勉為廉吏，而不為世風所污。其次，要能以仁心愛物濟民，故要以「哀矜惻怛為心，而以殘忍掊克為戒」〔註37〕強調要以恕道待民，強恕而致仁。而在公事為官，則「不可以己私而拂公理，亦不可訕公法以循人情。」〔註38〕要能以公心持公道，而不汨於私情。最後，為官則要能勤奮，他認為命吏「所受者朝廷之爵位，所享者下民之脂膏，一或不勤，則職業墮弛，豈不上孤朝廷——而下負民望乎？」〔註39〕故當朝夕孜孜，惟民事是力。

在〈先賢要言〉中，如魏莊渠言守令之失，「卑者汨利，高者騖名，而實惠及民者寡耳。」〔註40〕即重視守令能守己潔廉，愛民而親民之處。東萊呂氏〈官箴〉則言：「當官之法：曰清，曰慎，曰勤。知此三者，則知所以持身矣。」〔註41〕重視的是清廉、謹慎、與勤奮。張希孟則以為政者必「先之勞之無倦」〔註42〕之道來談「萬世為政之格言」。他認為「古之為政者，身任其勞，而貽百姓之安；今之為政者，身享安逸，而貽百姓以勞。」〔註43〕此為古今之別，亦為當今之弊，說明為政者當身先其勞，以仁心啟民。

在〈牧政往蹟〉中，徐九思則以「勤」、「儉」、「忍」三事來言為政之道。他指出：「儉則不費，勤則不惰，忍則不爭，保身與家之道也。」〔註44〕此非僅為保身家之道，亦為保萬民的為政之理。除此，王印長知澤州、任楓知靈石縣，皆以不貪錢為政。王氏之〈愛錢歌〉云：「非我不愛錢，我愛誰不愛。敲骨吸人髓，天理良心壞。」〔註45〕此愛錢之下場即為「空落愛錢

〔註36〕見〈司牧寶鑑〉，《二曲集，》卷二十八，頁374。
〔註37〕見〈司牧寶鑑〉，《二曲集》，卷二十八，頁375。
〔註38〕見〈司牧寶鑑〉，《二曲集》，卷二十八，頁375。
〔註39〕見〈司牧寶鑑〉，《二曲集》，卷二十八，頁375。
〔註40〕見〈司牧寶鑑〉，《二曲集》，卷二十八，頁382。
〔註41〕見〈司牧寶鑑〉，《二曲集》，卷二十八，頁383。
〔註42〕見《論語集注》〈子路第十三〉載：「子路問政。子曰：『先之，勞之。』請益。曰：『無倦。』」〔宋〕朱熹撰，《四書章句集注》，卷七，頁141。
〔註43〕見〈司牧寶鑑〉，《二曲集》，卷二十八，頁384。
〔註44〕見〈司牧寶鑑〉，《二曲集》，卷二十八，頁386。
〔註45〕見〈司牧寶鑑〉，《二曲集》，卷二十八，頁387。

名，唾罵千年在。」〔註46〕故他寧願「少喫一隻雞，可買五日菜，少穿一疋綢，舉家有鋪戴。儉用勝貪圖，吾鼎猶當愛。」〔註47〕則可見為官之節操所在。

最後，在〈救急單方〉中，辛復元之「首方」即引《論語》中：「季康子患盜，問於孔子。孔子曰：『苟子之不欲，雖賞之不竊』。」來論救急之處。二曲對此則指出：「試觀今日寇賊為何而起，全為好貨財、貪聲色、遊手任俠之夫。又使之衣食不足，所以潰決不可收拾。」〔註48〕亦即為政之失在於為政者之多欲，而使民生凋敝，饑寒而起盜心，若能清廉自持，自然能使國家能常治而久安。

所以清廉自不為財利所誘而失節，有仁心則不會殘忍掊克而虐民，公心而發必不循情而失政，勤勞不匱自不失職，身先而勞之則百姓自無所怨，此皆為政之道，亦為仁政與實政之實現。

二、荒政之治與人道主義之精神

儒學重視經世，除了所謂治道政治管理層面外，尚有所謂「荒政之治」。所謂「荒政之治」，主要針對的是「救濟飢荒」的措施與辦法。朱子知南康軍時，於南宋淳熙六年己亥（1179）大旱時，即有〈乞蠲減星子縣稅錢第二狀〉、〈奏南康軍旱傷狀〉、〈乞放免租稅及撥錢米充軍糧賑濟狀〉、〈再奏南康軍旱傷狀〉、〈奏救荒事宜狀〉……等狀〔註49〕，提出了他對荒政應振恤、濟民、蠲稅、社倉等措施與主張，以解民困〔註50〕。陽明亦於正德十五年庚辰（1520）針對和吉安府所屬諸縣之旱災，而有〈乞寬稅糧急救民困以弭災變

〔註46〕見〈司牧寶鑑〉，《二曲集》，卷二十八，頁387。
〔註47〕見〈司牧寶鑑〉，《二曲集》，卷二十八，頁387。
〔註48〕見〈司牧寶鑑〉，《二曲集》，卷二十八，頁390。
〔註49〕見〈奏狀〉，〔宋〕朱熹撰、陳俊民校訂，《朱子文集貳》，卷十六，頁522～553。
〔註50〕關於朱子的荒政思想之研究，可參賈玉英著，〈略論朱熹的荒政思想與實踐〉一文，收入於朱杰人主編，《邁入二十一世紀的朱子學——紀念朱熹誕辰八七〇周年、逝世八〇〇周年論文集》（上海：華東師範大學出版社，2001 年 11月），頁210～218。關於朱子荒政思想的特色，賈玉英指出：「安民、恤民、為民是朱熹荒政思想的核心。蠲免、賑恤一體，減免苛捐雜稅『直降睿旨』，優賞獻助救災錢物之人，救荒貴在及時等主張，均為朱熹荒政思想的具體體現。朱熹所首創的社倉制度，及不辭勞的救災精神，敢于彈劾不法救災官員，為荒政獻計策等等實踐活動，不僅在中國古代荒政史上寫下了光輝的一頁，而且有其重要的借鑒意義。」同上，頁218。

疏〉〔註51〕。其〈疏〉亦針對荒政之救災中，力陳應儘速蠲稅、運糧以解決民困，避免激起民變之後患而提出建言。此皆屬於荒政之治的思想與實踐。

從儒學之道德特質而言，儒學本即具人道主義之關懷之特色。儒學從孟子開端，即從人內在的道德情感「惻隱之心」，以爲人性本善之證，傳統儒學更強調「人飢猶若己飢，人溺猶若己溺」的同理心與關切。而至宋明，此內在之道德情感，更拓展而出而形成了「萬物一體」、「民胞物與」之高貴的道德情操。這說明了存有一切皆是一體同感、攸切相關的，故針對生民之困境應當體恤與救濟。

二曲亦本之儒學之精神，而對荒政提出建言。據《盩厔縣志》載，康熙「二十九年，秋大旱，禾不登。三十年大饑，秋冬大疫。三十一年，夏麥仍不登，邑民十亡六七。」〔註52〕二曲對此關中大旱，屢屢與當事者提出「荒政之治」的措施與辦法。二曲雖不與公門有司往來，「然關中利害在民者，則未嘗不爲當事力言。」〔註53〕故對關中大旱，二曲在康熙三十年辛未（1691）於〈與董郡伯〉書中即言及：

> 遯世之人，未嘗縈懷世務，杜門杜口。門外事居恆絕弗言及。茲值時勢孔棘，有不容不言者：頻年亢暘，今歲更甚，彌天是火，偏地皆赤，加以蝗蝻，草木靡遺，十室九空，人多桴腹，所在抛男棄女，流離載道，顛連萬狀，慘不忍言。僕聞之痛心寂首，不禁淚零。……。願亟圖賑濟以救民命，力所得爲者爲之，當如拯溺救焚；力所不得爲者，宜力請督撫具題，使秦民之命，賴執事而延，其大有造於地方爲何如耶？此區區所以不避出位之嫌，爲執事懇也。幸賜俞音，以慰懸切。〔註54〕

此爲二曲力陳百姓之苦難，殷切期盼當事者能夠極力救援關中之災。二曲於〈與董郡伯第二書〉則具體條陳救荒之法，共論五法，以求盡關中百萬生靈之命。同年，針對欽差查荒諸公，二曲亦書〈柬欽差查荒諸公〉一信，表達

〔註51〕見〈別錄五〉，〔明〕王守仁撰、吳光、錢明、董平、姚延福編校，《王陽明全集上》，卷十三，頁 426～429。

〔註52〕見龐文中修任、任肇新纂，《陝西省・盩厔縣志（一）》，收入於《中國方志叢書・華北地方・第二三七號》（臺北：成文出版社，民國 58 年）卷八，頁 626。

〔註53〕見全祖望著，〈二曲先生窆石文〉，《二曲集》，附錄二，頁 612。

〔註54〕見《書三》，《二曲集》，卷十八，頁 205。

其衷。二曲於信中指出：

> 昨緣秦地連歲奇荒，秦民死者所在枕籍，生者骨肉各天，危殆之形，
> 俠圖難狀，是誠一大劫數，古今未有慘。區區恫切於心，故乘使君
> 枉顧，啓扉晤言，深望回朝復命，備陳秦民阽危之實，乃西土安危
> 所係。痛哭流涕，力請拯救，使數百萬生靈，由使君而活，自然天
> 地鑒之，鬼神鑒之。〔註55〕

二曲陳書主要希望查荒諸公能據實上稟關中災情，促使上者能夠更有效的對
關中之荒，加以救濟與撫恤。除此，二曲亦於康熙三十一年壬申（1692），在
〈與布撫臺〉一信中，又提出荒政救治之法。他指出：

> 然野夫雖閉戶幽居，而一念己饑己溺之心，未嘗一刻少忘，兼我公
> 心虛而禮恭，芻蕘是詢。工為悅己者用，為知己者忠，僕雖欲守固
> 陋，緘默避嫌，誼所難安。是以忘其迂庸之實。謹妄擬管見數條，
> 以塵聽覽，當矇瞽之誦，至其中間畫不適於時宜，言多觸犯時忌，
> 則僕山林草野之故態，抑以恃議論於明公前，所謂士屈於不知己而
> 伸於知己也。惟裁察而原諒之，是荷。〔註56〕

二曲於此信中共陳六法，以為「荒政之治」的救災之道，他祈望當事者能深
體「己饑己溺」之心，能夠擇其所陳之意見，對關中之荒能有所助益。整體
而言，二曲在〈與董郡伯第二書〉與〈與布撫臺〉信中所陳請救荒之法，大
抵有幾層重點，以下則依序論之：

（一）安定遺民，招懷流離

二曲論救荒之法，以民為國本，故救治之道，乃在存民之生活，此人道
主義關懷之所在。就內容上，他主要針對因關中之荒，人民之流難失所，失
其所居之困窘，如何保全其生存之道提出建言。他指出：

> 方令西安之民，以十分論，饑饉、瘟疫死者十二三，逃亡及賣入滿
> 洲者十六七，計今留者，十不得三耳。向使此三分者皆足自保，永
> 不流亡，而戶口減耗，田野荒蕪，明公猶難為政。……。夫民眾財
> 難，賑濟雖非救荒全策，然在目前事急勢迫，則不得不剜心頭肉，
> 以醫眼前瘡也。〔註57〕

〔註55〕見〈書三〉，《二曲集》，卷十八，頁209。
〔註56〕見〈書三〉，《二曲集》，卷十八，頁210。
〔註57〕見〈書三〉，《二曲集》，卷十八，頁210。

二曲認爲爲政當以民爲國本，有土斯有財，故對關中之荒，首當「安集保全遺民」，他指出如今之災，已使存者十不得三耳，當使其自保而不復流亡，是故，當盡心籌畫賑濟安集之策，強力執行考察竅實之策，計口均施，使強弱遠近，皆能均霑實惠，藉以保全此秋成之前人民的生活。再則，已流亡者，則當「招懷流離」。二曲指出：

> 方今西安民流諸關東諸省者，不下百萬；竄諸西北府、三邊及川蜀者，亦不下百餘萬；賣入本省、外省宮商巨室者，亦不下十餘萬。賣者獲生矣，其流離者則去墳墓，棄田廬，離親戚，擔兒肩女，雨行露宿，沿門丐食，或空傭富家，或偷生娼門，甚者父食其子，夫殺其妻，兄弟奪一糠餅而推刃相戕。如此不已，不特數百萬怨結之氣，上干天和。蒸爲瘟疫、蝗旱之屬，亦恐生計窮絕，或見誘於奸滑，不知不覺，流入盜賊之群。……。僕愚以爲流入關東、川蜀者，本明公赤子，明公爲國爲民，不得以責外謝之。而流入西府者，又皆在明公治屬之內，可坐視其死亡顛危而莫之恤乎？所宜悉心計籌方略，作速上請，務使逃者或歸或居，皆獲生路，無重陷溺，以仰體君仁，俯副民望，而早彌意外之患。〔註58〕

二曲認爲因關中之荒流難失離者，執事者當盡力籌畫安定流民，並招懷流離，使其有所歸有所居。此流離之民若不儘速安定其生活，不但社會經濟重創，將導致更多的社會道德、環境衛生問題，更嚴重的，亦可能形成危及國家政治之患害，故當事者不可不慎，不可不急速謀畫解決之道。故問題雖微而實爲國家安定至深之關鑑所在。總之，執事者當以民爲子，無論公私，皆當盡「民胞物與」之仁，集思廣益，以謀如何安定遺民與流民之道。除此，針對部份州縣有「寂富之病」，二曲亦提出批評與建議。他指出：

> 蓋國之所賴者財，財之所從出者在錢糧，而錢糧之可備緩急者，則富民居共大半。即如今歲如此奇荒，貪民流亡大半，而州縣正項錢糧，皆已完過七八分有餘，是非此一二勤儉有積蓄之民，何以致此乎？是國家之所恃賴者，莫富民若也。且鄉里有富民，則一鄉之人緩急有恃，借貸貨賣尚有所出。若必盡此富民而迫之逃亡，則上下交無所恃矣。〔註59〕

〔註58〕見〈書三〉，《二曲集》，卷十八，頁211。
〔註59〕見〈書三〉，《二曲集》，卷十八，頁206。

二曲認為富商在民艱國困之時，尚可有所借貸以疏民困，但若「借官事而巧取，託小故而勒索。」〔註60〕勢必造成富商被迫流亡，如此一來，疏民之困以求借貸之事則滯礙難行。故二曲主張當特為屬禁，以安富商，以濟貧民之困。而針對因蠲稅而造成財源之窘困，二曲亦提出「捐納」一法。他指出：

> 然正賦既已奉旨蠲免，則朝廷將無有餘之財，是宜力請督撫題請，
> 開設捐納一途。夫朝廷以名器假人，雖非盛世美談，然以之救荒賑
> 民，亦屬權宜。〔註61〕

二曲認為朝廷恤民故免其部份蠲稅，相對的資源亦有所吃緊，然而蠲稅與振恤實為一體之兩面，針對財源之募集上，應當廣開捐納，以集民資以濟民困。故以名器假人雖非至當，然亦不得不為之。而在具體落實上，二曲則指出捐納一途，應當「議行折色，輕減數目」〔註62〕，因為事困民艱，故行折色，則捐納者便；減數目，捐納者多，如此一來，方能以極少之時而集廣大之資，以濟時困。

所以民為國本，二曲首先關切的是如何安定存活現有之民，一切之施措當以安定遺民，招懷流散之民為主；除此，更應重視富商之經濟力量，促使其發揮疏困借貸、捐納之功能，以作為振恤之資源。

（二）民糧減價，運米疏困

除上所述，論荒政之道，首要之務在於存活百姓之性命，此即觸及到「糧價」與「糧食之轉運救饑」之問題。二曲針對「民糧」未能減價，提出批評。二曲指出

> 軍民皆係朝廷赤子，聞軍糧米豆，皆依部價折色，而民糧獨不蒙折
> 色之恩，豈軍皆貧而民獨富，軍米豆無出，而民獨有出乎，且西安
> 之民，數倍於軍，豈軍之逃死喪可憫，而民獨不可憫乎？殊非當事
> 仁均澤普之義，謂宜一視同仁，以恤偏苦。〔註63〕

這是二曲對軍民糧價不同所提出的非議，大抵上二曲認為軍民皆為朝廷赤子，當一視同仁，況且民多於軍，若糧價不一，則人民之生存自然深受影響，這亦是導至人民流離失所之主因。故二曲認為民糧減價，降低人民之

〔註60〕見〈書三〉，《二曲集》，卷十八，頁206。
〔註61〕見〈書三〉，《二曲集》，卷十八，頁207。
〔註62〕見〈書三〉，《二曲集》，卷十八，頁207。
〔註63〕見〈書三〉，《二曲集》，卷十八，頁206。

疾苦固為可取，但應當軍民同價，方能顯現朝廷救荒政之心。而除糧價之
問題，關中之旱，更迫切之問題，即在於糧食救饑之調度與轉運之法。二曲
指出：

> 救民之饑，如穀救水火，先從其甚急者而先救之。竊聞各屬派輸車
> 夫搬運西米一役，當事者慮兵糧之不足，不以征之西安，而議協於
> 西府，西府送到者，運載不責之民力，而皆有腳價，此當事者仁之
> 盡、義之至也。然眾議皆以為其意固善，而其法則未盡善也。〔註64〕

二曲認為轉運他縣糧食以濟災荒，其調度之意雖佳，但實有其弊。二曲針
對捨近而求遠的轉運糧食之法，認為此乃有「廢耕、傷病、折牛、損車之
害。」〔註65〕亦即，征之西府而不征之西安，此法不僅耗功費時，不但不能
暫緩災害，更使民重困矣。故他認為應該就近而運糧，以濟燃眉之急。他
指出：

> 今使藉名運夫，除官價外，再令各屬外幫運價，則寄生有所，食用
> 足給矣。丁男負運，老弱婦女，披剔草根木皮，以給饋餉，百里之
> 內，可以朝發夕至。又米即刻可轉，未至，亦不復坐耗盤費，又無
> 死喪疾病之患，折牛隕車之弊，離家廢農之憂，逃亡重賠之累，真
> 所謂一舉而公私兼便者也。其為可行，昭昭易見，而前此者皆未及
> 此，豈非天意欲留此一段美意良法以待明公，使為撫陝發軔第一功
> 德，令殘黎最先謳吟慰藉也耶！〔註66〕

二曲建議運糧救急應當征之於西安，如此一來不但能減少物力時間之消耗，
更能積極、有效的救助災民，更可使人民無流離失散之慮，而導至經濟、社
會、政治之問題，故無論於公於私皆為可取之道。

　　所以針對民糧之糧價與轉運糧食以救民，乃是二曲針對荒政之治所提出
的第二個措施。在此二曲認為軍民應當糧價一致，方能有效降低民困；而對
於轉運糧食之法，二曲更提出新的建議，以為應當就近運糧方為佳策。

（三）設掌水官，大興水利

　　二曲針對關中之荒，根本之道在於水資源之開發與利用，他亦針對此問
題加以分析與提出治本之道。二曲指出：

〔註64〕見〈書三〉，《二曲集》，卷十八，頁213。
〔註65〕見〈書三〉，《二曲集》，卷十八，頁214。
〔註66〕見〈書三〉，《二曲集》，卷十八，頁213～214。

> 方今西安所以大饑者。天旱而切不足於水故也。夫關中橫互終南以
> 爲終始，山之所在，河泉多有，故西安近山一帶，恆繞河泉，渭北
> 雖雖復高仰，而涇、洛、漆、沮、清河、石川諸水，亦所在而是。
> 故總西安而論，其不可引渠灌溉者，固十七八，而可開渠引水者，
> 亦不下十二三，兼以井泉，亦不下十三四矣。夫水利三四倍於旱田，
> 以十分有三四之水田，勤力而專精其間，雖復天雨不時，亦足補旱
> 田之闕而償其獲。即不足補，而此一半享水利之民，亦足以自保，
> 而再不至流離失所矣。但凡民愚而不知興，則有興之者而力微不足
> 以興，而爲有司者不留心於興，是以上下交困而無可如何也。夫天
> 道不可知，今秋未必再旱，然亦不可不爲旱慮，況水利成，固關中
> 數世之利乎！〔註67〕

二曲針對關中地理與水源之分析，主要目的在陳述「荒政」之形成，在於缺乏對水源開發與規畫之失敗。他認爲就西安整體水資源而言，若加以善盡其資源，儘管天旱不雨，亦不造成太大之傷害。故他認爲應當開「築隄開渠，以資灌溉；無河泉者，皆須掘井而灌。」〔註68〕開發水資源實爲防旱之大計所在。除此，二曲對於水資源的開發與督導，亦建議設立專職人員，以求專業職管的功能性。他指出：

> 是宜乘今秋穀布種之候，作速請設提督農田水利官一員。或恐設官
> 勞費，即請於本省司道中擇精敏仁惠者，加以總管農田水利之權，
> 使之專司農田水利。〔註69〕

二曲認爲「此番水利之興否，關西安遺民之休戚存亡，亦即關明公之德業功名，非留心注措不可也。」〔註70〕即說明了荒政之法的斧底抽薪的治療之道，即在於設掌水官，大興水利，多方訪察水源，加以開發與治理，並設以專職人員督導其事，稱職則賞，違職則予以重罰，如此一來，有所積聚與管理，自可臨荒而有對治之道。

所以水資源之開發與管理，是對應關中之旱的治本之道，二曲認爲應當詳察關中地區的水源之現況，預作謀畫，開發經營，並以專職人員，嚴加督導與管理，方能眞正達到治旱之功能。

〔註67〕見〈書三〉，《二曲集》，卷十八，頁212。
〔註68〕見〈書三〉，《二曲集》，卷十八，頁212。
〔註69〕見〈書三〉，《二曲集》，卷十八，頁212。
〔註70〕見〈書三〉，《二曲集》，卷十八，頁213。

（四）防弊除奸，禁販人口

二曲在論荒政之治，除積極的救治荒災外，更提出建言，當嚴加注意有人藉此行使欺民而舞弊之舉，如此一來不但失朝廷救民之意，反而更加重人民流亡之心。二曲在針對蠲稅之問題時就指出：

> 有今歲錢糧三分蠲一之說，如其果然。則宜嚴飭各縣，使明白爲百姓豁除共蠲免之數，庶窮民實沽朝廷之惠。勿令朦朧作私，混征巧催，以重其流亡之心。〔註71〕

二曲認爲朝廷之蠲稅，實爲恤民之舉，但若執事督導不謹、宣導不周，則可能使不良之胥吏藉此欺民而巧摧，而使人民之生活更加困苦。如此一來，朝廷之實惠，百姓實不得沽。同樣的，在朝廷之所發之賑濟災民的銀米中，亦須注意有「假端虎嚇，奪諸良弱之口，以飽其無厭之腹。」〔註72〕此惡弊一生，不但無法救災黎民，反而加重民困，故二曲認爲「宜另請督撫頂飭各屬，以杜其奸。」〔註73〕對此舞弊欺民者痛懲而力禁之。除此，二曲亦針對因關中之旱，而形成買賣人口之事，提出建言。他指出：

> 禁止樂戶販賣良人子女。今茲關中荒饑異常，百姓計窮路絕，多以子女賣入樂戶，以苟易升斗，偷活旦夕。夫娼優敗風傷化，王政所大禁，仁人君子之所惻心。明公爲國家振勵風化，宜留心頻飭州縣，令樂戶不得再買良人子女，其已買者，令州縣官設法贖回，不得隱匿。犯者，樂戶及本地千總地方，一體定罪。此萬世功德也。明公尤宜惓惓。〔註74〕

二曲認爲關中之荒，人爲求一日之存，極易造成販賣人口之惡行。此一來不但造成親情失離、骨肉兩隔，所賣之處多爲娼優，更形成社會風化之問題。故二曲認爲當嚴禁此惡行；若有此行，亦當設法贖回，以全其骨肉親情，以盡當事仁民愛物之心。

所以積極振恤救濟之過程中，尚須注意過程中舞弊不法之宜，此等不法之事應嚴加察舉，方能使朝廷之惠，恩及百姓；除此，對於旱災所形成之販賣人口之惡行，亦應嚴加防止，若有其事亦應盡力贖回，以全親情，以正風俗。

〔註71〕見〈書三〉，《二曲集》，卷十八，頁206。
〔註72〕見〈書三〉，《二曲集》，卷十八，頁215。
〔註73〕見〈書三〉，《二曲集》，卷十八，頁206。
〔註74〕見〈書三〉，《二曲集》，卷十八，頁216。

（五）厚恤善類，培植人才

二曲在面對關中之旱，不僅只從經濟救濟、防弊除害、治水管理等層面來提出建言，他更從道德教化之立場，提出獎勵品節與培植人才之觀點。二曲指出：

> 善人，國之福，民之範，風俗之儀表也。故成周大賚四海，而善人是富，三代以來，雖風尚各殊，亦莫不崇獎善類，尊德惇行，以樹風聲而勵貪頑。令茲關中逢此奇荒，百姓死喪逃離，幾於十室九空。昔東海孝婦之冤未理，而致國三年不雨。今闔郡數百萬生靈中，其為仁人、孝子、志士、悌弟、節婦、義夫及忠信篤實者何限，而皆使之顛連死亡，抱恨於無窮，恐非所以祈天和、調陰陽之道也。且當此風俗敗壞糜爛之時，正宜崇獎德義，砥礪名節，使愚民曉然知上意之所向，亦勵風移俗之一助也。〔註75〕

道德教化之目的，在於敦厚人倫使民風質樸，故面對關中之旱，二曲認為應當崇獎德義，砥礪名節，使人心知其善行而有所仿傚。如此一來，人知名節而崇尚節義，臨難之際自不失操行，知所進退合宜之道，此方為人心之教育與風俗教化應有之道。除此，二曲針對人才之培植，亦有所申義。二曲指出：

> 作養士氣，以培植人才。紳衿者，國家人才之所從出，故治國家者，莫不以作養士類為要務。今茲奇荒，而有司拘執文法，以為詔書無賑士之條，致令章縫衣冠之士，多委填溝壑。夫旱荒偏千里，豈民皆饑而士不饑；皇恩溥及草木，又豈獨於士而遂恝然，特詔書未分明言之耳。明公為國家培植人才，宜申飭州縣，令自後凡有賑濟，縱不能分外加厚，亦宜與齊民一體通行。〔註76〕

士為國治之基礎，故振恤濟民則應士民一體同行、一視同仁，若只振恤災民而不及於士，未來亦必然造成人才之短缺，此不但失一體之仁，亦非國家長治久安之理。故二曲以長遠之角度與人道之精神認為，執事者當以養士為要務，當有所權變，不可墨守定規。

所以二曲認為人面臨此難劫，極易失其節義與操行，故崇獎德義，砥礪名節，實為道德風俗教化之先務，惟有道德之表彰與獎勵，方能正人心以善風俗；除此，二曲亦認為養士乃國之要務，在此危難之際，更應當重視士人

〔註75〕見〈書三〉，《二曲集》，卷十八，頁215。

〔註76〕見〈書三〉，《二曲集》，卷十八，頁215～216。

生活之振恤，以培植國家未來之人才。

第三節　〈匡時要務〉中關於經世講學的討論

　　〈匡時要務〉一文完成於康熙九年（1670）庚戌〔註77〕，是二曲經世理論最重要之著。在駱鍾麟所寫的〈匡時要務·序〉中即有明確之說明。駱氏指出：

> 先生甫弱冠，即以康濟為心，嘗著《帝學宏綱》、《經筵僭擬》、《經世蠡測》、《時務急著》諸書，其中天德王道，悲天憫人，凡政體所關，靡不規畫。既而雅意林泉，無復世念，原稿盡付「祖龍」，絕口不道，惟闡明學術，救正人心是務。〔註78〕

這是二曲經世型態之改變，從對治道、政道經世之參與與著述，一轉而成為重視學術與講學的過程。這是從制度政治層面之治理層面，轉向學術精神文化層面的建設。關於其涵意與內容，駱氏指出：

> 首以移風易俗、明學術見勉，以為匡時第一要務。大約謂：「天下治亂，由於人心之邪正；人心邪正，由於學術之明晦；學術之明晦，學術明晦，更由於當事之好尚。」歷引王陽明、馮少墟諸先達為鑒，誠以居高而呼：「牖民孔易，斯實風化之標準，致治之樞機，位育參贊之大關頭也！」〔註79〕

二曲認為這種經世本質上是透由講學之過程，進而對學者作道德之啟發、精神價值之提倡，進而形成的風俗教化、天下之治的基礎建設。此不但為宋明諸子以來的講學精神與特色，更是主體經綸參贊的終極實踐。是故，其著此說之目的，即在對此精神之承遞與實踐。本節之論述，即分別從儒學經世講學觀為啟，接續則針對二曲對經世講學、學術人心之觀點分別討論。以下則依序論之：

一、儒學的經世講學觀

　　講學是宋明諸子的學術精神傳統所在，關於其形成與發展之因素，錢穆

〔註77〕見吳懷清〈年譜〉康熙九年（1670）庚戌按語言：「先生至常晤駱公，首以移風俗、明學術見勉，駱錄刊其語，名曰〈匡時要務〉。」見《二曲集》，附錄三，頁653。

〔註78〕見〈匡時要務·序〉，《二曲集》，卷十二，頁103。

〔註79〕見〈匡時要務·序〉，《二曲集》，卷十二，頁103。

在論及唐宋明三代學術之特徵時，即從「社會自由講學之興起」作爲發端。錢氏指出自唐代中葉以來，中國一個絕大的變遷，即是南北文化之轉移，與貴族門第之逐漸衰落，影響所及，就是學術文化傳播更加廣泛、政治解放更趨普遍以及社會階級更爲消融等。在這個時代，印刷術之發明，使書籍之流傳更方便，閱讀更加便利，加上讀書人增多，求知慾增強，於是自東晉隋唐以來的故家大族的家庭教育與私人聚徒講學，逐漸轉爲書院的講學教育。〔註80〕

　　宋明諸子論講學之意涵，基本上皆本之孔子的。孔子自古被視爲偉大之教教者，他主張「有教無類」〔註81〕，認爲「德之不脩，學之不講，聞義不能徙，不善不能改，是吾憂也。」〔註82〕所教導的是「文、行、忠、信。」〔註83〕其重視的是德性之養成、改過遷善與學問之講明的意義。二曲在論孔子時之教育之意義時即指出：

> 從古聖人「明明德於天下」，皆倚勢位而得以有爲，獨夫子「明明德於天下」，一無所倚，此夫子之所以爲夫子，而非他聖之所能及也。〔註84〕

二曲認爲孔子之所以異於他聖之處，在於以其平民之身份而倡講學，以教育人心。爾後，孟子亦重視教育，他標舉君子之樂即言：「君子有三樂，而王天下不與存焉。父母俱存，兄弟無故，一樂也。仰不愧於天，俯不怍於人，二樂也。得天下英才而教育之，三樂也。君子有三樂，而王天下不與存焉。」〔註85〕可見其教育之樂忱。他的王道之始的理想，除衣食無虞外，更重視的教育「謹庠序之教，申之以孝悌之義。」〔註86〕

　　從宋明講學之歷史發展來看，宋初的學校教育與講學，乃自宋初三先生啓，之後如范仲淹、歐陽修（字永叔，1007～1072）等人又加以倡導才蔚爲

〔註80〕見錢穆著，《國史大綱下冊》（臺北：臺灣商務印書館，民國81年9月），第四十一章，頁596。

〔註81〕見《論語集注》〈衛靈公第十五〉，〔宋〕朱熹撰，《四書章句集注》，卷八，頁168。

〔註82〕見《論語集注》〈述而第七〉，〔宋〕朱熹撰，《四書章句集注》，卷四，頁93。

〔註83〕見《論語集注》〈述而第七〉，〔宋〕朱熹撰，《四書章句集注》，卷四，頁99。

〔註84〕見《四書反身錄》，《二曲集》，卷三十二，頁441。

〔註85〕見《孟子集注》〈盡心章句上〉，〔宋〕朱熹撰，《四書章句集注》，卷十三，頁354。

〔註86〕見《孟子集注》〈梁惠王章句下〉，〔宋〕朱熹撰，《四書章句集注》，卷一，頁204。

風潮。全謝山在《慶曆五先生書院記》一文中即指出：

> 有宋眞、仁二宗之際，儒林之草昧也。當時濂、洛之徒方萌芽而未
> 出，而睢陽戚氏在宋，泰山孫氏在齊，安定胡氏在吳，相與講明正
> 學，自拔于塵俗之中。亦會值賢者在朝，安陽韓忠獻公、高平范文
> 正公、樂安歐陽文忠公皆卓然有見于道之大概，左提右挈，于是學
> 校徧于四方，師儒之道以立。〔註87〕

這是北宋初期重視師道講學之現象，也是宋明理學思想之興起的淵源所在。
黃百家就指出：「先文潔公曰：『宋興八十年，安定胡先生、泰山孫先生、徂
徠石先生始以師道明正學，繼而濂、洛興矣。故本朝理學雖至伊洛而精，實
自三先生而始，故晦庵有『伊川不敢忘三先生』之語。』……。」〔註88〕而
自宋初之後，包括周敦頤、洛之二程、關之張載，乃自南宋之朱熹與陸象山
對講學皆多有論述。

首先，周敦頤曾明確揭示「師道」之意義。他指出：

> 或問曰：「曷爲天下善？」曰：「師。」曰：「何謂也？」曰：「性者，
> 剛柔善惡中而已矣。」不達。曰：「剛善爲義，爲直，爲斷，爲嚴毅，
> 爲幹固；惡爲猛，爲隘，爲彊梁。柔善爲慈，爲順，爲巽；惡爲懦
> 弱，爲無斷，爲邪佞。惟中也者，和也，中節也。天下之達道也，
> 聖人之事也。故聖人立教，俾人自易其惡，自至其中而止矣。故先
> 覺覺後覺，暗者求于明，而師道立矣。師道立，則善人多；善人多，
> 則朝廷正而天下治矣。」〔註89〕

周氏認爲師道的教化，對於人性負面之導正，乃具有積極性的成效的，師道
與講學是有助於群體社會的穩定發展，是可完成天下治的積極目標的。這是
其對師道講學著重所在。周氏之講學，主要爲洛學之二程，如《宋史·道學
一》載「敦頤每令尋孔顏樂處，所樂何事，二程之學源流乎此矣。」〔註90〕
而關學之張載，早年著意於兵，後經范仲淹之忠告而熟讀《中庸》，爾後並在
出入三教反求之六經後而深契，他「嘗坐虎皮講《易》於京師，聽從者甚眾。」

〔註87〕見〔清〕黃宗羲撰、〔清〕全祖望續修、〔清〕王梓材校補，《宋元學案·高
平學案》，第二冊，卷三，頁5。
〔註88〕見〔清〕黃宗羲撰、〔清〕全祖望續修、〔清〕王梓材校補，《宋元學案·泰
山學案》，第一冊，卷二，頁67。
〔註89〕見〔清〕黃宗羲撰、〔清〕全祖望續修、〔清〕王梓材校補：《宋元學案·濂
溪學案上》，第四冊，卷十一，頁99。
〔註90〕見〔元〕脫脫撰，《宋史·道學一》，卷百二七，頁12712。

〔註 91〕後與二程論易，語人曰二程深明易道，可師事之，隔日即撤坐輟講。其學乃以「《易》爲宗，以《中庸》爲的，以《禮》爲體，以孔、孟爲極。患近世喪祭無法，期功以下未有衰麻之變，祀先之禮襲用流俗，于是一循古禮爲倡、教童子以灑埽應對；女子未嫁者，使觀祭祀，納酒漿，以養遜弟，就成德。嘗曰：『事親奉祭，豈可使人爲之！』于是關中風俗一變而至于古。」〔註 92〕他重視禮教與躬行，強調「爲天地立心」等四爲之大業，成爲關中士人宗師，而開啓後來的關學。

　　至於洛學之二程，「居洛城殆十餘年，與弟從容親庭，日以讀書講學爲事，士大夫從遊者盈門。自是身益退，位益卑、而名益高于天下。」〔註 93〕明道死後，弟子多歸伊川，而伊川「平生晦人不倦，故學者出其門最多，淵源所漸，皆爲名士。」〔註 94〕此爲洛學之發展。明道之教重視「識仁」之工夫，伊川則爲「涵養須用敬，窮理在致知」〔註 95〕，而各有不同，其後有程門四大弟子傳其學。

　　南宋講學有四大派別，全祖望於〈答張石癡微士問四大書院帖子〉一書中即指出：

> 自慶曆修舉學校。而書院之盛，日出未已。大略北方所置則仿嵩陽、睢陽，南方則仿白鹿、嶽麓，莫之興京，是之謂四大書院。然自金源南牧，中原板蕩，二陽鞠爲茂草，故厚齋謂嶽麓、白鹿以張宣公、朱子而盛，而東萊之麗澤、陸氏之象山並起齊名，四家之徒偏天下，則又南宋之四大書院也。〔註 96〕

全氏所指的分別是湖湘學派之張南軒（字敬夫，號南軒，1133～1180）的講學的嶽麓書院、金華學派之呂祖謙講學之麗澤書院、閩學之朱子講學於白鹿洞書院、江西學的陸象山講學於象山書院，彼各以其思想理論，以書院講學爲

〔註 91〕見〔元〕脫脫撰，《宋史‧道學一》，卷百二七，頁 12723。
〔註 92〕見〔清〕黃宗羲撰、〔清〕全祖望續修、〔清〕王梓材校補，《宋元學案‧橫渠學案上》，第六冊，卷十七，頁 3。
〔註 93〕見〔清〕黃宗羲撰、〔清〕全祖望續修、〔清〕王梓材校補：《宋元學案‧明道學案下》，第五冊，卷十四，頁 35。
〔註 94〕見〔元〕脫脫撰，《宋史‧道學一》，卷四二七，頁 12722。
〔註 95〕關於二程之思想工夫之不同，可參溫偉耀著，《成聖之道——北宋二程修養工夫論之研究》一書之討論。
〔註 96〕見〈鮚埼亭集外編〉，〔清〕全祖望撰、朱鑄禹彙校集注，《全祖望集彙校集注中》，卷第四十五，頁 1722～1723。

方式，推揚其思想，形成其學術門派。而這之中，尤以朱陸最爲重要。朱子
之學乃洛學之三傳，其在朝爲政僅有四十日，一生所從事無非是講學之教育
活動。朱子講學之活動，主要針對的是「科舉官學之弊端」。朱子對此即有深
切的體認，他於〈靜江府學記〉就指出：

> 古者聖王設爲學校，以教其民，由家及國，大小有序，使其民無不
> 入乎其中而受學焉；而其所以教之之具，則皆因其天賦之秉彝，而
> 爲之品節，以開導而勸勉之，使其明諸心，修諸身，行於父子、兄
> 弟、夫婦、朋友之間，而推之乎君臣上下、人民事物之際，必無不
> 盡其分焉者；及其學之既成，則又興其賢且能者，寘之列位，是以
> 當是之時，理義休明，風俗醇厚，而公卿、大夫、列士之選，無不
> 得其人焉。此先王學校之官，所以爲政事之本，道德之歸，而不可
> 以一日廢焉者也。至於後世，學校之設，雖或不異乎先王之時，然
> 其師所以教，弟子之所以學，則皆忘本逐末，懷利去義，而無復先
> 王之意。以故學校之名雖在，而其實不舉，其效至於風俗日敝，人
> 材日衰，雖以漢唐之盛隆，而無彷彿三代之叔季，然猶莫有察其所
> 以然者。〔註97〕

朱子此〈記〉所揭示即是古今學術教育精神之變遷過程。先王設學，其本質
上在培養品德之教育，其目的在於道德涵養並以使修身進而擴展至家庭、社
會與國家等治道政事之發展，進而使世道得治民風醇厚，成爲一道德的理想
世界。而後世之教育，即已失道德涵養之本，而一轉爲個人逐利之場域，這
不但是個人人性之異化，亦是學術教育精神目標之失敗。故書院講學，即成
爲朱子主要的教育活動。根據陳榮捷之研究，朱子曾建有「寒泉精舍」、「武
夷精舍」、「竹林精舍」來從事講學活動〔註98〕。之後在知南康軍時，又重建
白鹿洞書院與嶽麓書院，他不但親自講學，還爲此書院立下一份學規，此即
〈白鹿洞書院揭示〉。此揭示主要爲「五倫」的教育理想之實踐，與爲學、修
身、處事、接物之要〔註99〕。其教學精神乃源於二程，主要是以選定幾部重

〔註97〕見〔宋〕朱熹撰、陳俊民校訂，《朱子文集捌》，卷七十八，頁3901。
〔註98〕見陳榮捷著，〈朱子與書院〉一文，見氏著，《朱子新探索》（臺北：學生書
　　　　局，民國77年4月），頁478～488。
〔註99〕關於〈白鹿洞書院揭示〉之學規的討論，可參樊克政著，〈宋朝的書院〉一
　　　　文，見氏著，《中國書院史》（臺北：文津出版社，民國84年9月），第四章，
　　　　頁65～67。亦可參朱榮貴著，〈學規與書院教育〉一文，見氏著，《全體大用

要的書本，先爲此數書下明白確切的訓注，好讓學者各自研讀〔註100〕。關於朱子的爲學之法，程端禮在〈集慶路江東書院講義〉一文即指出：「爲學之道，莫先于窮理，窮理之要，必在于讀書，讀書之法，莫貴于循序而致精，而致精之本，則又在于居敬而持志，此不易之理也。其門人與私淑之徒，會萃朱子平日之訓，而節取其要，定爲讀書法六條：曰循序漸進，曰熟讀精思，曰虛心涵泳，曰切己體察，曰著緊用力，曰居敬持志。」〔註101〕朱子之學後爲官學所取，成爲元、明、清三代之準則，史稱程朱之學。

至於象山之書院講學，根據〈年譜〉淳熙八年辛丑（1181）記載，朱熹守南康，象山訪之，曾講學於白鹿洞書院講「君子喻於義，小人喻於利」一章〔註102〕。其所講後「聽者至有泣下。熹以爲切中學者隱微深痼之病。」〔註103〕可見其感應人心之處。淳熙十四年丁末（1187），象山「登貴溪應天山（象山）講學。」〔註104〕並建精舍於此，在此講學「學者輻湊，每開講席，戶外屨滿，耆老扶杖觀聽。自號象山翁，學者稱象山先生。」〔註105〕象山之後教法，「在於因人施教，直指本心」〔註106〕，是故多能切中其實情僞虛之處。象山弟子毛剛伯就指出：「先生之講學也，先欲復其本心以爲主宰，既得其本心，從此涵養，使日充月明。讀書考古，不過欲明此理，盡此心耳。其教人爲學，端緒在此，故聞者感動。」〔註107〕

由宋至明，明代之私人講學則以吳康齋爲始，下開白沙甘泉之江門心學。明中葉時期，最爲重要的即爲陽明之講學。講學對陽明之學而言，是具有重大積極意義的。他指出：

> 夫「德之不修，學之不講」，孔子以爲憂。而世之學者稍能傳習訓詁，
> 即皆自以爲知學，不復有所謂講學之求，可悲矣！夫道必體而後見，
> 非已見道而後加體道之功也；道必學而後明，非外講學而復有所謂

　　之學：朱子學論文集》（臺北：學生書局，2002 年 6 月），頁 158～164。

〔註100〕見錢穆著，《國史大綱下冊》，第四十一章，頁 610。

〔註101〕見〔清〕黃宗羲撰、〔清〕全祖望續修、〔清〕王梓材校補，《宋元學案・靜清學案》，第二十二冊，卷八十七，頁 54～55。

〔註102〕見〈年譜〉，〔宋〕陸九淵撰，《陸九淵》，卷三十六，頁 492。

〔註103〕見〔元〕脫脫撰，《宋史・儒林四》，卷四三四，頁 12882。

〔註104〕見〈年譜〉，〔宋〕陸九淵撰，《陸九淵》，卷三十六，頁 499。

〔註105〕見〔元〕脫脫撰，《宋史・儒林四》，卷四三四，頁 12881。

〔註106〕見錢穆著，《國史大綱下冊》，第四十一章，頁 609。

〔註107〕見〈年譜〉，〔宋〕陸九淵撰，《陸九淵》，卷三十六，頁 502。

明道之事也。〔註108〕

陽明對講學之看法是淵自孔子之意與世學之弊的。他認爲世俗之學，對於講學缺乏實切身心之「體認」，而僅僅只是講之口耳訓詁的知識之學。講學本質上是即是主體明道的實踐過程，道必須透由講學之明，方能體之於身驗之於行的，故講學實爲主體明理、涵理、如理學習過程中，最爲深切與必須之過程。陽明認爲講學之意義本質上即是一經世之實踐。陽明在〈送別省吾林都憲序〉一文中就指出：「今夫天下之不治，由於士風之衰薄；而士風之衰薄，由於學術之不明；學術之不明，由於無豪傑之士倡焉耳。」〔註109〕從陽明的意涵來看，講學之意義由內是指向「人心之淨化」，並由此心靈之淨化由外體現爲「天下之治」的目標。故天下之不治之因，在於士風與學術之衰薄與不明。故他要以「豪傑之士」爲許，經由講學以導正學術而使天下爲治。陽明弟子鄒守益（字謙之，號東廓，1491～1562）在〈陽明先生文錄·序〉中，即論及「講學」對陽明之意義所在。他指出：「當時有稱先師者曰：『「古之名世，或以文章，或以政事，或以氣節，或以勳烈，而公克兼之。獨除卻講學一節，即全人矣。』先師笑曰：『某願從事講學一節，盡除卻四者，亦無愧全人。』」〔註110〕陽明認爲講學是一種「全人」的價值體現，是故，對於世人所推重的文章、政事、氣節、勳烈等，都認爲未如講學之重要。錢德洪在《傳習錄·序》中對陽明講學之因素與推動講學之情況指出：「平生冒天下之非詆推陷，萬死一生，遑遑然不忘講學。惟恐吾人不聞斯道，流於功利機智，以日墮於夷狄禽獸而不覺。其一體同物之心，譊譊終身，至於斃而後已。」〔註111〕講學所掌握的是儒學「先覺覺後覺」的「慧命相續」之義，也是當時唯一能切於「天下平治」之可能性的。這層講學之精神從本質上說，是本之於「萬物一體」之心的。至於陽明講學之內容，乃有「爲教之三變」，據錢德洪〈刻文錄序說〉言：「居貴陽時，首與學者爲『知行合一』之說；自滁陽後，多教學者靜坐；江右以來，始單提『致良知』，直指本體，令學者言下有悟：是教亦三變也。」〔註112〕二曲對陽明講學之偉業亦有所論及。他

〔註108〕見陳榮捷著，《王陽明傳習錄詳註集評》，卷中，頁247。
〔註109〕見〈外集四〉，〔明〕王守仁撰、吳光、錢明、董平、姚延福編校，《王陽明全集上》，卷二十二，頁884。
〔註110〕見〈序說·序跋〉，〔明〕王守仁撰、吳光、錢明、董平、姚延福編校，《王陽明全集下》，卷四十一，頁1569。
〔註111〕見陳榮捷著，《王陽明傳習錄詳註集評》，卷中，頁159。
〔註112〕見〈序說·序跋〉，〔明〕王守仁撰、吳光、錢明、董平、姚延福編校，《王

指出：

> 眞正豪傑，方能無待而興，其餘，則全賴有位之人，勞來匡直，多
> 方鼓舞。陽明先生自爲驛臣，以至宰廬陵，撫江西，總督四省，所
> 在以講學爲務，挺身號召，遠邇雲從。當秉鉞臨戎，而猶講筵大啓，
> 指揮軍令，與弟子答問齊宣，直指人心一念獨知之微，以爲是王霸、
> 義利、人鬼關也，聞者莫不戚戚然有動於中。是時，士習滅裂於辭
> 章記誦，安以爲學，自先生倡，而天下始知立本求於心，始信人性
> 之皆善，而堯舜之皆可爲也。於是雨化風行，雲蒸豹變，一時學術，
> 如日中天。〔註113〕

這是二曲對陽明從政講學之歷史評價，當然這也是二曲講學意義中甚爲重要
的啓發。二曲言陽明講學「無待而興」，此說孟子所謂「待文王而後興者，凡
民也，若夫豪傑之士，雖無文王猶興。」〔註114〕關於其精神與意義，唐君毅
就指出：

> 豪傑者，個人之自作主宰之精神，突破社會與外在之阻礙、壓力、
> 閉塞、與機械化、以使社會之客觀精神，重露生機；如春雷一動，
> 使天地變化草木蕃者也。〔註115〕

這說明了講學當是直指人心的道德意識之啓，這種人心之啓是區別於世俗的
功利辭章記誦之學所在，更是一種獨立於政治影響下的經世之舉。爾後，陽
明後學開枝散葉，形成了王學的傳播與發展。〔註116〕

關於王學之發展與演變，其中是以二王即王龍溪與王艮形成的泰州學派

　　　　陽明全集下》，卷四十一，頁 1574。
〔註113〕見〈匡時要務〉，《二曲集》，卷十二，頁 106。
〔註114〕見《孟子集注》〈盡心章句上〉，〔宋〕朱熹撰：《四書章句集注》，卷十三，
　　　　頁 352。
〔註115〕見唐君毅著，《人文精神之重建》（臺北：學生書局，民國 77 年 5 月），頁
　　　　225。
〔註116〕黃宗羲即指出：「陽明在時，王心齋、黃五岳、朱得之、戚南玄、周道通、馮
　　　　南江，其著也。陽明歿後，緒山、龍溪所在講學，於是逕縣有水西會，寧國
　　　　有同善會，江陰有君山會，貴池有光岳會，太平有九龍會，廣德有復初會，
　　　　江北有南譙精舍，新安有程氏世廟會，泰州復有心齋講堂。幾乎比戶可封
　　　　矣。而又東廓、南野、善山先後官留都，興起者甚仲。」見〔清〕黃宗羲撰，
　　　　《明儒學案上・南中王門學案一》，卷二十五，頁 579。關於陽明講學之形式
　　　　與內容、社群之活動，以及講學活動地區之考察，可參呂妙芬著，《陽明學人
　　　　士人社群——歷史、思想與實踐》（臺北：中央研究院近代史研究所，民國
　　　　92 年 4 月）一書。

是最為重要的〔註117〕。黃宗羲就指出：「陽明先生之學，有泰州、龍溪而風行天下，亦因泰州、龍溪而漸失其傳。」〔註118〕王艮重視周敦頤師道立而善人多之意，強調為天下師，承繼陽明萬物一體與良知之說。王艮就指出：「聖人經世，只是家常事，唐虞君臣只是相與講學。」〔註119〕故終其一生不斷以推動講學為要，曾講學於復初書院、新泉書院、會稽書院與心齋講堂等，其說經由弟子之講學與傳播，影響所及形成了心學之普及與世俗化之發展〔註120〕。二曲論王艮亦指出：

> 王心齋，一鹽丁耳，偶有悟於聖賢之學，即以先覺自任，挺身號召，隨機開導，萬眾咸集，人人意滿，雖皂隸臧獲，莫不歡若大夢之得醒。初曷嘗藉名位？〔註121〕

這是二曲推揚王艮不憑藉名位而能講學經世之意義〔註122〕。而王龍溪亦也以講學為要，黃宗羲就指出：「先生林下四十餘年，無日不講學，自兩都及吳、楚、閩、越、江，皆有講舍，莫不以先生為宗盟。」〔註123〕蕭良幹於《王龍溪先生全集·序》亦曰：「終先生之身，無一日不講學不會友，反復諄切，感孚鼓舞，期於必信而後已，而凡嫌似之迹，或冒而居之不辭，故語其會之所，

〔註117〕錢穆即指出論王艮後學如徐波石（徐樾，字子直，號波石，？～1552）、趙大州、顏山農（顏鈞，字子和，號山農，1504～1596）、羅近溪、何心隱（原名梁汝元，字夫山，1517～1579）、李卓吾打通儒釋，掀翻天下，「與其專說是泰州派，其實不如說是泰州與龍谿之合流，更為近情。」（見錢穆著，《中國學術思想論叢七》，頁162）這說明了泰州學派從實情而論，乃為二王所影響的學術發展，而非獨為王艮思想之承傳。

〔註118〕見〔清〕黃宗羲撰，《明儒學案下·泰州學案一》，卷三十二，頁703。

〔註119〕見〈語錄〉，〔明〕王艮撰，《王心齋全集》（臺北：廣文書局，民國76年3月，日本嘉永元年刻本），卷三，頁1。

〔註120〕可參見筆者所著，〈王艮之講學〉一節，見氏著，《王艮思想及其對王學的承繼與轉化》（逢甲大學中國文學系碩士論文，民國87年1月），第五章，頁140～157。

〔註121〕見《四書反身錄》，《二曲集》，卷四十二，頁523。

〔註122〕據《王心齋先生》〈年譜〉世宗嘉靖十七年戊戌（1538）載：「御史陳公讓按淮陽來訪，至泰州，病日不得行。乃作歌呈先生。有句『海濱有高儒，人品伊傅匹。』」（見〔明〕王艮撰，《王心齋全集》，卷之一，頁3）此乃以宋儒周敦頤所言「志伊尹之所志，學顏子之所學。」來稱譽王艮。而據〈語錄〉載：「有以伊傅稱先生者。先生曰：『伊傅之事我不能，伊傅之學我不由。』門人問曰：『何謂也。』也。先生曰：『伊傅得君可謂奇遇，設其不遇，則終身獨善而已，孔子則不然也。』」（同上，卷之三，頁9）可見王艮亦承陽明豪傑之志，不依恃權力、名位來作為講學之態度。

〔註123〕見〔清〕黃宗羲撰，《明儒學案上·浙中王門學案二》，卷十二，頁238。

則有水西、洪都、白鹿、懷玉、南滁陽、宛陵，幾遍江南之地，而會之人，皆當時同志，幾盡一時之英。」〔註124〕除此，二王之後泰州後學羅近溪更是講學之重要人物。二曲就指出：

> 嘉隆時，江左徽、寧之閒，經學憲耿天臺之倡率，郡守羅近溪之提撕，講會尤多，興起尤眾。不特縉紳衿士領略其微詮，而風聲鼓舞，習尚蒸陶，即他途小道，亦皆有渾樸不雕之風。似從學問中來，蓋俱以無意得之而不知所由，異哉！講學之風！入人甚神也。假若諸郡邑在在講貫，在在提撕，大知覺小知，小知覺無知，大覺覺小覺，小覺覺無覺，相與知覺者益眾，則人之承流感化者愈多。是故人欲化為天理，則身心太平，小人化為君子，則世運太平。人皆知可以為堯舜，世豈不可以為唐虞？昔羅近溪以外吏入覲，遇縉紳，即諄諄告以「留意正學」，又數勸首揆徐文貞公曰：「相公當啓主上以正學為務，奈何僅循內閣故事，以塞其職耶？」徐公大以為然，出而歎曰：「諸君講學，只三五巷談，不足風世，得君相同心斯事，則寰宇受其福矣。」至哉，言乎！仁哉，心乎！此近溪先生之所以為近溪先生也。倘仁人君子以近溪之心為心，近溪之言為言，與當事會晤，非此學不談，非此學不講，俾當事曉然知講學之風所關甚大，倡率鼓舞，極力主張，裨益豈淺鮮哉！〔註125〕

羅近溪之講學在當時是頗具影響力的〔註126〕。羅氏講學之特質，實以為政當講學，把講學視作為官重要之職。「為政講學」，是晚明講學的特質現象之一，他是傳統道德指導政治理想意義之實踐，當然也是歷來的爭議所在，從本質原因來看，部份之人講學的內容空疏與浮華所導致的批評，以及張居正（字叔大，號太岳，1525～1582）禁講學等因素，都造成了一定的反對聲浪與影響。為政講學是一種「政學合一」的發展，這種政學合一講究的是「居官這也應當講學」的看法〔註127〕。其目的當然在於「以教統治」，將講學視為為官

〔註124〕見〔明〕王龍谿撰，《王龍谿全集上》，頁6。
〔註125〕見〈匡時要務〉，《二曲集》，卷十二，頁107～108。
〔註126〕李贄在〈羅近谿先生告文〉中指出：「至若牧童樵豎，釣老漁翁，市井少年，公門將健，行商坐賈，織婦耕夫，竊屨名儒，衣官大盜，此但心至則受，不問所由也。況夫布衣韋帶，水宿巖棲，白面書生，青衿子弟，黃冠白羽，緇衣大士，縉紳先生，象笏朱履者哉！是以車轍所至，奔走逢迎，先生抵掌其間，坐而談笑。人望丰采，士樂簡易，解衣披襟，八風時至。」見李贄著，《焚書、續焚書》，卷二，頁124～125。
〔註127〕關於「政學合一」之討論，可參吳震著，〈明代知識界講學活動繫年・引言〉

經世途徑之一，重視的是以上以道德指導政治，下以講學明學術，以啓世道人心的道德理想主義。這種觀念亦爲關學馮少墟所承。二曲指出：

> 少墟先生協理院事，與掌院南皋鄒公立會開講，十三道御史，爲關首善書院，以定會期：二八則都中縉紳聽講；四六，則舉貢生員及軍、民、工、商一切雜色人等聽講。是時，邊警告急，賊寇縱橫，中外交訌，人情震動，或曰：「此何時也而講學？」先生曰：「此何時也而可不講學！講學者，正講明其父子君臣之義，提醒其忠君愛國之心，正今日要緊第一著也。」或曰：「父子君臣之義，忠君愛國之心，原是人有的，何必講？」曰：「如是人人沒有的，眞不該講，如磨磚求明，磨之何益！如原是人人有的，只被功名勢利埋沒了，豈可不講？講之者，只講明其所本有，提醒其所本者也，如磨鏡求明，磨何可無。昔吾友陶石簣赴京，一客勸曰：『在仕途且勿講學。』石簣笑應曰：『仕途更急緊要學使用。』其客大爲解頤，余於今日亦云。」〔註128〕

馮氏對講學是甚爲重視的，他甚至上疏論其意義所在〔註129〕。其講學主要關切於晚明政局之現狀，故其講學本質上是在培養「忠君愛國之本心」，而非對現實政治之干預與批評，這與後來東林之講學對國事之針砭是有所不同的。他認爲「講學之言，正躬行之士，不可一日無者也。」〔註130〕是一種各人各自默默點檢自家良知所在的主體實踐過程。是故，推動講學即成爲馮氏的道德理念與社會實踐之過程。

至於東林講學，據《明儒學案》載顧憲成「甲辰，東林書院成，大會四方之士，一依《白鹿洞規》。其他聞風而起者，毘陵有經正堂，金沙有志矩堂，

一文。見氏著，《明代知識界講學活動繫年 1522～1602》（北京：學林出版社，2003 年 9 月），頁 17～28。

〔註128〕見〈匡時要務〉，《二曲集》，卷十二，頁 106。

〔註129〕據《明儒學案》載，馮少墟曾與鄒南皋，立首善書院於京師，倡明正學。當時給事朱童蒙、郭允厚不等不說此學，於是馮上疏論之。其言：「宋之不競，以禁講學之故，非以講學之故也。我二祖表章《六經》，天子經筵講學，皇太子出閣講學，講學爲令甲。周家以農事開國，國朝以理學開國也。臣子望其君以講學，而自己不講，是欺也。倘皇上問講官曰：『諸臣望朕以講學，不知諸臣亦講學否？』講官亦何以置對乎？先臣王守仁當兵戈倥傯之際，不廢講學，卒能成功。此臣等所以不恤毀譽，不恤得失，而爲此也。」見〔清〕黃宗羲撰，《明儒學案下・甘泉學案五》，卷四十一，頁 984。

〔註130〕見〔明〕馮從吾著，《少墟集》，卷六，頁 1293～126。

荊溪有明道書院，虞山有文學書院，皆捧珠盤，請先生蒞焉。先生論學，與世為體。嘗言官輦轂，念頭不在君父上；官封疆，念頭不在百姓上；至於水間林下，三三兩兩，相與講求性命，切磨德義，念頭不在世道上，即有他美，君子不齒也。故會中亦多裁量人物，訾議國政，亦冀執政者而藥之也。天下君子以清議歸於東林，廟堂亦有畏忌。」〔註131〕東林諸君乃「一堂師友，冷風熱血，洗滌乾坤」〔註132〕，以其愛國之誠，以訾議國政為講學，望能以濟國難以解民困的。

綜上所論，就整個宋明的講學精神而言，雖然講學態度與方法多有不同，但其本質意義都是相似的。錢穆就指出：「他們對自身同有一種嚴肅的態度，來遵行他們一種純潔高尚而肫摯的信仰。對他人則同時有一種開明的理性來傳播他們的信仰，而形成一種合理的教育。」〔註133〕而其所謂之教育，「固在開發明智，陶育人才。而最終的目的，則仍在改進政治，創造理想的世界。」〔註134〕則可見其精神理念，乃儒學「以天下為己任」之態度。故從歷史之意義與影響來說「宋明理學精神乃是由士人集團，上面影響政治，下面注意農業社會，而成為自宋以下一千年來中國歷史一種安定之力量。」〔註135〕亦即，透由講學上以影響治道與政道，下以關注世道人心之發展，才是儒學講學與經世的本質目的所在。

所以講學實為經世致用之途徑，他所講究的是藉由學術之啟蒙來達至人心之淨化，由人心之淨化形成社會之詳和、政治長治久安的終極目的。講學一方不但形成思想理論的傳遞，而形成學術、學派之興起，更重要的是講學不依附權力名位，保持了個人品格之獨立性，亦避免形成權力之附庸，而失去其理想性之價值與批評意識。

二、經世與學術人心

二曲對經世之實踐，重視的是由學術面所形成的人心教化，而非制度治道政道等政治改革的過程。學術之建立，本質上並非是指純粹客觀知識體係之建立與傳遞的，他所指向的是道德心靈之建設與培養，藉以成就的是正確

〔註131〕見〔清〕黃宗羲撰，《明儒學案下·東林學案一》，卷五十八，頁1377。
〔註132〕見〔清〕黃宗羲撰，《明儒學案下·東林學案一》，卷五十八，頁1375。
〔註133〕見錢穆著，《國史大綱下冊》，第四十一章，頁614。
〔註134〕見錢穆著，《國史大綱下冊》，第四十一章，頁613。
〔註135〕見錢穆著，《國史大綱下冊》，第四十一章，頁617。

之道德觀與行爲。是故，「經世」、「學術」、「人心」，即爲二曲社會實踐的目標、進路與內涵之關係。二曲指出

> 大丈夫無心於斯世則已，苟有心斯世，須從大根本、大肯綮處下手，
> 則事半而功倍，不勞而易舉。夫天下之根本，莫過於人心；天下之
> 大肯綮，莫過於提醒天下之人心。然欲醒人心，惟在明學術，此在
> 今日爲匡時第一要務。

「匡時」即爲匡正社會群體的態度與行爲，二曲認爲匡時的第一要務指向的是學術之昌明，學術有其功能與價值，當功能與價值能有所展現與發揮，即能對人的行爲樹立一個正確的指向。實確的說，人的行爲指向，根本所在乃在其心，人心之問題是關鍵處。是故，學術本質上，即爲一「道德心靈之建設」，亦是經世首要之務。以傳統儒學而言，本質上是一種道德人格的建設過程。社會群體之所以失序，核心因素在於：善之失而形成行爲之惡，而行爲乃是本心之發，故邏輯而言，乃由心而意而行，故必在「根本處」作下手工夫。孔子從「仁與不仁」來言此意，孟子則更細微的從四端之心，擴充則爲善，放心而行爲惡來說明。宋明以來，雖亦言氣質之惡，但更重視的「人心惟危」之處，本心有所陷溺，方有行爲之惡，故要變化氣質，更要正心和誠意。這是儒學本質上一種重視內聖成德之觀念，更是修養工夫之重要所在。最終經由內聖之德而外王，即爲傳統儒學「以道德指導政治」，以建立群治的看法。二曲指出：

> 天下之治亂，由人心之邪正；人心之邪正，由學術之明晦；學術之
> 明晦，由當事之好尚。所好在正學，則正學明，正學明則人心正，
> 人心正則治化淳；所好在詞章，則正學晦，正學晦則人心不正，人
> 心不正則治化不興。蓋上之所好，下即成俗，感應之機，捷於影
> 響。〔註136〕

> 治亂生於人心，人心不正，則天下不治；學術不明，則人心不正。
> 放今日急務，莫先於講明學術，以提醒天下之人。嚴義利，振綱常，
> 戒空談，敦實行。一如是，則身心康平，人人如是，則世可唐虞。
> 此撥亂反治、匡時定世之大根本大肯綮也，全在有立人達人之志者，
> 刻意倡率，隨處覺導。〔註137〕

天下之治與亂，有人爲主觀面之問題，亦有客觀制度面的問題，二曲之論述

〔註136〕見〈匡時要務〉，《二曲集》，卷十二，頁106。
〔註137〕見《四書反身錄》，《二曲集》，卷三十四，頁456。

與傳統儒學相似，側重的是從「道德價值」、「精神文化」層面來討論治亂之問題。

首先，他將治亂視爲人心之問題。是故，「人心之邪正」乃爲「因」，「治亂」乃「人心之邪正」的結果呈現。這說明了人心之正與邪，於是產生了「社會群體秩序化」與「失序化」之發展。人心之邪正，究其因乃導源於「學術之明晦」，學術代表學習價值的指引與發展；學術之明晦，即爲此價值性之正確與否的問題。故治亂源之人心，人心之邪正又肇於學術。其次，學術基本上，有其學習之宗旨、價值、與目標，並由此形成對受教者之指引與發展，而影響此宗旨、價值與目標等方向，又是根源於當事之好尚，所謂「上之所好，下必甚焉」，於是上位者即形成社會群體主流價值的決策與導向。故追根究底，聖王之德性，即爲解決社會群體秩序化、與道德化的本質與前提。聖王之倡導，學術之價值即爲正確性之發展，人心乃純正而善，故天下爲治；反之，則學術不明，人心爲邪，於是天下爲亂。

二曲如同傳統儒者一般，甚爲重視師道與學校之教育的。他認爲：「致治由於人才，入才出於學校，學校本於師儒，是師儒爲人才盛衰、生民安危、世道治亂之關。故師道立則善人多，善人多剛天下治，此探本至論。」〔註138〕二曲本周敦頤之論，指出師道若能彰顯其教育之職，則普及人心爲善，故天下之治實爲可能，故他強調「師道」教育之重要意義。他指出：

> 昔胡安定之教授湖庠也，當詞藝成風之際，獨以「明體適用」爲倡，諸生被其教者，莫不成德達材，可爲世用。曹月川爲霍庠學正，以躬行爲教，提誨終日，寒暑弗輟，言動步趨，皆有準繩。海剛峰教諭南平，著論云：「抱關擊柝，皆有常職，而教官一職，尤人才所由造，世運所由理。自教職之義不明，人多以爲貧而仕當之，以故居此官者，率多齟齬，不舉其職，士習蠱而吏治媮，所從來矣。」於是以師道自任，嚴課程，勤訓迪，士習丕變。張綠汀署諭華陰，教法嚴而造就有等，約束諸生，不得衣服爲美，不得出入酒肆，不得輕履公門，不得宴欲用妓，收攝防戒，纖細必備，士風爲之改觀。使居是任者，咸若四先生者，庠序方不徒設，明倫堂方不寂寞，善人何患不多，人才何患不盛，天下何患不治。〔註139〕

〔註138〕見《四書反身錄》，《二曲集》，卷四十一，頁516。
〔註139〕見《四書反身錄》，《二曲集》，卷四十一，頁516。

二曲認爲師道乃爲教育人才之第一線，具有導民於善、教化人倫之重責大任，故若能如上述所列者，倡明學術，注重品性道德、培植明體適用之才的話，實爲天下之治的前提。除此，二曲亦強調「督學」對於學術教化之職與影響。二曲在其與司牧爲官之交往與書信往返中，亦勸其誘掖獎勸推揚學術，並表章先哲，以爲後學典範。二曲在康熙二十五年（1686）丙寅〈答許學憲第三書〉中即申義於「督學」之重任。二曲曰：

> 督學，學術之宗，人才風教之所從出也。以正學爲督，則人以正學爲尚。學正則心正，心正則立身行己無往非正。正人多，而後世道生民有所賴。〔註140〕

二曲歷舉薛軒督學山東、陳恭愍公督學河南、耿天臺（耿定向，字在倫，號天臺，1524～1596）督學南直、周海門督學廣東、許敬庵（許孚遠，字孟仲，1535～1604）督學陝西，皆能講明學術、朝夕提誨，隨機立教，多方開發，使學術昌明，人心思正，以爲許學憲所效。二曲認爲學憲職責所在，乃爲「正人心、昭風猷」，故當表章先哲，以風厲後進。在康熙二十六年（1687）丁卯〈與周星公太史第二書〉信中亦曰：

> 聞督蜀學，弟爲之喜而不寐：非以督學爲台臺喜，實以台臺以倡明正學爲心。既柄此任，得以爲所欲爲，巡歷所至，必以明學術、正人心爲第一義，使多士於詞章記誦之外，知所從事，則台臺大有造於西蜀，無異薛文清之振鐸山左，快何如也。貴部射洪縣有楊愧庵者，諱甲仁，其學不事標末，直探原本，見地卓越，遠出來瞿塘之上，弟所欽服。……竊謂好賢如台臺，不知曾會其人否？如其末也，幸物色之；如或已故，亦宜以表章以光學政。此聞。〔註141〕

二曲認爲「督學」實對於地方教育之監督與推揚，具有深切之重要性。故當明學術、正人心以爲責，使爲學之人深知爲學之目的與意義所在，非在詞章記誦，而在躬行實踐。故當訪之以見表章，以光學政。

　　以上所述，乃二曲對傳統學術教育之看法，然就「實然與現狀」來看，學術與人心，基本上並非是朝正常化之發展。二曲在〈匡時要務〉中即指出：

> 經書垂訓，所以維持人心也；學校之設，所以聯群會講，切劘人心

〔註140〕見〈書一〉，《二曲集》，卷十六，頁173。
〔註141〕見〈書二〉，《二曲集》，卷十七，頁183。

也。自教化陵夷，父兄之所督，師友之所導，當事之所鼓舞，子弟知所習尚，舉不越乎詞章名利，此外茫不知學校為何設，讀書為何事，嗚呼！學術之晦，至是而極矣；人心陷溺之深，至今日不忍言矣。昔墨氏之學，志於仁者也，視天下為一家，萬物為一體，慈憫利濟，唯恐一夫失所。楊氏之學，志於義者也，一介不取，一介不與，從其學者，人人一介不取，一介不與。從其為學，視後世章句、名利之習，相去何啻天淵！孟子猶以為愛無差等，理亂不關，辭而闢之，至目為「無父無君」，比之「洪水猛獸」，蓋慮其以學術殺天下後世也。夫以履仁蹈義為事，其源少偏，猶不能無弊。矧所習惟在詞章，所志惟在名利，其源已非，流弊又何所底止。此其以學術殺天下後世尤酷，比之「洪水猛獸」，尤為何如也。洪水猛獸，其為害也，止於其身；學術不明，其為害也，根於其心。身害人猶易避，心害則醉生夢死，不自知覺，發政害事，為患無窮，是心害酷於身害萬萬也。非大有為之君子，以擔當世道、主持名教為己任；則學術何自而明，心害何自而拯？〔註142〕

二曲認為學術本質上是一「道德心靈之建設」，透由學校之設，經由師友之講學與學習實踐過程，而使主體形成「道德化」、「秩序化」之歷史塑造，這是傳統教育當中甚為重要的一環。二曲對於學術之反省與重視即在於此，因為主體人格之自明而誠，本質上是艱困的過程。教育之學習，其功能與意義即在於能切身影響每個受教者之「價值目標」。

學術之意義關係深遠，二曲即從孟子辟楊墨之例，來說明「學術」與「價值目標」之關係。二曲認為楊墨之學，皆有可取亦有所失，這個判斷之標準是從「道德理想主義」之處來加以肯否的。亦即，從道德理想主義下來看，墨子愛無差等、楊朱個人主義，皆於此嚴格理想目標下有所誤差。學術本質上，即是「價值目標」之引導與展現，使每個受教者，皆往此目標契合與體現，他之所以嚴格與理想之目的即在於：他是群體價值目標之「總源頭」，源頭稍有偏差，即會形成社會價值之流失，而此流失自然造成人心之邪與天下之亂的結果。

二曲認為現存之際有所謂「自然之害」與「學術之害」。自然之害，其害為小所害易避；而學術之害，所害為大而人不知所害，這說明了當學術成為

〔註142〕見〈匡時要務〉，《二曲集》，卷十二，頁104～105。

群體價值之引導時，對此主流價值之走向能夠作正確之反省與自覺，畢竟為少，是故其害為深且遠，乃為世代之心害。實然上，現行之教化即是學術之害的狀態，此即儒學之異化，無論所讀、所教、所學，基本上，皆朝此功利化之發展。無論上層「當事之君」之引、中間「學習之師」之導，下層「父兄之親」之督，乃至百姓之所習，皆為此錯誤之發展與走向。故對於關切經世治亂者，則必須重新的建構一正確的學習目標、宗旨與價值。而此道德心靈之建設，即必須透由「講學」的過程，重新開創學術之明確的發展。「學術」乃透由「講學」加以傳播與普及，「講學」乃「學術」主旨、目標、價值客觀之呈現與傳導，學術攸關人心，人心影響治亂。是故，講學即形成經世治亂之關鍵所在。講學其功能在於拯救人心，其目的在於經世之實踐，以達天下之治的弘願。二曲指出：

> 民之於仁，甚於水火。人或可一日無水火，必不可一日無學：不可一日無學，則不可一日不講。講則人知所嚮，日淘月汰，天理常存，而人心不死，不講則貿貿焉莫知所之，率意冥行，不免任氣滋慾，隨俗馳逐而已。〔註143〕

> 立人達人，全在講學：移風易俗，全在講學：撥亂返治，全在講學：旋乾轉坤，全在講學：為上為德，為下為民，莫不由此。此生人之命脈，宇宙之元氣，不可一日息焉者也，息則元氣索而生機漓矣。〔註144〕

> 隨人開發，轉相覺導，由一千人以至千萬人，由一方以至多方，使生機在在流貫，此便是「為萬天地生心，生民立命。」〔註145〕

講學本質上，即是一種「生機流貫」之狀態，此生機為主體之仁的覺解與體現。二曲認為『講學』，正講明修德之方也，不講則入德無由。」〔註146〕講學之目的，即是先知覺後知，先覺覺後覺的過程，在此覺之中，將此主體之仁加以開發與覺導，使百姓日用不知而為知，使率意冥行滋慾馳逐之人而天理常存，將人本有的道德意識加以顯揚與擴充，心涵其理而主體常明，行為即合乎秩序與人倫規範，使內在德性成為實存的不移之狀態。是故，「自己不

〔註143〕見〈匡時要務〉，《二曲集》，卷十二，頁105。
〔註144〕見〈匡時要務〉，《二曲集》，卷十二，頁105。
〔註145〕見〈匡時要務〉，《二曲集》，卷十二，頁106。
〔註146〕見《四書反身錄》，《二曲集》，卷三十四，頁455。

知學，不可不尋人講，講則自心賴以維持；自已知學，不可不與人共講，所講在學，講則人心賴以維持，學術愈明，剛世道賴以維持。」〔註147〕這說明了，無論主體成己乃至成人、成物的人文教化、社會實踐，乃至於參贊萬物與四為大業之展現，都必須藉由「講學」的過程來加以完成，其意義與影響是深遠而重要的。

綜上而言，可清楚理解的，傳統之教育與學術發展，並非朝向一良性之發展而為的，這也是二曲重視講學「慧命相續」之意義所在。二曲認為這是傳統儒學在學校教育體制外，尤其當學術功利化時，更是主體的道德使命與責任所在。整體來說，二曲認為政學應當合一，為官亦當講學，而非為政者亦更須講學，故無論身居何職地位皆應經世講學。而就其自身而言，其標榜孔子、王艮之例，皆不依勢位而得以有為，更為其自身行動之憑藉。亦即，透由講學可達儒學立人達人之意義，又與政權保持等距之關係，而不受其寵絡與影響，就主體人格、道德使命而言，講學實為一全盡此問題之管道。

所以從經世、學術、人心三個層面之論述，可見二曲認為對群體秩序化之過程，是須仰賴人心的教化這一層來完成，故正本清源之道，即是透由學術與講學的道德重建工程來加以實現的。惟有重建學術與人心之價值，群體之治方可完成。此不但為二曲內在之弘願，亦為當時儒學異化的對治狀態。是故，講學即為二曲經世實踐中，最為重要的一環。

第四節　二曲的經世實踐

論二曲之經世實踐，本節將從四個方向來立論。首從二曲講學歷程加之考察，以明其對講學教育之過程。其次，則針對二曲對關中書院之教育與建設加以說明。第三、則從關學之推動與弘揚，以明二曲對關學之影響。最後，則從二曲個人之道德實踐，尤其不出仕之大義，論其經世之落實。以下則依序論之：

一、二曲講學歷程之考察

二曲一生最為重要的經世實踐，即為講明學術以正人心。二曲認為經世當以講學，以明人心，以助教化，以成風俗，而達天下之治的目的。具體來

〔註147〕見《四書反身錄》，《二曲集》，卷三十四，頁455。

說，二曲一生之講學可分幾個階段。

首先，二曲早年時期之講學，乃屬「居家授學」。據〈年譜〉載，二曲最早講學乃為順治三年丙戌（1663）二十歲時。當時盩厔之邑宰樊嶷「聞先生好學，遣吏敦延，先生以『庶人無入公門之理』力辭。」〔註148〕後樊嶷會晤於公所，「相與論學，不覺心折。」〔註149〕並執區曰：「大志希賢」以表之。之後樊嶷因事見謗，臨別之際手書致意言二曲「必為大儒」，並指二曲往後必為「擔當世道，主持名教，非吾子其誰耶？」〔註150〕這是二曲之學為人初識與講學。此後十年二曲廣學研讀、出入三教，究心經濟經世之學，並逐漸為人所知。在順治十三年丙申（1652）〈年譜〉載：「河南嵩縣王所錫、劉鑛嚮慕先生之論學，有補世道人心，介張密走謁先生於里塾，退而錄其答語，名曰〈盩厔問答〉。」〔註151〕在順治十六年己亥年（1659），當時之邑宰駱鐘麟即對二曲「長跽請誨，嚴奉師事。」〔註152〕駱氏除在政暇之際即趨廬請益，並在生活物資上多所周濟，且具文偏告各衙門加以推崇。駱氏為文指出：

> 盩邑有隱士李顒者，其人生而穎異絕倫，潛心聖學。年未弱冠，即見器於前令樊嶷，知其超悟之資，必為名世大儒。卑職蒞任之初，首重得人，因造其廬，訪其人，挹其德容，不覺形親神就。初猶執賓主之禮，即不覺甘拜下風而恐後矣。其學以「慎獨」為宗，以「養靜」為要，以「明體適用」為經世實義，以「悔過自新」入作聖入門。流覽著述良多，而其引進同志，開導學人，惟「悔過自新」之說。是故淺人見之以為淺，深人見之以為深。上下根人俱堪下手耳，年未強立，絕意進取，卑職躬行講約。屢經造請，未嘗譽一至偃室，其求榮干進之心，久以屏卻，但景仰高風。不敢隱蔽。〔註153〕

於是一時臺、司、道、府始知先生，莫不優崇。爾後，二曲不斷的受到表章與贊譽，並有弟子造廬求學。例如在順治十七年庚子（1660）〈年譜〉記載：「同州黨孝子湛，馮少墟之門人也，年八十餘，冒雪履冰，徒步就正所學。」

〔註148〕見吳懷清著，〈年譜〉，《二曲集》，附錄三，頁 629。
〔註149〕見吳懷清著，〈年譜〉，《二曲集》，附錄三，頁 629。
〔註150〕見吳懷清著，〈年譜〉，《二曲集》，附錄三，頁 629。
〔註151〕見吳懷清著，〈年譜〉，《二曲集》，附錄三，頁 634。
〔註152〕見吳懷清著，〈年譜〉，《二曲集》，附錄三，頁 636。
〔註153〕見吳懷清著，〈年譜〉，《二曲集》，附錄三，頁 636～637。

〔註154〕康熙元年壬寅（1662）〈年譜〉載：「天水蔡溪嚴啓胤年倍於先生，遙肅贄受學。」〔註155〕康熙二年癸卯（1663）〈年譜〉載：「蒲城王省菴來學。」〔註156〕之後恐因遭人忌，又逢母喪，是以謝絕人事與應酬。是故，康熙五年丙午（1666）〈年譜〉即載：「葉太守重建關中書院，欲延先生開講，託李叔則介紹，先生不答。」〔註157〕則因與上述因素相關。

　　整體而言，這個階段就二曲之學而言，是個人證悟之完成，〈悔過自新〉說之創立，與體用之學的論述。就講學與社會之互動，當時為官之士的受學與贊揚推崇，是二曲個人聲譽顯揚的因素之一。除此，其講學兼垓體用，頗一新耳目，加上為人清貧高尚，是以普遍受到認同與肯定。

　　其次，二曲講學第二階段是「中年之教」，乃為一「遊歷講學」與「書院講學」，主要是從康熙七年戊申（1668），至康熙十年辛亥（1671）之過程。關於二曲「遊歷講學期」之形成，導源於康熙七年戊申（1668）駱鐘麟俸滿陞任，二曲因餞別而有東行之舉，遂有講學之活動。這階段之經過均載記於〈東行述〉之中。二曲這階段之講學，是相較之前個別傳授，是一種會講之過程。如在抵達弟子白如菴所居之蒲城，即有公開之講學，講學之內容，主要是以「發明固有之良」，強調的是顏淵、曾子「默而存之」的體驗，而非論辯逞口舌之能。此次會講「士紳因感生發，多所興起，農商工賈亦環視竊聽，精神躍勃。」〔註158〕這樣的講學，所啓已非純粹士紳官宦，已近社會教育之特色。同時，二曲館於白墅「郡紳李懷安子燮請益踵接。張敦菴珥長跽受教，李文伯士璸，馬憟若秫、馬仲足逢年等，年倍於先生，咸北面從事，執侍唯謹。鄰邑人士亦聞風爭進。」〔註159〕

　　第二次公開會講乃為康熙十年辛亥（1671），因赴襄城招其父之魂，而遂有南行之舉。這階段之經過均載記於〈南行述〉之中。此年正月十四日二曲開講於「府庠明倫堂」與「武進邑庠明倫堂」，從遊者錄其為〈兩庠彙語〉。此處之講學，主要談教化之理，論異端之學、三教異同、以及朱陸異同之問

〔註154〕見吳懷清著，〈年譜〉，《二曲集》，附錄三，頁638。
〔註155〕見吳懷清著，〈年譜〉，《二曲集》，附錄三，頁639。
〔註156〕見吳懷清著，〈年譜〉，《二曲集》，附錄三，頁640。
〔註157〕見吳懷清著，〈年譜〉，《二曲集》，附錄三，頁643。除此，二曲在〈答董郡伯〉書中亦指出：「葉郡伯雖非循吏。」（見《二曲集》，卷十七，頁181）這恐怕也是其不願於關中講學之因。
〔註158〕見吳懷清著，〈年譜〉，《二曲集》，附錄三，頁646。
〔註159〕見吳懷清著，〈年譜〉，《二曲集》，附錄三，頁646。

題，乃至道德涵養工夫之道。爾後，至江蘇無錫訪文廟，並至高攀龍（字存之，別號景逸，1562～1626）祠參拜。二月初二日應邑宰吳興祚、教諭郝毓參之請，開講於「明倫堂」，此次講學之內容，由毗陵門人徐超、張濬生錄爲〈錫山語要〉。其講學之內容，乃論「格物」之意，以及論《易》之三昧所在。初四日應高攀能之姪高彙旃與名宿之延，會講於東林書院，門人徐超、張濬生錄爲〈東林會語〉。其會講之內容，則爲論《論語》「學而時習之」一章之義，又論舉業之弊，乃至陸王之問題。初六日應秦燈巖與其兄之邀，開講於「淮海宗祠」，其答與錄爲〈梁溪應求錄〉。其講學之內容，在於申義「孝弟爲仁之本」，以及論「良知之『知』與知識之『知』」之異。初八日爲其學生立〈學程〉數條，並於十一日開講於江陰明倫堂。十五日講學於靖江明倫堂，門人錄其答語爲〈靖江語要〉。其講學之內容，主要論爲學當「立本」，並論陽明「無善無惡」之旨與性善之學，以及朱陸異同，乃至「主靜」之工夫與「主敬」之操存。之後，二曲思歸，弟子送別之後，其弟子吳濬長「退而鬻產，倡同志鼎建延陵書院，安奉肖象，遵其教規。」〔註160〕

康熙十一年壬子（1672）二曲至省南謁馮少墟墓，並訂其遺集，寓於燕塔。學憲鍾朗出城拜訪，質疑咨學。每日就近請教。「時值大比，三邊八郡士萃省，聞風爭造，肩摩踵接，先生隨人響答，終日不倦，於是秦人始知章句之外原自有學，興起者甚聚。」〔註161〕之後，二曲即講學於關中書院，其因導源於當時陝西總督鄂善之請。據〈年譜〉康熙十二年癸丑（1673）載「鄂總督善政崇風教，自巡撫時雅幕先生，知先生不履城市，難以屈致。是年，復修關中書院，拔各郡俊士於中，乃因鍾提學致饑渴，又因咸寧郭丞通禮意，四月，肅幣聘先生講學。先生力辭至再，鄂公敦延愈殷，三往然後應。」〔註162〕關中書院創立於明萬曆三十七年（1609）〔註163〕，其創立之因由。馮少墟〈關中書院記〉指出：

> 余不肖偕諸同志講學寶刹古寺有年矣。已酉十月朔日右丞汪公，憲長李公、憲副陳公、學憲段公，聯鑣會講，同志幾千於人，相與講心性之旨，甚具驩然，日晡始別，諸公謂余曰：「寺中之會第可暫借而難垂久遠，當別有以圖之明日，即以寺東小悉園檄咸長兩邑改爲

〔註160〕見吳懷清著，〈年譜〉，《二曲集》，附錄三，頁661。
〔註161〕見吳懷清著，〈年譜〉，《二曲集》，附錄三，頁666。
〔註162〕見吳懷清著，〈年譜〉，《二曲集》，附錄三，頁667。
〔註163〕樊克政著，《中國書院史》，第六章，頁165。

關中書院，延余與周淑遠諸君子講學其中。」〔註164〕

此書院乃馮少墟去職後為當事籌建予以講學之處，然鼎革之後，一直荒廢，後經鄂總督崇善風教才予以修葺，並延二曲主持書院講學。在這主講階段二曲立有〈學規〉、〈會約〉，以約束禮儀，整束身心，關於列〈學規〉、〈會約〉之經過，二曲就〈關中書院會約〉中指出：「關中書院，自少墟馮先生而後，學會久已絕響。今上臺加意興復，此當今第一美舉，世道人心之幸也。諸同志川至雲集，相與切劘，雖以顒之不肖，亦獲濫廁會末，振頹起惰，叨益良多。眾謂會不可以無規，促顒揭共概，誼不得固辭，謹條列於左。」〔註165〕

至於二曲關中書院講學之經過。據〈年譜〉康熙十二年癸丑（1673）載：

> 公偕阿撫軍席熙暨三司迎候於書院之翼室，設宴，隨改其室為明道軒。次日，請先生登座，公與撫軍藩臬以下，抱關擊柝析以上，及德紳、名賢、進士、舉貢、文學、子矜之眾，環階席而侍聽者幾千人。先生立有〈學規〉、〈會約〉，約束禮儀，整束身心。三月之日，一在舉行，鼓蕩摩屬，士習丕變。故老有逮事馮少墟者，目睹其盛，謂「自少墟後講會久已絕響，得先生起而振之，力破天荒，默維綱常，一髮千鈞，視少墟倡學於理學大明之日，其難不啻百倍。」〔註166〕

可見二曲講學於關中書院，實造成相當大之影響。然此講未能延續甚久。其因素在於二曲受到薦舉之影響。二曲於康熙十二年癸丑（1673）〈上鄂制臺〉書中，即明白指出其因：

> 前者三辭不獲，靦顏應召，兩赴書院。言無可聽，行無可取，中夜自思，既負明公下問之誠，兼愧朋友琢磨之益。方欲束身告退，肆力耕耘，忽聞愚賤之名，上塵春覽，驚魂欲墜，俯仰難安。……。歷觀前代盛時，凡徵辟不就者，皆傳為美談，而誦薦舉者之知人；其有出就一職，名實俱喪者，往往取笑於當時，貽譏於後世。此前事之已驗，然則明公今日，寧傳為美談乎？抑為人譏笑乎？二者當知所擇矣。〔註167〕

之後二曲因受名累，亦不願受其舉薦，即離開書院講學而一返於家，而結束

〔註164〕見〔明〕馮從吾著，《少墟集》，卷十五，頁1293～247。

〔註165〕見〈關中書院會約〉，《二曲集》，卷十三，頁113。

〔註166〕見吳懷清著，〈年譜〉，《二曲集》，附錄三，頁667。

〔註167〕見〈書二〉，《二曲集》，卷十七，頁166。

約三個多月的書院講學。

　　整體而言，二曲這個階段之講學，有幾個特點。首先二曲此時已為關中名儒，是以講學之過程，多是應邀而至，講學本質上即是一種思想傳遞之過程，此時之講學，已為後來清初三大儒的歷史地位譜下基礎。其次，此階段之講學，已非曲守一方之思想獨發，在這個階段，二曲與他人有公開之會講，促成了學術交流之意義。第三、二曲在弟子立下〈學程〉，也是後來關中書院〈學則〉、〈會約〉之前提。第四、二曲個人思想重要之觀念，多藉此時完成，如康熙七年戊申（1668）白含章錄〈學髓〉、如康熙八年己酉（1669）張敦庵錄〈體用全學〉、李文伯錄〈讀書次第〉，如康熙十年辛亥（1671）從遊者錄〈兩庠彙語〉、徐超、張瀋生錄〈錫山語要〉、〈東林書院會語〉、秦燈嚴錄〈梁溪應求錄〉、門人錄〈靖江語要〉等。此皆二曲於此階段，對其思想有所講述與發揮，並形成重要理論之過程。

　　二曲講學第三階段，乃「閉門講學」之階段。二曲因受薦舉影響，多閉門門謝世不與人接。除因避兵至富平四載外，歸後即築堊室，不復出戶。此階段受學如康熙二十年辛丑（1681）「邠州詞林王吉相受業。王潛心性命，學務向裏，晉謁請教，遂北面從事。」〔註168〕康熙二十一年壬辰（1682）「春三月，武功諸生張志坦偕同邑馬仲章來學。」、「十月，鄂脈王爾緝心敬來學。心敬弱冠游庠食餼，文名藉甚，聞先生論學有感，遂棄諸生從先生，朝夕執侍，一意闇修。」〔註169〕康熙二十四年乙丑（1685）「漢陽傅良辰、江陵張子逮來學。」〔註170〕康熙二十七戊辰（1688）「三月，李汝欽來學，先生授以肘後牌。汝修錄之，名曰『授受紀要』。」〔註171〕

　　整體而言，二曲此時期實如閉門隱居，其對外講學已不復見。其主要之著作為居富平間之〈富平答問〉、以及李汝欽所錄之〈授受紀要〉外，而最為重要即為潛心完成《四書反身錄》一書之著。

　　所以二曲講學之歷程之考察，大抵可從三個階段予以劃分。第一階段乃居家授學，此時名聲漸顯，而受時人所重。第二階段，乃講學於江南地區，亦主講於關中書院，乃二曲最為重要的講學實踐，然終因薦舉之因而告停。第三階段，二曲即閉門謝世，已無公開講學活動，此時多面傳授教，而有晚

〔註168〕見吳懷清著，〈年譜〉，《二曲集》，附錄三，頁682。
〔註169〕見吳懷清著，〈年譜〉，《二曲集》，附錄三，頁682～683。
〔註170〕見吳懷清著，〈年譜〉，《二曲集》，附錄三，頁684。
〔註171〕見吳懷清著，〈年譜〉，《二曲集》，附錄三，頁692。

年《四書反身錄》之著。

二、關學之推動與弘揚

　　二曲經世之實踐亦重視對關學之推揚弘揚。二曲早年，饑寒清苦，無所憑藉，而自拔流俗，即以「昌明關學為己任」〔註172〕。中年之後更極力推動關學。所謂「關學」，指的是關中地學之學術發展。二曲對關學學脈之詮釋與討論，在康熙二十六年丁卯（1687）〈答董郡伯第三書〉一文中即明白指出：「關學一脈，張子開先，涇野接武，至先生而集其成，宗風賴以大振。」〔註173〕亦即，二曲所謂的「關學」，就其要而言，指的是以張載、呂涇野與馮少墟三人為關學之主流發展。當然，除此以外，二曲對關中學脈之推揚亦擴及其它先賢，例如段容思（段堅，字可久，號容思，1419～1484）、周小泉（周蕙，字延芳，號小泉，？～？）、張默齋、張雞山、馬二岑等諸人。二曲對關學之推動與弘揚，是結合一己與當政之力而成的，在具體上，主要以表章先哲為始，並針對書院專祀之修葺與整理，以及文獻之整理與流布，作為其推動與弘揚之過程。以下則依序論之：

（一）表章先哲以獎勵後進

　　二曲對關學之推動與弘揚，首重「表章先哲以獎勵後進」。他與為官司牧者論交之際與書信往訪間，在倡明學術與正人心之意旨的具體落實上，即屢屢申義於對關學先哲的表章與崇祀。如康熙二十五年丙寅（1686）〈答許學憲第三書〉中即言：

> 表章先哲，所以風屬後進。蘭州先哲段容思先生諱堅，以理學開先；秦州先哲周小泉先生諱蕙，奮迹戍卒。鳳翔先哲在成、宏閒，則有張默齋先生諱傑；昌、啟閒，則有張雞山先生諱舜典，並倡學明道，為世真儒，流風餘韵，於今為烈。其祠宇不知尚存與否？伏願移檄查訪，存則令地方以時修葺，無則禮以義起，不妨勉其設處枊舉。如力有未逮，不能三楹，即一楹亦可以存神，稍存眉目，以成地方勝跡。〔註174〕

〔註172〕見〈儒林一〉，見趙爾巽等編著，《清史稿校注》，卷四八七，列傳二六七，頁10974。

〔註173〕見〈書二〉，《二曲集》，卷十七，頁181。

〔註174〕見〈書二〉，《二曲集》，卷十七，頁175。

二曲所論諸人，皆爲明代關中先賢。此學據劉蕺山〈師說〉言：「是時關中之學，皆自河東派來，而一變至道。」〔註175〕故黃宗羲承襲師意，皆將此關中學者列於〈河東學案〉中。首先，如於段容思，據《明儒學案》載：「段堅字可久，號容思，蘭州人也。年十四，爲諸生，見陳緱山《明倫堂上銘》『群居慎口，獨坐防心』，慨然有學聖人之志，於是動作不苟。……。自齊、魯以至吳、越，尋訪學問之人，得閻禹錫，白良輔，以溯文清之旨，踰年而歸，學益有得。登景泰甲戌進士第，歸而讀書。越五年，出知福山縣，以絃誦變其風俗，謂『天下無不可化之人，無不可變之俗』……。先生雖未嘗及文清之門，而郡人陳祥贊之曰：『文清之統，惟公是廓。』則固私淑而有者也。」〔註176〕可見其學雖無所承，但實私淑薛瑄之學。二曲言段容思以理學開先，實爲明代關學之先趨，其後學則爲周小泉。據《明儒學案》載：「周蕙字廷芳，號小泉，山丹衛人，徙居秦州。年二十，聽講《大學》首章，奮然感動，始知讀書問字。爲蘭州戍卒，聞段容思講學，時往聽之。久之，諸儒令坐聽，既而與之坐講。容思曰：『非聖弗學。』先生曰：『惟聖斯學。』於是篤信力行，以程、朱自任。」〔註177〕周小泉之後有門人渭南薛敬之、泰州王爵。而薛敬之後傳呂柟，成爲關學自張載後另一承先啓後之人。二曲於〈觀感錄〉中即云：

> 按小泉先生崛起行伍之中，闡洛、關絕詣以振頹俗，遠邇嚮風，賢愚欽仰。思庵薛子不遠數千里從之學，每晨候門躬掃坐榻，跽而請教，事之唯謹，卒得共傳，爲一時醇儒。其後呂文簡公又問道於薛，以集關中大成，淵源所自，皆先生發之，有功關學甚偉，然其初特一軍卒耳。甚矣，人貴實自立也。〔註178〕

此爲二曲對周小泉雖崛起行伍之中，卻立志篤學，成爲振起關學之重要人物的評述。至於張默齋，據《明儒學案》載：「張傑字立夫，號默齋，陝之鳳翔人。正統辛酉鄉薦，授趙城訓導，以講學爲事。文清過趙城，先生以所得質之，文清爲之證明，由是其學益深。……其工夫以『涵養須用敬，進學在致知』二語爲的。用《五經》教授，名重一時。當道聘攝城固學事，先生以鄉黨從遊頗眾，不能遠及他方辭之。段容思贈詩『聖賢心學眞堪學，何用奔馳

〔註175〕見〔清〕黃宗羲撰，《明儒學案上》，頁4。
〔註176〕見〔清〕黃宗羲撰，《明儒學案上·河東學案上》，卷七，頁125。
〔註177〕見〔清〕黃宗羲撰，《明儒學案上·河東學案上》，卷七，頁130。
〔註178〕見〈觀感錄〉，《二曲集》，卷二十二，頁286。

此外尋』。先生答詩亦有『今宵忘寢論收心』之句，學者爭傳誦焉。」〔註179〕可見其學亦爲朱學之傳。而張雞山，據王心敬在《關學編》論及「雞山張先生」言：「先生明舜典，字心虞，鳳翔府人，萬曆甲午孝廉，官終特授武選員外。學者稱雞山先生。自諸生時即潛心理學。受知督學德清敬庵許公。敬庵理學名儒也，先生既舉於鄉，迺自歉斯理不明，世即我用，我將何以爲用，仍裹糧南從敬庵學，因交江右鄒南皐，常州顧涇陽二先生。其他緣途名儒，往往交訪以資印證，遂洞見明德識仁之旨。」〔註180〕此上所述數人，皆爲明代關中理學之重要學者。總之，二曲認爲學術以正人心，應當表章先哲，以爲後世之典範，故當興賢崇德，察訪的確，使野無遺賢。

而對於晚明關中之儒，二曲則撰有〈馬二岧先生傳〉，以明其人其事。其〈傳〉曰：「先生名嗣煜，字元昭，同州人。……先生蚤承庭訓，博洽刻勵，以古學自任，數奇不售，生徒日多。其講授大旨，以洛、閩爲宗，戒空談、敦實修。」〔註181〕二岧先生後值武定州太守，敵兵來擊，守城而不降，最後刃先生而投諸水火。二曲論其〈傳〉最後曰：「關學自馮定公而後，咸推二岧先生。余自童時，即聞風景慕，深以生不同時爲憾。先生冢嗣棫士，嘗從余遊，因訪其遺集而讀之，蓋孜孜爲善之吉人也；至其殉難大節，足以橫秋霜而貫白日。噫，講學如先生，吾無閒然矣！」〔註182〕這是二曲對其人其學其事之推揚，馬氏之學戒空談而敦實，其臨難而殉節，更可見講學與道德節操踐履一致性之意義。

所以二曲認爲以學術正人心，應當表章先哲以獎勵後進，如此一來，人知所仿所效，自然而然即能身篤其行，此對於學術人心實有莫大之助益。

（二）書院專祀之修葺與整理

如上所述，二曲指出學政之責在於督導學術，以明人心之教化，故深涵地方教育之大責。故亦深盼學政能善盡其職。亦即，興賢崇德、表章節操，乃爲後學仿效之處，人才風教即可爲正，學術昌明、人心孚正，世道自然安

〔註179〕見〔清〕黃宗羲撰，《明儒學案上‧河東學案上》，卷七，頁126。

〔註180〕見〔明〕馮從吾輯、〔清〕王心敬增輯，《關學編》，收入於《四庫全書存目叢書‧史部第一二六冊》（濟南：齊魯書社出版印行，1995年5月，據山西大學圖書館藏清乾隆王氏家刻嘉慶七年周元鼎增刻本），卷六，頁 126～435。

〔註181〕見〈傳〉，《二曲集》，卷二十，頁245。

〔註182〕見〈傳〉，《二曲集》，卷二十，頁245～246。

順而和寧。而在具體之落實上，二曲認爲學政應察訪明確，使鄉野無遺賢，並加以式盧行獎；而對於已逝之先賢，當以祠宇典祭，對於年久傾圮處，更應加以修葺整理。二曲甚爲重視「書院」、「專祠」的崇祀。據〈年譜〉康熙七年戊申（1668）載二曲東行西返時「謁涇野祠。邑令許琬聞而迎謁。先生睹祠宇頹殘，託許重葺，恤其後裔。」〔註183〕故於同年與〈高陵許明府〉書中，言及呂涇野之祀廟時即指出：

> 僕素仰慕呂涇野先生，昨因赴同州講會，道經貴治，進城瞻禮先生遺像，覩廟貌摧圮，不禁嘆息！承明府聞風枉顧，雅誼殷篤，輒不自揣，敬以捐俸修葺爲懇。……。望鼎力具文申復，俾世世相承弗替。夫表揚先儒，振起後人，乃守土者之責，執事之素心，自不待僕言之畢也。〔註184〕

邑令許琬後亦尊二曲之意而修其祠〔註185〕。又如其在康熙二十六年丁卯（1687），在〈答許學憲第七書〉中論及「橫渠書院」時亦指出：

> 關中之學，橫渠先生開先。郿縣橫渠鎮乃其故里也，先生生於斯，長於斯，老於斯，葬於斯，則橫渠之爲橫渠，亦猶曲阜之闕里，英靈精爽，必洋洋於斯。宋明以來，建有橫渠書院，春秋俎豆，以酬功德，萬曆、天啓間，當事之政崇風教者，嘗加葺修。今年久傾圮，僕竊歎息！二程、朱子書院之在洛陽、建陽者，地方以時葺修；此院之廢，獨無人過而問焉，好尚不同故也。幸遇執事，加意關學，敢以爲請，伏願量捐冰俸，亟圖修復，明振風猷，默維道脈，所關豈淺小尠哉！〔註186〕

此書一出，許學縣從善如流，即「捐俸百金倡修，規模煥然改觀。」〔註187〕而除「橫渠書院」、「涇野專祠」之外，二曲亦主張將「關中書院」設爲馮少墟之專祠。以書院爲祭祀聖賢本行之有年，書院本質上即兼具讀書、藏書、刻書，祭祀等多重功能。而祭祀之目的，乃基於一種崇本務德之心，而對先賢德業事功加以推揚，除此，更兼具者尊隆道統與樹立師道的精神涵意所在

〔註183〕見吳懷清著，〈年譜〉，《二曲集》，附錄三，頁647。

〔註184〕見〈書二〉，《二曲集》，卷十七，頁184。

〔註185〕見《年譜》載：「《高陵志》：許琬康熙七年修城隍廟，九年修文廟，十年修諸祠。」見吳懷清著，〈年譜〉，《二曲集》，附錄三，頁647。

〔註186〕見〈書二〉，《二曲集》，卷十七，頁175。

〔註187〕見吳懷清著，〈年譜〉，《二曲集》，附錄三，頁690。

〔註188〕。關於此層意義，二曲於康熙二十六年丁卯（1687）〈答董郡伯第四書〉中指出：

> 前代諸名儒，凡建書院講學者，沒即以書院爲專祀，崇祀於其中。關中書院，萬曆間當道諸公爲馮恭定公少墟先生講學建也。……。及先生沒，撫軍劉公會同巡按并在省各官，將書院更爲先生專祠，設先生木主於講堂，永爲禴祀之所，大書「馮恭定公祠」五字，額其院門。〔註189〕

此爲關中書院所建之因，以及在馮恭定公過世之後的處理狀況。之後二曲在鄂督臺的延敦下出掌關中書院，發現關中書院現今典制的處理，則有些許不當之處，故針對此崇祀提出建議之道。二曲指出：

> 至則睹講堂所列祀位，混同帝王建學崇祀古先聖帝明王之制，私竊駭異。〔註190〕

二曲認爲現今關中書院所列祀位之擺設，若爲崇祀先聖帝王之制，意在道統之敘，似無不可，然敘道統之處須有限定。他認爲「敘道統而敘之前無祠宇、後無先師之書院即可，敘之於前係專祠、後有先師之書院則不可。」〔註191〕亦即，二曲認爲關中書院已爲馮恭定公之專祠與書院所在，無須列敘道統之傳承，目前之陳設實屬不當。除此，他又針對當時學憲洪公在書院中設立張載之木主，有所疑議。他指出：

> 殊不思張子鄠縣原籍自有專祠，其鳳翔本郡，自有橫渠書院，武功又有綠野書院，蒲城、三水、臨潼俱有祠宇，專祀張子。先生止有此區，此外再無別祠，乃以先生講學之堂，安設張子，安在其爲馮定公專祠耶？〔註192〕

二曲認爲既爲講學書院，又爲專祠，則必須清楚而明確的以馮定公之祭祀爲主，而不應有所混合。他認爲應當「擇吉移先生木主於前，以先生前講學之堂，止一專祀先生，則其英靈精爽，必洋洋於此，實天理人情之至。」〔註193〕

〔註188〕關於書院之功能討論，可參吳萬居著，〈宋代書院興盛之原因及其功能〉一文，見氏著，《宋代書院與宋代學術之關係》（臺北：文史哲出版社，民國80年9月），第二章，頁70～98。

〔註189〕見〈書二〉，《二曲集》，卷十七，頁180。

〔註190〕見〈書二〉，《二曲集》，卷十七，頁180。

〔註191〕見〈書二〉，《二曲集》，卷十七，頁180。

〔註192〕見〈書二〉，《二曲集》，卷十七，頁180。

〔註193〕見〈書二〉，《二曲集》，卷十七，頁181。

而將張子木主移至堂後閣下，而以馮恭定公所著的《關學編》中所列之先哲從祀，方爲書院典制，這不但是關學一脈之表章，亦不失專祠獨特意義所在。除陳設之弊外，現有建設之不足處，二曲亦有提議。他指出：

> 乃張子祠之在郿縣、鳳翔、武功諸處，及涇野祠在高陵者，俱是塑像，獨先生至今尚未塑像，往來書院者，無所瞻仰，殊爲缺典。
> 〔註194〕

二曲認爲書院中缺乏馮恭定公之塑像，這對於崇祀先賢往哲之意，是有缺失的。故二曲認爲應當妙選良工補塑其像，以爲瞻仰所需；而且可將馮恭定公之高足，置於側旁加以從祀。

　　總的來說，二曲認爲書院與專祠之崇祀，乃在於表章先賢，以爲後世所法，實乃倡明學術以正人心的積極表現。重視其書院、祀廟之存建，此不但代表其道統文化之傳承外，更有助於學術之教化。

　　所以二曲屢以當政書信論及書院與專祠之問題，在於他認爲對於表章先哲之具體落實上，不能使其無所崇祀，故應當針對其書院與專祠，加以修葺與整理，此爲對其對關學學術之弘揚與推動的實踐。二曲對關中書院現況問題之建議，指向的是以馮恭定公之專祠與書院爲主的思考，他認爲不應當將關學或太學之祭祀處理方示挪置於此，故對現況之處理與不足處，當有所調整與改變。

（三）文獻之整理與流布

　　「表章先賢以獎勵後進」，除書院、祀廟之存建外，亦當使其文獻廣傳，使人知其學方能加以崇尚，而使學脈不贅。故二曲對關學之推動與弘揚上，亦重視關中先儒文獻的整理與流布。二曲對關中先儒文獻之整理，主要是以「馮少墟」與「張雞山」兩位關中先儒之遺著爲主。二曲在給〈馮君潔〉一信中即言：

> 令祖恭定先生，與顧涇陽、高景逸兩公同時倡道，領袖斯文。顧高沒，而顧高之後人，勤勤懇懇，流布遺集，盛行海內；先生沒，而遺集不傳，鼎革以後，集板隨亡。癸丑之秋，僕慫恿洪學憲重梓，板固告竣，未嘗流布，海內士大夫，未見先生之書，是以不知先生之學。〔註195〕

〔註194〕見〈書二〉，《二曲集》，卷十七，頁181。
〔註195〕見〈書二〉，《二曲集》，卷十七，頁190。

二曲認為前人幸以開先，全在後人之表揚，故對馮少墟遺集之不傳，頗感其
憂。他認為學術之正，在於正學方能正其人心，其學若不傳，何以延其學脈？
何以表章崇尚？故其深脈後世子孫能多印遺書，轉相祖述，以明正學。二曲
於康熙十二年癸丑（1673）七月彙集《少墟全集》，託付洪學憲重梓馮氏遺集
外，更於此書付梓後，加以題跋。二曲在〈題馮少墟先生全集〉中指出：

> 余生平偏閱諸儒先理學書，自洛、閩而後，唯馮恭定公《少墟先生
> 集》言言醇正，字字切實，與薛文清《讀書錄》相表裏，而〈辨學
> 錄〉、〈善利圖〉、〈講學說〉、〈做人說〉，開關啟鑰，尤發昔昔儒所未
> 發，尤大有關於世教人心。張南軒嘗言：「居恆讀諸先生之書，惟覺
> 二程先生書完全精粹，愈讀愈無窮。」余於先生之集亦云。第集板
> 經明末之變，毀於兵燹，讀者苦無從得。余久欲覓有力者，重壽諸
> 梓，而機緣未遇，私竊耿耿。頃學憲洪公訪余論學，因言及斯集，
> 遂慨付殺青，以廣其傳。〔註196〕

這是二曲對馮著整體之評價，以及對馮說內容意義之疏證，並說明馮著整理
付梓之經過。此外，針對關中之儒張雞山遺著。二曲康熙二十六年丁卯（1687）
在〈答許學憲第八書〉信中言：

> 別後寄來雞山先生刻書遺稿，第四日即以卒業。集中多洞源達本之
> 談，發關學所未發，可謂近代之真儒，關中先覺。以地僻遂致失傳，
> 今得使君表章，俾蕪沒餘名，託以弗墜，百二河山，實與有榮施焉。
> 《致曲言》既欲板行，謹擇其尤切而不泛者請教，倘以為可，幸勒
> 筆吏另謄成冊，附一二尺牘醒快者於後，同《明德集》，題曰《張雞
> 山先生語要》。〔註197〕

可見二曲對張雞山遺著，實為之刊教與整理。書成後，二曲亦題跋此書。其
《張雞山先語要》曰：

> 鳳翔張雞山先生，明季理學真儒也。深造自得，洞徹大原，與長安
> 馮少墟先生同時倡道，同為違邇學者所宗，橫渠、涇野而後，關學
> 為之一振。兩先生沒而講會絕響，六十年來，提唱無人，士自辭章
> 記誦之外，不復知理學為何事，兩先生為何人，閒有知馮先生者，
> 不過依稀知其為馮侍御、馮司空，有遺書。先生位卑而地僻，并其

〔註196〕見〈題跋〉，《二曲集》，卷十九，頁221。
〔註197〕見〈書二〉，《二曲集》，卷十七，頁178。

姓宇，亦多茫然。人與書泯滅不傳。余有慨於中久矣。頃學憲許公
晤余談學，因語及先生，公肅然起仰。退而躬詣先生故里，建坊表
章，訪其後裔，得先生所著《致曲言》、《明德集》示余。余竊不自
揆，僭爲訂正，摘共碻且粹者，勒爲斯編，更題曰《張雞山先生語
要》，滴水可以識全海。公亟捐俸梓行，俾薨沒餘名，託以弗墜，可
謂先生後世之子雲矣！〔註198〕

二曲認爲張雞山雖與馮少墟同時倡道講學，但因位卑地僻，故不爲人所知，
其書亦無人所曉，故當加以訪及、整理、流布，以爲後人所知，以明關中學
術。二曲謂其學「深造自得，洞徹大原」。王心敬在《關學編》論及「雞山張
先生」即言：「馮少墟先生以侍御告歸講學長安，當事者爲建關中書院，迺深
與訂交，時時商證道術離合異同之故，稱爲莫逆焉。蓋少墟恪守伊川晦庵矩
矱，先生則學主明道，以爲學聖人之學而不知以本體爲工夫，最易蹈義襲支
離之弊，與馮先生意見微別。然先生心重馮先生之規圓矩方而非同執吝意
見。馮先生亦重先生之透體通徹而不類剖藩決籬。」〔註199〕此說大抵可見，
張雞山之學乃爲明道識仁之學一脈之傳，故其學自與馮少墟重工夫踐履有所
殊異。

　　除此，二曲針對學政承詢關中理學可以進呈者。在康熙二十五年丙寅
（1686）〈答許學憲第四書〉中他認爲張載之書，已經前代表章，無容再贅。
「橫渠之後，諸儒著述，惟呂涇野、馮少墟足以繼響；雖未洞本徹源，上答
性天，而下學繩墨，確有發揮。呂之遺書，如《四書因問》、《史約》、《文集》
未免散漫，惟《語錄》議論篤樸，切於日用。馮之全集，與薛文清《讀書錄》
相表裏。」〔註200〕這是二曲從切己工夫之層面，加以推揚呂、馮之著。呂馮
之著在二曲明體適用書目中，實乃列之「明體中之工夫」，此爲循序漸進的爲
學之道，亦爲洙泗家法所在，實爲關學中可以爲後世所法之書。

　　所以二曲對關學之弘揚，重視的是表章先哲以爲後學所法，此乃學術人
心之教中最爲重要之一環。惟有端正其學風，人方能知其學、效其學，而收
心正、身正之效，如此一來，世道方有安詳和寧之日。而表章先哲，自當對
其文獻加以整理與流傳，使人知其學，俾能收教化之效。

〔註198〕見〈題跋〉，《二曲集》，卷十九，頁222。
〔註199〕見〔明〕馮從吾輯、〔清〕王心敬增輯《關學編》，卷六，頁126～435。
〔註200〕見〈書二〉，《二曲集》，卷十七，頁176。

三、關中書院的教育與〈學規〉之訂立

　　二曲與關中書院，主要在探討二曲對關中書院的建設意義與影響的過程。二曲對關中書院形成的意義，約略來說有三個層面。首先，即是二曲職掌書院的講學，這是對書院教育與關中學風形成了重要之影響。此外，除書院的講學外，值得重視的是，二曲對書院現有的典制有其建議與改善之處。如上所述，二曲基於關中學風與關中書院的特殊性，對書院典制在現有與未來的發展上，提出了若干良善的建議之道。最後，二曲亦對關中書院建立了書院的〈會約〉與〈學程〉，這對於書院教育上，有其意義與貢獻。二曲對關中書院學規之建立，主要呈現在〈會約〉與〈學程〉之制定。關於此制定之經過。二曲指出：

> 關中書院，自少墟馮先生之後，學會久已絕響。今上臺加意興復，此當今第一美舉，世道人心之幸也。諸同志川至雲集，相與切劘，雖以顒之不肖，亦獲濫廁會末，振聵起懦，叨益良多。眾謂會不可以無規，促顒揭其概，誼不得固辭，僅條列於後。〔註201〕

學規之立，目的在於會講過程中制定出應有行為規範，使人有所理解與遵守。關於二曲學規之意義與內容，據陝西學政洪琮在〈關中書院會約・序〉中指出：「二曲先生仰承上臺化民成俗之意，而以學為先，於是述古聖賢教人為學之要，以為具存於經，乃首〈儒行〉、次〈會約〉，而終以〈學程〉揭其條目，俾學者觸目警心，有當於古人銘戒箴規之義理焉。其心虛，其念切矣！」〔註202〕這是二曲對關中書院所提出的教育規定與精神所在，內容上則分為三種。首先，關於〈儒行篇〉部份，二曲將其列之於前，關於其意，他指出：

> 士人儒服儒言，咸名曰「儒」，抑知儒之所以為儒，原自有在也。夫儒服儒言，未必真儒，行儒之行，始為真儒，則〈儒行篇〉不可以不之監也。是篇雜在《禮記》，茲謹表出，以式同志。懿德之好，人有同然。誠因觀生感，因感生奮，躬體力踐，有儒之實，斯儒服儒言，無愧儒之名矣。〔註203〕

〈儒行篇〉乃今本《小戴禮記》四十九篇之一，所討論的是孔子針對魯哀公之問，而說明有關儒者的種種的行為之道，其內容包括儒者「服行」、「自立」、

〔註201〕見〈關中書院會約〉，《二曲集》，卷十三，頁113。
〔註202〕見〈關中書院會約・序〉，《二曲集》，卷十三，頁109。
〔註203〕見〈關中書院會約〉，《二曲集》。卷十三，頁110。

「備豫」、「近人」、「特立」、「剛毅」、「自立」、「儒仕」、「思憂」、「寬裕」、「舉賢援能」、「任舉」、「特立獨行」、「規為」、「交友」、「尊讓」等事。此篇歷來多有爭議，或謂非儒家本義，或非孔子之言〔註204〕。二曲對此書之爭議，並無討論，他主要針對此書可清楚而明確的表達儒者應有之行。二曲認為「儒之所以為儒」，並非在言談與外在之貌，而是在於「躬行實踐」的意義，方為真儒。故在〈會約〉、〈學規〉之前，揭示〈儒行篇〉之用意在於：使受學之人見而有所感，由感動並勉力為之，藉由〈儒行篇〉所揭示的儒行之為，體現儒乃「誠於中而形之於外」之真實涵義，有躬行實踐之質，方有儒服儒言之文，如此方是名實相符，而非名實相悖。二曲認為「行有不若於此，便是制行有虧；制行一虧，所學何事，縱有他長，斯亦不足觀也已。」〔註205〕故「制行不虧」，是二曲在書院教育中首先強調的學習目標。

其次，二曲對於〈會約〉與〈學程〉的制定，大抵是以會講中應有的學習目標與學習規範為主的說明。二曲所列的〈會約〉共有十一條、〈學程〉共八條。按其內容而言可言為數項：如「會講之禮儀與規範」、「會講的教育目的」、「會講的教授與內容」等。以下則分別敘之：

（一）會講之禮儀與規範

關於「會講之禮儀與規範」，主要是會講過程中的應有的禮儀與學習規範。首先，就「禮儀」部份，二曲於〈會約〉中就指出：

> 每年四仲月，一會講，講日，午初擊鼓三聲，各具本等服帽，詣至聖前四拜禮，隨至馮恭定公少墟位前，禮亦如之。禮畢，向各憲三恭，然後東西分班，相對一詣而坐。以齒為序分，不可同班者退一席。講畢，擊磬三聲，仍詣至聖前，肅揖而退。〔註206〕

二曲對會講的時間之制定在於每年四仲月舉辦會講，午初擊鼓後，會講開始的禮儀，首重在對至聖先師孔子與關中書院的馮恭定公的拜詣，之後則對學

〔註204〕關於〈儒行篇〉的相關討論，可參胡師楚生編著《儒行研究》一書。據胡師楚生於〈儒行考證〉研究結果指出：「〈儒行〉所記，意義正大，雖則不無微瑕，然亦多能契合於孔孟剛建自強之旨，而尤近於孔門狂狷之一派。」（見胡師楚生著，《儒行研究》（臺北：華正書局，民國75年3月），頁18）。亦即其說雖有爭議，但基本上亦契於儒學之精神，而對於爭議之處，胡氏則指出：「宋人之深斥儒行，乃道不同不相為謀之意也。」（同上，頁17）
〔註205〕見〈關中書院會約〉，《二曲集》，卷十三，頁113。
〔註206〕見〈關中書院會約〉，《二曲集》，卷十三，頁113。

憲參拜，會講中依年齡劃分位置，會講完畢，仍須以禮拜詣。學院重視禮儀
是淵源已久的，朱子的門生程端蒙與董銖即針對〈白鹿洞書院揭示〉之外，
又有〈學則〉加以補充，〈學則〉就相當重視禮儀的規範。據朱榮貴之討論，其
目的即在於，透由禮儀的鍛鍊，使其受學者「融入次序世界中，使他們自然成
為文質彬彬的君子。禮儀更有增強學者對儒家傳統的認同的功能。」〔註207〕
這種認同基本上是指向一種尊師重道的精神的重視，乃藉由對聖賢之崇祀，
表達對先聖先賢德業事功之敬仰。除此，禮儀規範亦在於收拾放逸之身心，
使其心靈有所淨化，這是有助於講習的。

　　而就「規範」之部份，二曲討論的是「會講群體規範」與「個人生活規
範」兩部份。就「會講群體規範」部份，主要討論的是群體生活的德業相勸、
得失相規的過程。二曲於〈學程〉中指出：

> 聯五七同志，每月朔望兩會，相與考德問業，來輔切劘。公置一簿，
> 以記逐日同人言行之得失。得則會日公講，特舉酒三盃以示勸；失
> 則規其改圖，三規則不悛，聽其出會。〔註208〕

二曲對講會之規範的訂定，是與歷來的〈學規〉精神相似的。胡居仁的〈麗
澤堂學約并序〉即指出：「各立日錄薄一冊，逐一書寫所習之業、所行之事。
朔望鳴鼓升眾會於堂上。稽其所進，書於總籍，以進誘掖激勵、漸磨成就之
道。」〔註209〕這樣的規範，既重視正面的誘導向善，又有著運用群體學生之
力量促其改過向善，除了在每日的自我檢討的「自律」外，尚有著外在的監
督「他律」力量存在，突顯了同儕的集體約束之力量。而在每月兩期的朔望
之會中，做一此集體的總檢討，得則表揚，失則規勸，約之在三，不悛者則
令其出會。

　　而就「個人生活規範」方面，乃在於對學生之生活事務的規定。會講本
質上即是道德生活之培育，自當重視生活禮節，朱子在〈白鹿洞書院學規〉
即有「處事之要」、與「接物之要」等兩大要則〔註210〕。二曲於〈學程〉中即

〔註207〕見朱榮貴著，〈學規與書院教育〉一文，見氏著，《全體大用之學：朱子學論
　　　　文集》，頁169。
〔註208〕見〈關中書院會約〉，《二曲集》，卷十三，頁117。
〔註209〕見〔清〕張伯行編，《學規類編》，收入於《續修四庫全書》（上海：上海古籍
　　　　出版社，1995年9月，據中國科學院圖書館藏清同治重刻正誼堂全書本影
　　　　印），卷二，頁子24～22。
〔註210〕見〔宋〕朱熹撰、陳俊民校訂，《朱子文集捌》，卷七十四，頁3731。

指出：

> 坐而起也，有事則治事，無事則讀經數章。〔註211〕

> 每日除萬不容已者，只得勉應，其餘苟非緊急大事，斷勿出門一步。終日不見人，則神自神，品自清。有事往來親友之家，或觀田疇，或赴地方公務，行步須安詳穩重，作揖須舒徐深圓。周中規，旋中矩，坐如尸，立如釘。手與心齊，莊而和，從容閒定，正己以格物。不可輕履市肆，不可出入公門，不可狎比匪類，不可衣服華美。〔註212〕

> 立身以行檢為主，居家以勤儉為主，處人以謙下為主，涉世以忍讓為主。〔註213〕

> 會日，坐久腹柈，會主止設肉蔬四器，充飢而止，甚勿盃盤狼籍，以傷雅風。……。所論之言，毋越身心性命，綱常倫理。不得語及各人私事，不得語及閨門隱事，不得語及官賢否及他人得失，不得語及朝廷公事及邊報聲聞。違者罰備次會一會之飯。〔註214〕

二曲在此是建立一套生活之常規，舉凡食、衣、住、行，應事接物皆有所規定。論其精神皆本之於〈儒行〉篇中所揭示的儒者之行為，以及馮少墟的〈學會約〉所規定之內容。馮少墟的〈學會約〉中即要求「會期講論毋及朝廷利害、邊報差除，毋及官長賢否、政事當失，毋及各人家門私事與眾人所作過失，及詞訟請托等事，褻狎戲謔等語言。」〔註215〕此外，更在〈士戒〉中，更具細靡疑的從生活習慣中舉例加以規範。在這之中值得注意的是，二曲承馮少墟所定之〈學會約〉，其自我約束之精神是明顯的，他們注重的是個人的道德意識之修養，對於現實政治與群體是非，則是保持一定的距離，不加以討論與批評。這與關心政治，並且「裁量人物，贊議國政」的東林講學是有所不同的。〔註216〕

〔註211〕見〈關中書院會約〉，《二曲集》，卷十三，頁116。
〔註212〕見〈關中書院會約〉，《二曲集》，卷十三，頁117。
〔註213〕見〈關中書院會約〉，《二曲集》，卷十三，頁117。
〔註214〕見〈關中書院會約〉，《二曲集》，卷十三，頁118。
〔註215〕見〔明〕馮從吾撰：《少墟集》，卷六，頁1293～123。
〔註216〕關於〈東林書院會約〉，參見朱榮貴著，〈學規與書院教育〉一文之討論，見氏著，《全體大用之學：朱子學論文集》，頁174～178。

　　所以學習禮儀與具體的群體生活規範，是二曲在〈學規〉與〈會約〉中首先明定的，其目的在於使學生能夠重視禮儀與學習規範，以達至道德教育、品德學習之目的。

（二）會講的教育目的

　　關於「會講的教育目的」，即在於探討為學之目標所在。關於此意義，二曲指出：

> 先輩講學大儒，品是聖賢，學是理學，故不妨對人講理學，勸人學聖賢。〔註217〕

> 邇來有志之士，亦有不泥章句，不墮訓詁，毅然以好學自命者，則又舍目前進步之實，往往辨名物，狥象數，窮幽索大，妄意高深。昔人所謂「自笑從前顛倒見，枝枝葉葉外頭尋」，此類是也。吾輩宜深以為戒，要在切問近思，一味著裏。〔註218〕

會講本質上除「主題」外，必須有個中心主旨，這是會講甚至是書院主體精神的所在。朱子在〈白鹿洞書院學規〉就清楚表達「古昔聖賢所以教人為學之意，莫非使之講明義理，以修其身，然後推以及人，非徒欲其務博覽、為詞章，以釣聲名、取利祿而已也。」〔註219〕故為學教育的終極目標即是導向一種非功利化的道德教育的過程。二曲對此目的指出為「講理學」、「學聖賢」，即說明他對會講的教育過程是一種「契賢成聖」為目標，講明義理為內容的學習；而非以舉業科舉為目標，以時文為內容的學習，更非是講之以口耳的務外之學。他點明其學乃鞭辟入裏之學，是一種切己自反的身心體驗。二曲對關學之教育是以「明體適用」為具體內容的。二曲在康熙二十五年丙寅（1686）〈答許學憲第五書〉中即提及：

> 關學不振久矣。目前人物：介潔自律，則朝邑有人；孝廉全操，則渭南有人；風雅獨步，氣誼過人，則富平有人；工於臨池，詞翰清暢，則華陰有人；其次詩學專門，則鄜塢、郃陽、上郡、北地、天水、阜蘭亦各有人。若夫留意理學，稍知斂華就實，志存經濟，務為有用之學者，猶龜毛兔角，不但目未之見，耳亦絕不之聞。提倡振興，是在執事。聞試竣旋省，將集俊乂於關中書院，立會論學，

〔註217〕見〈關中書院會約〉，《二曲集》，卷十三，頁114。
〔註218〕見〈關中書院會約〉，《二曲集》，卷十三，頁115。
〔註219〕見〔宋〕朱熹撰、陳俊民校訂：《朱子文集捌》，卷第七十四，頁3731。

> 如果見之施行，須以明體適用爲學，俾士知務實，學期有用，異日
> 德成材達，不忘淵源所自。〔註220〕

此說明關中書院乃至教育之方向，應當是以明體適用爲主的教育內容，如此
一來，方能培養出成德有才之士。除次，他亦認爲當加強書院的歷史教育
部份。書院本質上即是一種道德教育之啓發，故對道德事功之宣導，是有助
於教育成果之提昇的，二曲對此亦有建言。在〈答董郡伯第四書〉中，他
指出：

> 仍取張子從祀諸先哲，及先生從祀諸高足生平行實，略撮其要，每
> 人無過二百字，揭之各人木主背後壁間，庶往來書院者，一舉目而
> 知履歷，爲勸不淺。〔註221〕

二曲認爲應以關學包括張載、馮恭定公以來之先哲與從祀高足之生平行實，
約略其要，揭之於木主背後壁間，其目的在於參訪書院者，能對其節義事功
有所明瞭，而收宣揚教化之效。並且亦須將馮恭定公當年講堂所揭之「綱常
倫理要盡道，辭受取與要不苟」原語設於精一堂書屏中，以明其講學之精神
宗旨，並且在東西二壁中，刊馮恭定公之〈善利圖說〉、〈做人說〉、〈講學說〉
以示人，讓世人了解馮恭定公對講學之重視，與爲學做人之理。而在事成竣
工之後，則可「修編書院興廢事蹟，及今日舉措之實，以爲《關中書院誌》，
以垂永久。」〔註222〕其目的主要在對書院的事蹟之保存與記錄，而朝向一書
院史的整理。

　　所以會講的教育目的，是指向以道德品性之成就，是以講之身心實踐的
聖賢之學，以及明體適用爲主的教育目標。除此，二曲亦重視書院歷史教育
之啓發，以及書院史之記整理與記錄。

（三）會講的教授與內容

　　關於「會講的教授與內容」，主要是論在會講的教授學習中，老師之教導
方式，以及教學之內容。關於「會講的教授」，即是會講過程中教授之方式。
二曲在此區別爲「統論」與「私寓」兩種教導過程。所謂「統論」，乃論爲學
大綱之所在，是群聚之講學，故規模宜肅，惟有敬肅學習之過程，如此方能
定群體之心志。但相對的，其缺點乃在於不能隨時指點個人之疑，他指出：「只

〔註220〕見〈書二〉，《二曲集》，卷十七，頁177。
〔註221〕見〈書二〉，《二曲集》，卷十七，頁182。
〔註222〕見〈書二〉，《二曲集》，卷十七，頁182。

統論爲學大綱，而質疑晰惑，未必能盡」〔註223〕。是故，須由「私寓」加以補缺。關於「私寓」之特點，二曲指出：「私寓則相集略少，情意孚，意易契，氣味浹洽，得以暢所欲言。」〔註224〕「私寓」乃指個人的面授指點，在這過程中情感融洽亦無限制，故可針對個人之疑，披衷相示。

再則，二曲認爲會講之意義，乃在於講明義理，自反己身，故二曲要學者必須「痛自洗剔創艾，不作蓋藏，方始有益。」〔註225〕亦即，二曲認爲會講的師生形式，基本上即爲「醫者」與「病患」之醫療關係，二曲在此強調指出病患（即學生）必須不作掩藏隱諱的將自我之症如實告知，如此方能有診治之效。以上皆是二曲在會講過程中所揭示的教授方式。至於「會講的內容」，約有幾層如下：

1.重視「悔過自新」的自我省察

歷來的〈學規〉皆重視改過。朱子在〈白鹿洞書院學規〉即以「遷善改過」爲「修身之要」〔註226〕。馮少墟的〈學會約〉亦指出：「人非聖賢，孰能無過，故顏子好學不過不遷怒、不貳過而止耳，無他奇術秘訣也。今吾輩發憤爲學，斷當自改過始。」〔註227〕故主體的改過自新，是自我學習的首要工夫所在。二曲於〈會約〉中指出：「惟願十二時中，念念切己自反，以改過爲入門，自新爲實際。」〔註228〕此層工夫強調，要主體時時刻刻的切己自反，針對其失加以診治改過爲主。而在〈學程〉中，二曲更要學者在每晚之靜坐中「默檢此日之意念之邪正，言行之得失。苟一念稍差，一言一行之稍失，即焚香長跪，痛自責罰。」〔註229〕能夠自我反省於善即是「日新盛德」，否則即是「虛度自畫」，二曲要求學者要能每日力行數善，乃或無善行可言，皆須深切反省。

2.強調「靜坐之工」以達「自悟」與「心體無執」之體驗

關於靜坐之討論，二曲於〈會約〉中，即以靜坐工夫乃屬會講前的預備工夫。二曲指出：「先輩開講，恐學者乍到氣浮，必令先齋戒三日，習禮成而

〔註223〕見〈關中書院會約〉，《二曲集》，卷十三，頁113。
〔註224〕見〈關中書院會約〉，《二曲集》，卷十三，頁114。
〔註225〕見〈關中書院會約〉，《二曲集》，卷十三，頁114。
〔註226〕見〔宋〕朱熹撰、陳俊民校訂：《朱子文集捌》，卷七十四，頁3731。
〔註227〕見〔明〕馮從吾撰：《少墟集》，卷六，頁1293～125。
〔註228〕見〈關中書院會約〉，《二曲集》，卷十三，頁114。
〔註229〕見〈關中書院會約〉，《二曲集》，卷十三，頁117。

後聽講，先端坐觀心，不遽與言。今吾輩縱不能如此，亦須規模靜定，氣象神閑，默坐片晌，方可申論。」〔註230〕令其靜坐之目的，在於避免其心浮氣燥，而能使其身心收斂，如此一來方能專心精思於會講之過程。在〈學程〉部份，二曲即要學者在黎明即起之際、中午時刻，以及每晚初更後都能靜坐。早、午之靜坐，其目的皆在「以定夜氣」與「以續夜氣」，即藉由屏緣息慮之功，使昭明之體湛然常存。而每晚之際的靜坐，則在於自身之檢束。關於此「靜坐」之意義，二曲在〈會約〉就明確指出：

> 晤對之餘，各宜打併精神，務令心澄神怡，表裏洞然，使有生以來，一切嗜好，一切外慕，及種種技能習氣，盡情融銷，潔潔淨淨，無一毫牽纏粘滯，方有入機。〔註231〕

> 靜能空洞無物，情悰渾忘，而徵之於動，猶有滲露，終非實際。故必當機觸境，此中瑩然湛然，常寂常定，視聽言動復禮，喜怒哀樂中節，綱常倫理不虧，辭受取與不苟，富貴貧賤一視，得失毀譽不動，造次顛沛一致，生死利害如常，如是，則動靜協一，體用兼盡，在一家表正一家，在一鄉表正一鄉，在一國表正一國，在天下表儀天下。為法於天下，可傳於後世，方不枉今日往來書院，群聚切劘。〔註232〕

靜坐之功，其目的乃為心靈純正化的學習歷程，即藉由默坐澄心之功，將此心受到人欲、意見、聞見的干擾與影響排除時，即能由此一念之獨知，安身而立命，契賢而成聖。但此靜悟之功，常於動處用處不得力，而有偏靜遺動之患，是故，二曲亦強調要能靜動皆定、常寂常定，靜時須涵養，動時須省察，如此一來，方能在現實應世接物之際，得心所欲而不逾矩。二曲認為靜坐之工最終落實有幾層涵意：

　　就自我實踐之歷程而言，他必須是符合於《大學》所揭示的「修身、齊家、治國、平天下」的人倫典範之意義，以及「體用兼盡」的意義。亦即能「修身明體」，又能「經世致用」的全幅展現。就個人之道德教育方面，則是重視五倫綱常的道德教育與個人志節。此綱常倫理志節之重視，乃淵於馮恭定公講堂所揭「綱常倫理要盡道，辭受取與要不苟」之精神的，亦為朱子〈白

〔註230〕見〈關中書院會約〉，《二曲集》，卷十三，頁113。
〔註231〕見〈關中書院會約〉，《二曲集》，卷十三，頁114。
〔註232〕見〈關中書院會約〉，《二曲集》，卷十三，頁115。

鹿洞書院學規〉之說。朱子指出：「父子有親，君臣有義，夫婦有別，長幼有序，朋友有信。右五教之目。」〔註233〕朱子認為這是堯、舜、契為司徒「敬敷五教」之內容，亦「學者之所以為學」的意義所在。而就個人之自我超越方面，他重視的是「不動心」之境。是故，無論富貴貧窮、得失毀譽、造次顛沛，生死利害，其心要能不受其憂擾困惑，而能一如平常，強調的是靜亦定、動亦定之境界的養成。

靜坐之體驗最終則是要導向「悟道自得」與「心體無執」之體驗與境界。二曲在〈會約〉中引用了吳密山求學於焦澹園（焦竑，字弱侯，號澹園，1540～1620），與王龍溪之悟道經驗來加以說明。二曲指出：

> 由斯以觀，則知學固不廢聞見，亦不專靠聞見，要在深造默成，令胸中瞥然自得，始有下落。得後又能忘其所得，空空洞洞，一如赤子有生之初，則幾矣。〔註234〕

這裡說明體道處要能不靠聞見，返之於心而自得之，悟自家本來面目。而更上一著，要將此悟之處加以忘卻，亦即不忘此悟則於心體有累，則心所有意向，必須心無所著方是赤子之心，此即則體道之悟後所進行之工夫。

3. 重視學問思辨與篤行

「博學、審問、慎思、明辨、篤行」之說淵於《中庸》，朱子〈白鹿洞書院學規〉即以此為「為學之序」，朱子指出：「學、問、思、辨四者，所以窮理也。若夫篤行之事，則自修身以至于處事、接物，亦各有要。」〔註235〕二曲於〈會約〉中亦指出：

> 《語》稱「疑思問」，《中庸》謂「有弗辨，辨之弗明弗措。」吾人苟真實刻苦自修，則「問」與「辨」又烏容已。譬之行路，雖肯向前直走，若遇三岔歧路，路上曲折，又安得不一一辨明。故遇歧便問，問明便行，方不託諸空言。〔註236〕

「疑思問」，出自《論語》，乃君子九思之一〔註237〕。「九思」乃君子自求合乎

〔註233〕見〔宋〕朱熹撰、陳俊民校訂，《朱子文集捌》，卷七十四，頁3730。
〔註234〕見〈關中書院會約〉，《二曲集》，卷十三，頁115。
〔註235〕見〔宋〕朱熹撰、陳俊民校訂，《朱子文集八》，卷七十四，頁3731。
〔註236〕見〈關中書院會約〉，《二曲集》，卷十三，頁115。
〔註237〕見《論語集注》〈季氏第十六〉載：「孔子曰：『「君子有九思：視思明，聽思聰，色思溫，貌思恭，言思忠，事思敬，疑思問，忿思難，見得思義。』」〔宋〕朱熹撰：《四書章句集注》，卷八，頁173。

禮義行為下的自我省察與思慮之過程。而《中庸》所謂「有弗辨，辨之弗明弗措。」則為「博學、審問、慎思、明辨、篤行」下所揭示的「明辨」的為學之方。二曲認為學習之過程中，若有所疑則當思，思而不得則求問，但問仍須明辨其理，辨明其理後則為篤行之實踐。這是學習過程中一種「主動積極」、「獨立判斷」、「力行實踐」的精神所在。除此，在〈學程〉中又指出：「習學，先習不言無論，見未透、行未至者，不言；即見已透、行已至著，一槩靜默不言。」〔註238〕這是學習中，強調訥於言而敏於行，其目的在於厚植而潛藏，所蓄者厚，所養者深，方能不言而已，「言則成經」；不聞而已，聞即信服。

4.重視經史子集的閱讀

二曲在〈學程〉中為學者訂立了一份學習的閱讀書目。在這份書目中，主要以經書和宋明諸子〈語錄〉為主，輔之以經世、詩文之書。二曲在早晨即起後，即要學者讀經，飯後即閱讀《四書》，《四書》讀以白文先，白文不契，然後閱《註》及《大全》。而閱讀之中所重視的是朱子所揭示「切己自反」的讀書方法。他指出：

> 凡閱一章，即思此一章與自己身心有無交涉，務要體之於心，驗之
>
> 於行。苟一言一行不規諸此，是謂侮聖言，空自棄。〔註239〕

二曲認為讀書重視的是身心體驗，反身而誠的詮釋意義。此外，在中午飯後則讀《大學衍義》、《衍義補》，二曲認為此書乃「窮理致知之要，深研細玩，務令精熟，則道德、經濟胥此焉出。夫是之謂『大人之學』。」〔註240〕此書乃二曲「明體適用」中之「適用」之書，乃是其重視經世致用的反映。而午後申酉之交，乃精神懶散之際，二曲則以「詩文痛快醒發」者，來以鼓昏惰，如漢魏古風、〈出師表〉、〈歸去來辭〉、〈正氣歌〉、〈卻聘書〉等。最後，每晚初更則以閱《資治通鑑綱目》，或濂、洛、關、閩及河、會、姚、涇語錄。二曲相當重視宋明諸儒之語錄，他指出：「如《康齋日錄》、《涇野語錄》、文清《讀書錄》、陽明《傳習錄》，此數種明白正大，最便後學。」〔註241〕故此類書籍是學習當中所應積極重視的。從二曲之書目來看，可見其重視閱讀之學

〔註238〕見〈關中書院會約〉，《二曲集》，卷十三，頁117。

〔註239〕見〈關中書院會約〉，《二曲集》，卷十三，頁116。

〔註240〕見〈關中書院會約〉，《二曲集》，卷十三，頁116。

〔註241〕見〈關中書院會約〉，《二曲集》，卷十三，頁118。

習過程，在內容上兼具體用類之書籍，在方法上注意到學習態度之限制，是故有所調整與適應。

所以二曲對關中書院教授與內容，分別從生活禮儀規範、目的宗旨釐定、教授的方式、學習之目標與方法一一陳述與訂立。二曲是以明體適用為宗旨下的講學，是成聖契賢為目標之學習。他認為講學乃講之身心，而非政治之批評，故重視自律自省與個人的生活之歸範下的學習方式，而就學習之方式，則強調道德修養工夫、道德知識之學習，期許所學之人皆能成德達才，成為有助於世道安定、治國安邦之人。

四、道德節義之展現

儒學談經世實踐，是以經國濟世為目標，藉教育講學以變風俗，進而培養善良之心靈，以達天下安定之過程。而從本質來說，這種教育即是以成就道德人格為目的教導，重視的是個人對道德的實踐躬行。

二曲處於明清政權易位之時，講學於關中，弘教育於四方，其苦節篤行與言行不苟，自然成為清廷表彰與寵絡之對象，二曲對此徵詔，乃斷然拒絕，以不出仕之態度，展現了其道德節義與踐履的典範。做為一個講學教育者，實以其身其行，為當時社會再度進行了一種道德教育。這說明了，二曲以其重氣節、言必篤行、死守善道的道德堅持，成為其「道德經世」之展現。唐君毅就指出：「中國社會，除尊聖君、賢相、豪傑、俠義之士外，尤尊氣節之士。東漢之末、明之末，氣節之士，固能以冷風熱血，洗滌乾坤。」〔註242〕此氣節之士，以其一生死守善道，抱與道共存亡之精神，以身殉道，故能不負生平所學而留名於世，此亦二曲其學行之殊勝所在。

二曲自康熙十二年癸丑（1673）講學於關中後，便為當時的鄂善鄂制臺會同阿撫軍以「地方隱逸」薦疏於朝。二曲知其事後，錯愕自咎，一再辭謝。後督撫奉旨督促二曲赴詔，二曲乃三以疾辭，堅不應詔。二曲在在熙十二年癸丑（1673）〈辭徵〉書中，除一再聲明其乃聲聞過情，內無實學外有虛名，更重要的是他認為「若謬不自揆，冒昧奔趨，是借終南作捷徑，可鄙孰甚！」〔註243〕這說明了，若以隱而赴詔，即成為以隱世之名而謀終南捷徑之途，實為道德不一，以隱為藉口，而實謀榮祿的可鄙之人。他在康熙十二年癸丑

〔註242〕見唐君毅著，《中國文化之精神價值》，第十三章，頁405～406。
〔註243〕見〈書二〉，《二曲集》，卷十七，頁167。

（1673）〈辭徵第二書〉中亦提及朝廷所以崇幽隱、嘉恬退者，原以表彰道德節操高尚之人，故應當益堅素守，終身不出其戶，「以成朝廷激勵廉恥，保全石隱之盛德。」〔註244〕在康熙十三年甲寅（1674）〈辭徵第五書〉中，更申義其關鍵所在。二曲指出：

> 「朝廷以隱逸待李顒，而李顒為隱不終，扶病趨榮，自速其斃。」
> 失朝廷獎恬退、息奔競之初意，顒死有餘辜矣！〔註245〕

此書已表明其以死持志，闡明其必隱而不仕之心。二曲認為隱逸者自當隱而不仕，若隱而仕實為道德節義之背棄，成為心口不一之人，亦喪朝廷表彰幽隱之意。但此書不為所采，胥吏官員不斷逼迫啓程。據康熙十三年甲寅（1674）〈年譜〉載此事之經過：

> 先生堅不進省，寓於城南之興善寺，府役日逼起程，督促萬方，先生以死自矢，督院知不可強，乃會同撫軍以實病具題，部覆奉旨疾瘴起送。十二月，還家養疾。丹陽賀君麟徵聞而歎曰：「關西夫子，堅臥養病，正是醫薦世人心之病。移風易俗，力振人紀，有造於世道不淺。」〔註246〕

這段記載載明了二曲以死自矢，不失節義之經過，亦說明了世人對二曲之節操之看法。經世不僅僅在治國教育之體現上，更在個人出處一毫不苟之堅持上。之後二曲即自書院歸家，閉關不復見客，並於在康熙十四年乙卯（1675）著〈謝世言〉，以逆拒來者。

二曲自康熙十二年癸丑（1673）被薦疏外，亦於康熙十七年戊午（1678）為兵部主政房廷禎以「海內眞儒」推薦，二曲雖雖以疾辭，但司府縣令督撫不斷督促，最終只能舁榻以行。據〈年譜〉康熙十七年戊午（1678）載：

> 是時，先生以隱逸為當世所注望，率太史因篤亦以博學宏詞被薦就徵，來別先生，見官吏洶洶，嚴若秋霜，恐先生堅執櫻禍，勸先生赴都。一時縉紳愛先生者，咸以明哲保身為言，先生閉目不答，遂絕食。周制臺暨各文武諸大僚目擊共德。為之向總督緩煩。總督謂：「自癸丑被徵以來，年年代為回覆，茲番朝既注意。不便再覆」促之愈急，且欲以違旨題參。李太史為先生危甚，涕泣以勸。先生笑

〔註244〕見〈書二〉，《二曲集》，卷十七，頁168。
〔註245〕見〈書二〉，《二曲集》，卷十七，頁169。
〔註246〕見吳懷清著，〈年譜〉，《二曲集》，附錄三，頁671。

曰：「人生終有一死，患不得所耳。今日乃吾死所也。」遂以後事為
託。慎言號痛，門人悲泣，先生皆一一遺囑，並滴水不入口者五晝
夜。總督知其不可強，不得已，又以疾篤具覆，仍一面差官慰撫，
先生乃食。〔註247〕

此次之推薦實為更兇險，二曲更以決食作為抗爭，以死而自矢，更立遺言，
以明其不事二姓之節義。二曲此舉，實亦促使司府縣令督撫，不敢因薦賢之
故而有殺賢之名，故終亦以病辭。顧炎武論其事，即詩以致感，言二曲「從
容懷白刃，決絕卻華軿」，更以貽詞林諸公書，言二曲「『威武不能屈』，而名
之為累，一至於斯，可慨也已。」〔註248〕顧炎武晚年有請講學，即謝曰：「近
日二曲以講學得名，遂招逼迫，幾致凶死。雖曰威武不屈，然而名為之累，
則已甚矣！況東林覆轍，有進於此者乎！」〔註249〕

　　二曲屢薦而不從，而在晚年時，康熙四十二年癸未（1703），聖駕至山西，
欲召見二曲，命總督致書啓具禮，聘先生赴省。二曲亦終不為所動，以其子
慎言「祈以疾對」。康熙知二曲抱恙，遂有「『高年有疾，不必相強』溫旨，
隨賜書『操志高節』扁額，及御製詩章，並索先生著述。」〔註250〕方保其一
身之節義。

　　二曲之志節可謂白璧無瑕，實其道德踐履的一致性之結果。論其因素，
實因個性剛直，一生安貧樂道，不慕名利，更兼孝道之因素，乃至關學重氣
節，以身事二姓實大節有虧，此皆促成二曲志節不仕之因。以下可針上述所
論逐一分析。首先，二曲在〈答蔡溪巖隱君〉一書中就指出：

世人止因居食二端，不知張皇了許多精神，枉用了許多馳騖。若能
於此處看得破，於此關打得過，則知「貧」之一字，原無損於性靈，
惡衣惡食，原無妨於學道，瀟灑快樂，何等自在。周元公有言：「見
其大則心泰，心泰則無不足，無不足故富貴貧賤處之如一。」陳白
沙亦曰：「人惟覺，便我大而物小，物有盡而我無窮。」夫無盡者，
微塵六合，瞬息千古，生不知愛，死不如惡，尚何暇銖軒冕而塵金
玉耶？噫！學人果能見，及此則種種俗念，不待擺脫而自擺脫，而

〔註247〕見吳懷清著，〈年譜〉，《二曲集》，附錄三，頁 677。
〔註248〕見吳懷清著，〈年譜〉，《二曲集》，附錄三，頁 679。
〔註249〕見〔清〕江藩、〔清〕方東樹等著，《漢學師承記（外二種）》，卷八，頁
157。
〔註250〕見吳懷清著，〈年譜〉，《二曲集》，附錄三，頁 699。

　　區區甘貧甘淡，又不待言矣。〔註251〕

這是二曲上承顏淵以及宋明諸儒「安貧樂道」之精神。這說明了，人之存有在於精神層面生活之拓展、與超越，而非在物質生活上之追逐。這種體道之精神，必能超越物質生活之窘困，不爲其所累，而能在道德領域中不斷的成長與追求無限之發展。能安貧樂道，自不慕榮利，故能在個人操守上有所堅持。二曲長期陷於困苦之環境中，仍依然恬淡自樂，對於他人之金錢援助，更加以挽拒。二曲在康熙十二年癸丑（1673）〈答阿撫臺〉〔註252〕一書中就指出：

　　承餽金數鎰，惠恤良至。僕璧謝再四，非敢矯情，實以辭受一節，
　　乃人生操履所關，若隨來隨受，則生平掃地矣。明公加意於僕者，
　　以僕能安貧也；安貧而受金，則僕安貧何在？以故不避方命之嫌，
　　仍用返璧，萬惟垂察是幸。〔註253〕

辭受取予乃語出孟子〔註254〕，乃孟子針對諸侯之餽金，個人之取舍辭受的標準與意義之陳述。二曲言此，則以節操申明其義。據全祖望於〈二曲先生窆石文〉中指出：

　　當事慕先生名，踵門求見，力辭不得，則一見之，終不報謁。曰：「庶
　　人不可入公府也。」再至，並不復見。有餽遺者，雖十反亦不受。
　　或曰：「交道接禮，孟子不卻，先生得無已甚！」答曰：「我輩百不
　　能學孟子，即此一事，稍不守孟子家法，正自無害。」〔註255〕

二曲認爲「貧」乃志道之人的生活常態。學而不貧，實亦受名利之寵絡，一受名利之寵絡，則自失節義。是故，二曲與有司官員交遊之際，必不入公門、不承其所餽，此乃一生操履所在，這說明了其談學論道，實乃躬行日用常行

〔註251〕見〈書一〉，《二曲集》，卷十六，頁154。
〔註252〕據吳懷清著〈年譜〉，言此書之名則爲〈答阿撫臺軍辭餽金書〉，《二曲集》，附錄三，頁670。
〔註253〕見〈書二〉，《二曲集》，卷十七，頁166。
〔註254〕見《孟子》載：「陳臻問曰：『前日於齊，王餽兼金一百而不受；於宋，餽七十鎰而受；於薛，餽五十鎰而受。前日之不受是，則今日之受非也；今日之受是，則前日之不受非也；夫子必居一於此矣。』孟子曰：『皆是也。當在宋也，予將有遠行；行者必以贐，辭曰『餽贐』，予何爲不受？當在薛也，予有戒心，辭曰『聞戒』故爲兵餽之，予何爲不受？若於齊，則未有處也。無處而餽之，是貨之也；焉有君子而可以貨取乎？』」見《孟子集注》〈公孫丑章句上〉，〔宋〕朱熹撰，《四書章句集注》，卷四，頁243～244。
〔註255〕見全祖望著，〈二曲先生窆石文〉，《二曲集》，附錄二，頁612。

之際。二曲在〈答學人〉一書中，就明確指出：

> 然性命之理，不外日用平常。果能真正內養，制于外所以養其內，
> 大而綱常倫紀，細而飲食男女、辭受取與、語默動靜，必一毫不苟，
> 方見真養，否則，高談性命令，借口內養，而品不卓，德不立，一
> 行有玷，百長莫贖，遠邇指摘，傳爲笑柄，可恥孰甚，勉之，勉之，
> 千萬自愛。〔註256〕

志於道必須落實生活之實踐躬行，知及之而仁不能守之，此乃言之口耳，而
非講之身心。二曲重視「實踐躬行」、「反身切己」。這意謂者學問乃「生命之
學問」，必須於生命中產生「自我轉化與超越」之意義。故品德一有所污，乃
終身之愧，孰可不慎。范鄗鼎於《二曲集・序》就指出：

> 自癸丑督撫以地方隱逸薦，奉旨促之起，屢辭以疾。戊午，當路又
> 以「海內真儒」薦，徵書如雷，終以疾辭。辭不允，絕飲食者五晝
> 夜，遂圖自盡。觀顧寧人《日知錄》載贈先生詩有曰：「從容懷白刃，
> 決絕卻華軺。」然則先生之貧，先生之學之力之胆爲之也，使先生
> 之學之力之胆不至此，則其貧未必至此。或曰此番舉動，固非石隱
> 者流，當與吳康齋並傳。予又聞王心齋之答陳御史曰：「伊、傅之事
> 我不能，伊、傅之學我不我不由。」跡先生生平之學，未必以康齋
> 爲由也。泰和羅氏稱康齋辭官一節，足以廉頑立懦，江浦吳氏稱康
> 齋疏凡四上，清風峻節，凜乎千古。按康齋辭官時，年已七十矣。
> 廉頑立懦，清風峻節，固加人一等。戊午之役，先生方壯年，止以
> 二人生無資養，歿未祔葬，極之蹈白刃、卻丹詔，毅然爲之而不悔。
> 所謂躬行，大率類此。〔註257〕

從范氏所論實可見，二曲之行實非如隱者一般，實爲其道德學問、個人品格、
道德意志一致性之結果。這說明二曲志節與其行徑，實出自道德躬行下的展
現。如是，道德實踐最終必然展現在個人的「辭受取與」的抉擇與判斷之中。
二曲在康熙十二年癸丑（1673）〈與當事論出處〉一書中，即明白指出：

> 先儒謂士人之辭受出處，非獨其共一身之事而已，其出處之得失，
> 乃關風俗盛衰，故尤不可以不審也。今既以顯爲隱逸矣，若以隱而
> 叨榮，則是美官要職可以隱而坐致也，開天下以飾僞之端。其不得

〔註256〕見〈書三〉，《二曲集》，卷十八，頁202。
〔註257〕見《二曲集》，附錄四，頁711。

志於科目者，必將退而外假高尚之名，內濟梯榮之實，人人爭以終
南作捷徑矣。顒雖不肖，實不忍以身作俑，使風俗由顒而壞。此其
不敢三也。……。若隱居復出，杜門復開，是負朝廷之深知，翻辱
闡幽之盛舉，則其為罪大矣！〔註258〕

二曲認為辭受出處，非關一人一事而已。他認為個人的辭受出處，實繫風俗
得失之所在。這說明講學志道之人的操守與氣節，實具有社會群體價值之指
標性作用；講學經世之人，口談仁義道德，卻在大節上有虧，此言行之異化，
不但為名教之罪人，實亦講學經世中最壞之示範，更是啟後人以隱為榮華富
貴之階梯。是故，拒不上薦，實係風俗得失教化之深切意義。除此，二曲拒
不上薦，更有其內在的孝道自悔之因素。二曲在康熙十七戊午（1678）〈答秦
燈嚴第四書〉中，回憶此段經過與凶險。他指出：

癸丑、甲寅間，因臥病不能就徵，奉有「疾病稍痊，督撫起送」之
旨。自是年年敦促，搜山薰穴，靡有寧期。今春，部官又以「安貧
樂道，倡明絕學」推舉，督撫催檄雨至，嚴若秋霜，鎖擊經承，里
鄰受累。淋昇至省，當事親臨臥榻苦勸，立迫起程。僕斷飲絕食，
勺水不下咽者六日，氣習焉焉待盡。委官暨承猶晝夜守催，僕情急
勢迫，幾至自刎，當事憐其困憊，暫以調理回覆，仍嚴檄府縣官吏，
時時驗看疾之痊否，時時申報，以憑起送。僕痛先母貧困而死，誓
終身不獨享富貴，若將來強之不已，勢必以死報母。〔註259〕

二曲一生困苦自立，常以自責未能使母有善養。故日日悔過自省，其曾著〈塈
室錄感〉一文，其文主要擇錄辛復元、曹真予、賀文忠、何北山、呂涇野、
王心齋、呂新吾等諸人至孝之事以觀興感。門人王吉相在〈塈室錄感・序〉
中即言：「〈塈室錄感〉，我夫子二曲李微君自錄所感也。夫子抱朱百年之憾，
誓終身不享世榮。奉母遺像，嚴事如生，為塈室於惻，孤樓其中，持心喪，
室扉反鎖，久與世睽。」〔註260〕二曲於〈自識〉中亦言：「嗚呼！顒父蚤喪，
幼不逮事。顒母守貞，處困而沒，力莫能事，此終身至恫而無所解於其心者
也。煢煢負疚，自比於人可乎？雖偷存視息，實尸居餘氣，孤棲塈室，以抱
終天之憾。敬錄所感，聯寄蓼莪之痛。」〔註261〕二曲認為他終其一生既無一

〔註258〕見〈書三〉，《二曲集》，卷十八，頁195～196。

〔註259〕見〈書二〉，《二曲集》，卷十七，頁187。

〔註260〕見〈塈室錄感・序〉，《二曲集》，卷二十七，頁350。

〔註261〕見〈自識〉，《二曲集》，卷二十七，頁350。

寸土之產，又不能竭力他營，以致使其母無一日之溫飽，其母生不能享其富貴，爲人子者亦當貧苦以立，不可享其榮華富貴。

所以義不仕二姓，不使名節有虧，雖死亦不易其衷。這代表者其內在安貧樂道、不慕榮利之精神，以及孝道自省之所致。這正是他講學與躬行實踐的一致性，此一致性體現在辭受取與之際，不爲苟取的道德正確抉擇之中，展現了其完人的道德人格。是故，其道德節義之展現，實亦其經世教化過程中，最爲重要之實踐。

中編總結

　　二曲的中年之教——體用全學思想與經世實踐，實爲其個人理論之成熟期，亦爲其講學經世之實踐階段。此期不同其早年理論思想之初萌，亦與晚年閉門著述有別。質言之，此爲二曲一生歷程中，最爲重要的思想創發與闡述，亦爲個人與社會群體之互動，而達至其講學經世之目標的體現。整體來說，其中年之教，有幾層特點，依序說明如下：

　　第一、二曲的〈明體適用〉思想，乃本之依傳統儒學範疇之體用觀，兼採胡安定、眞德秀、丘濬、呂新吾等人之說融合而成的。其說是以體用觀爲基、以內聖外王爲準的，建構而成的兼具「道德修養」與「經世致用」的學說。而就明體適用與儒學之關係之論述中，二曲是從儒之「本體性」以及「社會功能性」之角度來說明的。從其論述中，可以窺見二曲重視的是以陸王爲明體、以程朱爲工夫之學脈，他認爲程朱、陸王之學原自儒學所有，兩說各有其對爲學之弊的效能與效力所在，故不可有所偏廢，更不該有所指責與批評，而當實切的體認。

　　二曲論學主學脈、主虛心學習，而斥宗旨與門派，其目的是在建立一整全的、開放的、務實的「道德體悟」與「道德學習」兼重的學習途徑。這是二曲試圖解決程朱、陸王學派宗旨彼此爭執之失，而建立的思想超越之道。而從儒學之發展脈絡來管窺二曲〈明體適用〉之思想。其論仍是依循傳統宋明諸儒重視形上之理、良知本心之說，但因切於時弊所在，二曲亦對王學末流空疏之學亦有所修正。故二曲雖言體用不二的，但實際上，他刻意突顯了傳統儒學「重體而輕用」，只談心性道德而缺乏經世致用之缺點。是故，其〈明體適用〉之「用」，已非傳統儒學偏重於主體的道德實踐，而是建立於經世致

處，帶有一轉虛爲實之經世意義。

　　而體用全學思想所架構出來的〈明體適用〉說，不但爲本體工夫之教、經世致用之實踐，更是二曲對儒、釋、道三教，所進行的對比、批判、反省、超越之法。二曲藉此以明儒學經世之傳統，駁斥儒學內部的霸儒、腐儒，釋道等異端之說，以及科舉之說形成的功利之學。其最終之目的，實爲重新喚醒儒學明體適用之經世傳統，並護教衛道儒學，將儒學導向一成己之學成人之學。即既重本體之修養，亦爲經世致用實踐之儒學。

　　第二、就修養工夫層面，二曲在陳述〈悔過自新說〉中，對於修養工夫，只有論及靜坐涵養一途。此默坐澄心、以心觀心之法，雖爲證悟之前提，但對於證悟後工夫之操存與省察，則至此方有進一步之陳述。二曲於〈體用全學〉中，分論「明體中之明體」、「明體中之工夫」，即以程朱、吳康齋、薛敬軒、胡敬齋之說爲論，更重要的補充了「主敬」之法，作爲其修養工夫。二曲之修養首重識本、識頭腦，即是對良知本心的體驗與把握。此爲修養工夫之首要目標所在。這說明了，修養工夫必然是本體所帶動之工夫，本原不識，修養之意義即爲不存。故識本乃爲修養工夫之前提。二曲論修養工夫，是以悔過自新爲日用實際之工夫，初以主靜工夫作爲澄心之爲，學成之後則動靜一如，無分靜動。而此心之澄，仍待「主敬」之持守、愼獨之「敬愼」、「終日乾乾」把握，使此良知本心惺惺而不昧、炯然而常在，以爲應事皆物之據。

　　整體來說，二曲之修養工夫，乃擷取宋儒以來「涵養未發之中」的「主靜」、「靜坐」以爲工夫之基，他認爲此爲初學之際的工夫之要。但「主靜」之工夫，須以「主敬」之操存爲扶持，其因在於靜坐之「證悟」所得，非事上磨鍊之「徹悟」般來的穩當與眞切，稍一不愼，其爲客塵情緣所染，而有走作與喪失。是故，須輔以「主敬」之工夫，以爲操存而不失。可見二曲非以「一悟爲究竟」，這也是他對王學工夫流弊的補充之道。但二曲雖本程朱而論「主敬」之工夫，因其對心之看法，與朱子有所殊異。二曲論心，如象山、陽明言心即理也，非如朱子以爲氣之靈，故其言「主敬」，實不同如程朱一般，以「主敬」爲窮理致其知之基礎，其論「主敬」，實即默坐澄心後，對此一念之靈明的操存與持守。

　　第三、二曲之思想理論，本質上是經由講學過程進行傳播的。故中年之教實爲二曲經世實踐中最重要之歷程。二曲之經世思想本質上是環繞在「治

道」與「世道」之論點上。前者以〈司牧寶鑑〉為主，對官員之責提出仁心、仁政等說；後者則以〈匡時要務〉為主，透由講學以明學術，以學術啟迪人心的經世之舉。而就思想之實踐上，二曲之講學、關中書院之執講與教育，並對關學的注重與推揚，皆為二曲思想實際上的落實。而二曲不仕清廷之大義，闡明了道德即事功，以一身之行對社會風俗之教化，做了最好示範與實踐。是故，「講學經世」與「道德經世」，實為二曲經世層面中最為重要之面向。

第四、故從「早年為學之歷程」至「中年之教」的思想之演變而言，早年之〈悔過自新說〉，實為其往後〈明體適用〉思想中的基礎所在。二曲在〈悔過自新說〉說中，提出「性善之說」之人性論，並以變化氣質以求復性，以靜坐知幾以明知過的心性工夫思想，這個觀念大抵保留後來之思想中。不過二曲中年思想與理論，則有更深層之拓展。

就「明體」部份，從思想而言〈悔過自新說〉，實質上乃為一復性之觀念，對於心性本體與經驗世界之諸多問題，並無詳論。而這一層自二曲〈學髓〉說提出後，即為補足與完備。〈學髓〉一說是二曲心性思想之完整描述，他以陽明〈四句教〉之精神涵意為本，提出以圖為教之「學問之精髓」。在此說之中，本體界之界義、本體與現象界之問題，乃至解決現象界之念起的問題，二曲在此皆一一陳述與回應，故其說實為討論二曲心性思想最為重要之文獻。

就「修養論」部份，二曲除補充「主敬」之說外，亦言慎獨之說、常惺惺、終日乾乾等。故於此階段，實亦其論修養工夫發展而全備之期。進一步的來說，也確立二曲思想實以陸王為本體、以程朱工夫為宗旨之傾向，這是二曲針對程朱陸王後學之弊、以及後代宗派師門之陋，所進行的本體工夫之調合。除此，二曲早年不廢閱讀，在〈悔過自新說〉中即言「多識前言往行」。可見其思想實以尊德性為主，亦不廢道問學。在中年之教中，二曲多明此義，除有〈體用全學〉外，亦有〈讀書次第〉，實為其知識道問學之發展。

就「經世」部份，二曲早年重視經世之觀念，亦可於「中年之教」中窺其拓展。二曲於在〈體用全學〉中的「適用之書」，對典章、制度、經濟、武備、農田水利等諸多之說一一加以評述，此皆為二曲重視知識、道問學、客觀化之一面。

第五、綜上所述，「中年之教」是二曲思想的成熟與定型期。無論心性本

體之闡述，工夫修養之討論、知識道問學之說、經世治道的理論、講學經世之觀點，皆於此期有所發明、有所申義與拓展。而個人之經世實踐，亦在此階段有其最深刻之體現。他對學術教育之關注與用心、對關學發展之推動與弘揚，乃至爲道德之節義而寧死不屈，實爲一思想理論與實踐作一最完美之結合。是故，中年之教，實爲我們理解二曲個人思想理論，與其經世實踐中甚爲重要之一環。

肆、下編部份：晚年著述
——《四書反身錄》之研究

「本編部份」主要是探討二曲晚年思想與著述之歷程，所指的是從康熙十九年庚申（1680）至康熙四十一年壬午（1702）之階段。康熙十九年庚申（1680）是二曲流寓於富平後，歸至盩厔「閉門著述」之時間；康熙四十一年壬午（1702）則為二曲《四書反身錄》之完成時間，也是其著作完結之時。在這二十二年之中，二曲晚年最重要的作品，如康熙二十二年癸亥的（1683）〈盩室錄感〉、康熙二十七年戊辰的（1688）〈授受記要〉等晚年的思想理論，亦成於此期。而作為二曲個人之著述《二曲集》之刊峻，亦成於康熙三十二年癸酉（1693）中。

本編在此將以《四書反身錄》作為討論的主體〔註1〕。其討論方法，則以「經典詮釋」為作為論述的主軸，對二曲晚年最重要的作品——《四書反身錄》加以研究與討論。其論述之主題共有三層：

第一章：主要以貫穿本書創作的核心目的，作一歷史因素的考察。確切的說，論《四書反身錄》創作之因，這層問題將導向朱子《四書章句集注》成書後，後來讀者對《四書》閱讀所產生的「詮釋經典之謬誤」與「儒學志道之異化」的兩大問題，二曲對此問題有其深刻的批判與反省。最後，並論其解決與對治之道，在於「反身」實踐之治療。此章主要在證成其「經典詮釋學」的治療學概念，論其主體異化與病根之診斷，兼論其治療與自療之道。

〔註1〕關於〈盩室錄感〉乃二曲的自反的體驗記錄、〈授受記要〉乃思想的教導，兩篇之論皆於中年之教中加以論述，此處將不再予以討論。

　　第二章至第五章：主要討論二曲的《四書》學。此數章將逐次的討論二曲對《大學》、《中庸》、《論語》、《孟子》等書之詮釋。二曲之《四書反身錄》乃一語錄式的答問。本文在此，將先明其經典原意，復以歷來重要注疏輔助其說，最後再申明其意。此數章之目的，在於系統的建構二曲的《論語》之學、《孟子》之學、《大學》之學、與《中庸》之學。於此亦可窺二曲以其思想與生命體驗詮釋《四書》的整個歷程。

　　所以從創作目的考察，以及《四書反身錄》詮釋之討論；再針對其《四書學》的「分流研究」與「匯整理解」；最後，再論其發明之所在，乃爲此單元之研究方法。其目的是透由歷史性的考察、內在理路之釐清，了解其「創作背景時空」與「主體思維」間所呈現出的「思想結晶」等問題。從「經典詮釋」而言，則可理解其對《四書》詮釋的「深化發明」處，與「限制缺失」之所在。

第一章　關於《四書反身錄》之研究

第一節　緒　論

　　《四書反身錄》是二曲晚年最重要之作，其創作時間，據門人馬硨士在《四書反身錄·弁言》中指出：

> 迨自癸丑閉關以來，宴息土室，即骨肉至親，罕覩其面。近年獨爾緝王子朝夕起居得侍左右，蓋以其英靈志道，棄功名如敝屣，穎悟絕倫，操履純篤，故特容入侍，有問必答，王子隨聆隨記，名曰《四書反身錄》。〔註1〕

「癸丑閉關」，指的是康熙十二年癸丑（1673）因薦舉之影響而形成的閉門謝世之過程，至康熙十九年庚辰（1680），二曲更在原母居之墟處築斗窩以棲身，名曰「塈室」，這是二曲晚年之獨居的現況；至於「王子」指的是二曲弟子「王心敬」，據〈年譜〉康熙二十一年（1682）載「鄠縣王爾緝心敬來學。」〔註2〕此書乃二曲與王心敬口授筆錄之作。故《四書反身錄》之輯錄當為此時。而此書乃許督學孫荃於康熙二十四年乙丑（1685）所刊刻〔註3〕。是故，康熙二十一年壬戌（1682），至康熙二十四年乙丑（1685），這三年之際當為《四書反身錄》成書的第一階段。

　　但《四書反身錄》在康熙二十四年乙丑（1685）的初次刊刻，內容上多

〔註1〕見《四書反身錄·弁言》，《二曲集》，卷二十九，頁395。
〔註2〕見吳懷清撰，〈年譜〉，《二曲集》，附錄三，頁683。
〔註3〕見吳懷清撰，〈年譜〉，《二曲集》，附錄三，頁686。

有不足，牛樹梅在康熙二十六年丁卯（1685）的《四書反身錄·重刊四書反身錄識言》中就指出：

> 蜀中《反身錄》之刻頗多，而《大學》有缺焉，下論有缺焉，《孟子》之缺尤多，《續錄》則全未有也。〔註4〕

此缺遺之處二曲不斷的續補，直至康熙四十一年壬午（1702），方有《續錄》之完成。據二曲弟子賈締芳、程伊藻等於《反身續錄·序》中指出：

> 《反身錄》舊梓於學憲沘水許公，當時以許公急欲子「反身」之旨風示士林，使知讀書不徒在口耳之末，故不特其錄之完而遽以授梓，甚盛也。然《二孟》缺然，尚非完書，海內同志惜之，茲芳、藻等僭不自量，校讐《二孟續錄》之條，附梓其後，共成八卷，以公同好。〔註5〕

此八卷之成，即為《四書反身錄》之續作與此書之完成。《四書反身錄》代表二曲對儒學經典的詮釋，從其學習與意義而言，這是他個人學術體驗重要的分水嶺，亦即對經典之解釋與說明，是有其深切的意義與重要性的。本文在此將從依循幾個方向加以討論：

第一、先處理的是關於《四書》文獻的諸多問題，討論由《四書》到《四書章句集注》，以及《四書章句集注》形成後的諸多問題與影響，這是對《四書》學之發展，作一「歷時性」的考察。其次，則針對《四書》經典詮釋的意義探索，以釐清注釋《四書》的意旨所在。

第二、說明二曲詮釋之意義。每個思想之形成，必然有其創作詮釋之目的。而這層之討論，則必然指向一「思想史」的外在研究〔註6〕。亦即，思想者之觀念，必然的受到當代歷史時空之因素的影響，思想詮釋者多藉此推陳而出新，以舊瓶裝新酒，藉由對經典之詮釋，提出對時代問題的反省與因應

〔註4〕見《四書反身錄·重刊四書反身錄識言》，《二曲集》，卷二十九，頁393。

〔註5〕見《反身續錄·序》，《二曲集》，卷四十三，頁533～534。

〔註6〕關於「外在研究法」，黃俊傑在〈思想史的新視野〉一文中指出：「特重思想與歷史情境的交互關係，其中心課題在於探討人類對本身所處之環境的意識反應。」其內容有四點：一、中國思想家在何種歷史環境或脈絡裏提出其理論系統？二、思想家提出理論時，與當代與後代之歷史情境有何互動關係？三、在何種具體而特殊的歷史脈絡下，思想傳統的哪些問題會被思想家加以顯題化而成為具有時代意義的重大議題？四、思想家在何種語言情境（linguisticality）之中提出其論述？見黃俊傑著，《歷史知識與歷史思考》（臺北：臺大出版社，2003年12月），第十二講，頁141～146。

之道。以《四書反身錄》爲例，其創作目的的考察，則必須檢視環繞著朱子
《四書章句集注》形成後的諸多問題，此層之理解，方能掌握《四書反身錄》
與時代性之關係。

　　第三、問題之討論，從外部之研究，最終必然歸結於解決之道。此意義
的理解，則在揭示其時代問題與弊端的對治與反省之道，二曲在此即以「反
身」之觀點，作爲切入與思考。是以主體的切己自反，作爲解決問題之弊端
的討論。

第二節　《四書》之形成與《四書》詮釋的意義

　　關於《四書反身錄》之研究，他是屬於「經典」與「經典詮釋」間所形
成的問題與討論。從學術發展之角度來看，《四書》觀念何時形成？朱子的《四
書集注》的形成其意義與影響爲何？《四書集注》之後，二曲爲何有《四書
反身錄》之作？此一系列之問題，皆是導入《四書反身錄》之研究前所當釐
清之處。

　　首先，關於《四書》之概念發展，其過程是複雜的。儒學就經典之詮釋
的發展與演變來說。首先，是以六經作爲詮釋之開始的──「以經爲本的時
代」。從先秦、兩漢至六朝，皆是「圍繞著對六經的整理、編纂、傳述、疏解
來展開思考的，六經是各種觀念與學說『視域融合』的主軸，是詮釋的中心。
所以，這一時段的詮釋焦點是在經，這是一個以經爲本的時代。」〔註7〕而自
魏晉以來，佛道盛行，儒學之價值受到嚴重的挑戰，儒學之詮釋焦點也有所
轉移，自中唐開始一直至南宋，此詮釋之中心，是以《四書》與《易傳》爲
主的中心系統。也就是說，這是一種「以傳記爲核心」的經典詮釋。唐君毅
就明確指出：「宋學之初起，乃是以經學開其先。在經學之中，則先是《春秋》
與《易》之見重，然後及于《詩》、《書》之經學；再及於《易傳》、《大學》、
《中庸》、《大學》，及《孟子》、《論語》等漢唐人所謂《五經》之傳記；終乃
歸至于重此傳記之書，過於重《五經》。此則始于張周之重《易傳》、《中庸》，
二程之重編《大學》、並重《論》、《孟》。伊川遂言『《論語》、《孟子》既治，
則六經可不治而明矣』（《二程遺書二十五》）；乃有朱子之編訂《論》、《孟》、

〔註 7〕見景海峰著，〈儒家詮釋學的三個時代〉一文，收入於方克立主編，《中國傳
　　　　統哲學的現代詮釋》（北京：商務印書館，2003 年 6 月），頁 285。

《大學》、《中庸》，爲《四書》。後之學者重《四書》，而忽《五經》，更不重漢人唐人之注疏。至至明末清初，如顧亭林等，乃再重之。」〔註8〕此即自北宋自明末清初學術之變遷與發展的趨向與變化。

扣緊《四書》之意義來說，從文獻的角度來說，《論語》代表聖人孔子思想，其意義性是無庸置疑的。其他書籍如《孟子》早期僅列之於「子部」；而〈大學〉、〈中庸〉亦僅僅只是《禮記》中的一篇。自唐宋以來，《孟子》爲人所重，並由子部入經；〈大學〉、〈中庸〉亦爲韓愈、李翱（字習之，772～841）所論，而以其論述道統之說。自唐經五代而宋，北宋諸家則逐漸對這四部書加以推揚。如張載就指出：

> 要見聖人，無如《論》、《孟》爲要。《論》、《孟》二書於學者大足，
> 只是須涵泳。〔註9〕

> 學者信書，且須信《論語》、《孟子》。《詩》、《書》舛雜，《禮》雖雜
> 出諸儒，亦若無害義處，如《中庸》、《大學》出於聖門，無可疑
> 者。〔註10〕

張載雖重六經，但亦注重《四書》，以爲其出於「聖人之言」而須重之。而至洛學之程伊川，更視《四書》爲治六經之前導，大大提升了《四書》的地位。他指出：

> 《中庸》之書，其味無窮，極索玩味。〔註11〕

> 修身，當學《大學》之序。《大學》，聖人之完書也，其閒先後失序
> 者，已正之矣。〔註12〕

> 學者當以《論語》、《孟子》爲本。《論語》、《孟子》既治，則《六經》
> 可不治而明矣。〔註13〕

以《論語》、《孟子》爲本而後《六經》，這是對《四書》經典之尊崇；以《大學》爲修身之序，開啓後來學者以《大學》建構主體實踐的指向。總的來說，北宋理學家重視《四書》的義理特色，乃「反映了中國經學由漢唐時以《六

〔註8〕見唐君毅著，《中國哲學原論：原教篇》，第一章，頁12。
〔註9〕見〈經學理窟〉，〔宋〕張載撰，《張載集》，頁272。
〔註10〕見〈經學理窟〉，〔宋〕張載撰，《張載集》，頁277。
〔註11〕見〈河南程氏遺書〉，〔宋〕程顥、程頤撰，《二程集》，卷第十八，頁222。
〔註12〕見〈河南程氏遺書〉，〔宋〕程顥、程頤撰，《二程集》，卷第二十四，頁311。
〔註13〕見〈河南程氏遺書〉，〔宋〕程顥、程頤撰，《二程集》，卷第二十五，頁322。

經》爲主轉向宋學以《四書》爲主」〔註14〕的傾向轉變，這是一種退五經而進《四書》之發展。《宋史・道學一》即言二程「表章《大學》、《中庸》二篇，與《語》、《孟》並行，於是上自帝王傳心之奧，下至初學入德之門，融會貫通，無復餘蘊。」〔註15〕這是二程對《四書》提倡的歷史意義。而此四本書，經二程提倡，朱子整理而形成的《四書章句集注》，其歷史意義與功能更超越《六經》，成爲後來無論官學、私學等主要的教育典籍，更是宋元明清的思想主流，其歷史影響力是無人可及的。

　　朱子對《四書》之看法。主要認爲：「《語》、《孟》工夫少，得效多；《六經》工夫多，得效少。」〔註16〕「《四子》，《六經》之階梯。」〔註17〕這是他承二程以《四書》爲《六經》之本的觀念，他認爲《四書》既治，《六經》則可不治而明。具體來說，他認爲「學問須以《大學》爲先，次《論語》，次《孟子》，次《中庸》。《中庸》工夫密，規模大。」〔註18〕朱子主要是以《大學》定其規模與提綱挈領，以《論語》立其根本，以《孟子》觀其發越之精微，以《中庸》求古人之微妙處。此爲他依《四書》內在的義理而定立的爲學本末、入道之序的發展。而他更以其一生之精力對《四書》作整理〔註19〕。根據蔡方鹿對朱子《四書》學研究之意義。他指出：

> 朱熹繼承二程，集程朱《四書》學之大成，其《四書》學理論的提出與確立，是中國經學史上的一大變革。朱熹以《四書》及《四書》義理之學取代《六經》及《六經》訓詁之學，作爲整個經學的主體和基礎，強調《四書》重於《六經》；以《四書》發明道統，爲建構和完善新儒學的道統思想體係作論證；以《四書》闡發義理，其中包含了豐富的哲理，把以往的《四書》學發展到一個新的高度，從

〔註14〕見蔡方鹿著，《朱熹經學與中國經學》（北京：人民出版社，2004年4月），第三章，頁144。

〔註15〕見〔元〕脫脫著，《宋史》（臺北：年月），卷四二七，頁12710。

〔註16〕見〈論語一：語孟綱領〉，〔宋〕黎靖德編、王星賢點校，《朱子語類二》，卷第十九，頁428。

〔註17〕見〈朱子二：論自注書〉，〔宋〕黎靖德編、王星賢點校，《朱子語類七》，卷第一五○，頁2629。

〔註18〕見〈大學一：綱領〉，〔宋〕黎靖德編、王星賢點校，《朱子語類一》，卷第十四，頁249。

〔註19〕關於朱子對《四書》之整理，可參蔡方鹿著，《朱熹經學與中國經學》，第五章，頁255～260。亦可參錢穆著，〈朱子之四書學〉一文，《朱子新學案四》，收入於《錢賓四先生全集》，頁201～256。

而革新了中國經學的發展方向。〔註20〕

這說明朱子是以其《四書》學對後代形成具大影響。具體來看,《四書章句集注》主要透過思想家的傳播,以及科舉教育之影響,形成了後來官學的正統思想。由宋至元,元仁宗皇慶二年（1313）,其所制定的科舉條目,以《四書》、《五經》為主,即以程朱注解為主〔註21〕。明成祖永樂十三年（1415）,所編纂的《四書大全》、《五經大全》及《性理大全》三書皆以朱注為主〔註22〕。其中《四書》即以《四書章句集注》為主。而至清代李光地（字晉卿,號榕村,1642～1718）奉敕編纂的《性理精義》〔註23〕,仍以程朱之學為學校教育和科舉制度的內容,此即為《四書》由宋至清初學發展之概況。

其次,就《四書》內在意義性而言,《四書》乃儒家經典,為聖人之作,亦為道的體現,承認聖人與經典之權威是儒學的特色。陳來就指出:「聖人是歷史經驗、道德智慧的象徵,它的權威來自人們確信他所具有的偉大人格和智慧。人們信賴聖人的權威是因為聖人為人們指出了精神進步的方向,也來

〔註20〕 見蔡方鹿著,《朱熹經學與中國經學》,第五章,頁264。

〔註21〕 見《元史‧選舉一》:「考試程式:蒙古、色目人,第一場經問五條,《大學》、《論語》、《孟子》、《中庸》內設問,用朱氏章句集註。其義理精明,文辭典雅者為中選。第二場策一道,以時務出題,限五百字以上。漢人、南人,第一場明經經疑二問,《大學》、《論語》、《孟子》、《中庸》內出題,並用朱氏章句集註,復以己意結之,限三百字以上;經義一道,各治一經,詩以朱氏為主,尚書以蔡氏為主,周易以程氏、朱氏為主,已上三經,兼用古疏,春秋許用三傳及胡氏傳,禮記用古註疏,限五百字以上,不拘格律。」見〔明〕宋濂等撰,《新校本元史并附編二種》（臺北:鼎文書局,民國68年）,志第三十一,卷八十一,頁2019。

〔註22〕 據《明會要》〈學校下〉於永樂十二年（1414）十一月載:「命學士胡廣等脩《五經》、《四書》及宋儒性理諸書,諭曰:『《五經》、《四書》傳註之外,諸儒有發明者,其採附於下。周、程、張、朱所著,如《太極通書》、《西銘》、《正蒙》亦類聚成編。』命舉朝臣及四方文學之士同纂脩,開館東華門外,廣總其事。書成,名曰《大全》。」見〔清〕龍文彬著,《明會要上》,卷二十五,頁426。

〔註23〕 清聖祖康熙於〈御製性理精義‧序〉中言:「朕自沖齡至今,六十餘年來,未嘗少輟經書,唐虞三代以來,聖賢相傳授受,言性而已。宋儒始有性理之名,使人知盡性之學,不外循理也。……前明脩纂《性理大全》一書,頗謂廣備矣。但取者太煩類者居多,凡性理諸書之行世者,不下數百,朕實病其矛盾也。爰命大學士李光地詮擇進覽,授以意指,省其品目,撮其體要,既使諸儒之闡發,不雜於支蕪,復使學者之披尋不苦於繁重,至於圖象、律曆、性命、理氣之源,前人所未暢發者,朕亦時以己意折中其間,名曰《性理精義》,頒布天下,讀是書者,自有所知也已。」見〔清〕李光地等撰,《性理精義》,收入於《四部備要》（臺北:中華書局,民國54年）,頁1。

自人類生活對『師』的權威的需要。」〔註24〕故在面對傳統文化價值的危機
與調整時，歷來的思想家多藉由經典的注解與詮釋來完成，而形成了「經典
詮釋」的意義。這說明了，傳統價值之創造，並非刻裂傳統資源、智慧與文
化而另立一套新的觀點，而是藉由既有的精神資源加以創新的詮釋與發明。
中國歷代重要的經典，皆有不斷的注解與不同的注解方式，如漢代注經多以
章句訓詁，宋人注經則以義理發明，思想家大多選擇經典建立自己的思想體
係，這意謂著經典文本，是一種開放性的對話，每個思想家皆可以其思想與
經典作交流與對話，而共振出新的思想點，藉以完成文化危機之救治。以宋
明理學而言，如北宋諸子多以《易傳》建立其天道思想，如周敦頤的〈太極
圖說〉，張載之〈正蒙〉、〈橫渠易說〉，程伊川的《易程傳》、朱子的《周易本
義》；象山之學得力於孟子；朱子調和諸家，但最終歸之於《四書》；陽明則
以《孟子》的良知說與《大學》「致知」觀念，建立其良知、致良知之學。可
見「經典之詮釋」，本質上即成為一思想建構的歷程。

　　就學術發展之演變來言，《四書》之形成與《四書》詮釋的意義，本為一
體兩面之事。儒學重視經典，重視聖人之道，必然的讀其書而知人論世，而
也必然的對聖人之經典有所論述與說明。這種詮釋之目的，固然主觀上是大
多認為闡發的是聖人之「微言大義」，是對聖人「原意」之掌握；但客觀實然
上，詮釋的結果在重新之解釋與說明下，反而形成一種新的學說、新的意義。
這說明了時代文化與思想紛圍之差異的間距，自然形成了一種「文本之距
離」。「文本之原意」與「詮釋者之說」，早不存有其完整的吻合，所謂「原意
之體現」在本質上是不可能體現的。〔註25〕

　　關於詮釋本質上應是伽達瑪（Hang-Georg Gadamer）所言「效果歷史意
識」（Wirkungsgeschichtliches Bewusstsein）之過程。伽氏認為歷史對於我們並
非過去存在的事件而已，而是向我們揭示這個時代新的意義性。伽達瑪認為

〔註24〕見陳來著〈價值、權威、傳統與中國哲學〉一文，見氏著《哲學與傳統》，頁
　　　　339。
〔註25〕關於作者之原意說難以成立之因素，董洪利就指出：「第一是解釋者與作品書
　　　　面文字的距離。作品的文化背景與解釋者文化背景的差距、語詞的多義性、
　　　　陌生的詞匯和語法等，是形成這種距离的主要原因。」（見董洪利著，《古籍
　　　　的闡釋》（遼寧：遼寧教育出版社，1997年4月），頁45。其次，則是「作者
　　　　與作品語言之間的距離，一方面表現為作品語言不能完全表達作者的原意；
　　　　另一方面則表現為作品語言的意義範圍出作者的原意，出現作者不曾預料到
　　　　的字義之外的意义，也是言外之意。」同上，頁65。

人是無法摒除個人的主觀性、前判斷之作用的，所以進入「歷史視界，並不意味主體的視界之消失，純粹以歷史的視界作爲自己的視界，而是主體在歷史視界中發揮前判斷之作用，從而眞正形成一種『效果歷史』。」〔註26〕就詮釋學之意義，理解本質上即爲投入歷史世界，以形成理解，此即所謂「視界融合」（Hor-izontverschmelzung）之過程。他是藉原有的經典文本之歷史世界，與現代個人之視界，展現一種「提問──問答」之對話，進而形成一新的視界與意義。具體來說，「視界融合」是以文本爲基礎而展開的對話，他既非單純的重現與復製文本之意義，也非偏離文本而立論的，而是通過文本之問題結構、語言之意義，重新融入新的意義。我們對經典詮釋之理解，應當作如是觀。因爲對原意之精確掌握，是不可能也非必要的，因爲靜態的還原與精確與翻譯，他可能喪失了動態主體生命於「歷史脈絡」中，所面對的問題與危機、反省與超越。董洪利就指出：

> 理解總是從解釋者自身視野所感知的社會環境和文化背景開始的，也就是說，解釋者總是在不同社會條件制約下、根據不同的時代需要和不同的文化背景從事理解活動的，因此在不同的時代、不同的地域，解釋者對同一部作品的理解也是不同的。這種不同，主要表現爲解釋者在理解過程不可避免地會用在個人生活經歷和知識經驗中形成的獨特感去理解解釋對象。〔註27〕

是故，對「經典之詮釋」，本質上應當深思每個思想家在其「歷史脈絡」下，對傳統經典所作的「詮釋意向」的揭示與說明。理解其爲何說（why）？如何說（how）？又說了什麼（what）？每一個經典之詮釋，必有其主觀對原意之掌握，進而產生新意的「創造性的詮釋」的內容。

　　所以釐清《四書》之形成，此大抵明《四書》學之發展與演變，而論「經典之詮釋」，則在說明經典之原意外，更應注重其在「歷史脈絡」下的申義之處。此爲論《四書》之形成與《四書》詮釋學中首當說明之處。

第三節　《四書反身錄》創作因素考

　　《四書反身錄》之創作有其內在因素的，而這層因素可先從對《四書》

〔註26〕見潘德榮著，《詮釋學導論》（臺北：五南圖書出版公司，民國88年8月），第五章，頁134。
〔註27〕見董洪利著，《古籍的闡釋》，頁75。

集結詮釋的歷史典範——《四書章句集注》談起。二曲在闡述《四書》中的
關於《大學》之意義時即明確的指出：

> 《大學》，孔門授受之教典，全體大用之成規也。兩程表章，朱子闡
> 繹，眞文忠公衍之於前，邱文莊公補之於後，其於全體大用之實，
> 發明無餘蘊矣。〔註28〕

所謂「發明無餘蘊」，代表已無詮釋空間的存在，所指向的必然歸結爲實踐的
之義。那麼何以二曲仍有《四書反身錄》之作呢？從其一歷史因素而言，二
曲重新之釋不是針對上述《四書章句集注》抑或《大學衍義補》而發的，而
是針對後人對《四書章句集注》等詮釋態度與方法之誤而發的。李足發在《四
書反身錄·引》就明確的指出：

> 識者謂有天地則不可無《四書》，以葆天下之人心；有《四書》則不
> 可無《朱註》，以釋《四書》之疑義，有《朱註》則不可無斯錄，以
> 挽天下之人心。斯錄未出，《四書》雖家傳户誦，無異「告朔之羊」，
> 名存而實亡；斯錄一出，則《四書》誦不徒誦，人知所奮，可謂取
> 日虞淵，揭之中天，中興《四書》之功埒於始初表章，夫固有不可
> 得而誣者矣。〔註29〕

此處對二曲《四書反身錄》之評雖有誇大之處，但實然上即點明二曲創作之
初衷所在，這說明了《四書章句集注》流行後，對於《四書》之詮釋，已逐
漸成爲「口誦而不貴躬行」等異化狀態，此層因素自然與科舉之弊攸切相關
的。亦即，從二曲的角度來看，無論朱子、眞德秀與邱濬之對《四書》之詮
釋，是一種詮釋意義的完整性，無須對其所形成的內容再多補述，但相對的，
文本與詮釋無誤，不代表後來讀者閱讀之態度與方法即爲全然正確的，這是
二曲所欲反省之處。二曲弟子王心敬在《四書反身錄·識言》即點明二曲著
書之動機，他指出：

> 《四書反身錄》者，錄二曲先生教人讀《四書》、反身實踐之語也。
> 先生嘗謂：「孔、曾、思、孟立言垂訓以成《四書》，程朱相繼發明，
> 表章《四書》，非徒以令人口耳也，蓋欲讀者體諸身，見諸行，充之
> 爲天德，達之爲王道，有體有用，有補於世也。」〔註30〕

〔註28〕見《四書反身錄》，《二曲集》，卷二十九，頁401。
〔註29〕見《四書反身錄·引》，《二曲集》，卷二十九，頁394～395。
〔註30〕見《四書反身錄·識言》，《二曲集》，卷二十九，頁396。

是故，二曲所針對的是《四書章句集注》閱讀的態度與方法之糾謬，所強調的是一種「重返於主體以實踐態度爲主的經典詮釋」，這是他對朱學成爲科舉教育與官學後，形成的時代性的問題後，所提出的省思與反省之道。這說明了學術文化產生危機，形成新的問題。其問題並非存在於傳統文化經典中，而是人對傳統經典之誤解，此「人病」而非「法病」也。故不須建立一新的經典論述進而解決困弊，而是必須重新的，就此傳統經典之內在精神予以發掘與喚醒，以作爲解決此危機與問題之道。而二曲對其「人病」之討論大抵有二種模式。以下則分別敘之：

一、詮釋經典之謬誤的反省

關於「詮釋經典之謬誤的反省」，主要在論述對經典詮釋應有之態度與方法，以及批判與反省。這一類的討論，主要見於對《論語》中關於《六經》的討論。二曲在論《論語》「詩三百」〔註31〕一文即指出：

> 《六經》皆古聖賢救世之言，凡一字一句，無非爲後人身心性命而設。今人只當文字讀去，不體認古人立言命意之旨，所以白首窮經，而究無益於自己身心性命也。即如《詩》之爲教，原是教人法其所宜法，而戒其所宜戒，爲善去惡，思不至於有邪耳，故曰「詩以道性情」。若徒誦其篇章之多，善無所勸，而惡無所懲，則是養性情者，反有以累性情矣。〔註32〕

《六經》乃聖賢救世之言，主要是要學者能夠就經義切己自反，悔過而自新。以詩教而言，其目的在於爲善去惡，使其心無所妄，思無所邪，故爲「性情之教」。而當一爲科舉之試時，即從「爲道日損」一轉成「爲學日益」，不但無增其益，反而多有所累，這說明了對經典之詮釋，是在於以身心驗之的實踐立場，而非以知識態度的面對。這種重視身心轉化的意義，是二曲詮釋經典的意義指向，當然亦是今日閱讀經典的謬誤所在。他在釋《論語》「興于詩，立於禮，成于樂」〔註33〕一文中，更針對此《六經》之教的的錯誤詮釋，加以批評。他指出：

〔註31〕見《論語集注》〈爲政第二〉：「子曰：『《詩》三百，一言以蔽之，曰：『思無邪』。』」〔宋〕朱熹撰，《四書章句集注》，卷一，頁53。

〔註32〕見《四書反身錄》，《二曲集》，卷三十一，頁431。

〔註33〕見《論語集注》〈泰伯第八〉：「子曰：『興於《詩》，立於禮，成於樂。』」〔宋〕朱熹撰，《四書章句集注》，卷四，頁104～105。

善心之興，立身之卓，德器之成，由於《詩》、《禮》、《樂》。今樂雖
士不肄習，而《詩》與《禮》，未嘗不家傳而戶誦，興者、立者，果
有其人乎？吾不得而知也。夫古之肄《詩》，原鑑其善惡以淑心；今
則惟諷誦其章句，講明先儒之所發明，以爲舉業之資而已。古之肄
《禮》，原準其儀節以律身；今惟裁取可爲科試題目，以爲應試之備
而已。是肄習之始，便以弋名媒利爲事，而欲善心之興、律身之卓，
何可得耶？〔註34〕

傳統詩教與禮教之功能，乃在對主體人格性情之培養與樹立，作爲一種身心
潛移默化的改變；而今詩禮之學，已然成爲誦其章句與科試題目，已歧出爲
知識性的記誦與功利性的目的，喪失了詩教與禮教在「性情之教」的本質涵
義。教之意義喪失，反映的即是「道德人倫」之問題。二曲在《論語》「興、
觀、群、怨」〔註35〕一文時，就對此「經典詮釋」與「道德培養」之問題加
以陳述。他指出：

聖門之教，《詩》居其首，「興、觀、群、怨」，「事父」、「事君」之
道，於是乎資。今之學者，童而受讀，垂老不廢，學則學矣，吾不
知其於興、觀、群、怨、人倫、物則果何如也？買櫝還珠，吾黨戒
諸！〔註36〕

詩可以「感發意志」、「考見得失」、「和而不流」、「怨而不怒」〔註37〕，而最
終之本質，是導向一「邇之事父，遠之事君」的道德人倫之實踐。是故，其
目的在於「成德之學」；而今之學不在道德人倫之實踐，實爲「買櫝還珠」，
這是爲學目的本質的歧出，亦是對經典詮釋與閱讀之謬誤。二曲在談《論語》
「入則孝，出則悌」〔註38〕一文時，即對此道德喪失之問題，提出深刻的批
評：

〔註34〕 見《四書反身錄》，《二曲集》，卷三十四，頁463。
〔註35〕 見《論語集注》〈陽貨第十七〉：「子曰：『小子！何莫學夫《詩》？《詩》可
　　　　以興，可以觀，可以群，可以怨。邇之事父，遠之事君。多識於鳥獸草木之
　　　　名。』」〔宋〕朱熹撰，《四書章句集注》，卷九，頁178。
〔註36〕 見《四書反身錄》，《二曲集》，卷三十九，頁503。
〔註37〕 見《論語集注》〈陽貨第十七〉，〔宋〕朱熹撰，《四書章句集注》，卷九，頁
　　　　178。
〔註38〕 見《論語集注》〈學而第一〉：「子曰：『弟子入則孝，出則悌，謹而信，汎愛
　　　　眾，而親仁，行有餘力，則以學文。』」〔宋〕朱熹撰，《四書章句集注》，卷
　　　　一，頁49。

> 入孝出弟，謹信愛眾，親敬好人，此人道之要、立身行己之本、弟
> 子日用職分而教弟子者之先務也。今之教者，不過督以口耳章句、
> 屬對作文，朝夕之所啓迪而鼓舞者，惟其博名媒利之技。蒙養弗端，
> 童習而長安之，以致固有之良，日封日閉，名利之念，漸萌漸熾。
> 誦讀之勤、文藝之工，適足以長傲遂非、率意恣情。〔註39〕

當孝悌倫理道德的實踐與落實，一轉而爲言語口說，或屬對作文，本質上已
將德行之學歧出成爲知識之學，喪失了修身成德根本眞諦。儒學認爲言行當
一致，言說代表實切的踐履，而當僅存言說而失其踐履時，此乃爲學的異化。
孝悌立身行己之失，波及的是處世應對的失當，此自然形成道德人倫之問題，
推本究因，乃與科舉博名媒利的錯誤誘導相關。

　　二曲認爲經典有其淑世教化之功能，而當讀者與經典無法形成一精神體
驗與共振交流，無法將經典所揭示的生命意旨，滲透於主體而使主體的道
德生命有所成長時，即產生了對經典詮釋與閱讀之謬誤，「知道而不能做
到」，此無疑的是對經典理解與詮釋中最大的弊端，對此謬誤，二曲認爲應當
正確的理解經典。此說陽明是早有所述的，陽明在〈稽山書院尊經閣記〉即
指出：

> 《六經》之學，其不明於世，非一朝一夕之故矣。尚功利，崇邪說，
> 是謂亂經：習訓詁，傳記誦，沒溺於淺聞小見以塗天下之耳目，是
> 謂侮經，侈淫辭，競詭辯，飾奸心，盜行逐世，壟斷自以爲通經，
> 是謂賊經。若是者，是并其所謂記籍者而割裂棄毀之矣，寧復知所
> 以爲尊經也乎！〔註40〕

所謂「侮經」、「通經」、「亂經」、「賊經」，亦皆指向對經典理解與詮釋一種錯
誤的操作，故「尊經」不在於文字訓詁，不在於口說言談，更不在以其爲資
名獲利之工具，而是反之於身而落實自家生命，形成以經典的文字脈絡，建
立生命的義理指向，以解決人生困境的問題。二曲亦本之陽明「尊經」而言
「經正」之說。他指出：

> 《四書》乃萬古不易之常經，日用常行，而不可違焉者也。吾人口
> 誦而身違，書自書，我自我，是謂叛經；講了又講，解了又解，徒

〔註39〕見《四書反身錄》，《二曲集》，卷三十一，頁 428～429。

〔註40〕見〈文錄四〉，〔明〕王守仁撰、吳光、錢明、董平、姚延福編校，《王陽明
　　　　全集上》，卷七，頁 255。

誇精鬪奧，藉以標名，是謂侮經。士爲庶民之首，經先不正，庶民
何由而興乎？先自作慝，何望他人之無邪慝耶？然「往者不可諫，
來者猶可追」，從今淬礪，維新是圖，反之於身，日用常行，以爲庶
民榜樣，民實有心，難道不是欽是慕，觀感興起，「庶民興，斯無邪
慝矣」。〔註41〕

「經也者，恒久之至道，不刊之鴻教也。」〔註42〕是日用常行的道理指向所
在，故當正確的把握與體現。二曲認爲現今對經典理解與詮釋的錯誤操作，
有所謂的「叛經」與「侮經」。「叛經」，指的是無法將經典垂示的常道，落實
於己身；而「侮經」，乃視經典爲言說口談，以資名利之工具。此二者皆對經
典之意義性形成錯誤的理解與操作，亦對經典之意義有所背離。二曲認爲士
乃庶民之標干，必須以身範之。是故，當強調一「正經」的態度，即是對經
典有其正確的理解與實踐，士能正經方能以上啓下，而興民於善，而無邪慝。
可見，問題不在《四書》經典之問題，而是如何正確詮釋《四書》之問題。
二曲在〈答許學憲〉一書中，針對許學憲欲表章《四書》，即明確指出：

今夫《四書》之在天下，家傳戶誦，童而習之，白首不廢，解者積
案充棟，本自章明，何待表章。噫！正惟家傳戶誦，人人共習，而
所習之得失，實世道生民治亂安危、善惡生死之關。有心世道者，
誠就其所習而挽其失，救其積習，起其痼疾，令其反諸身、見諸行，
是乃所謂表章也。〔註43〕

二曲認爲於今於時《四書》已爲一入學基礎之書，實無須表章。而正因其成
爲入學基礎之書，其影響之層面與效應，是深切久遠的，對於世道人心之價
值、學術之明晦，是具有影響力的。是故，實應表章《四書》乃一身心體驗、
反躬於己之道，是一爲己治療己疾之書，這才是對《四書》一種正確的詮釋
所在。

所以藉由《四書》中論述經典之義，加以申義討論，目的在強調傳統經
典教化功能的失序與反省，此爲對經典的理解與詮釋目的異化有關。是故，
二曲透由經典之詮釋古今之對比，與「尊經」與「經正」之說，旨在揭示經
典應當正確的理解與詮釋的，以達其性情之教、身心治療的本質目的。

〔註41〕見《四書反身錄》，《二曲集》，卷四十二，頁531～532。
〔註42〕見〈宗經第三〉，〔梁〕劉勰著、周振甫注，《文心雕龍》（臺北：里仁書局，
　　　　民國83年7月），頁25。
〔註43〕見〈書二〉，《二曲集》，卷十七，頁172。

二、儒學志道異化的反省

「經典詮釋的謬誤」，此一問題推本究源，皆在於主體心志層面之問題，故接續當論「儒學志道之異化」之問題。所謂「儒學志道之異化」，討論的是為學立志的正確性與否之問題。二曲對此的討論，主要針對《論語》中「攻乎異端」〔註44〕一文來申義。他指出：

> 蓋吾儒之學，其端肇自孔子，思孟闡繹，程朱表章，載之《四書》者備矣，無非欲人全其固有之良，成己成物，濟世而安民也。吾人讀之，果是體是遵，全其固有之良乎？果人己兼成、康濟民生乎？否則止以榮肥為計，其發端起念，迥異乎此，與《四書》所載，判然不同，非吾儒中之異端而何？生於其心，害於其事，發於其事，吾不知其於洪水猛獸何如也？程子以佛、老之害甚於楊墨，其言有云：「昔之害近而易知，今之害深而難辨。」余亦云：儒外異端之害淺而易闢，儒中異端之害深而難距。噫，吾末如之何也已！〔註45〕

> 乃世之究心理學者，多舍日用平常而窮玄極賾，索之無何有之鄉。謂之「反經」，而實異於經；謂之「興行」，而實不同於日用平常之行。其發端起念，固卓出流俗詞章之上；而流蕩失中，究異於四書平實之旨：是亦理學中之異端也。故學焉而與愚夫愚婦同者，是謂「同德」；與愚夫愚婦異者，是謂「異端」。〔註46〕

對異端之批判，自古以來即有其「護教學」之意義的。二曲在此主要針對儒學、理學異化的現象來論。他認為今之儒學，已背離了《四書》以道德修養為本、以經世致用為末的人生實踐，一轉而為功利性之目的，這種背離是以自身「榮肥為計」，乃為儒學之「異端」；而今之理學，乃將《四書》從日用常行的道德實踐，一轉而為知識的討論、形上的思辨，這種深究其理卻失其常理之行，乃為理學之「異端」。是故，「功利化」、「形上化」、「知識化」等學術的錯誤，實為二曲詮釋儒學經典的內在目的性；經典的理解與詮釋的錯誤操作，本質因素在於面對經典的「動機與心態的不純正」，此動機心態之不正，所透由此而開展的理解與詮釋，自然是錯誤的。故「反經」實異於經，「興

〔註44〕見《論語集注》〈為政第二〉：「子曰：『攻乎異端，斯害也已。』」〔宋〕朱熹撰，《四書章句集注》，卷一，頁57。
〔註45〕見《四書反身錄》，《二曲集》，卷三十一，頁436。
〔註46〕見《四書反身錄》，《二曲集》，卷三十一，頁436。

行」而不同日用平常之行。二曲對學術的批判與重建，更深刻的表現在「爲己之學」與「爲人之學」的對比論述中。二曲在言《論語》「古之學者爲己，今之學者爲人」〔註47〕一文時即指出：

> 爲己則潛體密詣，兢兢焉惟恐己心未澄、己性未明、己身未修、己德未成，己以外自不騖騖。迨身修德成，己立己達，宇宙內事，皆己份內事，立人、達人，莫非爲己。其心在爲人而反是，不但攻記誦、組詞翰是爲人，即談道德、行仁義，亦無非爲人。故理學、俗學，君子儒、小人儒，上達、下達之所由分，分於一念之微而已。〔註48〕

爲己之目的，在於己立而立人、己達而達人，乃一道德修養爲本後，落實於社會實踐之過程，此爲儒之本質所在──明體適用之謂。而今之學乃「爲人」之學，即在於要譽以成己名與己利，非眞實、眞誠之由仁義，乃爲有所意圖的行仁義。是故，「爲己之學」與「爲人之學」其差別乃理學、俗學，君子儒、小人儒，上達、下達之別。更深刻的來說，此層上下之別，本質上是建立在「一念之微」之中，此一念之微，此即「心志」之問題。二曲在論《論語》「志於道，據於德，依於仁，游於藝」〔註49〕一文即指出：

> 「志道」、「據德」、「依仁」而後「游藝」，先本而後末，由內而及外，方體用兼該，華實並茂。今人所志惟在於藝，據而依之，以畢生平，逐末迷平，騖外遺內，不但體無其體，抑且用不成用，華而不實，可恥孰甚。〔註50〕

> 古人以道爲先，是以知道者多；今人以藝爲先，是以知道者少。道成而上，藝成而下，審乎內外輕重之分，可與言「志」矣。〔註51〕

二曲認爲儒學論「志道」、「據德」、「依仁」而後「游藝」，是有其邏輯關係的。這是一種由本而末，由內而外，由體而用，由質而文，進而開展的學習，這是一種以「道德仁義」爲本質前提的成德之學；相對的，如今儒學之學，不

〔註47〕見《論語集注》〈憲問第十四〉：「子曰：『古之學者爲己，今之學者爲人。』」〔宋〕朱熹撰，《四書章句集注》，卷七，頁155。
〔註48〕見《四書反身錄》，《二曲集》，卷三十九，頁494。
〔註49〕見《論語集注》〈述而第七〉：「子曰：『志於道，據於德，依於仁，遊於藝。』」〔宋〕朱熹撰，《四書章句集注》，卷四，頁94。
〔註50〕見《四書反身錄》，《二曲集》，卷三十四，頁456。
〔註51〕見《四書反身錄》，《二曲集》，卷三十四，頁456。

但略其以道德仁義爲前提的成德之學，而反成「以藝爲先」的詩文之學，此爲本末倒置，歸根究底，即在於儒學志道的異化。二曲在論《論語》「不至於穀」〔註52〕一文時，就針對此功名之利有所陳述。他指出：

> 今人初學之日，便是「志穀」之日。揣摩帖括，刻意雕繪，疲精竭神，窮年累月，無非爲穀而然，此外無志，故此外無學。夫惟此外無志，是以修己務實之儒，世不多見，以致修己務實之業，無人講求，士趨日卑，士風日壞，病正坐此，可勝歎哉！〔註53〕

> 「學不志穀」，方是實學，方爲有志。〔註54〕

> 實學道德，自不志於功名，實爲身心性命，自不念及於富貴利達。〔註55〕

二曲認爲「心志」乃主體意志動機所在，志之所發乃「志向」之謂，志向爲何？其學便有所殊異。此「志於道」或「志於名利」之別。儒學之學乃「實學」也，「實學」，指的是以修己、切己務實爲業，以身心性命爲依歸的成德之學，此是學者所當志之處；相對的，今人之學，所志在於功名與富貴利達，此乃儒學之異化，非所謂學。此種心志異化的志穀之學，更是導致士風日卑，而造成群體行爲的失序病根所在。二曲在談《論語》「士何如斯可謂之達矣」〔註56〕一文中即對此以務名趨利之處，有其深刻之批判。他指出：

> 子張以「聞」爲「達」，志在聲聞動人，遠邇俱孚，無往不利，此務外徇名者之所爲。夫子因其病而藥之，一補一消。此病豈惟子張爲然，吾人殆有甚焉。吾人自幼至長，所讀者雖鞭辟近裏之書，所習者皆務外徇名之業，蓋自志學之初，便已種下務名種子，畢精竭力，惟名是務。〔註57〕

〔註52〕見《論語集注》〈泰伯第八〉：「子曰：『三年學，不至於穀，不易得也。』」〔宋〕朱熹撰，《四書章句集注》，卷四，頁106。

〔註53〕見《四書反身錄》，《二曲集》，卷三十四，頁464。

〔註54〕見《四書反身錄》，《二曲集》，卷三十四，頁464。

〔註55〕見《四書反身錄》，《二曲集》，卷三十四，頁464。

〔註56〕見《論語集注》〈顏淵第十二〉：「子張問：『士何如斯可謂之達矣？』子曰：『何哉，爾所謂達者？』子張對曰：『在邦必聞，在家必聞。』子曰：『是聞也，非達也。夫達也者，質直而好義，察言而觀色，慮以下人。在邦必達，在家必達。夫聞也者，色取仁而行違，居之不疑。在邦必聞，在家必聞。』」〔宋〕朱熹撰，《四書章句集注》，卷六，頁138。

〔註57〕見《四書反身錄》，《二曲集》，卷三十七，頁484。

學之歧出在於心志之異化，心志之異化的因素乃在於人的「務名趨利」，務外徇名者自然以干聲譽而得其名、逐其利，自然以行仁義而顯。二曲認爲此正孔子言子張以「聞」爲「達」之弊也，亦今日學之所喪。達乃合乎正義之爲，是直道而行，而非色取仁而行違之的。是故，學之異化本質之因，在於心志層面之問題，則必須就心志處下工夫。二曲在談《論語》「敏於事而愼言」〔註58〕一文，則對此心志的問題，提出一解決之道。他指出：

> 自後世豪傑不興，正學不明，學者終身皇皇。亦知「敏事」，亦知「愼言」，亦知「隆師親友」，志非不篤，功非不密，用心非不專且虛，而卒不可與入聖賢之道者，其所從事者非君子之學也，以其爲安與飽計也。故吾人今日之學，先要清楚此念，辨箇必爲君子之志。〔註59〕

二曲認爲「心志」乃行爲的根本，端本清源方能確保行爲無誤，敏於事而愼言者，所欠缺的並非處事的態度，而是主導行爲的端緒所在，惟有心志之正確性，方能有眞實契聖入道之機，此即義利之辨也。故「辨志」而「立志」乃爲學的基礎所在，惟有君子之志才有聖賢之學。辨志而立志，即是在確立行爲動機之正確性，進而排除以富貴功利爲學的學的異化。

　　所以儒學志道的異化，討論的即是爲己之學、爲人之學之別，儒學、理學與俗學、異端之差異，推其因素，皆在主體心志的異化所致，或溺於詩文或陷於功名利祿，皆爲儒學之「學」的異化，此異化之處，亦造成士風日薄，行爲集體失序的根本之因。是故，矯其務名務利之弊，乃今日所學當辨之第一要務，此正二曲立言成書之意所在。

第四節　「反身」意涵的探索

　　《四書反身錄》的創作目的，在於「詮釋經典之謬誤」，與「儒學志道異化」等問題之反省，此兩層問題，本質上是二合一的。亦即，志於名利富貴者，相對的，其閱讀、理解經典只能以口說言談，無法將經典義理內洽於心，行之於四體，而此一失自然造成倫常有虧，進而導致士風日壞的諸多弊

〔註58〕見《論語集注》〈學而第一〉：「子曰：『君子食無求飽，居無求安，敏於事而愼於言，就有道而正焉，可謂好學也巳。』」〔宋〕朱熹撰，《四書章句集注》，卷一，頁52。
〔註59〕見《四書反身錄・引》，《二曲集》，卷三十一，頁430。

端。二曲針對此「實然之狀」之問題，自有其「應然之道」的對治，病根的診斷後，當有其治療自療之道。二曲對此問題之關注，從其創作心理來看，他是認爲經典所呈現的一客觀眞理，與詮釋者之理解形成一斷裂（rupture）〔註60〕，故才須與以修復，此種修復即是二曲詮釋的主觀目的。一般而言，詮釋學所謂的斷裂（rupture），指的是「語言的斷裂」與「歷史脈絡的斷裂」，前者指的是「語言古今異同的隔閡，形成文字解讀之問題」，後者指的是「歷史時空的隔閡，形成無法正確解讀意義之問題。」本文在此的「斷裂」，基本上是傾向後者，亦即後來詮釋者，無法正確的把握《四書》的意向與宗旨，而有所誤解與歧出。

　　理解此「治療、自療之道」，本質上當從《四書反身錄》之名來討論。關於《四書反身錄》之分析有兩層：首先「文本與詮釋」之層面而言，《四書》爲「經典」，「反身」乃是對《四書》經典的詮釋觀點。深究其意，則復當釐清，《四書》之經典就二曲而言，是如何看待的？爲何要以「反身」之角度作爲詮釋之立場？反身之意義又爲何？此爲理解《四書反身錄》中，應當進行的討論。

　　首先，二曲對《四書》之意義，是建立在宋明理學以來的思維來討論的。他指出：

> 《四書》，傳心之書也。人人有是心，心心具是理，而人多昧理以疚心。聖賢爲之立言啓迪，相繼發明，譬適迷徒，幸獲南車，宜循所指，斯邁斯征。乃跬步未移，徒資口吻，終日讀所指、講所講、藻繪其辭闡所指，而心與指違，行輒背馳，欲肆而理泯，而心之爲心，愈不可問，自負其心，而並負聖賢立言啓迪之苦心。噫，弊之久矣！〔註61〕

二曲以《四書》爲傳心之書也，宋明諸子論心必與理言，強調此心本自具理則，強調價值意識根源主體之自覺心。其次，論理則必談欲，所謂「窮天理與滅人欲」，此涉及的是「價值意識」與「主體的限制」。宋明理學本質上，

〔註60〕劉季倫就指出：「之所以會有經典的詮釋，主要是因爲經典與我們之間的詮釋之間有了斷裂（rupture），然而經典、詮釋者與斷裂之間，三者缺一不可：因爲有了斷裂，主觀的讀者才會試圖以探究經典本義、思想經典流衍的方式來追逐客觀。」見〈「中國經典詮釋學的特質」學術座談會記錄〉，收入於黃俊傑編，《中國經典詮釋傳統（一）：通論篇》（臺北：喜瑪拉雅研究發展基金會，民國91年6月），頁452。

〔註61〕見〈二曲先生讀四書說〉，《二曲集》，卷二十九，頁399。

即是討論「本體」與「工夫修養」對治「主體的限制」，以成就主體的「境界」的一套學說。是故，以《四書》爲傳心之觀點，旨在建構《四書》是一闡明人心之理的體現與實踐的文本。具體來說，這是一種重視主體實踐，而依循此心之理克除己欲的歷程，其終極目的當然是藉由主體的實踐達至成聖契賢，所謂「人心皆是天理流行」之境界。

二曲認爲聖賢立言，本質上即是一救世治療之目的，提出其方以爲助益，是故，閱讀經典當以此爲指南，對主體之弊有所克服。但如今面對《四書》之態度，只淪爲口說言談，所行所爲是完全的背離，誠如上節所言，此爲「儒學志道的異化」，亦爲「詮釋經典之謬誤」所致。二曲對此的對治提出的是「反身」之意，以「反身」作爲主體進行治療與自療的步驟工夫所在，以「反身」作爲經典應有的詮釋與契入。

所以「反身」，是針對《四書》「詮釋經典之謬誤」與「儒學志道異化」等問題之反省的「治療之道」。而論「反身」之道，首先則從儒學之反身論起；其次，則針對二曲「反身」之觀點加以說明。以下則分別敘之：

一、儒學之「反身」

「反身」之觀念，乃源自儒家之說，儒家諸多經典皆論其意。首先如《周易》〈家人〉卦即言：「家人，利女貞。」此卦上九曰：「上九，有孚威如，終吉。」〈象〉曰：「威如之吉，反身之謂也。」〔註62〕〈家人〉卦之本義，據程頤《易程傳》指出：

> 家人者，家内之道，父子之親，夫婦之義，尊卑長幼之序，正倫理，
> 篤恩義，家人之道也。〔註63〕

此卦旨在點明處家爲身之道。而〈上九〉之義在言，治家之本，當在有孚信方能常久而吉。是故，當以「正身爲本，故云反身之謂。」〔註64〕孔穎達〈正義〉則指出：

> 反身之謂者，身得人敬則敬於人，明知身敬於人人亦敬己，反之於
> 身則知施之於人。故曰反身之謂也。〔註65〕

〔註62〕見〔魏〕王弼、韓康伯注、〔唐〕孔穎達等正義，《周易正義》，卷四，頁89
　　　　～90。
〔註63〕見〔宋〕程頤撰，《易程傳》，卷四，頁322。
〔註64〕見〔宋〕程頤撰，《易程傳》，卷四，頁330。
〔註65〕見〔魏〕王弼、韓康伯注、〔唐〕孔穎達等正義，《周易正義》，卷四，頁90。

此反身則涵有「愛人者人恆愛之」之理，故當「正己」與「推己及人」。除此，《周易》〈蹇〉卦亦言：「利西南，不利東北。利見大人，貞吉。」其〈象〉曰：「山上有水，蹇；君子以反身修德。」〔註66〕蹇卦爲艮下坎上之象，程頤《易程傳》指出：

> 「坎」險也，「艮」止也，險在前而止，不能進也，前有險陷，後有峻阻，故爲蹇也。〔註67〕

此卦爲行難之象，人恆處此艱困之境，惟居易俟命，故必反求諸己，自省其身，以濟艱蹇。反身即是「返之於己身而正己」之實踐歷程，有正己方能正人，有自省方能濟險。此外，《中庸》亦言：「射有似乎君子，失諸正鵠，反求諸其身。」〔註68〕其反求諸身亦爲正己之意。而儒學中，對「反身」之論述最爲詳盡的，當爲孟子之說。《孟子》指出：

> 萬物皆備於我矣，反身而誠，樂莫大焉。強恕而行，求仁莫近焉。〔註69〕

> 居下位而不獲於上，民不可得而治也。獲於上有道：不信於友，弗獲於上矣；信於友有道：事親弗悅，弗信於友矣；悅親有道：反身不誠，不悅於親矣；誠身有道：不明乎善，不誠其身矣。是故誠者，天之道也。思誠者，人之道也。至誠而不動者，未之有也。不誠，未有能動者也。〔註70〕

「反身而誠」，朱子注曰：「誠，實也。言反諸身，而所備之理，皆如惡惡臭、好好色之實然。」〔註71〕「反身不誠」，乃謂「反求諸身而其所以爲善之

〔註66〕見〔魏〕王弼、韓康伯注、〔唐〕孔穎達等正義，《周易正義》，卷四，頁92。

〔註67〕見〔宋〕程頤撰，《易程傳》，卷四，頁341。

〔註68〕見《中庸章句》，〔宋〕朱熹撰，《四書章句集注》，頁24。

〔註69〕見《孟子集注》〈盡心章句上〉，〔宋〕朱熹撰，《四書章句集注》，卷十三，頁350。

〔註70〕見《孟子集注》〈離婁章句上〉，〔宋〕朱熹撰，《四書章句集注》，卷七，頁282。此說又見《中庸章句》：「在下位不獲乎上，民不可得而治矣；獲乎上有道：不信乎朋友，不獲乎上矣；信乎朋友有道：不順乎親，不信乎朋友矣；順乎親有道：反諸身不誠，不順乎親矣；誠身有道：不明乎善，不誠乎身矣。誠者，天之道也；誠之者，人之道也。誠者不勉而中，不思而得，從容中道，聖人也。誠之者，擇善而固執之者也。」見〔宋〕朱熹撰，《四書章句集注》，頁31。

〔註71〕見《孟子集注》〈盡心章句上〉，〔宋〕朱熹撰，《四書章句集注》，卷十三，頁350。

心有不實也。」〔註72〕是故,「反身」乃「反求諸身」,「誠」乃眞實無妄之意。「反身而誠」即是「主體行爲眞實如內在之理」的過程,從此層意義的脈絡來看,這是主體對自我進行的本心之理的「自省覺察」與「正己明善」的道德實踐,能爲此反,自能得之於樂,亦能以此至誠感動於人。

所以儒家諸「反身」之觀念,是有其「指向性」與「實踐意義」的,他是主體成德的工夫規範之一。反身之「反」,乃「返之於己」的,而非言之於人的;他是往內務己之爲,而非往外馳求的。反身指向的是主體身心的問題,恆一本體、工夫與實踐互相涵攝的學習歷程。此返內務己之目的,乃在於德性之完善的建立,故須正己與自省,這是實切的道德實踐的歷程,惟有正己方能正人,成己方能成物,這是儒學素來強調之意涵。

二、《四書反身錄》之「反身」

鰲清儒學之反身,即可說明二曲對「反身」之討論。首先討論的是對經典之反身。二曲弟子馬秴士在《四書反身錄・弁言》中即指出:

> 惟就各人所讀之《四書》,令其切己自反,實體力詣;一言一動,稍有不合,則惕然自責。不泥訓詁,不尚辭說,務期以身發明。〔註73〕

按其所言,二曲所謂的「詮釋」,實爲對經典的「體驗」與「體會」。這是一種按照經典所揭示的義理指向,作切己自反、作反身實踐,主體不對經典文本作一知識性訓解與文字的討論,而是主體（即經典的詮釋者）應當如何實踐?實踐後的不斷反省、修正的過程。這是二曲早年學思歷程重視的「切己自反」經驗的延伸,也是其《四書反身錄》予以貫穿的主體涵意。具體就《四書》而言,二曲針對此「反身」之方法與實踐,即指出:

> 夫《大學》之要在格、致、誠、正、修,吾曹試切己自勘,物果格乎?知果致乎?果意誠、心正、修身以立本乎?《中庸》之要在戒慎恐懼,涵養於未發之前,子臣弟友,盡道於日用之際;吾曹試切己自勘,果或靜或動,兢兢焉惟獨之是愼乎?果於子臣弟友盡道而無歉乎?《論語》之要在於時學習;吾曹試切己自勘,果明善乎?果復初乎?果存理克欲,視聽言動之復禮乎?言果一一忠心,行果一一篤敬,「三畏」、「九思」之咸事乎?《孟子》之要,在知言、養

〔註72〕見《孟子集注》〈離婁章句上〉,〔宋〕朱熹撰,《四書章句集注》,卷七,頁282。
〔註73〕見《四書反身錄・弁言》,《二曲集》,卷二十九,頁395。

氣、求放心，吾曹試切己自勘，言果知乎？氣果養乎？放心果乎？

不擇純駁，惟資見聞，恐非知言之謂也；不懲忿窒欲，集義自反，

恐非養氣之謂也。〔註74〕

二曲指出《四書》各有其思想之大義所在，詮釋者對於經典思想之大義之掌握後，當置於一種「切己自勘」之詮釋與契入。本質上所謂的「經典詮釋」，其延展而出的活動當有兩層。第一層為「認知活動」，此層主要在對經典文字音義的理解；第二層即為「實踐活動」，主要為主體對經典義理的契入後以身驗之的實踐。二曲指出的「經典之要」，即是偏於一種認知活動的理解；而「切己自勘」的體驗與體會，即為第二層的「實踐活動」。就其詮釋的經驗歷程來說：主體在經典的閱讀過程中，須將經典所揭示之文字義理脈絡，進行一種「再體驗」的過程。亦即，必須切於自身作一自省、自正的過程。如此對經典之詮釋與契入，才是正確的，也才能發揮經典所彰顯的「治療」與「自療」之歷史功能。這說明了，「閱讀經典」乃是一主體「修身明善」之過程，經典成就的是主體的德性與德行之善的實踐，這才是儒學強調的「為己之學」與「成德之學」，也方能契入聖賢立言為文之意。

其次，針對「時代性」應有的「反身」。主要見於對孟子「反經」一文之詮釋。據《孟子》載：

萬子曰：「一鄉皆稱原人焉，無所往而不為原人；孔子以為德之賊，

何哉？」曰：「非之無舉也，刺之無刺也；同乎流俗，合乎汙世；居

之似忠信，行之似廉潔；眾皆悅之；自以為是，而不可與入堯舜之

道，故曰：德之賊也。孔子曰：「惡似而非者：惡莠，恐其亂苗也；

惡佞，恐其亂義也；惡利口，恐其亂信也；惡鄭聲，恐其亂樂也；

惡紫，恐其亂朱也；惡鄉原，恐其亂德也。君子反經而已矣。經正，

則庶民興；庶民興，斯無邪慝矣。」〔註75〕

朱子釋「反經」之說指出：「反，復也。經，常也，萬世不易之常道也。」

〔註76〕是故，「反經」，乃謂「君子復其常道而已」。二曲則指出：

戰國時邪說勝而正道微，孟子救之之策，不過曰：「君子反經而已

〔註74〕見〈二曲先生讀四書說〉，《二曲集》，卷二十九，頁399～400。

〔註75〕見《孟子集注》〈盡心章句下〉，〔宋〕朱熹撰，《四書章句集注》，卷十四，頁375～376。

〔註76〕見《孟子集注》〈盡心章句下〉，〔宋〕朱熹撰，《四書章句集注》，卷十四，頁376。

矣」。在今日虛文勝而實事衰，其救之之策，亦只在「反經而已矣」。
先反之一念之隱以澄其源，次反之「四端」以濬其流，視聽言動務
反而復禮，綱常倫理務反而盡道，出處進退務反而當可，辭受取予
務反而合宜，使萬古不易之常經不虧，則大經立矣。出而在上，以
之經綸天下，一以實行率人，鼓舞獎勵，多方振德，人自感化興起，
咸知實行爲榮，不實行爲辱，如是則道德可一，而風俗可同；處而
在下，一以實行倡人，轉相開導，染擩薰陶，人漸知所嚮往，漸思
敦本尚實，恥事虛文，如是則學術可正，而風氣可淳；此今日救弊
第一著也。〔註77〕

二曲之釋是以「經典」釋「經」，以「反之於身」，釋「反」。是故，「反經」，
乃謂將「經典道德意涵反之於身，而加以實踐」之意。這是一種重視經典、
正確的理解經典的態度。此反經說乃二曲針對時代之問題，提出以「反身」
實踐而建立的儒學定規「明體適用」的討論。這是問題（病根）、對治（診斷）
與思想（建全）三種層面的互動與討論。具體來看，其操作有幾層程序：

　　就「明體」之階段。首先，即當對主體本源心性的契悟與體驗，並進一
步成就主體德行而進行的「自療」過程。這層乃由「德性」之契，導向「德
行」之成，由本體之源而至日用常行之中，對自我進行克己復禮的「自反」
之過程。其目的在於「視聽言動務反而復禮，綱常倫理務反而盡道，出處進
退務反而當可，辭受取予務反而合宜」等大經之立。其次，「適用」之階段，
第一義的完備後，則導向第二層以社會實踐與經世致用的體會，進而成就群
體德性、德行而進行的「治療」過程。二曲指出無論「出而在上」或「處而
在下」，皆須「一以實行率人」，目的皆在導向一敦本尚實，以道德爲主的本
心實行，此爲主體在經世之際當有的「自反」。故二曲《四書反身錄》之「反
身」實踐，乃以明體爲基的自反，再導向適用爲主的自反，如此一來，才是
完備其《四書反身錄》中，所欲建立的經典詮釋學的整體目的。

　　故二曲的《四書反身錄》是一種實踐與體驗的詮釋學，這種類型的體驗
詮釋學是以「『主客交融』爲其特徵，解釋者在精神進境上的主觀體驗，與經
典的客觀記述交相輝映，互爲創造。」〔註78〕是故詮釋經典，是必須以身心

〔註77〕見《四書反身錄》，《二曲集》，卷四十二，頁531。
〔註78〕見黃俊傑著，《孟子思想史論》（臺北：中研院文哲所，民國86年6月），第
　　　　六章，頁282。

驗之，使其成爲生命的自明實踐的活動，詮釋是建立於主體生命意義之覺醒上的。二曲名爲「反身」之目的，即是以實踐爲目的的體驗，具體來看，此實踐的目的本質有二：

（一）「內在領域」（inner relm）的實踐活動〔註79〕，就二曲而言即爲「明體」之活動，即透由經典的內在指示的問題，進行切己自反的修養，使主體的本體自明，達到此心皆是天理流行的「成己之學」的體道歷程，就儒學而言，即是「內聖」之完成。

（二）「外在領域」（outer realm）的實踐活動〔註80〕。以二曲而言，即由此明體之立與達而落實於外的「經世致用」的活動，所以實踐最後必導向「成人之學」的政道與治道的改革，就儒學而言，即是「外王」之完成。

總的來說，自《四書》爲朱子所集注後，形成了如《四書大全》、《五經大全》等官學與科舉必備之書後，其「道德修養」與「經世致用」之目的，在後人之閱讀錯誤下，已淪爲求名得利之異化狀態。亦即，《四書》與《四書章句集注》，在科舉的「集體性錯誤的歧出」與「功利性的發展」下，即從救世治療等喚醒主體的「道德理性」，一轉而爲名利功名的「工具理性」之用途。至此「道論」成爲「言論」；「反身而誠」的道德實踐，成爲「口說言談」的知識建構。這不但是道論之異化，亦是詮釋與契入的錯誤問題。

所以《四書反身錄》所建構歷史意義性，即在歸返於以「成德爲己之學」爲態度的《四書學》，是以「反身而誠」的「治療與自療」詮釋與契入爲方法的體道歷程。是故，以「反身」爲方法的詮釋，是一種「實踐詮釋學」，也是一種「經典治療學」，更是儒學以成德爲目的「爲己之學」。

〔註79〕所謂「內在領域」的實踐活動，指的是「經典詮釋者在企慕聖賢、優入聖域的過程中，個人困勉掙扎的修爲工夫。經典解釋者常常在註釋事業中透露他過人的精神體驗，於是經典註疏成爲迴向並落實個人身心上的一種『爲己之學』。」見黃俊傑著，《孟子思想史論》，第十一章，頁482。

〔註80〕所謂「外在領域」的實踐活動，指的是「經典解釋者努力將他們精神或思想體驗或信念，落實於外在的文化世界或政治世界之中。」見黃俊傑著，《孟子思想史論》，第十一章，頁482。

第二章　《大學》一書之詮釋

第一節　緒　論

　　〈大學〉原爲《小戴禮記》的一篇，其說在宋代之前還不爲人所重視與注意，僅有韓愈於〈原道〉與李翱於〈復性〉中有所提及〔註1〕。直至伊川言其爲「孔氏之遺書，而初學入德之門也。」〔註2〕方爲時人所重。爾後，朱子承伊川之意言此文「可見古人爲學之次第者，獨賴此篇之存。」〔註3〕於是將其文與〈中庸〉爲之分章析句，將《論語》、《孟子》加以集注，形成所謂《四書》之概念，成爲後來與《五經》並重的儒學文獻。

　　朱子將《大學》分經一傳十之例，他以經文乃「孔子之言，曾子述之」，而傳則爲「曾子之意而門人記之也。」加以理解，並言舊本頗有錯簡，於是承程子之意而有「格致補傳」之文〔註4〕，而形成所謂的改本之問題。此一改本於是形成宋明清以來的文獻與思想的爭議。明儒方孝孺即指出：

　　　　《大學》出於孔氏，至程子而其道始明，至朱子而其義始備，然〈致

〔註1〕　眞德秀在《大學衍義》中對於《大學》之發展，他指出：「三代以下，此學失傳，其書雖存，概以傳記目之而已。求治者既莫之或考，言治者亦不以望其君，獨韓愈、李翱嘗舉其說，見於〈原道〉、〈復性〉之篇，而立朝論議，曾弗之及。」見《禮記十九》，〔清〕朱彝尊原著、汪嘉玲等點校，《點校補正經義考》（臺北：中央研究院中國文哲所籌備處，民國86年8月），卷一五六，頁239。

〔註2〕　見《大學章句》，〔宋〕朱熹撰，《四書章句集注》，頁3。

〔註3〕　見《大學章句》，〔宋〕朱熹撰，《四書章句集注》，頁3。

〔註4〕　見《大學章句》，〔宋〕朱熹撰，《四書章句集注》，頁4。

知格物傳〉之闕，朱子雖嘗補之，而讀者猶以不見古全書爲憾。董
文清公槐，葉丞相夢鼎，王文憲公柏皆謂〈傳〉未嘗闕，特編簡錯
亂，而考定者失其序，遂歸經文。「知止」以下至「則近道矣」以上
四十二字，「子曰：於聽訟吾猶人也。」之右爲〈傳〉第四章以釋「致
知格物」，由是《大學》復爲全書。〔註5〕

這說明自朱子編定章句之後，即有許多人皆認爲傳未嘗闕，只是編簡錯亂
而已，無需補傳，此爲圍繞《大學》古文所引起的斷簡、錯簡、增補、分經
傳等問題；除此以外，更有以恢復古本爲例，此說自以王陽明顯例，陽明
指出：

舊本析而聖人之意亡矣。是故不本於誠意，而徒以格物者謂之支；
不事於格物，而徒以誠意者謂之虛。支與虛，其於至善也遠矣。合
之以敬而益綴，補之以傳而益離。吾懼學之日遠於至善也，去分章
而復舊本，傍爲之釋以引其義。庶幾復見聖人之心，而求之者有其
要。噫！罪我者，其亦以是夫。〔註6〕

陽明之批評是針對朱子對《大學》之改變與修定而來的。陽明對《大學》分
別有《大學古本旁釋》與《大學問》之說。關於《大學古本旁釋》之討論因
素，其弟子錢德洪就指出：「先生在龍場時，疑朱子《大學章句》非聖門本旨，
手錄古本，伏讀精思，始信聖人之學本簡易明白，其書止爲一篇，原無經傳
之分。格致本於誠意，原無闕傳可補，以誠意爲主，而爲致知格物之功，故
不必增一『敬』字；以良知指示至善之本體，故不必假於見聞。書成，旁爲
之釋，而引以序。」〔註7〕這說明陽明從文獻之角度而言，他認爲《大學古本》
自成理路亦爲可解，無須分經一傳十，更無須補傳；從思想之角度而言，則
認爲朱子「析心與理爲二」〔註8〕，故非詳解。當然，陽明其對《大學》之說

〔註5〕見《禮記二十》，〔清〕朱彝尊原著、汪嘉玲等點校，《點校補正經義考》，卷
一五七，頁251。

〔註6〕見《禮記二十二》，〔清〕朱彝尊原著、汪嘉玲等點校，《點校補正經義考》，
卷一五九，頁292。

〔註7〕見《禮記二十二》，〔清〕朱彝尊原著、汪嘉玲等點校，《點校補正經義考》，
卷一五九，頁292。

〔註8〕見《傳習錄》載：「朱子所謂格物云者，在『即物而窮其理』也。即物窮理，
是就事事物物上求其所謂定理者也。是以吾心而求理於事事物物之中，析心
與理爲二矣。夫求理於事事物物者，如求孝之理於其親之謂也。求孝之理於
其親，則孝之理其果在於吾之心邪？抑果在於親之身邪？假而果在於親之

未必皆合於《大學》之說，但顯然亦形成與朱學之思想與文獻之差異，而影響後來之說。

　　而關於《大學》一書之宗旨所在。勞思光就指出：「《大學》論旨在於闡明『物有本末，事有終始』，而以『所知先後』（次序）為工夫。工夫的中心在於個人之成德，故說『壹是皆以修身為本』；修身前有格致誠正的努力過程，修身後向外展開德性的影響，則有齊家治國平天下的效用。就全幅理論看，這個文件的論旨是將政治生活收攝在道德生活之中；對於道德生活內層的種種問題並未詳究，對於政治生活的特性問題則完全取消。可說是徹底代表儒家德治思想的文件。」〔註9〕這說明了《大學》實為儒學道德修養與道德經世之著。

　　二曲對《大學》一書之詮釋，本質上是建立在〈明體適用〉說為出發點的，亦即，是遵循著《大學》素來強調的修己治人之道、內聖外王之理作為解讀的。二曲言《大學》首重「格物」，他認為「格物」乃聖賢入門第一義，亦為主體明善窮理之工，其說與傳統朱王之說是有所不同的；至於他論「三綱領」、誠意、正心、致知等陳述，則多本之陽明而立論的；而論修齊治平之道，則主要申義於個人之體驗與歷史問題之觀照。

　　本章討論二曲對《大學》一書之詮釋。在內容上，首論《大學》之道與「三綱領」，旨在對《大學》宗旨以及「明明德」、「親民」、「止至善」等核心觀念有所釐清。第二、論「格物致知」，此說主要論《大學》一書中，最具爭議與下手工夫處——格物之說明，並討論格物與致知、誠意、正心之關係。最後，則論二曲對「修齊治平」諸說之討論。以下則依序論之：

第二節　《大學》之道與「三綱領」的討論

　　二曲對《大學》之討論，可依「《大學》之道，在明明德，在親民，在止

身，則親沒之後，吾心遂無孝之理歟？見孺子之入井，必有惻隱之理。是惻隱之理果在於孺子之身歟？抑在於吾心之良知歟？其或不可以從之於井歟？其或可以手而援之歟？是皆所謂理也。是果在於孺子之身歟？抑果出於吾心之良知歟？以是例之，萬事萬物之理莫不皆然。是可以知析心與理為二之非矣。夫析心與理而為二，此告子義外之說，孟子之所深闢也。」見陳榮捷著，《王陽明傳習錄詳註集評》，卷中，頁171～172。

〔註9〕見勞思光著，《大學中庸譯註新編・小序》，見氏著，《大學中庸譯註新編》（香港：中文大學出版社，2000年），頁 x。

於至善。」〔註 10〕之說逐層說明。本文首先闡明二曲對《大學》之宗旨。其次，則對「明德」與「明明德」之意義加以說明。第三、則討論「明德」與「親民」之體用關係，以及「止至善」之道。以下則依序論之：

一、「大人之學」與「明體適用」之學

關於《大學》之道，可先從「大學」二字之訓解來言。傳統論「大學之道」，之「大學」約有數說。鄭玄（字康成，127～200）曰：「大學者，以其記博學可以爲政也。」〔註 11〕這是以知識學習可作爲參政之輔來論「大學」。朱子則曰：「大學者，大人之學也。」〔註 12〕其說乃從儒學教育的目標、方式之意義來談「大學」〔註 13〕。至於二曲對「大學」之解，他指出：

> 古人爲學之初，便有大志願、大期許，故學成德就，事業光明俊偉，
>
> 是以謂之「大人」。〔註 14〕

二曲雖承朱子言「大學者，大人之學」，但其大人之學並非如朱子所強調的，是相對於小學，乃爲學次第中所建構的道德知識等實踐之理。其大人之學乃是志在世道生民，「以天下興亡爲己任」的「大人之學」。質言之，即兼具道德修養與經世實踐之學。確切的說，即是明體適用之學。他指出：

> 吾人自讀《大學》以來，亦知《大學》一書爲明體適用之書，《大學》
>
> 之學乃明體適用之學。〔註 15〕

以《大學》爲體用之學，肇源於明代丘濬的《大學衍義補》之說。丘濬於《大學衍義補・自序》中指出：

> 臣惟《大學》一書，儒者全體大用之書也。原於一人之心，該夫萬

〔註 10〕見《大學章句》，〔宋〕朱熹撰，《四書章句集注》，頁 3。

〔註 11〕見〔漢〕鄭元注、〔唐〕孔穎達等正義，《禮記正義》，卷第六十，頁 983。

〔註 12〕見《大學章句》，〔宋〕朱熹撰，《四書章句集注》，頁 3。

〔註 13〕朱子關於「大學」一語之見解，見其《大學章句・序》所言：「《大學》之書，古之大學教人之法也。……人生八歲，則自王公以下，至於庶人之子弟，皆入小學，而教之以灑掃、應對、進退之節，禮樂、射御、書數之文；及其十有五年，則自天子之元子、眾子，以至公、卿、大夫、元士之適子，與凡民之俊秀者，皆入大學，而教之以窮理、正心、修己、治人之道。此又學校之教、大小之節所以分也。」〔宋〕朱熹撰，《四書章句集注》，頁 1。是故，朱子之〈大學〉乃古代之太學，乃是相對於小學的教導，在小學之教育基礎上，所進行的更深的道德學問的實踐之道。

〔註 14〕見《四書反身錄》，《二曲集》，卷二十九，頁 404。

〔註 15〕見《四書反身錄》，《二曲集》，卷二十九，頁 401。

事之理，而關係夫億兆人民之生。其本在乎身也，其則在乎家也，其功用極于天下之大也，聖人立之以爲教，人君本之以爲治，士子業之以爲學，而用以輔君。……。臣竊以謂：儒者之學，有體有用，體雖本乎一理，用則散於萬事。要必析之極其精而不亂，然后合之盡其大而無餘。是以《大學》之教，既舉其綱領之大，復列其條目之詳，……，此臣之所以不揆愚陋，竊仿眞氏所衍之義，而于齊家之下，又補以治國、平天下之要。……。先其本而后末，由乎内以及外，而歸終於聖神功化之極。所以兼本末、合内外，以成夫全體大用之極功也。〔註16〕

此〈序〉大致點明丘氏對《大學》一書之基本見解。丘氏《大學衍義補》之作，本質上是基於眞德秀《大學衍義》一書只論格致、誠意正心、修身、齊家之理，於是補闕治國、平天下之要以備其書。丘氏在《大學衍義補》一書中區分「體用」之概念。其以理爲體，以事爲用，此書乃儒者全體大用之書，是針對於治道經世之目的而著的。二曲亦承其說，乃從「儒學」、「體用」、「經世」之概念來討論《大學》之意義。二曲指出：

明體而不適用，便是腐儒；適用而不本於明體，便是霸儒；既不明體，又不適用，徒汩沒於辭章記誦之末，便是俗儒，皆非所以語於《大學》也。〔註17〕

二曲在此是將「儒學」、「明體適用」、《大學》等三者視爲一體的概念。依其所言，儒學之宗旨即爲「明體適用」之觀念，而《大學》乃「孔門授受之教典，全體大用之成規。」〔註18〕是故，對《大學》之理解，則當以「明體適用」之觀念作爲掌握。其次，除以「明體適用」表達《大學》之宗旨外，其說更有其護教批判儒學異端之意義所在。以「明體適用」區別儒學内部之眞僞虛假，乃二曲早年之觀點，二曲認爲所謂「眞儒」，在本質上是涵蓋「内以明體，外以經世」之全幅體現者，即爲《大學》實體與實學者，至於「明體適用」之道的背離者，他形成的是「以口講而進取」的俗儒，「僞仁義」的之霸儒，以及「缺乏經世實踐」之腐儒等，這都是對儒學之背離，亦是失《大學》所以爲學之處。

〔註16〕見〔明〕丘濬撰、林冠群、周濟夫點校，《大學衍義補上》，頁 2。
〔註17〕見《四書反身錄》，《二曲集》，卷二十九，頁 401。
〔註18〕見《四書反身錄》，《二曲集》，卷二十九，頁 401。

　　所以，二曲認爲《大學》之宗旨，乃爲「大人之學」，此大人之學的具體涵義，即是「明體適用」之謂。這是二曲承自朱子與丘濬對「大學」宗旨說法後的一種修正。

二、「明德」與「明明德」

　　釐清《大學》宗旨後，則須論及「明德」與「明明德」之說。《大學》論「明德」與「明明德」，本質上是言「德行」，以及「推明自己明智之行爲」等之意義。然自宋儒開始，便以「虛靈不昧」之心體言之〔註19〕。朱子曰：「明德者，人之所得乎天，而虛靈不昧，以具眾理而應萬事者也。但爲氣質所拘，人欲所蔽，則有時而昏；然其本體之明，則有未嘗息者。故學者當因其所發而遂明之，以復其初也。」〔註20〕陽明則曰：「明德者，天命之性，靈昭不昧，而萬理之所從出也。……其或蔽焉，物欲也。明之者，去其物欲之蔽，以全其本體之明焉耳，非能有以增益之也。」〔註21〕可見，由「明德」而「明明德」，討論的是由「主體自覺」，並進行的「變化氣質」、「窮理滅欲」等復初之工夫。至於二曲論「明德」與「明明德」爲何？他指出：

> 「明德」是體，「明明德」是明體；「親民」是用，「明明德於天下」、
> 「作新民」是適用。格、致、誠、正、修，乃明之之實；齊、治、
> 均、平，乃新之之實。純乎天理而弗雜，方是止於至善。〔註22〕

> 明德即心，心本至靈，不昧其靈，便是「明明德」。〔註23〕

二曲以「明德」是「體」，「明明德」爲「明體」。這說明了，「明德」與「明明德」，實爲「本體」與「本體工夫實現」之關係。而此虛靈不昧之心何以須「明之」？其因在於此明德之體易因「形氣所使，物欲所蔽，習俗所污，遂昧卻原來本體，率意冥行，隨俗馳逐。」〔註24〕是故，當以明之而復其初。二曲以虛靈不昧言心，受其所污而復初的觀念，基本上是乃承自朱子與陽明之論。

〔註19〕見徐復觀著，《中國人性論史》，第九章，頁281～282。
〔註20〕見《大學章句》，〔宋〕朱熹撰，《四書章句集注》，頁3。
〔註21〕見〈文錄四〉，〔明〕王守仁撰、吳光、錢明、董平、姚延福編校，《王陽明全集上》，卷七，頁250～251。
〔註22〕見《四書反身錄》，《二曲集》，卷二十九，頁401～402。
〔註23〕見《四書反身錄》，《二曲集》，卷二十九，頁402。
〔註24〕見《四書反身錄》，《二曲集》，卷二十九，頁402。

其次，二曲言明德之體雖承朱王，但更仔細的說，其明德之體實爲陽明良知之說，其明明德復初之工夫，注重的是象山的「剝落」工夫，其本體工夫實屬心學式的思想。他指出：

> 徒知而不行，是明而不德，不得謂之良。徒行而不知，是德而不明，
> 不得謂之知。就其知是知非，一念炯炯，不學不慮，是謂「良知」；
> 就其著是去非，不昧所知，以返不學不慮而言，是謂「明德」。曰「明
> 德」，曰「良知」，一而二，二而一也。〔註25〕

二曲以「明德」同「良知」，將兩說視爲同質之意而無分別的，乃本其陽明之說〔註26〕。而要釐清這層問題，則應當導入陽明良知、致良知學的「即知即行」、「知行合一」意義之理解。就陽明而言，良知之「致」當有「兩重規定」。首先，在意念與行爲之初，由良知之「致」的「擴充體現」，察覺人的意念與行爲之善惡。此時之良知偏於一種「知善知惡」的「道德判斷」能力。但「知善知惡」不代表人實能「好善惡惡」。質言之，知之後的落實與改變等格物之行爲，則非此一層之「致知」所能負責與完成，「知道」不代表「做到」。依陽明言，在此所行仍爲「致知」之功，只不過此功已非「知是知非」之道德判斷，而是一種與生俱來的「不容己」的道德主體的力量，而這種力量促使自我能依歸所知而行，亦即「知善之惡」後而能「好善惡惡」，進而達至「知行合一」之過程。是故，「致知」（即致良知）之意義有兩層：一爲「道德判斷之能力」，另一種則爲「道德主體之力量」等。以陽明〈四句教〉爲例，前者即「知善知惡是良知」，後者即爲「爲善去惡是格物」等。

二曲以「知」釋「明」，以「良」釋「德」。故他所謂的「明德」之「明」，指的是「良知」之「知」中的「知善知惡」的「先驗的道德判斷能力」。故「只明不德」，即只知善知惡，不能好善惡惡，是明德中「德行」實踐之缺乏，亦良知之「良」的喪失。相對的，「明德」之「德」，指的是「良知」之「好善惡惡」的「不容己的道德實踐力量」，即「良知」之「良」，故「德而不明」，即只好善惡惡；但此好惡若無良知之知爲引導，實爲率意冥行，故終不能好善惡惡。可見，二曲以「良知」釋「明德」，實以良知之學的「道德理性」

〔註25〕見《四書反身錄》，《二曲集》，卷二十九，頁402。

〔註26〕陽明在〈親民堂記〉中指出：「是故至善也者，明德親民之極則也。天命之性，
　　　　粹然至善。其靈昭不昧者，皆其至善之發見，是皆明德之本體，而所謂良知
　　　　者也。」見〈文錄四〉，〔明〕王守仁撰、吳光、錢明、董平、姚延福編校，
　　　　《王陽明全集上》，卷七，頁251。

與「道德實踐」等即知即行的意義，來建構主體行為合乎道德價值與規範之意義。

第三、明明德既復初之工夫，從程序上來說有兩層，第一層是「親師取友，咨決心要，顯證默悟，一意本原。」〔註27〕這樣的工夫說明了「道義由師友之」，乃重視學習與閱讀之過程，而學習之本質，則須有證悟之體驗為主。其次，就工夫來說，二曲舉象山之說言：「人心有病，須是剝落；剝落一番，即一番清明。後隨起來，又剝落，又清明，須是剝落得淨盡方好。」〔註28〕這說明了此心之明與復，實有待主體對意見物欲進行消解之工夫。是故，「先天良知本心之證悟」與「後天意見之消融」，再兼具「閱讀與講學之益」，即為二曲所謂的復初工夫。

所以二曲論「明德」與「明明德」，是以明德為體，以明明德為明體之工夫。這樣的本體工夫，本質上是屬於陽明良知與致良知式的本體工夫之思想。但顯然的，其論復初之說，亦注重道德知識與學習之意義，則有別陽明立說之處。

三、「明明德」、「親民」與「止於至善」

《大學》宗旨既為「明體適用」之呈現，則必須論述的是三綱領中的「明明德」、「親民」之體用關係，以及「止至善」之說。首先，關於「明明德」、「親民」之說，歷來解釋有所不同。朱子承程子之意，以「親民」當作「新民」之說〔註29〕。陽明於〈大學問〉則曰：「明明德者，立其天地萬物為一體也。親民者，達其天地萬物一體之用也。」〔註30〕陽明對「親民」與「新民」之別為何？他指出：

「作新民」之「新」，是自新之民，與「在新民」之「新」不同。此

〔註27〕見《四書反身錄》，《二曲集》，卷二十九，頁402。

〔註28〕見《四書反身錄》，《二曲集》，卷二十九，頁402。

〔註29〕朱子在《大學章句》中指出：「程子曰：『親』，當作新。」、「新者，革其舊之謂也，言既自明其明德，又當以推己及人，使之亦有以去其舊染之污也。」見〔宋〕朱熹撰，《四書章句集注》，頁3。此外，朱子於《四書或問》中亦指出：「今親民云者，以文義推之則無理，新民云者，以傳文考之則有據，程子於此，其所以處之者亦已審矣。」見〔宋〕朱熹撰、黃珅校點，《四書或問》（上海：上海古籍出版社、安徽教育出版社，2001年12月），頁5～6。

〔註30〕見〈續編一〉，〔明〕王守仁撰、吳光、錢明、董平、姚延福編校，《王陽明全集下》，卷二十六，頁968。

　　豈足爲據？「作」字卻與「親」字相對。然非「親」字義。下面治
　　國平天下處，皆於「新」字無發明。如云「君子賢其賢而親其親。
　　小人樂其樂而利其利」。「如保赤子」。「民之所好好之。民之所惡惡
　　之。此之謂民之父母之類」。皆是「親」字意。「親民」猶孟子「親
　　親仁民」之謂。親之即仁之也。百姓不親，舜使契爲司徒，敬敷五
　　教，所以親之也。堯典「克明峻德」便是「明明德」。「以親九族」，
　　至「平章協和」，便是「親民」，便是「明明德於天下」。又如孔子言
　　「修己以安百姓」。「修己」便是「明明德」。「安百姓」便是「親民」。
　　說親民便是兼教養意。說新民便覺偏了」。〔註31〕

陽明保持原說而不采「新民」之觀點，除有其對〈大學〉古本之重視外，更
重要的是，以「新」代「親」之解，實爲儒學思想乃兼具教養之意義有所偏
離。徐復觀就指出：「陽明眞正的意思，並非文獻上一字之爭，乃在『說親
民，便是兼教養意；說新民，便偏了』。所謂『偏』，是指偏於『教』這一方
面。陽明這兩句話，一方面是眞正繼承了儒家的政治思想；因爲孔、孟、
荀，都是主張養先於後教的。同時，也是他對於當時專制政治的一種抗議。」
〔註32〕至於二曲論「明明德」、「親民」則指出：

　　「明德」是體，「明明德」是明體；「親民」是用，「明明德於天下」、
　　「作新民」是適用。〔註33〕

　　心本與萬物一體，不自分彼此，便是親民」。〔註34〕

以「明德」爲「體」，「明明德」爲「明體」；親民是用，「明明德於天下」、「作
新民」是適用。這是以「體用」與「明體適用」之說來建立「明德」、「明明
德」、「親民」、「作新民」等說之關係。而言「親民」乃爲萬物一體之心之落
實，其意義實與陽明爲近。主因在於「明體適用」之說本質上乃兼具教養之
說的，以親民爲說，是可預期的。可見，二曲論「明明德」與「親民」，是不
同朱子以「親民」爲「新民」之觀點，而是承陽明以「萬物一體」之說的。

　　其次，明明德、親民後則須論「止至善」之道。關於「止至善」之道，
朱子認爲乃「言明明德、新民，皆當止於至善之地而不遷。蓋必其有以盡天

〔註31〕見陳榮捷著，《王陽明傳習錄詳註集評》，卷上，頁27。
〔註32〕見徐復觀著，《中國人性論史》，第九章，頁293。
〔註33〕見《四書反身錄》，《二曲集》，卷二十九，頁401～402。
〔註34〕見《四書反身錄》，《二曲集》，卷二十九，頁402。

理之極,而無一毫人欲之私也。」〔註35〕朱子指出:「明德是下手做,至善是行到極處。」〔註36〕又曰:「至善雖不外乎明德,然明德亦有略略明者,須是止於那極至處。」〔註37〕「至善,只是十分是處。」〔註38〕「至善,猶今人言極好。」〔註39〕「凡曰善者,固是好。然方是好事,未是極好處。必到極處,便是道理十分盡頭,無一毫不盡,故曰至善。」〔註40〕可見朱子論「止至善」,是以「成己成物皆應以圓滿爲歸宿。」〔註41〕其詮釋之旨乃在言「明明德」與「親民」之理想目標「在未達到目標或理想之前,力求其達成,達成之後,則務使其維持不墜。」〔註42〕這是一種實現其理至十分極好之狀態的說明。陽明則認爲「至善者,明德親民之極則也。天命之性,粹然至善,其靈昭不昧者,此其至善之發現,是乃明德之本體,而即所謂良知也。」〔註43〕按陽明之論,《大學》實乃大人之學,此大人之學,實乃覺萬物一體之義實現一體之仁者,故「明明德與親民實即至善的良知之呈現。」〔註44〕朱王之說雖皆有「盡天理之極,而無人欲之私也」爲論,但二說實有所別的。朱子之意在於「實踐狀態」之表示,而陽明則以良知本心即爲至善之意。陽明之說,乃爲二曲所承,二曲指出「心本至善,不自有其善,便是止至善。」〔註45〕「純乎天理而弗雜,方是止於至善。」〔註46〕可見,二曲論「止至善」,乃屬本心道德實現充足的狀態說明,並非朱子達此圓滿目標之意義。

〔註35〕見《大學章句》,〔宋〕朱熹撰,《四書章句集注》,頁 3。

〔註36〕見〈大學一:經上〉,〔宋〕黎靖德編、王星賢點校,《朱子語類一》,卷第十四,頁 269。

〔註37〕見〈大學一:經上〉,〔宋〕黎靖德編、王星賢點校,《朱子語類一》,卷第十四,頁 269。

〔註38〕見〈大學一:經上〉,〔宋〕黎靖德編、王星賢點校,《朱子語類一》,卷第十四,頁 267。

〔註39〕見〈大學一:經上〉,〔宋〕黎靖德編、王星賢點校,《朱子語類一》,卷第十四,頁 267。

〔註40〕見〈大學一:經上〉,〔宋〕黎靖德編、王星賢點校,《朱子語類一》,卷第十四,頁 267。

〔註41〕見勞思光著,《大學中庸譯註新編》,頁 6。

〔註42〕見岑溢成著,《大學義理疏解》(臺北:鵝湖出版社,民國 83 年 3 月),頁 31。

〔註43〕見〈續編一〉,〔明〕王守仁撰、吳光、錢明、董平、姚延福編校,《王陽明全集下》,卷二十六,頁 969。

〔註44〕見岑溢成著,《大學義理疏解》,頁 134。

〔註45〕見《四書反身錄》,《二曲集》,卷二十九,頁 402。

〔註46〕見《四書反身錄》,《二曲集》,卷二十九,頁 401~402。

所以明明德、親民、止至善之道，二曲之說多承陽明〈大學問〉之意，乃以「至善之心」與「萬物一體之心」的落實，作爲對「明明德」、「親民」之詮釋；其論「止至善」之道，亦爲論此至善之明德，與萬物一體等親民之心，靈昭不昧充足實現之意義。

第三節　「格物致知」之說

《大學》自朱子以爲「可見古人爲學之次第者」〔註47〕，其中爭議最多也最爲重要乃屬「三綱八目」中的「格物」之說〔註48〕。關於格物之歷史爭議，明儒顧憲成就曾就此現象指出：

> 世之說《大學》者多矣，其旨亦無以相遠，而獨「格物」一義，幾稱訟府。何也？始於〈傳〉之不明也。於是人各就其見窺之，此以此之說爲格物，彼以彼之說爲格物，而《大學》之格物，轉就湮晦，不可得而尋矣。〔註49〕

顧氏認爲造成眾說紛紜之因素，首先主要來自朱子的格物致知補傳之問題外，又來自《大學》中「格物」二字原義的不確定性，故自宋明以來的思想家，各以所體、所悟來詮釋此「格物」之意義。針對此問題，明儒劉蕺山在《大學雜言》一文中就指出：

> 格物之說，古今聚訟有七十二家，約之亦不過數說。「格」之爲義，有訓「至」者，程子、朱子也；有訓「改革」者，楊慈湖也；有訓「正」者，王文成也，有訓「格式」者，王心齋也；有訓「感通」者，羅念菴。其義皆有所本，而其說各有所通，然從「至」爲近。〔註50〕

我們雖不必接受劉氏以「格者爲至」之解，不過他大抵點明了從宋至晚明格物說的現狀與幾種重要的說法。具體從詮釋之立場來看，牟宗三就指出：「《大

〔註47〕見《大學章句》，〔宋〕朱熹撰，《四書章句集注》，頁3。
〔註48〕關於此處之討論，可參唐君毅所著，〈《大學章句》辨證及格物致知思想之發展〉一文，收入高師大編，《大學論文資料彙編》（高雄：復文書局，民國70年），頁25。何澤恆所著，〈《大學》格物別解〉，《漢學研究》十八卷二期，民國89年12月，頁27。
〔註49〕見《禮記二十三》，見〔清〕朱彝尊原著、汪嘉玲等點校，《點校補正經義考》，卷一六〇，頁319～320。
〔註50〕見〔明〕劉宗周撰、鍾彩鈞編校，《劉宗周全集》，第一冊，頁771。

學》只是一個『空殼子』，其自身不能決定內聖之學之本旨。至善之道可以兩頭通：一是向外通，一是向裡通。向外通者，落于『物』上講，重客觀性；向裡通者，從本心性體上講，重主觀性。」〔註51〕此意涵亦同「格物」，這說明包括《大學》與「格物」說，「實只是外延地說及一些表層的方法與目標，而非內容地指點所以立本達道之根源性的實義或途向。」〔註52〕換言之，《大學》之內容條目並無對本質之義有實確的界義與說明。是故，每個詮釋者可以按思想理論加以表達與陳述的，故陽明言之爲「正己」，而程朱則曰「窮至事物之理」，便在於格物呈現爭議之癥結所在。

　　了解「格物」爭議所在，即可就二曲「格物」之說加以討論。首先，討論格物之「物」，以釐清其物所指爲何？其次，則論格物之「格」之意，以明「格物」之整體涵意；第三、則言「格物」與「致知」、「誠意」、「正心」諸說之理論關係。以下則依序論之：

一、「格物」之「物」

　　「格物」乃下手工夫所在，「格物」說首重在對「物」字一義之理解。二曲言「格物」之「物」，乃指「身」、「心」、「意」、「知」、「家」、「國」、「天下」等物。他指出：

> 「格物」乃聖賢入門第一義，入門一差，則無所不差，毫釐千里，不可以不慎。「物」即身、心、意、知、家、國、天下；「格」者，格其誠、正、修、齊、治、平之則。《大學》本文分明說「物有本末，事有終始」，其用功先後之序，層次原自井然。「古之欲明明德於天下」與「物之本末」是一滾說。後儒不察，遂昧卻「物有本末」之「物」，將「格物」、「物」字另認另解，紛若射覆，爭若聚訟，竟成了古今未了之公案。今只遵聖經，依本文，認定身、心、意、知、家、國、天下之「物」，從而格之，循序漸進，方獲近道。〔註53〕

聖賢入門第一義，則是論爲學之首要工夫所在。二曲對爭若聚訟之公案，認爲首當釐清的是「格物之物」實爲何物？須釐清物之爲何，物方能格，格後方能致知，這是一種爲學本末次序之意義所在。二曲認爲「格物」之「物」

〔註51〕見牟宗三著，《心體與性體》，第二冊，頁424。
〔註52〕見周振群著，〈《大學章句》及其義理徒向之探究——宋明以來學者推重《大學》要旨述略〉，收入於高師大編，《大學論文資料彙編》，頁145。
〔註53〕見《四書反身錄》，《二曲集》，卷二十九，頁404。

指的是「身、心、意、知、家、國、天下」之物。從其解讀之觀點來看，二曲認爲格物之「物」，當與「物有本末」與「古之欲明明德於天下者」之後的「治國、齊家、修身、正心、誠意」等說合併觀之，這種論點是與傳統朱子將「物有本末」視爲「明德爲本，新民爲末。知止爲始，能得爲終。」〔註54〕有別，當然亦與朱、王等取「物，猶事也。」〔註55〕不同。這種以「物有本末」與「古之欲明明德於天下者」合併觀之來釋「格物」之「物」，並非二曲首創的。據唐君毅的研究指出，這種論點最先爲宋儒黎立武（字以常，？～？）所言，之後包括明儒泰州王心齋、江右之羅念菴、楚中蔣道林、李見羅等皆有類似之說〔註56〕。但從影響上來看，則以王心齋之淮南格物最爲顯明。如劉蕺山就指出：「後儒格物之說，當以淮南爲正。」〔註57〕二曲早年亦

〔註54〕見《大學章句》，〔宋〕朱熹撰，《四書章句集注》，頁3。

〔註55〕朱子於《大學章句》中，釋「格物」曰：「格，至也。物，猶事也。」見〔宋〕朱熹撰，《四書章句集注》，頁4。陽明於〈大學問〉云：「物者，事也，凡意之所發必有其事，意所在之事謂之物。」見〈續編一〉，〔明〕王守仁撰、吳光、錢明、董平、姚延福編校，《王陽明全集下》，卷二十六，頁972。

〔註56〕見唐君毅著，〈《大學》辨證及格物致知思想之發展〉一文，頁22～26。關於黎氏與王心齋之說的關係，朱彝尊（字錫鬯，號竹垞，1629～1709）《經義考》中論黎立武的《大學本旨》後指出：「心齋雖爲姚江之學，而其論格物，與師說殊，不知語本於黎氏也。」（見《禮記二十》，〔清〕朱彝尊原著、汪嘉玲等點校，《點校補正經義考》，卷一五七，頁250）爾後，清儒毛奇齡（字大可，號晚晴，學者稱西河先生，1623～1716）針對此指出：「王心齋氏〈語錄〉有云：『格物者，格其物有本末之物。致知者，致其知所先後之知』。世以其爲姚江之學而非之，……。夫姚江以格物爲正，物爲去欲。而心齋不守師說，故爲是言，反追咎師承，原屬鹵莽。及禾中朱檢討竹垞於京師藏書家得宋黎氏立武所作《大學發微》，有云：『格物即物有本末之物，致知即知所先後之知，……。』則其說原有來歷，非私說也。既山陰劉先生講學蕺山，曉示門徒，亦如所云然。」參見〔清〕毛奇齡著，《大學證文》，收入於《景印文淵閣四庫全書》（臺北：臺灣商務印書館，民國72年），頁9～11。即同朱氏看法，以王心齋格物說即承黎氏之說而非自得也。此說後爲全祖望所駁，全氏於〈經史問答〉中指出：「心齋非朱學，故言朱學者誣之。心齋是說，乃其自得之言，蓋心齋不甚考古也。而不知元儒黎立武早言之。」見〔清〕全祖望撰、朱鑄禹彙校集注，《全祖望集彙校集注下》，卷七，頁1961。

〔註57〕見〔清〕黃宗羲撰．《明儒學案下‧泰州學案一》，卷三十二，頁710。關於「淮南格物」之說，心齋指出：「格物之物即『物有本末』之物，其『本亂而末治者否矣，其所厚者薄而其所薄者厚，未之有也。』此格物也，故即繼之曰：『此謂知本，此謂知之至也。』不用增一字解釋，本義自足，驗之《中庸》、《論》、《孟》、《周易》，洞然吻合。」（見〈語錄〉，〔明〕王艮撰，《王心齋全集》，卷三，頁1）其說乃以格爲「絜度」，而以身與國家天爲一物，是

覽讀《王心齋集》，故王氏之說影響二曲亦爲可能。

二曲以知、意、心亦爲物之觀點，唐君毅就指出中國所謂物，原爲一切存在者之通名，知、意、心，自可稱爲物。但顯然以心、意爲物外，又謂「知」爲物，則未必合于《大學》本文之意〔註58〕。二曲「以知爲物」之說，也引起其弟子之質疑，據《四書反身錄》載：

> 問：身、心、意、家、國、天下可以言「物」，而「知亦言」物乎？
> 曰：古詩謂：「有物先天地，無形本寂寥，能爲萬物主，不逐四時凋。」
> 由斯以觀，則「知」非「物」而何？有此「物」而後能物物，亦猶
> 乾坤雖與六子並列，而其所以爲尊者，固自在也。〔註59〕

二曲在此顯然是將致知之知，視爲良知之「知」，此良知之「知」乃爲萬物本體之創化。是故，以此觀點視之，自與《大學》原文所謂以物之所覺言「知」，自有所不同，但如此一來自然對格物、致知兼對而立之說，自有相混之處。唐君毅指出：「如知亦是物，則致知即致物，《大學》之教，有格物而無致知矣。今《大學》之教，即兼有格物及致知，以知與物相對成名，則不宜直下將二名相混，逕說知亦物也。」〔註60〕何澤恆亦指出：「其析言『物』，則有知：合言『格』，則遺『知』。」〔註61〕這說明了以知爲物，則是以格物之說消解了致知之意，致知之涵意則失其功能，這與《大學》之原意是有出入的。

所以二曲釋「格物」之「物」，本質上是近於《大學》原文之解的，但以「良知」亦爲物之說，則消解了《大學》格物致知中的「致知」之意，此說自然非《大學》之原意。

二、格物之「格」與「明善」之功

「物」既爲「物有本末」之物，即身、心、意、知、家、國、天下之物乃爲格物之對象。而格，實即爲窮其「身、心、意、知、家、國、天下」之理。格物即爲「窮理明善」之工夫。二曲指出：

> 「格物」二字，即《中庸》之「擇善」，《論語》之「博文」，〈虞廷〉

故「格物」即得出「知身爲本」之意，並以「反己」爲格物之工。
〔註58〕見唐君毅著，〈《大學章句》辨證及格物致知思想之發展〉一文，頁24～25。
〔註59〕見《四書反身錄》，《二曲集》，卷二十九，頁406。
〔註60〕見唐君毅著，〈《大學章句》辨證及格物致知思想之發展〉一文，頁25。
〔註61〕見何澤恆著，〈《大學》格物別解〉一文，頁27。

之「惟精」。「博文」原以「約禮」，「惟精」原以「執中」，「格物」
原以「明善」。大人之學，原在「止至善」。故先格物以明善。善非
他，乃天所以與我者，即身、心、意、知之則，而家、國、天下之
所以待理者也。本純粹中正，本廣大高明。涵而爲「四德」，發而爲
「四端」，達而爲「五常」。見之於日用，則忠信篤敬，九思九容，
以至三千三百，莫非則也。〔註62〕

二曲指出「格」者，即爲「格其誠、正、修、齊、治平之則」。所謂「則」，
乃指「四德」、「四端」、「五常」、「忠信篤敬」、「九思九容」、「三千三百」等
主體的「德性與德行」處。是故，「格物」，實乃「求知歸仁」之過程，「其目
的則在於發現和把握由對象逮至結果的法則和規律。」〔註63〕故二曲之「格
物」，實即「窮至『意之誠』、『心之正』、『身之修』、『家之齊』、『國之治』、
『天下之平』等諸物的『道德法則』。」確切的說，格物之說即是主體明善窮
理之過程。但其窮理，值得注意的是，並非如朱子般的窮至「事物之理」。二
曲指出：

若舍卻「至善」之善不格，身、心、意、知、家、國、天下之理不
窮，而冒昧從事，欲物物而究之，入門之初，紛紛鞿轊，墮於支
離，此是博物，非是「格物」。即以身、心、意、知、家、國、天下
言之，亦自有序，不能究其身、心、意、知，而驟及於家、國、天
下之理，猶是緩本急末，昧其先後，尚不能近道，況外此乎？〔註64〕

二曲論格物是有其內外順序的，是先身、心、意、知而後家、國、天下之理，
其所窮究的是「如何成就主體德性與德行之理？」與「如何成就經世致用之
理？」若物物必當究之，二曲認爲這種格物之法，實乃博物與支離的，這是
針爲程朱格物窮理之法的批評。

其次，二曲以窮究主體道德、經世實踐之理論格物，重視的是「下學而
上達」之過程。二曲指出：

「格物」，下學也；格物而格得此「物」，下學而上達矣。〔註65〕

此物未格，則主人正寐，借「格物」以醒主；此物既格，則主人已

〔註62〕見《四書反身錄》，《二曲集》，卷二十九，頁404〜405。
〔註63〕見陶清著，《明遺民九大家哲學》，第五章，頁303。
〔註64〕見《四書反身錄》，《二曲集》，卷二十九，頁405。
〔註65〕見《四書反身錄》，《二曲集》，卷二十九，頁406。

醒，由主人以「格物」。〔註66〕

　　識得「格物」者誰？便是洞本徹原，學見其大。〔註67〕

二曲認為格物是「下學而上達」的工夫，他是主體「未明」而導向主體「自明」的過程，藉由「下學」達到對主體的良知本心的覺解與體悟之經歷，即「洞本徹原，學見其大」之意義的獲得。此即《論語》之「博文」而至「約禮」，〈虞廷〉之「惟精」而至「執中」之意。是故，就本體工夫而言，有兩層意義：首先，乃「下學而上達」，由工夫達至本體，即「格物而格得此物後，下學而上達矣」；第二層，即「上達而下學」，由本體帶動之工夫，所謂「此物既格，主人已醒，由主人以格物」。是故，其格物工夫之整體意義：即主體對自身進行的自明誠、自誠明的交互的工夫本體、本體工夫之實踐歷程。

　　第三、在格物下學之過程中，二曲強調一重視道德修養與閱讀之過程。二曲指出：

> 除《四書》、《五經》之外，再勿泛涉，惟取《近思錄》、《讀書錄》、高景逸《節要》、《王門宗旨》、《近溪語要》，沉潛涵泳，久有自得，方悟天之所與我者，止此一「知」，知其所以為則者，止此「至善」。……。由內而外，遞於修齊之法，治平之略，如《衍義》、《衍義補》、《文獻通考》、《經濟類書》、《呂氏實政錄》及會典律令，凡經世大猷、時務要著，一一深究細考，酌古準今，務盡機宜，可措諸行，庶有體有用、天德王道一以貫之矣，夫是之謂「大學」，夫是之謂「格物」。〔註68〕

二曲認為下學目的在為上達，格物既為下學則須重視閱讀經典，此為其早年〈讀書次第〉之觀念，亦為〈明體適用〉之書目。讀書之目的在於窮理以明善，最終即是導向一明體與適用之意義。

　　總的來說，二曲論《大學》的「格物」之說，乃主體自明誠、自誠明而導至的「明善」過程，其詮釋「格物」實有兩層程序的：首先，透過下學等道德修養與閱讀，窮至心、意、知、物之理，而達至洞本徹原、學見其大、主人已醒的良知本心之證的「明體」過程；再則，以同樣工夫，透過下學等

〔註66〕見《四書反身錄》，《二曲集》，卷二十九，頁406。
〔註67〕見《四書反身錄》，《二曲集》，卷二十九，頁406。
〔註68〕見《四書反身錄》，《二曲集》，卷二十九，頁405。

道德修養與閱讀，窮至家國、天下之理，而達至修齊之法，治平之略的「適用」過程。而其二曲論「格物」其說之意義，我們可從徐復觀論朱王論《大學》之失來予以點明。他指出：

> 朱元晦因未能把握住性理而偏重事理、物理，故其釋《大學》，使正心、誠意二辭落空。王陽明則因輕視事理與物理在實現性理時之重大意義，故其釋《大學》，把致知一辭的意義，完全作不正當的語意移轉，以致使《大學》重知識的本意落空。這都是在道德活動與知識活動的精神轉換處，缺乏一念之自覺，所以只能發展《大學》原有思想之一面，而不能得到先秦思想之全體大用。這大概是受了個人氣質和時代的限制。〔註69〕

雖然二曲「致知」之說，亦非儒學知識之致，但整體來說，二曲之「格物」說，本質上修正了王學以來，不重閱讀只談正心等缺乏客觀化知識之處；亦修正了朱子窮至天下事事物物之理等「騖外疑內」之說。而主張「格物」須經下學之經典閱讀，而達至主體自明上達之過程，乃爲道德自覺與道德知識學習之融合。

　　所以二曲論「格物」，實透過下學與上達建立由工夫以達本體，由本體而工夫的格物說。其說，既重其性理之體悟，亦不悖事理之掌握。明顯的調和知識與道德在成德之學中的重要性，此亦可視爲對朱王格物之學的一種修正。

三、「格物」與「致知」、「誠意」、「正心」之關係

　　關於「格物」與「致知」、「誠意」、「正心」之關係。《大學》曰：「古之欲明明德於天下者，先治其國；欲治其國者，先齊其家；欲齊其家者，先脩其身；欲脩其身者，先正其心；欲正其心者，先誠其意；欲誠其意者，先致其知；致知在格物。」〔註70〕關於其義，朱子注曰：「明明德於天下者，使天下之人皆有以明其德也。心者，身之所主也。誠，實也。意者，心之所發也。實其心之所發，欲其一於善而無自欺也。致，推極也。知，猶識也。推極吾之知識，欲其所知無不盡也。格，至也。物，猶事也。窮至事物之理，欲其極處無不到也。此八者《大學》之條目也。」〔註71〕此謂齊家、治國、

〔註69〕見徐復觀著，《中國人性論史》，第九章，頁309。
〔註70〕見《大學章句》，〔宋〕朱熹撰，《四書章句集注》，頁3。
〔註71〕見《大學章句》，〔宋〕朱熹撰，《四書章句集注》，頁3～4。

平天下關鍵在於「立己脩身」。所謂「立己脩身」，即在使天賦之虛靈不昧的本心為其主宰（正心），此主宰處即是使意念純化而真實無妄（誠意）。而人如何能誠意呢？即在致其人心所具之理（致知）。是故，致知即在格物，即在窮至事物之理，而得其所以然之則。朱子釋《大學》格物，重在「即物以窮理」，以認知心掌握事物之理作為格物致知的討論，這是一種重視知識客觀性的詮釋。至於陽明釋此，則重視道德主體之顯露，以此主體之顯露作為工夫之進路。是故，其說重在「致知」、「致良知」也。陽明於〈大學問〉中指出：

> 吾心之良知既知其為善矣，使其不能誠有以好之，而復背而去之，則是以善為惡，而自昧其知善之良知矣。意念之所發，吾心之良知既知其為不善矣，使其不能誠有以惡之，而復蹈而為之，則是以惡為善，而自昧其知惡之良知矣。若是，則雖曰知之猶不知也，意其可得而誠乎？今於良知之善惡者，無不誠好而誠惡之，則不自欺良知而意可誠也已。〔註72〕

這說明了良知鑑照察覺人的意念與行為後，人若本於此察知而行，好善而惡惡，即是能「純化自我的意念」，亦即「所知」與「所行」具有一致性的過程。就意義言，亦「知行合一」之完成。相對的，「所知」與「所行」產生橫斷與阻絕，即為「不誠」，亦「誠意的失敗」。當「所知」與「所行」不具一致性，進而則產生「知行分裂」之結果。具體而言，即「知惡而不能去惡」，不能「轉惡為善」，純化、淨化其惡的念頭。是故，陽明所謂的「誠意」，即意念完全依「良知之方向而行」。故「意」是否能「誠」？即賴「道德判斷之知」與「道德主體之行」能否一致性來確立的。以陽明詮釋而言，「致知」實為「格物」工夫所導向之本質目的所在。其他的工夫條理（如誠意、正心），即為此良知本體的另一層面對照與顯現而已。針對此意，陽明就指出：

> 蓋其功夫條理雖有先後次序之可言，而其體之惟一，實無先後次序之可分。〔註73〕

可見「誠意」即為主體依循良知的方向，好善而惡惡，為善而去惡的自然體

〔註72〕 見〈續編一〉，〔明〕王守仁撰、吳光、錢明、董平、姚延福編校，《王陽明全集下》，卷二十六，頁972。

〔註73〕 見〈續編一〉，〔明〕王守仁撰、吳光、錢明、董平、姚延福編校，《王陽明全集》，卷二十六，頁972。

現，此即不昧所知而毋自欺之謂。二曲論格物致知與誠意正心，亦如陽明之說。首先二曲論「致知」之說。他指出：

> 惟是此知，天賦本面，一朝頓豁，此聖胎也。戒愼恐懼，保而勿失，則意自誠、心自正，齊治均平於是乎出。有天得自然有王道，夫焉有所倚。〔註74〕

> 知與不知，乃是一生迷悟所關，知則中恆炯炯，理欲弗淆，視明聽聰，足重手恭。〔註75〕

「聖胎」之說源自陽明以道教之辭彙論「良知天理」之意〔註76〕。「致知」即爲良知的充足實現之狀態。二曲以「格物」乃聖賢入門第一義，這說明了格物乃工夫進路主要下手處，而「致知」即爲格物明本體之至善、洞徹本原後的「知善知惡」之狀態。至於「格物致知」與「誠意正心」之關係。他指出：

> 如此是善，不如此是惡，明乎此，便是「知致」。知致則本心之明，如白日，善惡所在，自不能掩，爲善去惡，自然不肯姑息，此便是「意誠」。以此正心則心正，以此修身則身修，以此治國則國治，以此平天下則天下平，即此便是「止至善」，便是「明明德於天下」。〔註77〕

從《大學》工夫理論層次而言，格、致、誠、正各有其先後件關係，但二曲認爲「格物致知」實爲關鍵樞紐所在，亦即格物明善而致知，則意自誠而心則自正，而齊治均平皆由此出。是故，格物致知後自當誠意而正心，這是二曲本於陽明之說所在。

所以二曲的「格物致知」，即主體知善知惡、好善惡惡等「明善」之把握，能格物致知，自能正心、誠意，此四者之全自能促成主體修身之完備，進而導向齊家、治國、平天下的完成。

〔註74〕見《四書反身錄》，《二曲集》，卷二十九，頁406。
〔註75〕見《四書反身錄》，《二曲集》，卷二十九，頁406。
〔註76〕見《傳習錄》載：「問立志。先生曰，『只念念要存天理，即是立志。能不忘乎此，久則自然心中凝聚。猶道家所謂結聖胎也。此天理之念常存。馴至於美大聖神，亦只從此一念存養擴充去耳。』」（見陳榮捷著，《王陽明傳習錄詳註集評》，卷上，頁57）關於「聖胎」之考，可參秦家懿著，〈王陽明與道教〉一文，收入於黃俊傑、町田三郎、柴田篤等主編，《東亞文化的探索——傳統文化的發展》（臺北：正中書局，民國85年11月），頁269～288。
〔註77〕見《四書反身錄》，《二曲集》，卷二十九，頁405。

第四節　修齊治平之道的討論

　　《大學》一書除論「格物致知」、「誠意正心」外，尚擴及所謂修身、齊家、治國平天下之理。按照《大學》所言「格物致知」、「誠意正心」乃修身之必要條件，「修身」事畢方能言「齊家」、「治國」、「平天下」之理。此乃將平天下、治國視爲德性之問題，是一德治觀念之延伸。以下則依序論之：

一、修身之道

　　就《大學》之說而言，修身實爲關鍵所在。《大學》云：「自天子以至於庶人，壹是皆以修身爲本。」〔註78〕修身乃一切道德化之基礎。其內指向的是對內的自省，形成的是主體致知、誠意、正心與愼獨之工夫；對外指向的是「齊家」、「治國」、「平天下」之道。二曲對修身之討論，則著重於修身之意義與責任上。他指出：

> 修其身爲道德仁義之身，聖賢君子之身，擔當世道之身，主持名教
> 之身，方不孤負其身，方是善修身。〔註79〕

二曲認爲修身，非一隔離群體而導向主體自明之狀態的修身，其修身乃是深涵一「以天下興亡爲己任」的道德責任來修身，是深厚凝聚一道德意識，以成賢契聖、擔當世道民生爲目標的修身。是故，對主體道德責任的深切認知，是修身的首要之務，此目的在於形成一道德政治與教化之身，重視的是經世之意義。他指出：

> 知爲一身之本，身爲天下國家之本，能修身便是「立天下之大本」。
> 在上則政化起於身，不動而敬，不令而從；在下則教化起於身，遠
> 邇歸仁，風應響隨。〔註80〕

此意謂主體的道德修養，實爲一切道德責任的本質前提。是故，就修身之實踐而言，即是導向一群體之責任與承當。二曲認爲無論出之在上或處之在下，必須完成一道德「治化」與「教化」之積極意義，方是不負其身與善修身者。

　　其次，修身之目的在於群體之責任，就修身之意義而言，更關鍵之處在

〔註78〕見《大學章句》，〔宋〕朱熹撰，《四書章句集注》，頁4。
〔註79〕見《四書反身錄》，《二曲集》，卷二十九，頁409。
〔註80〕見《四書反身錄》，《二曲集》，卷二十九，頁406。

於：「如何身修？」此爲當詳論之處。《大學》云：「欲齊其家者，先修其身，欲修其身者，先正其心。」〔註81〕「身有所忿懥，則不得其正；有所恐懼，則不得其正；有所好樂，則不得其正；有所憂患，則不得其正。」〔註82〕關於其義，朱子注曰：「心有不存，則無以驗其身，是以君子必察乎此而敬以直之，然後此心常存而身無不脩也。」〔註83〕此乃敬以直內與義以方外之說。二曲論「身修」之意，亦導向主體內在之自省工夫。他指出：

> 修身當自「悔過自新」始，察之念慮之微，驗之事爲之著，改其前
> 非，斷其後續，使人欲化爲天理，斯身心皎潔。〔註84〕

悔過自新必就主體意念下手，形成主體良知對主體意念之察核。所謂「念慮微起，『良知即知』，善與不善，一毫不能自掩。」〔註85〕此即知善知惡而後「好善惡惡」，使主體之意念能夠依其良知而行，即是「誠意」而不自欺。是故，「修身在正心」、「正心在誠意」。二曲指出：「學問之要，只在不自欺。」〔註86〕「不自欺便是君子，便是出鬼關，入人關；自欺便是小人，便是出人關、入鬼關。」〔註87〕而誠意不自欺，最終即導向「愼獨」之意。二曲指出：

> 大庭廣眾，則祗躬勵行，閒居獨處，即偷惰恣縱，迹然而心不然，
> 瞞昧本心，支吾外面，斯乃小人之尤，身未死而心先死矣！〔註88〕

「前後不一」，不僅在於道德實踐之不足，更在於良知本心之異化，故強調「內外一致」是主體道德實踐的必然性，而此一致即建立在愼獨之中。亦即，主體的自我檢點，是道德修養的首要之處，也是處世爲學的基本本質，要能無時無刻皆能一如天理良知，而無所分別，才是修身之過程的完成。

　　所以二曲論修身乃修一「道德」之身，此道德之身是成就道德事業之本質前提。而具體之修身，乃指向主體誠意、正心、愼獨之學，能愼其獨自能不自欺而誠其意，意能誠則身修之事畢，自能導向一齊家、治國、平天下之責。

〔註81〕　見《大學章句》，〔宋〕朱熹撰，《四書章句集注》，頁3。
〔註82〕　見《大學章句》，〔宋〕朱熹撰，《四書章句集注》，頁8。
〔註83〕　見《大學章句》，〔宋〕朱熹撰，《四書章句集注》，頁8。
〔註84〕　見《四書反身錄》，《二曲集》，卷二十九，頁407。
〔註85〕　見《四書反身錄》，《二曲集》，卷二十九，頁407。
〔註86〕　見《四書反身錄》，《二曲集》，卷二十九，頁407。
〔註87〕　見《四書反身錄》，《二曲集》，卷二十九，頁407。
〔註88〕　見《四書反身錄》，《二曲集》，卷二十九，頁407。

二、齊家之道

二曲論齊家之道，首在建立主體行爲之道德性，除此更強調「婦道」與「教育」之重要性。關於齊家之道，《大學》乃言：「欲齊其家者，先脩其身。」〔註89〕「是故君子有諸己而后求諸人，無諸己而后非諸人。所藏乎身不恕，而能喻諸人，未之有也。」〔註90〕關於其義，朱子注曰：「有善於己，然後可以責人之善；無惡於己，然後可以正人之惡。」〔註91〕此乃正己方能正人之意。二曲亦承此說指出：

> 居家果言有物而行有恆，無親愛賤惡等辟，家人自心悦誠服，一一
> 聽命惟謹。〔註92〕

二曲論齊家之道首在正己，主體道德之自律，方能律人，重視主體之身教與言教。其次，除正己之律外，二曲尚言婦道之重要性。《大學》一書雖末明言婦其道，但亦引詩：「『桃之夭夭，其葉蓁蓁；之子于歸，宜其家人』宜其家人，而后可以教國人。」〔註93〕來論婦德。二曲針對此則指出：

> 父母不順，兄弟不睦，子孫不肖，婢僕不共，費用不節，莫不起
> 於妻。家之興敗，全係乎妻，能齊其妻，方是齊其家，斯家無不
> 齊。〔註94〕

婦道之重要性在於，夫妻同屬往上盡孝往下教養之人。是故，一家之興敗，莫不係於此。故他認爲「居家事父母，須感格妻子，同心盡孝。」〔註95〕必須以身感之，使其同屬一體之心，方能收其齊家之效。第三、二曲論齊家，最後則申義於「愼擇良師」與「家規之範」。二曲指出：

> 居家教子，第一在擇端方道誼之師，教以嘉言善行，俾習聞舊見，
> 庶立身行己，一軌於正。〔註96〕

家庭教育是最爲重要的，故當擇良師以教。除此，更重視的是「治家之法」。二曲乃舉南宋陸賀、與其子陸九齡、陸九韶（字子美，？～？）等治家之道

〔註89〕見《大學章句》，〔宋〕朱熹撰，《四書章句集注》，頁3。
〔註90〕見《大學章句》，〔宋〕朱熹撰，《四書章句集注》，頁9。
〔註91〕見《大學章句》，〔宋〕朱熹撰，《四書章句集注》，頁9。
〔註92〕見《四書反身錄》，《二曲集》，卷二十九，頁409。
〔註93〕見《大學章句》，〔宋〕朱熹撰，《四書章句集注》，頁9。
〔註94〕見《四書反身錄》，《二曲集》，卷二十九，頁410。
〔註95〕見《四書反身錄》，《二曲集》，卷二十九，頁409。
〔註96〕見《四書反身錄》，《二曲集》，卷二十九，頁410。

加以表揚。並指出今日之教：「吾人誠倣其意，取司馬溫公《家訓》及曹月川
《家歸》撮其要，每朔望集家眾宣讀，以教其家，務令其家爲勤儉禮義之
家，清白仁厚之家，自然福壽綿遠，此之謂是善其家。」〔註97〕重視家規方
能導善於子弟，道德仁義于身，才是齊家之道。曹端（字正夫，學者稱月川
先生，1376～1434）之《家歸》主要是擇江南第一家門鄭氏家規之則，與自
定新增之則，「因其類聚群分，定爲十四篇，名曰《家歸輯略》。」〔註98〕其
內容如「祠堂」、「家長」、「宗子」、「諸子」、「諸婦」、「男女」、「旦朔」、「勸
懲」、「習學」、「冠笄」、「婚姻」、「喪禮」、「推仁」、「治蠱」等，舉凡家中眾
人眾事，皆有其規矩與法度之說明。關於其著書之目的，曹端於《家歸輯
略・序》中指出：「且國有國法，家有家法，人事之常也。治國無法，則不能
治其國；治家無法，則不能治其家。譬如則爲方圓者，不可無規矩；爲平直
者，不可無準繩。是故善治國、善治家者，必先立法，以垂其後。」〔註99〕
此意謂要能立規立法方有準則，也才能教育於人。

　　所以二曲論「齊家之道」，主要從自身、夫妻、家訓、教育等層次來予以
說明。「齊家之道」，首在正己的自律，同時以婦道相兼，感格其妻，方能同
心盡孝。最後，則須善擇其師與家規督導，方能教育子弟使其成善爲德。

三、治國平天下之道

　　論治國平天下之道，本質在於強調一以「道德」成就「政治治道」之意
義。《大學》對治國平天下，首重之處即在於「愛民如子」之心。其引詩云：
「『樂只君子，民之父母。』民之所好好之，民之所惡惡之，此之謂民之父
母。」〔註100〕二曲亦重此心，他指出：

> 治國平天下，必須純一無僞。赤心未失之大人，率其固有之良，躬
> 行孝弟仁慈，端治本於上；民孰無良，自感格蒸蒸，興孝興弟，不
> 倍風動於下。上下協和，俗用丕變，孟子所謂「人人親其親，長其
> 長而天下平」者此也。此至德要道，於治國乎何有？〔註101〕

〔註97〕見《四書反身錄》，《二曲集》，卷二十九，頁410。
〔註98〕見〔明〕曹端著、王秉倫點校，《曹端集》（北京：中華書局，2003年10
　　　　月），卷五，頁181。
〔註99〕見〔明〕曹端著、王秉倫點校，《曹端集》，卷五，頁181。
〔註100〕見《大學章句》，〔宋〕朱熹撰，《四書章句集注》，頁10。
〔註101〕見《四書反身錄》，《二曲集》，卷二十九，頁410。

首先，二曲所言並非是對治道的具體內涵加以討論，而是著重於對治道的核心基礎的突顯，此核心基礎即是「純一無偽、赤心未失」的「道德心靈」，他認為只有奠基於一「純一無偽、赤心未失」的「道德心靈」，才能成就真正的真正的治道。其次，亦真正奠基於一「純一無偽、赤心未失」的「道德心靈」，才能形成就「上行下效」與「道德感化」的「絜矩之道」。是故，治道乃以德為基、為本之過程。二曲就指出：

> 「平天下」傳言「先慎乎德」，言理財用人，「以義為利」，以端出治
> 之本，本立則綱紀、禮樂、制度、兵刑因事自具；若本之不立，縱
> 綱紀、禮樂、制度、兵刑一一詳備，徒粉飾太平耳。〔註102〕

「以德為本」之論出自《大學》，其云：「德者本也，財者末也。外本內末，爭民施奪。」〔註103〕這說明了道德仁義，實為政治治道之本體，而綱紀、禮樂、制度、兵刑等為此德本的自然發展。他所突顯的是治國必於本之「道德仁義」，有天德方有王道，政治是一道德政治，是以道德成就政治之治道。

其次，治國平天下之道，具體之措施，即在於「尚賢」與「置相」等「用人」之說。此說見於《大學》「見賢而不能舉，舉而不能先，命也。」〔註104〕一文，二曲對此則申義於「宰相」任用的重要性。他指出：

> 平天下莫大乎用人，而相則佐君用人以平天下者。相得其人，則相
> 所引用之人俱得其人，故必極天下之選，擇天下第一人而相之，以
> 端揆於上，休休有容，好賢若渴，拔茅連茹，眾正盈朝，為斯民造
> 無窮之福，子孫尚賴其餘澤。相苟不得其人，妨賢妒能，蠹政害民，
> 釀宗社無窮之禍，子孫尚受其餘殃，唐之李林甫、盧杞便是覆車。
> 然則置相豈可不慎乎？〔註105〕

從明代政治發展來看，明太祖洪武十三年（1380）因胡惟庸案而罷相，之後明代即無宰相制〔註106〕。此罷相之舉，多為後世所議。黃宗羲於《明夷待訪錄》中即力言「置相」之重要性。他在〈置相〉中指出：「有明之無善治，自

〔註102〕見《四書反身錄》，《二曲集》，卷二十九，頁413。
〔註103〕見《大學章句》，〔宋〕朱熹撰，《四書章句集注》，頁11。
〔註104〕見《大學章句》，〔宋〕朱熹撰，《四書章句集注》，頁12。
〔註105〕見《四書反身錄》，《二曲集》，卷二十九，頁411～412。
〔註106〕據《明史・太祖本紀第二》載：「十三年春正月戊戌，左丞相胡惟庸謀反，及
其黨御史大夫陳寧、中丞涂節等伏誅。癸卯，大祀天地於南郊。罷中書省，
廢丞相等官，更定六部官秩，改大都督府為中、左、右、前、後五軍都督
府。」見〔清〕張廷玉等撰，《明史一》，卷二，頁34。

高皇帝罷丞相始也。原夫作君之意，所以治天下也。天下不能一人而治，則設官以治之；是官者，分身之君也。」〔註107〕黃氏認爲天下之治理，乃需一龐大之官僚制度加以共治，而非君主獨權。是故，則須置相爲之共治相輔。若不置相則「天子之子一不賢，更無與爲賢者矣。」〔註108〕亦即，罷相之舉雖爲防止奪權，但更容易形君主專權後的政治弊端。其次，明自罷相後所用之內閣，「其事既輕，而批答之意，又必自內授之而後擬之，可謂有其實乎？」〔註109〕因無實權實名，故終大權落置宮奴之手，而更生禍患。二曲對宰相之論並無言及明代罷相之得失，而只言唐代用人的不當之患。他著重在從「用人」之角度，來論相權之攸關天下之治的重要性。他認爲宰相實有爲國舉賢之責任與義務，故得相其所，所引至當，則爲天下之治；反之，得相非賢，所引非當，則爲天下至亂之根源，此爲治國平天下中必須謹愼之處，可見其用人置相，仍屬輔佐君主之治，與黃氏在〈原臣〉中所言：「蓋天下之治亂，不在一姓之興亡，而在萬民之憂樂。」〔註110〕以臣爲民所設，而非君主之附庸，設臣置相之目的，在於分天子之權而共治，而非輔君等意義是有別的。而除宰相外，二曲在用人之處亦論及「專才賢能之臣」之說。二曲指出：

> 道明德立，學具天人，是謂道德之賢；識時達務，才勘匡世，是謂經濟之賢。道德之賢，上則舉之置諸左右，俾講明古聖帝明王修己治人大經大法，朝夕啓沃，隨機匡正；次則舉之俾掌國學，督學政，師範多士，造就人才。經濟之賢，上則舉之委以機務，俾秉國成，獻可替否，默平章奏；次則舉之隨其器能，任之以事，分理庶務。〔註111〕

此論賢才之意各有其長，缺一不可。道德之賢，旨在教育與教化，擔任的是如經筵講學的「帝者師」，與國學的「天下師」等學政之責。此道德之賢上以正帝王之心，下以培育萬民之德，乃屬道德仁義倫理之教，亦爲國家人才之培育。而經濟之賢，則爲具體國事機宜之處理，乃屬專業性的功能之職。二

〔註107〕見〔清〕黃宗羲撰，《明夷待訪錄》，收入於《黃宗羲全集》（臺北：里仁書局，民國76年4月），第一冊，頁8。

〔註108〕見〔清〕黃宗羲撰，《明夷待訪錄》，頁8。

〔註109〕見〔清〕黃宗羲撰，《明夷待訪錄》，頁8。

〔註110〕見〔清〕黃宗羲撰，《明夷待訪錄》，頁5。

〔註111〕見《四書反身錄》，《二曲集》，卷二十九，頁412～413。

曲此種意涵乃本之於其「明體適用」之觀念，亦淵於宋儒胡安定於湖州辦學之理念，這種強調「道德」與「經濟」之賢的思想，實為建立一「價值原則」與「特殊專才」，且互為相輔之功能。道德之賢，乃儒學價值原則之推動，實即明體之建立；而經濟之賢即特殊專才之成就，乃適用之謂。但此適用則依此明體作為指導，有體有用，進而推動治道之立，方能成就理想之政治發展。

所以關於治國平天下之道，二曲首論君主須基於愛民如子之心，以此感民而化民方能有良政；其次，則言政治乃以德為本，是以道德為基礎而建立的治道。在具體治道上，則論及舉賢治國，強調置相以輔政，以「道德」與「經濟」之賢，以正君心以輔君職。

第三章　《中庸》一書之詮釋

第一節　緒　論

　　《中庸》一書，原亦爲《小戴禮記》的一篇。自唐代李翱即爲注重。爾後，包括宋代范仲淹、張載、程明道、程伊川對此書亦皆重視。至朱子乃承先賢之意，將此書與《論語》、《孟子》、《大學》等書，合併爲《四書》，成爲後來儒學思想的典籍。《中庸》一書之由來，亦屬爭議。傳統如鄭玄以此書乃「孔子之孫子思伋作之，以昭明聖祖之德。」〔註1〕朱子以爲此書「乃孔門傳授心法，子思恐其久而差也，故筆之於書，以授孟子。」〔註2〕朱子之說雖承鄭說，但則更強調孔子、子思（孔伋，前483～402）、孟子等傳授之意義，但此說皆未有實證而不可信。〔註3〕

　　《中庸》一書之思想，大抵有幾層：首先，從宇宙本原闡明人性之由來，並依序提出「性」、「道」、「教」等天賦之性、實現本性，以及功夫實現之問題。其次，則論道德修養，則分別提出「中和」、「愼獨」等說；論「道德學習」，則有博學、審問、愼思、明辨、篤行之理。最後，則論人文參贊。

〔註1〕見〔漢〕鄭元注、〔唐〕孔穎達等正義，《禮記正義》，卷第五十二，頁879。

〔註2〕見《中庸章句》，〔宋〕朱熹撰，《四書章句集注》，頁17。

〔註3〕相關考證，可參勞思光著，《大學中庸譯註新編》，附錄，頁105～109。勞氏認爲：「《中庸》一書成份甚雜；其論說與記言部份可能各有來源。其中最晚出的必在秦以後。至於作者，則自然不可能爲子思。我們取謹愼態度，只能說《中庸》是漢初儒生編成的，所用資料則非常複雜，現在已經無法考知其詳了，也不必勉強指定是誰。」（同上，頁108）

此即論「道德修養」之目的在於「至誠以盡其性」，最終則爲「盡人之性」、「盡物之性」，而達參贊天地化育之實踐。整體來說，《中庸》一書，文獻爭議較多，其思想涵意亦較爲深微難識。是故，學界對此書之看法亦多有不同。〔註4〕

二曲對《中庸》一書之詮釋，主要建立在「盡性至命」之觀點上。具體來說，即謂主體的道德本原之察識與逆覺後，經道德修養工夫之實踐，最終則爲經世參贊的完成。而從其詮釋上，二曲乃本之陽明良知學作爲申義，故主體「盡性至命」之道，即以「識本之學」首發其端；本原既識後，即於日用常行之中，不違此良知良能而已。而論「道德修養」與「道德學習」，重視的是「博學」等多元學習之方式，以及主體的敬愼。而論「致中和」之實踐，則申義於居上當以善治感化百姓、爲下則講學應世以啓民智。

本章討論二曲對《中庸》一書之詮釋。在內容上首論《中庸》一書之宗旨與中庸二字之訓解，此爲二曲對《中庸》思想與實踐的相關論述；其次，復論《中庸》所謂「盡性至命」之工夫，此說乃在說明如何藉由工夫修養達至「盡性至命」之過程；第三、則言「中和」之說，中和乃爲一性情之教，其內容主要討論如何「發而皆中節」，而達其「時中」之實踐；以及「致中和」的經世實踐等說。

〔註4〕 勞思光指出：「中庸思想，就內容而言，乃漢儒型之理論——即以『天』與『人』爲基本觀念，又以『天』爲價值根源之混合學說。其中混有形上學，宇宙論及心性問題種種成分。其時代當晚於孟荀，其方向則是欲通過『天人之說』以重新解釋『心性』及『價值』，實與孔孟之學有異。但其作者之態度，則並非欲雕孔孟而另樹一幟，故處處仍以上承孔子之姿態說話。然其說既不能建立『主體性』，則不能視爲孟子一支之學說。且以『人』配『天』，將價值根源悉歸於『天』，亦大悖孔子立說之本旨。故中庸之說，可視作漢儒型理論中最成熟、最完整者，但就儒學心性論而言，則中庸是一旁支，不能作爲主流之一部。學者於此等分際若能掌握，則評定日後宋儒之說，亦不可致迷亂。」（見氏光著，《新編中國哲學史（二）》，第一章，頁61）牟宗三則認爲：「依儒家的立場來講，儒家有中庸、易傳，它可以向存在那個地方伸展。它雖然向存在方面伸展，它是道德的形上學（moral metaphysics）。他這個形上學還是基于道德。儒家並不是 metaphysical ethics，像董仲舒那一類的就是 metaphysical ethics。董仲舒是宇宙論中心，就是把道德基於宇宙論，要先建立宇宙論然後才能講道德，這是不行的，這在儒家是不贊成的，中庸、易傳不是這條路。所以有人把中庸、易傳看成是宇宙論中心而把它們排出去是不行的。」（見牟宗三著，《中國哲學十九講》，第四講，頁76）此說顯然是針對勞氏之言而發的。兩者對於《中庸》一書之思想，所理解的看法與態度顯然是不同的。

第二節　「中庸」思想之討論

　　二曲對「中庸」思想之討論，首先，主要闡明《中庸》乃「盡性至命」之書，以明其宗旨所在。其次，則針對「中庸」二字之訓解，以釐清「中庸」之道的落實與意義，此層即指向「日用平常」與「愚夫愚婦之知能」來申明其義。以下則依序論之：

一、中庸之義

　　論《中庸》思想，首當對《中庸》一書之宗旨的釐清。關於二曲論《中庸》一書之宗旨，他指出：

> 中庸，聖學之統宗，吾人盡性至命之指南也。學不盡性，學非其學；
> 不顧諟天命，學無本原。〔註5〕

以《中庸》一書乃「聖學之統宗，吾人盡性至命之指南也」，此爲二曲詮釋《中庸》之書的宗旨所在。「聖學之統宗」，從儒學之義來說，實指《中庸》乃儒學道統思想之傳遞。所謂「道統」，指的是以道爲原則，以傳道爲目的，爲道的存在和延續發展而形成的傳授系統。儒學之道乃一不斷之演變之發展，故其道統中關於「道的內涵精神」與「傳授系統」，即有不同之內容與意義〔註6〕。以《中庸》爲儒學道統之傳，實出於朱子《中庸章句・序》所言〔註7〕。朱子曰：「《中庸》何爲而作也？子思子憂道學之失其傳而作之也。」〔註8〕朱子之說旨在以「中」作爲道統之內涵精神，並以上承二程以

〔註5〕見《四書反身錄》，《二曲集》，卷三十，頁414。
〔註6〕見蔡方鹿著，《中華道統思想發展史》（四川：四川人民出版社，2003年6月），頁7。
〔註7〕朱子於《中庸章句・序》中指：「夫堯、舜、禹，天下之大聖也。以天下相傳，天下之大事也。……。自是以來，聖聖相承：若成湯、文、武之爲君，皋陶、伊、傅、周、召之爲臣，既皆以此而接夫道統之傳，若吾夫子，則雖不得其位，而所以繼往聖、開來學，其功反有賢於堯舜者。然當是時，見而知之者，惟顏氏、曾氏之傳得其宗。及曾氏之再傳，而復得夫子之孫子思，則去聖遠而異端起矣。子思懼夫愈久而愈失其眞也，於是推本堯舜以來相傳之意，質以平日所聞父師之言，更互演繹，作爲此書，以詔後之學者。……。故程夫子兄弟者出，得有所考，以續夫千載不傳之緒；得有所據，以斥二家似是之非。……。熹自蚤歲即嘗受讀而竊疑之，沈潛反復，蓋亦有年，一旦恍然似有以得其要領者，然後乃敢會眾說而折其中，既爲定著章句一篇，以俟後之君子。」見〔宋〕朱熹撰，《四書章句集注》，頁14。
〔註8〕見〔宋〕朱熹撰，《四書章句集注》，頁14。

及古聖，作爲承先啓後的道統繼承者自居。二曲承其道統之說，並言其此書乃「盡性至命」之指南也。「盡性至命」一語出自《易經・說卦第九》。其曰：「昔者聖人之作易也。……和順於道德而理於義，窮理盡性以至於命。」〔註9〕關於此義，徐復觀指出：「聖人之作易，即聖人之窮理，理爲性所涵；窮理所以盡性。性之根源是命，但性拘限於形體之中，與命不能無所限隔。能盡性，便突破了形體之限隔，而使性體完全呈露；此時之性，即與性所自來之命，一而非二，這即是『至於命』。」〔註10〕二曲論《中庸》一書在於「盡性至命」，實欲闡明此書乃一道德心性本原之學，其目的在於揭示經由主體之實踐，以達至「盡性至命」等天人合德之境，以明聖學的道統之傳。

其次，關於《中庸》之意義，乃見之「中庸」二字的訓解。「中庸」之說首載於《論語》，其云：「中庸之爲德，其至矣乎。」〔註11〕爾後，《中庸》亦承此言。關於其意，鄭玄注曰：「以其記中和之爲用也；庸，用也。」〔註12〕鄭氏之說實以「中庸」作爲「中和」之解。而在《中庸》：「仲尼曰：『君子中庸』」一文中，鄭注則曰：「庸，常也。用中爲常道也。」〔註13〕是故，鄭氏訓解「中庸」實以「常用之德」來論。

程朱亦對中庸有所討論。程伊川曰：「不偏之謂中，不易之謂庸。中者天下之正道，庸者天下之定理。」〔註14〕朱子亦承程子之言，而又有推陳出新之處。其承伊川之言外，又以「平常」之理訓之〔註15〕。朱子指出：「惟其平

〔註9〕見〔魏〕王弼、韓康伯注、〔唐〕孔穎達等正義，《周易正義》，卷第九，頁182～183。

〔註10〕見徐復觀著，《中國人性論史》，第七章，頁211～212。

〔註11〕見《論語集注》〈雍也第六〉，〔宋〕朱熹撰，《四書章句集注》，卷三，頁91。

〔註12〕見〔漢〕鄭元注、〔唐〕孔穎達等正義，《禮記正義》，卷第五十二，頁879。

〔註13〕見〔漢〕鄭元注、〔唐〕孔穎達等正義，《禮記正義》，卷第五十二，頁880。

〔註14〕見〈河南程氏遺書〉，〔宋〕程顥、程頤撰，《二程集》，卷第七，頁100。

〔註15〕朱子門人陳淳於《北溪字義》〈中庸〉條中，即對程朱訓解之異有所釐清，他指出：「文公解庸爲平常，非於中之外有所謂庸。只是這中底發出於外，無過不及，便是日用平常道理。平常與怪異字相對，平常是人所常用底，怪異是人所不曾忽然見之便怪異。……若就中庸論其極至只是平常道理，凡日用間人所常行而不可廢者，便是平常道理。惟平常故萬古常行而不可易。……。程子謂不易之謂庸，說得固好，然於義未盡，不若文公平常之說爲明備。蓋平常字包得不易字意，不易字包不得平常字意，其實則一箇道理而已。」見〔宋〕陳淳撰、〔宋〕王儁編，《北溪字義詳解》，頁165～167。

常，故可常而不可易，若驚世駭俗之事，則可暫而不得爲常矣。二說雖殊，其致一也。但謂之不易，則必要於久而後見，不若謂之平常，則直驗於今之無所詭異，而其常久而不可易者可兼舉也。」〔註16〕故其說雖別於程子之論，其意義大致相近。整體來說，程朱論「中庸」，實以「性即理」說中，以其「天理」作爲價值之規範〔註17〕。是故，其「中庸」實指一「至正不偏」、「恆常不易」的價值哲學。〔註18〕

　　二曲雖亦言「中庸」爲一價值規範所在，但其所謂的價值規範，實非以程朱所謂的「天理」作爲詮釋之旨的，而是推之於孟子「不學不慮之良」，是以「良知本心的實踐」作爲詮釋的。二曲指出：

> 盡性至命，與不學不慮之良，有一毫過不及，便非「中」；與愚夫愚婦之知能，有一毫異同，便非「庸」。不離日用平常，惟依本分而行；本分之內，不少愧歉，本分之外，不加毫末，此之謂「中庸」。〔註19〕

「不學不慮之良」語出《孟子》。其云：「人之所不學而能者，其良能也。所不慮而知者，其良知也。」〔註20〕不學謂其「先驗性」，不慮謂其「直覺性」，實爲人成聖之心性潛能所在。「不學不慮之良」，雖爲先驗本然之善，不待學慮而成。但實質上，「潛能」不代表「實現」，實須工夫修養而以落實。這說明了，無心性之指向，工夫無從落實；無工夫爲依範，則心性價值則無從貞定。此「不學不慮之良」，實非當下可得可成，實乃一待實踐與實現之狀態。就成聖而言，它必須是一個由「潛在而發展、最終全部實現的過程。」〔註21〕

　　二曲認爲「中庸」之「中」，乃是以「良知本心之實踐」無過與不及之失〔註22〕。這是儒學向來強調合乎「掌握分寸，恰到好處」的觀念〔註23〕；所

〔註16〕見〔宋〕朱熹撰、黃珅校點，《四書或問》，頁45。
〔註17〕朱子言《中庸》：「其書始言一理，中散爲萬事，末復合爲一理，『放之則彌六合，卷之則退藏於密』，其味無窮，皆實學也。」見《中庸章句》，〔宋〕朱熹撰，《四書章句集注》，頁17。
〔註18〕見勞思光著，《大學中庸譯註新編》，頁109。
〔註19〕見《四書反身錄》，《二曲集》，卷三十，頁414。
〔註20〕見《孟子集注》〈盡心章句上〉，〔宋〕朱熹撰，《四書章句集注》，卷十三，頁353。
〔註21〕見陳來著，《有無之境》，第七章，頁166。
〔註22〕此「過」與不「及」，見《中庸章句》云：「子曰：『道之不行也，我知之矣，知者過之，愚者不及也；道之不明也，我知之矣，賢者過之，不肖者不及

謂「無過與不及」亦非折衷，實必須合乎「至善」之原則。〔註24〕

而「中庸」之「庸」，其謂「與愚夫愚婦之知能，有一毫異同，便非『庸』」。乃是以「良知本心的實踐」，不離愚夫愚婦心性潛能的觀點而言。故其「中庸」乃是以「良知本心之實踐」，不離「日用平常」之理作爲實踐的一種詮釋。這說明其對「中庸」之詮釋，實涵「實踐態度」、「實踐場域」與「心性潛能」等三方面之特質，此三項特質，分述來說爲三，實即三位一體。是故，二曲所謂的「中庸」，實以不學不慮之良知良能，實踐於日用常行之中，而無過與不及之處，即爲盡性至命之道也。

所以《中庸》一書，二曲實以良知本心爲實踐的「盡性至命」之道，強調與良知本心之無過與不及之失謂之「中」，以良知本心之不異愚夫愚婦之知能謂之「庸」，不離日用平常謂落實之「中庸」。

二、中庸之道與實踐

中庸之說，乃強調一「日用平常」、「愚夫愚婦之知能」之觀念。「日用平常」所論的是，以「日常生活」作爲心性工夫的「實踐場域」；「愚夫愚婦之知能」，強調的是「聖凡一致」的心性潛能。

就「日用平常」之觀念而言，「日用平常」之說，在此分爲兩個單元論述。「日用」指的是「道的實踐場域」之概念，即「日用常行」之說；「平常」指的是「實踐道的態度」。中國傳統思想均強調一「入世」之概念〔註25〕，儒學更以此爲重。儒學本即經世與道德人倫之學，是以孝悌人倫作爲主體成道契聖之原則，故日用常行，實乃道之實踐所在。《中庸》對此即指出：

> 道不遠人。人之爲道而遠人，不可以爲道。〔註26〕

> 夫婦之愚，可以與知焉，及其至也，雖聖人亦有所不知焉；夫婦之
> 不肖，可以能行焉，及其至也，雖聖人亦有所不能焉。……。君子

也。』」〔宋〕朱熹撰，《四書章句集注》，頁19。

〔註23〕見李澤厚著，《歷史本體論‧己卯五說》（北京：三聯書店，2003年5月），頁8～9。

〔註24〕見李師威雄著，《中國文化的精神的探索》（臺北：黎明文化事業公司，民國74年11月），第八章，頁231。

〔註25〕禪宗亦言此意，禪宗六祖慧能在〈般若品第二〉言：「佛法在世間，不離世間覺，離世覓菩提，恰如求兔角。」（見東方佛教學院編著，《六祖壇經註釋》，頁86）此皆點明了佛法非超現實的，非離日常處的。

〔註26〕見《中庸章句》，〔宋〕朱熹撰，《四書章句集注》，頁23。

之道，造端乎夫婦，及其至也，察乎天地。〔註27〕

儒學之道是具有「入世」與「平等」之傾向；所謂「入世」，意謂道之落實是建立於主體「日用常行」之際；所謂「平等」，乃謂雖夫婦之愚亦可爲道，聖凡成聖之潛能是一致的。這種強調以「百姓日用」作爲主體心性價值之落實，以及突顯「愚夫愚婦之道」的意義，從學術之發展來看，值得注意的是，陽明與王艮等心學發展之影響。陽明就指出：

> 與愚夫愚婦同的，是謂同德。與愚夫愚婦異的，是謂異端。〔註28〕

> 良知良能，愚夫愚婦與聖人同。但惟聖人能致其良知，而愚夫愚婦
> 不能致，此聖愚之所由分也。〔註29〕

良知良能是聖愚一致的，只在全與不全而已，這是突顯了主體成道之積極意義。而除開啓成道之價值外，陽明亦重視教育之世俗化與平民化之過程。陽明即指出：「你們拏一箇聖人去與人講學。人見聖人來，都怕走了。如何講得行？須做箇愚夫愚婦，方可與人講學。」〔註30〕良知開啓成聖之機，並以普羅大眾方式作爲講學，此自然造成王學普及之發展。而此更重要的，即良知之落實於日用常行之中。陽明在〈別諸生〉一詩即言：

> 綿綿聖學已千年，兩字良知是口傳。欲識渾淪無斧鑿，須從規矩出
> 方圓。不離日用常行內，直造先天未畫前。握手臨歧更何語？殷勤
> 莫愧別離筵。〔註31〕

「綿綿聖學已千年，兩字良知是口傳」，意指良知乃聖學之傳；而此良知之傳「不離日用常行內」，則意謂良知乃一事上磨鍊，是落實於主體生活的道德實踐。陽明後學王艮則更張大此說。他指出：

> 學是愚夫愚婦能知能行者，聖人之道不過欲人皆知皆行。即是位天
> 地萬物把柄。不知此，縱說得眞，卻不過一節之善。〔註32〕

> 聖人之道，無異於百姓日用，凡有異者皆謂之異端。〔註33〕

〔註27〕見《中庸章句》，〔宋〕朱熹撰，《四書章句集注》，頁22。
〔註28〕見陳榮捷著，《王陽明傳習錄詳註集評》，卷下，頁329。
〔註29〕見陳榮捷著，《王陽明傳習錄詳註集評》，卷中，頁181。
〔註30〕見陳榮捷著，《王陽明傳習錄詳註集評》，卷下，頁357。
〔註31〕見〈外集二〉，〔明〕王守仁撰、吳光、錢明、董平、姚延福編校，《王陽明全集上》，卷二十，頁791。
〔註32〕見〈語錄〉，〔明〕王艮撰，《王心齋全集》，卷二，頁2。
〔註33〕見〈語錄〉，〔明〕王艮撰，《王心齋全集》，卷二，頁15。

此說即爲發展爲一「百姓日用即是道」的說法。總的來說，陽明之「良知」
與王艮的「現成良知」，以及強調「與愚夫愚婦異的，是謂異端」，從思想史
之角度而言，皆是不約而同的將主體成聖契道的「道」，加以平易化、生活
化、與世俗化於主體的日用常行之中。這說明了致良知的道德實踐，是人人
可爲、時時可作的，不必然取決於個人的知識素養方能完成。至此，聖愚之
別僅僅是體現良知前後的界義。故聖人不爲高，凡人不爲低，這是將聖人與
成道之標準的調降。二曲針對此義則指出：

> 自堯舜以「執中」授受，人遂認爲聖賢絕詣，非常人所可幾；卻不
> 知常人一念妥貼處與堯舜同，即此便是「中」，能常常保此一念而不
> 失，即此便是「允執厥中」。人心上過不去，即堯舜心上過不去者，
> 然則「中」豈外於日用平常乎？惟其不外日用平常，方是「天下達
> 道」。〔註34〕

「允執厥中」見於《論語》云：「堯曰：『咨！爾舜！天之曆數在爾躬。允執
厥中。四海困窮，天祿永終。』」〔註35〕此說與《尚書・大禹謨》「人心惟危，
道心惟微，惟精惟一，允執厥中。」〔註36〕等「十六字心訣」，歷來被視聖賢
道統之傳，朱子於《中庸章句序》即論此說〔註37〕。二曲認爲中庸之論，本
質上即是以「中」落實於「日用平常」的實踐歷程，而此中是聖凡一致的。
亦即，「人心」與「聖心」在成德之潛能上是無所別的，此別之所在乃在於能
否「常常保此一念而不失」於日用常行之中。故必須知性，亦須知此性乃落
實於「日用常行」之中。不知性則人無以爲聖，心性工夫之實踐若隔離了「日

〔註34〕 見《四書反身錄》，《二曲集》，卷三十，頁414。

〔註35〕 見《論語集注》〈堯曰第二十〉，〔宋〕朱熹撰，《四書章句集注》，卷十，頁
193。

〔註36〕 見〔漢〕孔安國傳、〔唐〕孔穎達等正義，《尚書正義》，卷第四，頁55。

〔註37〕 朱子於《中庸章句・序》中指出：「蓋自上古聖神繼天立極，而道統之傳有自
來矣。其見於經，則『允執厥中』，堯之所以傳舜也；『人心惟危，道心惟危，
惟精惟一，允執厥中』，舜之所以傳舜也。」見〔宋〕朱熹撰，《四書章句集
注》，頁14。關於朱子「道統說」之內容與意義所在。蔡方鹿指出：「朱熹以
弘揚儒家聖人之道爲己任，而把聖人之道傳授繫之於心，他所闡發的『十六
字傳心訣』的思想，既是對二程『《中庸》乃孔門傳授心法』思想的繼承，同
時也是對道統之傳授心法的發展。朱熹以堯舜禹爲始，以子思爲繼，將《尚
書・大禹謨》的『十六字傳心訣』與《中庸》的『孔門傳授心法』前後連係
起來，這便是朱熹的新見。」見蔡方鹿著，《中華道統思想發展史》，第四章，
頁353。

用常行」中，則極易將心性之學形成一知識化、形上化的過程，此自然使道的實踐，形成一言說與抽象思考的變質發展。

　　所以「日用常行」、「愚夫愚婦之知能」，是二曲對《中庸》「盡性至命」之道的第二層詮釋。此說旨在說明聖凡一致之性，知性方能盡性，而盡性之道，即指向主體的日用生活領域作爲實踐的。

三、平常之心

　　「日用平常」第二層意義，即「平常之心」的論述。關於「平常」之說，乃承自朱子論「庸」字之意。朱子在注「君子中庸，小人反中庸」一文時即指出：「中庸者，不偏不倚，無過不及，而平常之理，乃天命之所當然，精微之極致也。」〔註38〕朱子對中庸之訓解雖承程子之說，亦有其發明所在。朱子所謂「平常」之意爲何？他指出：

> 所謂平常，亦曰事理之當然，而無所謂詭異云爾，是固非有甚高難之事，而亦豈同流合污之謂哉！既曰當然，則自君臣父子、日用之常，推而至於堯、舜之禪讓，湯、武之放伐，其變無窮，亦無適而非平常矣。〔註39〕

這說明朱子認爲「平常」乃非淺近之語、苟且之意，而是萬事萬變不其「事理之當然」，即一切行爲皆須以「天理」作其規範與原則。徐復觀即指出：「平常行爲，是指隨時隨地，爲每一人所應實踐，所能實現的行爲。壞的行爲，使人與人間互相抵迕、衝突，這是反常的行爲，固然不是庸。即使有道德價值，但爲一般人所不必實踐，所不能實踐的，也必是庸。因此『平常地行爲』，實際是只『有普遍妥當性的行爲』而言。」〔註40〕這說明了論中不論庸，「則中可能僅懸空而成爲一種觀念。言庸而不言中，則此平常行爲的普遍妥當的內容不顯，亦即庸之所以能成立的意義不顯。」〔註41〕是故，「庸道即常道，而所謂常，便是經久不變宇宙人生的道理，因此，平常之心便是最偉大的心，平常之道便是正常社會不可失的要道。」〔註42〕二曲論「平常」，亦有此意。二曲指出：

〔註38〕見《中庸章句》，〔宋〕朱熹撰，《四書章句集注》，頁18～19。
〔註39〕見〔宋〕朱熹撰、黃坤校點，《四書或問》，頁45。
〔註40〕見徐復觀著，《中國人性論史》，第五章，頁123。
〔註41〕見徐復觀著，《中國人性論史》，第五章，頁123。
〔註42〕見李師威雄著，《中國文化的精神的探索》，第八章，頁227。

> 日用常行之謂道，子臣弟友之克盡其分是也。吾人終日談道，試自
> 反平生，果一一克盡而無歉乎？苟此分未盡，便是性分未盡，而猶
> 高談性命，不知何者謂之性命？倫常有虧，他美莫贖。居恆念及此，
> 便有多少愧心，多少憾心。〔註43〕

「克盡其分」，即如理之當然，這說明了道德實踐，本質上即是一實行而非言說的過程，是在倫常之際體現「自反其理」的實踐歷程。此自反是指向一「道」與「理」之規範意義的，即在平常行為之際顯其普遍妥當之理。此即《中庸》所云：「君子素其位而行，不願乎其外。素富貴，行乎富貴；素貧賤，行乎貧賤；素夷狄，行乎夷狄；素患難，行乎患難；君子無入而不自得焉。」〔註44〕但二曲論平常除強調行為如理外，更強調一「隨境煉心」的本體工夫。二曲指出：

> 處富貴如無與，處貧賤如無缺，處患難如無事，隨遇而安，悠然自
> 得，方見學力。否則胸次擾擾，心為境轉，其造詣可知。〔註45〕

> 離事功、節義求「中庸」固不可，以事功、節義求「中庸」亦不可，
> 或出或處，只要平常。心果平常，無所不可。〔註46〕

> 學問不能隨境煉心，不能無入而不自得，算不得學問。〔註47〕

> 平日讀《中庸》，亦知心要平常；然平常不平常，不在言說，臨境便
> 見。能素位而行，便是平常；一或願外，心便失常；心一失常，平
> 常安在？〔註48〕

此處之「平常」，實亦本體工夫的修養境界，此修養境界非隔離具體的事物接觸，而展現的主體自在的心靈境界。他強調的是一「隨境煉心」之過程，亦即在富貴、貧賤、患難中，對主體之心的不斷的對治反省、扭轉與調適，進而達到的「隨遇而安」、「無入而不自得」無滯無執的自得之境。故二曲論「中庸」實乃一「平常心」的修煉，此平常心之修煉乃建立在主體道德工夫的積累，而展現在主體的現象際遇變化的過程中，能否平常如理，抑或失常悖理

〔註43〕見《四書反身錄》，《二曲集》，卷三十，頁420。
〔註44〕見《中庸章句》，〔宋〕朱熹撰，《四書章句集注》，頁24。
〔註45〕見《四書反身錄》，《二曲集》，卷三十，頁421。
〔註46〕見《四書反身錄》，《二曲集》，卷三十，頁419。
〔註47〕見《四書反身錄》，《二曲集》，卷三十，頁421。
〔註48〕見《四書反身錄》，《二曲集》，卷三十，頁420～421。

之過程？可見二曲論平常，除體現在行爲之際顯其普遍妥當之理外，亦強調一「隨境煉心」的境界修煉。

　　所以，中庸論「平常」，本質上即是一種本體工夫的實踐學，他所指向的是一倫常實踐的「自反」，重視的是一對境不動心、如事理之當然的意義。而這層意義最終必然導向「中和」所言，「發而皆中節」的「時中」觀念（詳見下節之論）。

第三節　盡性至命之工夫

　　二曲論盡性至命之工夫，首論良知在人與自昧良知之理；其次，則言「識本」的率性之道與博學、審問、愼思、明辨、篤行的爲學致知之道，第三、則言其「愼獨」之學。以下則依序論之：

一、盡性至命之道

　　《中庸》一書乃爲「盡性至命」之道，乃實踐天賦之善以成道契聖之學。人之無法成善在於「自昧良知」。故識此良知、知其性命之意，則爲首要之處。二曲指出：

> 吾人一生，凡事皆小，性命爲大；學問喫緊，全在念切性命。平日非不談性說命，然多是隨文解義，伴口度日，其實自有性命，而自己不知性，不重命，自私用智，自違天則，性遂不成性，而命靡常厥命。興言及此，可爲骨慄。誠知人生惟此大事，一意凝此，萬應俱寂，炯炯而常覺，空空而無適，知見泯而民彝物則，秩然矩度之中，毫不參一有我之私。成善斯成性，成性斯凝命矣，此之謂「安身立命」。〔註49〕

二曲認爲主體意義在於「繼善成性」、「盡性至命」，能如此之爲，方彰顯自我生命的莊嚴，也方是眞正的「安身立命」。而所謂之「性命」，不在於「形軀我」的物質生命向度，而是在於「德性我」的道德意識層面之建立。是故，他認爲主體當以「念切生命」爲重，主體存在之價值，即在對主體的道德性命加以覺知與實踐。相對的，道德性命之毀，除浪費與虛擲於「自私用智」與「言說口辯」之處外，更本質的，乃「不知性命」與「自昧其良知本心」。

〔註49〕見《四書反身錄》，《二曲集》，卷三十，頁414～415。

二曲指出：

> 夫婦之愚，可以與知焉，良知也；夫婦之不肖，可以能行焉，良能
> 也。聖人之所以為聖，不過先得愚夫愚婦之所同，全其知能之良而
> 勿喪耳，非於此良之外有所增加也。〔註50〕

> 良能人人咸具，民何以「鮮能」？不知故也。知則日用平常，不慮
> 而能，夫豈「鮮能」？特外徇物，內忘己，自能而不依其能，是以
> 「鮮能」。〔註51〕

> 夫婦雖可以與知而不常知者，乍起乍滅，自具良知而自昧良知也。
> 〔註52〕

二曲認為良知在人，本質上並無聖凡之別。所謂「聖凡之別」，只在於能否盡心、盡性之「盡」，與全其良知良能而勿喪耳，而非心性本體的殊異。是故，人心與聖心，其本質潛能乃心同理同。但實然上，「百姓日用即不知」。此意謂在主體知行實踐中，百姓乃具備其道，但因缺乏自覺之工夫與認知，故此良知本心，便無法擴而充之，促使主體「先驗」的道德理性便或隱或顯，無法成為定性之發展。道之在人而人不知遂「自昧良知」。故「自昧良知」、「不知性命」，乃為主體成聖之學中首要之弊，能知性方能盡性，一切的道德踐履方為可成。

所以，主體成德之學的首要之處，即在對此良知本心的肯定，並將主體意必固負面之執的排除，使主體的良知炯而常覺。如此一來，主體方能實切的依循天賦之善而為。

二、識本之學

「盡性至命」，是主體道德性命真切的自我實現，就其體驗與實踐之歷程，最為重要的即是「率性」、「識性」的「識本之學」。二曲在討論「天命之謂性」、「率性之謂道」〔註53〕之意義時即指出：

> 天生吾人，厥有恆性，五德具足，萬善咸備，目視而明，耳聽而聰，

〔註50〕見《四書反身錄》，《二曲集》，卷三十，頁419～420。
〔註51〕見《四書反身錄》，《二曲集》，卷三十，頁418。
〔註52〕見《四書反身錄》，《二曲集》，卷三十，頁420。
〔註53〕見《中庸章句》：「天命之謂性，率性之謂道，修道之謂教。道也者，不可須臾離也，可離非道也。是故君子戒慎乎其所不睹，恐懼乎其所不聞。莫見乎隱，莫顯乎微。故君子慎其獨也。」〔宋〕朱熹撰，《四書章句集注》，頁17。

> 口言而從，心思而睿，惻隱、羞惡，辭讓、是非，隨感輒應，不思
> 不勉，自然而然。本無不率，其或方然而忽不然，有率有不率，情
> 移境奪，習使然也。能慎其所習，而「先立乎其大」，不移不奪，動
> 靜云爲，惟依良知良能，自無不善，即此便是「率性」。火然泉達，
> 日充月著，即此便是「盡性」。斯全乎天之所以與我者，不負天之所
> 命，而克副天心。〔註54〕

二曲認爲天命之性，乃「五德具足，萬善咸備」的，此本心本性乃主體行爲
之準則的良知本心，而之所以行爲失序產生非道德之因，乃在後天情移境奪，
而喪失本然之良。是故，就《中庸》所體現的學習之道，即在於對主體良知
本心的「本體之識」，能識其本體，即是對「天命之謂性」的正確掌握。二曲
指出：

> 識得識是誰識，便知率是誰率。識得良知便是「性」，依良知而行，
> 不昧良知，便是「率性」，便是「道」。〔註55〕

天賦之善的自明，方能進一步依循本性之道的「率性」而爲。「天命之謂性」
乃是一「本體之識」的工夫；「率性之謂道」乃指「本體之識」後的工夫踐履。
「識性」方能「率性」，明善方能行善，此明善之能力乃出於己性，由己性而
成就自己之善。具體來說，「識性」，即是知其良知天賦之善；而「率性」，即
是以良知天賦之善作爲行爲準則的實踐，實亦依其價值標準而循也，藉以實
現其本性〔註56〕。故就整體之意義來說，《中庸》實即一「擇善之學」。據《中
庸》載：

> 誠者，天之道也；誠之者，人之道也。誠者不勉而中，不思而得，
> 從容中道，聖人也。誠之者，擇善而固執之者也。博學之，審問之，
> 慎思之，明辨之，篤行之。〔註57〕

關於「擇善固執」之學，朱子曰：「不待思勉而從容中道，則亦天之道也。未
至於聖，則不能無人欲之私，而其爲德不能皆實。故未能不思而得，則必擇
善，然後可以明善；未能不勉而中，則必固執，然後可以誠身，此所謂人之

〔註54〕見《四書反身錄》，《二曲集》，卷三十，頁414。
〔註55〕見《四書反身錄》，《二曲集》，卷三十，頁415。
〔註56〕勞思光就指出「率性」一詞當有兩種解釋，分別爲「順性」與「率勉」。前者
　　　　乃爲孟子之性善觀念，後者則爲接近荀子其說。而勞氏認爲就《中庸》本文觀
　　　　之，當爲率性爲近。見勞思光著，《新編中國哲學史二》，第一章，頁51。
〔註57〕見《中庸章句》，〔宋〕朱熹撰，《四書章句集注》，頁31。

道也。不思而得，生知也。不勉而中，安行也。擇善，學知以下。固執，利行以下之事也。」〔註58〕朱子乃以聖人生知，故不勉而得自能安然如理；常人乃學知、困知之謂，工夫未至圓滿，故當擇善固執方能明善進德。而其誠之的方式，即在學、問、思、辨、行等「利而行之」中。至於二曲論「擇善固執」之學，他指出：

> 「擇善固執」，是爲學實下手處。「善」非書語成迹之善，擇而執之，
> 義襲於外。乃吾人天然固有之良也。「博學」而不學此，便是雜學；
> 「審問」而不問此，便是泛問；「慎思」而不思此，便是游思；「明
> 辨」而不辨此，則是徒辨；「篤行」而不行此，便是冥行。〔註59〕

二曲釋此不在強調聖人乃誠者，常人乃誠之者，而在言一「擇善」、「明善」知其道德價值所在，與其道德價值下手工夫處。是故，他首先點明所謂「擇善」，實乃孟子「由仁義行」之工夫，由道德識之善端擴充而成，而非義襲於外。其次，《中庸》所謂「博學」、「審問」、「慎思」、「明辨」、「篤行」，皆是明善擇善之學。爲學之目標，在於以「天賦之善」以成就其德行。相對的，所謂的雜學、泛問、游思、徒辨與冥行，即是不本「天賦之善」爲學，以成就德行爲目標而形成的弊病。這說明了，學是本其「德性」之基礎，以成德爲目的的「尊德性」之學。而具體來說，此尊德性之學，實有多途，此即「博學」之意。二曲指出：

> 此非一路可入，或考諸古訓，或證諸先覺，或靜坐澄源，或主敬集
> 義，或隨處體認，內外交詣，不靠一路，故曰「博」。〔註60〕

所謂「博」，乃謂「盡性至命」之學誠屬多元方式。此「博學」乃兼具了「考諸古訓，或證諸先覺」等認知意義的學習，亦強調主體本體工夫之踐履，如「主敬集義，或隨處體認」，誠一是內外交兼的本體踐履與認知學習，是一重道德意識之顯露、道德工夫之修養，與道德知識之學習的。

所以二曲釋「盡性」之道在於「率性」，「率性」在於「識性」。亦即，以實存主體的心性價值體認作爲基礎，並由此展開的盡性、率性之過程。而此盡性之道，誠屬多元之方式，他既重視良知本心之覺解與實踐，亦兼具了道德修養與道德知識之學習。

〔註58〕見《中庸章句》，〔宋〕朱熹撰，《四書章句集注》，頁31。
〔註59〕見《四書反身錄》，《二曲集》，卷三十，頁422。
〔註60〕見《四書反身錄》，《二曲集》，卷三十，頁422。

三、慎獨之論

　　《中庸》的盡性至命之學，實即良知本體工夫之學，此本體工夫之學，二曲即以「慎獨」解之。關於「慎獨」之說，《中庸》云：

> 天命之謂性，率性之謂道，修道之謂教。道也者，不可須臾離也，可離非道也。是故君子戒慎乎其所不睹，恐懼乎其所不聞。莫見乎隱，莫顯乎微。故君子慎其獨也。〔註61〕

歷來論「慎獨」之說，可注意的是朱、王對此之說。朱子指出：

> 惟君子自其不睹不聞之前，而所以戒謹恐懼者，愈嚴愈敬，以至無一毫之偏倚，而守之常不失焉，則爲有以致其中，而大本之立，日以益固矣；尤於隱微幽獨之際，而所以謹其善惡之幾者，愈精愈密，以至於無一毫之差謬，而行之每不違焉，則爲有以致其和，而達道之行，日以益廣矣。〔註62〕

朱子對「慎獨」之釋，乃一重視「人所不知而己所獨知之地也。」〔註63〕朱子於此境，則須強調「主體之敬慎」與「審善惡之幾」，以使行爲之動能無所偏移而得其中。陽明論「慎獨」則不重敬慎與審善惡之幾，重視的是良知的擴充與實現。陽明指出：

> 只是一箇工夫。無事時固是獨知。有事時亦是獨知。人若不知於此獨知之地用力，只在人所共知處用功，便是作偽，便是「見君子而後厭然」。此獨知處便是誠的萌芽。此處不論善念惡念，更無虛假。一是百是，一錯百錯。正是王霸義利誠偽善惡界頭。於此一立立定，便是端本澄源，便是立誠。〔註64〕

> 所謂人雖不知而己所獨知者，此正是吾心良知處。然知得善，卻不依這箇良知便做去，知得不善，卻不依這箇眞知便不去做，則這箇眞知便遮蔽了，是不能致知也。吾心良知既不能擴充到底，則善雖知好，不能著實好了。惡雖知惡，不能著實惡了，如何得意誠？故致知者，意誠之本也。〔註65〕

〔註61〕見《中庸章句》，〔宋〕朱熹撰，《四書章句集注》，頁17。
〔註62〕〔宋〕朱熹撰、黃坤校點，《四書或問》，頁55。
〔註63〕見《中庸章句》，〔宋〕朱熹撰，《四書章句集注》，頁18。
〔註64〕見陳榮捷著，《王陽明傳習錄詳註集評》，卷上，頁142。
〔註65〕見陳榮捷著，《王陽明傳習錄詳註集評》，卷下，頁368～369。

陽明所謂「獨知」，實爲良知也。此獨知乃即靜即動，是主體無虛假之誠，乃如其善念之爲，如惡念之不爲，此即「誠意」之意。是故，其引朱子《大學章句》「人雖不知而已所獨知」以釋此良知之致，以顯誠意之理。二曲對「愼獨」之說，實有承朱王之論處。他指出：

> 不要引訓詁，須反己實實體認，凡有對，便非「獨」，「獨」則無對，即各人一念之靈明是也。天之所以與我者，與之以此也。此爲仁義之根，萬善之源，徹始徹終，徹內徹外，更無他作主，惟此作主。「愼」之云者，朝乾夕惕，時時畏敬，不使一毫牽於情感，滯於名義，以至人事之得失，境遇之須逆，造次顚沛，生死患難，咸湛湛澄澄，內外罔間，而不爲所轉，夫是之謂「愼」。〔註66〕

二曲認爲「愼獨」之「獨」，實亦良知本體另一種描述。所謂「獨」即彰顯其「與物無對」而達其「萬物一體」的道德涵意。是故，其獨當爲「獨體」，而非「人不知己獨知」的自明狀態而已，實具有本體之意。至於「愼」者，即爲本體所帶動的之工夫，此本體工夫，即是主體的「敬畏」與「敬愼」之工，是主體在良知本體、獨體之識後，主體進行的惺惺不昧，常醒常覺等自明狀態之保持，此自明狀態之保持，方能使主體不爲際遇所奪而放其心，主體才能隨遇而安，無入而不自得。可見，二曲論「愼獨」，實以「愼」爲工夫，以「獨」爲本體，而整合的本體工夫。

所以二曲論「愼獨」實爲本體工夫的實體實認，非爲一知識分解的過程。二曲論「愼獨」，其「獨」乃取陽明「各人一念之靈明是也」，實指主體行爲之主宰的良知本心；其「愼」之意，則取朱子重視「幾善惡」與「敬畏」等維護此良知本心之工夫，實見其調和朱王二說之傾向。

第四節　中和之論

二曲論中和之說，大抵從三個方面。首先，論中和的「性情之教」與涵養之道；其次，則論以本體與作爲現象行爲標準的「時中」之道；第三、則言一「致中和」的感應教化等經世實踐。以下則依序論之：

一、中和之說

儒學論「中和」是討論道德涵養之工夫，他重視的是未發時屛緣息慮等

〔註66〕見《四書反身錄》，《二曲集》，卷三十，頁 415～416。

靜養之工夫，促使已發之爲皆能中節如理之過程。《中庸》一書之宗旨，除「中庸」之意與對「天命之謂性」等性、道、教之說外，最爲重要即是討論未發已發的「中和之說」。《中庸》云：

> 喜怒哀樂之未發，謂之中；發而皆中節，謂之和。中也者，天下之大本也；和也者，天下之達道也。致中和，天地位焉，萬物育焉。〔註67〕

關於「中和」之意爲何？孔穎達曰：「中也者，天下之大本也者，言情欲未發是人性初本。故曰天下之大本。和也者，天下之達道也。言情欲雖發而能，而能和合道理，可通達流行，故曰天下之達道也。」〔註68〕其說主要以中言性，以情欲所發合理處來言和。

至於程伊川則曰：「『喜怒哀樂之未發謂之中』，只是言一箇中體。……。天下事事物物皆有中，『發而皆中節謂之和』，非是謂之和便不中也，言和則中在其中矣。中便是含喜怒哀樂在其中矣。」〔註69〕「若致中和則是達此天理，便見得天尊地卑、萬物化育之道，只是致知也。」〔註70〕此說乃以體用言中和；中和乃天理之意，但其論「中和」實以中涵攝其和。

而朱子論中和，實從「未發已發」來論，此未發已發之說，實爲朱子思想發展中甚爲重要的變化，此即其思想中「中和舊說」與「己丑之悟」之轉變〔註71〕。朱子言「中和」，大抵有幾個特點。首先，他以「體用關係」與「心之思慮活動之狀態」來論中和。他指出：「謂如此事未萌於思慮要做時，須便是中是體。及發於思了，如此做而得其當時，便是和，是用。」〔註72〕此明顯與其早年以「心爲已發，性乃未發」之觀點殊異，這說明「未發已發」乃屬心之思慮「要作」與「做而得其當」的不同狀態。第二、以「性情論中和」。朱子注《中庸》云：「喜、怒、哀、樂，情也。其未發，則性也，無所偏倚，故謂之中。發皆中節，情之正也，無所乖戾，故謂之和。」

〔註67〕見《中庸章句》，〔宋〕朱熹撰，《四書章句集注》，頁18。

〔註68〕見〔漢〕鄭元注、〔唐〕孔穎達等正義，《禮記正義》，卷第六十，頁880。

〔註69〕見〈河南程氏遺書〉，〔宋〕程顥、程頤撰，《二程集》，卷第十七，頁180〜181。

〔註70〕見〈河南程氏遺書〉，〔宋〕程顥、程頤撰，《二程集》，卷第十五，頁160。

〔註71〕關於此處之討論，可參陳來著，《朱子哲學研究》（上海：華東師範大學出版社，2000年9月），第七章，頁157〜193。

〔註72〕見〈中庸一：第一章〉，〔宋〕黎靖德編、王星賢點校，《朱子語類四》，卷第六十二，頁1509。

〔註73〕「中，性之德。和，情之德。」〔註74〕這說明中乃未接物時，無所偏倚，便是性；和乃接物之際無所乖戾，所發之情皆能中節如理。第三、則以「中和」與「中庸」爲一也。朱子指出：「以性情言之，謂之中和；以禮義言之，謂之中庸，其實一也。以中對和而言，則中者體，和者用，此是指已發、未發而言。以中對庸而言，則又折轉來，庸是體，中是用。如伊川云『中者天下之正道，庸者天下之定理』是也。此『中』卻是『時中』、『執中』之『中』。以中和對中庸而言，則中和又是體，中庸又是用。」〔註75〕此說言「中和」乃性情之教處，「中庸」乃主體行爲實踐處，故其中皆一也。所謂「庸是見於事，和是發於心，庸該得和。」〔註76〕是故，主體所發皆中節自是合於禮義，故「中和」實乃「中庸」之謂。

陽明亦論中和，他指出：「然天理亦自有箇中和處。過即是私意。人於此處多認做天理當憂，則一向憂苦，不知己，是『有所憂患，不得其正』。大抵七情所感，多只是過，少不及者。才過便非心之本體。必須調停適中始得。」〔註77〕「喜怒哀樂，本體自是中和的。纔自家著些意思，便過不及，便是私。」〔註78〕「蓋體用一源。有是體，即有是用。有未發之中，即有發而皆中節之和。今人未能有發而皆中節之和。須知是他未發之中亦未能全得。」〔註79〕陽明之論，大抵從體用一源之角度來論「中和」，故其「中和」亦以中言和；「中和」是即靜即動不可分割之狀態，其中和實爲良知本心一如天理，不爲私意所著之狀態。至於二曲論「中和」，實以「性情涵養」爲其詮釋之主旨。他指出：

> 「中和」只是好性情。〔註80〕

喜怒哀樂未發謂之中，發而皆中節謂之和。是故，「中和」之討論，即是論天命之性，如何於應事接物中能無所偏移之處。二曲以性情論之，實本朱子「未

〔註73〕見《中庸章句》，〔宋〕朱熹撰，《四書章句集注》，頁 18。

〔註74〕見〈中庸一：第一章〉，〔宋〕黎靖德編、王星賢點校，《朱子語類四》，卷第六十二，頁 1508。

〔註75〕見〈中庸二：第二章〉，〔宋〕黎靖德編、王星賢點校，《朱子語類四》，卷第六十三，頁 1522。

〔註76〕見〈中庸一：綱領〉，〔宋〕黎靖德編、王星賢點校，《朱子語類四》，卷第六十二，頁 1484。

〔註77〕見陳榮捷著，《王陽明傳習錄詳註集評》，卷上，頁 82。

〔註78〕見陳榮捷著，《王陽明傳習錄詳註集評》，卷上，頁 92。

〔註79〕見陳榮捷著，《王陽明傳習錄詳註集評》，卷上，頁 83。

〔註80〕見《四書反身錄》，《二曲集》，卷三十，頁 416。

發爲性，已發爲情」之說。但其論性情後，其意義實欲導向一「涵養」工夫。
二曲指出：

> 學者全要涵養性情，若無涵養，必輕喜輕怒，哀樂失節。〔註81〕

> 喜怒哀樂未發時，性本湛然虛明，猶風恬浪靜，水面無波，何等平
> 易。已發氣象，一如未發氣象，便是太和元氣。〔註82〕

所謂「涵養」的本質目的，即是應事接物時，使主體不失其節度；相對的，
若無此涵養，在反應之際必產生「輕喜輕怒，哀樂失節」之弊。具體來說，
二曲認爲這種涵養之工，乃在於使「已發氣象」一如「未發氣象」。可見二曲
所謂的「涵養」，實非朱子所論的「涵養須用敬，進學在致知」之功，亦非陽
明動靜一如的致良知之說。進一步而言，如何使「使已發氣象一如未發氣
象」？二曲重視的對「本體未發之涵養」。二曲指出：

> 平日工夫，若實實在未發前培養，培養得果純，自不爲喜怒哀樂所
> 移。〔註83〕

> 常令心地虛豁，便是未發氣象，便是「中」，便是「立天下之大本」。
> 〔註84〕

二曲所謂「未發前之培養」，指向的是「默坐澄心」、「端本清源」之工，實乃
一超越逆覺之工夫。他指出：

> 須屏緣息慮，一意靜養，靜而能純，方保動而不失，方得動靜如
> 一。〔註85〕

二曲認爲惟有靜時以培根，方能動時不失其序，這是重視主體於未發的靜寂
之際，使主體「心地虛豁」，使良知本心爲其主宰，以立天下之大本的過程。
能中自能和，未發本體之中涵養若足，自能使主體在待人接物之際能中節
如和。

　　所以二曲論中和，實承朱子言「性情之教」，但其工夫重視的從「未發」
之處用功。是故，其「中和」之說，即是強調主體以靜坐涵養未發的道德本
性，使已發之情能與「未發之性」如一的狀態。

〔註81〕見《四書反身錄》，《二曲集》，卷三十，頁416。
〔註82〕見《四書反身錄》，《二曲集》，卷三十，頁416。
〔註83〕見《四書反身錄》，《二曲集》，卷三十，頁416。
〔註84〕見《四書反身錄》，《二曲集》，卷三十，頁416。
〔註85〕見《四書反身錄》，《二曲集》，卷三十，頁416～417。

二、時中之論

　　「中和」之說除強調一「未發之中」的道德涵養，更重視的是由此「未發之中」，所引導的「中節之和」。而此「中節之和」，就主體之實踐意義，即指向一「時中」之論。首先，關於「時中」之說，出自《中庸》：

　　　　仲尼曰：「君子中庸，小人反中庸。君子之中庸也，君子而時中；小
　　　　人之中庸也，小人而無忌憚也。」子曰：「中庸其至矣乎！民鮮能久
　　　　矣！」〔註86〕

《中庸》此說在言，君子則能無時不中，小人則反之，故引夫子論述中庸實爲悠久之德，但人民無法持久其道。具體來說，所謂「中」，乃指本體之意；而「時」，則爲主體存有現象界的整體過程。時中之論，主要討論主體於現象界之所有行爲活動，皆須本之於「本體之中」；亦即，以中之本體作爲現象行爲的標準與實踐原則。

　　歷來論「時中」之說，則以朱子最爲重要。朱子論「時中」，首以中庸、中和、時中爲一。他指出：「『中庸』之『中』，本是無過無不及之中，大旨在時中上。若推其中，則自喜怒哀樂未發之中，而爲『時中』之『中』。未發之中是體，『時中』之『中』是用，『中』字兼中和言之。」〔註87〕未發乃就性上言，已發乃就事上言，此中乃合內外之處。其次，朱子論「時中」，乃謂「動時恰好」之意。他指出：「在中者，未動時恰好處；時中者，已動時恰好處。才發時，不偏於喜，則偏於怒，不得謂之在中矣。然只要就所偏倚一事，處之得恰好，則無過、不及矣。蓋無過、不及，乃無偏倚者之所爲；而無偏倚者，是所以能無過、不及也。」〔註88〕「時中只是說做得箇恰好底事。」〔註89〕所謂「動時恰好」即是無過與不及之意。第三、以中必能正來言之。他指出：「『君子而時中』，與《易傳》中所謂『中重於正，正者未必中』之意同。正者且是分別箇善惡，中則是恰好處。」〔註90〕此即正者未必

〔註86〕見《中庸章句》，〔宋〕朱熹撰，《四書章句集注》，頁18～19。

〔註87〕見〈中庸一：綱領〉，〔宋〕黎靖德編、王星賢點校，《朱子語類四》，卷第六十二，頁1480。

〔註88〕見〈中庸一：第一章〉，〔宋〕黎靖德編、王星賢點校，《朱子語類四》，卷第六十二，頁1510。

〔註89〕見〈中庸二：第二章〉，〔宋〕黎靖德編、王星賢點校，《朱子語類四》，卷第六十三，頁1521。

〔註90〕見〈中庸二：第二章〉，〔宋〕黎靖德編、王星賢點校，《朱子語類四》，卷第

能中，正只是善惡的道德判斷，而中實乃具體的實踐，而無過與不及之處者，朱子似乎認爲「中」之價值意義是高於「正」之善惡道德判斷。至於二曲論「時中」，他指出：

> 喜怒哀樂中節，視聽言動合禮，綱常倫理盡道，辭受取與咸宜，仕
> 止久速當可，不參意見，不涉擬議，無妄念，無執著，方爲「時中」。
> 若以此爲庸常無奇而弁髦之，高語圓通，薄視矩度，不兢業敬愼，
> 從「庸」上做起，非「無忌憚」之小人而何？〔註91〕

二曲的「時中」之論，首先強調與「中庸」與「中和」的一體性，這是一種兼具「道德修養」與「道德實踐」的時中意義。「時中」，是本之於「中和」的「未發之中」與「已發之和」等性情之教來言，亦是以「中庸」良知本性落實於日用平常之實踐來說明的。其次，二曲所謂的「時中」，重視的是心體之無滯無執、無意、必、固、我，如「不參意見，不涉擬議，無妄念，無執著」之涵養，亦強調應事接物上當「喜怒哀樂中節，視聽言動合禮，綱常倫理盡道，辭受取與咸宜，仕止久速當可」等中節之事。第三、二曲強調的無論視聽言動、綱常倫理、辭受取與、仕止久速，皆能中節而不失其正，乃謂主體的行爲皆依此「本體之中」作爲依歸的狀態，實爲重視「人倫規範」與「道德節義」之反映。

　　所以，二曲對「中庸」、「中和」、「時中」之詮釋，乃一道德意識貫徹於主體的未發已發之行爲當中，亦即從日用常行之際，體現此天賦之善，才是「時中」，才是「中節之和」。

三、致中和之意

　　論中和之說，終極目的乃導向一「致中和，天地位焉，萬物育焉」的經世實踐。關於「致中和」之說，《中庸》云：

> 致中和，天地位焉，萬物育焉。〔註92〕

關於「致中和」之意，朱子曰：「無少偏倚，而其守不失，則極其中而天地位矣。」〔註93〕「若致得一身中和，便充塞一身；致得一家中和，便充塞一家；若致得天下中和，便充塞天下。有此理便有此事，有此事便有此理。如『一

　　　　六十三，頁 1521。

〔註91〕見《四書反身錄》，《二曲集》，卷三十，頁 418。

〔註92〕見《中庸章句》，〔宋〕朱熹撰，《四書章句集注》，頁 18。

〔註93〕見《中庸章句》，〔宋〕朱熹撰，《四書章句集注》，頁 18。

日克己復禮，天下歸仁』。如何一日克己於家，便得天下以仁歸之？爲有此理故也。」〔註94〕此意謂主體之身心修養乃益於群體之治，主體之心正氣順，必使應物之天地亦心正氣順，這是一種主體對群體的善惡感通教化之理。二曲對「致中和」之釋，亦本於朱子的「善惡感通教化之理」。他指出：

> 「位育」，乃性情實效，愼勿空作想象。性情中和的人，見之施爲，無不中和：以之齊家，則一家默化，以之處鄉，則鄉黨孚化，一鄉太和：以之治平天下，則經綸參贊，一本德性，化理翔洽，風動時雍，兩間之戾氣消，風雨順，人鮮夭扎，物無庇厲，鳥獸魚鱉咸若，山川鬼神亦莫不寧，乾坤清泰，世運太和。或處在下，無經世之責，即以經世者覺世，德性所感，人皆悅服，率循其教，翕然丕變，人欲化爲天理，小人化爲君子。爲天地立心，爲斯民立命，默贊天地氣化，默佐朝廷治化，是亦天地「位育」也。〔註95〕

二曲認爲中和之致，乃爲一「性情實效」之實體實爲，而非主觀之想象。具體的說，他將「致中和，天地位焉，萬物育焉」導入一修身、齊家、治國，平天下等之「經世實踐」的過程；而此「經世實踐」，實即對萬物形成如「默化」、「孚化」、「化理翔洽」、「參贊天地氣化」、「默佐朝廷治化」等影響。李亦園就認爲儒學之「致中和」，實即追求一種天、人、社會的「最高均衡與和諧的境界。」〔註96〕此均衡與和諧，實即主體致中和所當爲之處。亦即，二曲認爲今日論「致中和」的「致之之處」，居之在上者，則以善治感化百姓；處之在下，則以教化講學啓發民智，講學實爲「先覺覺後覺」之意義，亦是一種默佐朝廷治化之過程。

　　所以「致中和」，旨在由主體之明善後對群體存有的改變，他強調無論有位無位否，都能積極的參贊此化育之功，而這種參贊此化育之功，重視的是一講學的經世實踐。

〔註94〕見〈中庸一：第一章〉，〔宋〕黎靖德編、王星賢點校，《朱子語類四》，卷第六十二，頁1519。

〔註95〕見《四書反身錄》，《二曲集》，卷三十，頁417。

〔註96〕見李亦園著，《文化與修養》第十二講，頁134。

第四章 《論語》一書之詮釋

第一節 緒 論

　　《論語》一書乃孔子答應弟子時人，及弟子相與言而接聞於夫子之語也
〔註1〕。自古以來，《論語》即被視爲儒學之經典、孔子思想的依據。關於《論
語》一書中孔子思想之精義，牟宗三主要從「周文疲弊」的對治，來談其書
之特殊性。牟氏認爲周文之典章制度發展至春秋，已失去其效力，孔子在反
省功能上，並不認爲周文是必須革除的，而是將其予以「周文生命化」之處
理。此「生命化」即提出「仁」之觀念。仁即爲挺立道德主體，開闢道德價
值、人生價值之源〔註2〕。唐君毅則從「人文精神」之發展來予以說明。唐氏
認爲由孔子至秦之一時期，乃可稱爲「中國人文思想之自覺的形成時期」，孔
子一生之使命，不外要重建中國傳統之人文中心的文化。質言之，孔子乃針
對當時貴族僭竊禮樂，故提出「文之質」或「文之德」，以救當時之文弊。故
孔子之教，於人文之中，重「人」過於重其所表現於外之禮樂之儀「文」，而
要人自覺人之所以成爲人之內心之德，使人自身先勘爲禮樂儀文所依之質地
〔註3〕。勞思光亦認爲孔子基本理論，在於「攝禮歸義」、更進而「攝禮歸仁」。
勞氏認爲孔子論禮之基礎不在天，而在於主體的價值意識，此乃孔子予周文

〔註1〕見《漢書‧藝文志第十》，〔漢〕班固撰、〔唐〕顏師古注、〔清〕王先謙補
　　　注，《漢書補注二》，頁883。
〔註2〕見牟宗三著，《中國哲學十九講》，第三講，頁60～62。
〔註3〕見唐君毅著，《中國人文精神之發展》（臺北：學生書局，民國77年8月），
　　　頁16～17。

之精神以自覺基礎，遂開儒學之規模的發展〔註4〕。這說明了以仁為學的價值之源，實亦儒學亦為孔子思想之基礎。此仁就教育而言，即以成己為目標，重視道德人倫的孝悌愛人之道，與忠恕之實踐；就政治而言，即為講究為政以德、以禮治國，以正己為基的德政。整體而言，《論語》一書實為儒學人文思想的依據，後代道德教育之範本、更是傳統中國思想精髓所在。

二曲對《論語》一書中孔子思想之詮釋，本質上，並不著墨於「仁」之道德價值本源的論述，他所強調的是「良知本心」之詮釋，此意謂著二曲受陽明心學之影響，在經典解讀上，已有其自我的學術前見與思維。相對的，其所詮釋之意旨，亦在對治明末清初的學術、政治、道德節義之弊，而非還原孔子思想之原意。二曲是藉由經典之詮釋，來發揮其對學術人心的「補偏救失」之意義與功能，此些問題皆是二曲針對明清政權鼎革，學術功利成習，恥心不彰而失節義等諸弊的反省與思考。這是對其討論中首須闡明的。

本章對二曲《四書反身錄》中關於《論語》一書之討論，主要援用「經典詮釋」之方法，藉以闡明二曲對《論語》一書之詮釋。在方法上，首明經典原意，輔以歷來重要之注疏，並申義二曲所論，以見其詮釋意旨與思想所在。在內容上，首論為學之宗旨與工夫，以明夫子為學著書之要義；第二、則言良知本心之釋，此為二曲對《論語》一書所作的「良知學」式的詮釋；第三、則論《論語》一書中關於「上帝」、「天」與「鬼神」諸說的理解，這是二曲關注成德力量的一種思考與說法；最後，則討論「道德節義」之內容，以明人之行為之應當性。故整體而言，二曲對《論語》一書之詮釋，其闡明之處，主要建立在「成德之學」、「道德心性」、「道德規範」、「道德節義」等四個環節之中。

第二節　為學之宗旨與工夫

二曲論為學之宗旨與工夫，大抵從四個方向來討論：首論為學之宗旨，闡明為學乃以「成德之學」為目的；其次，具體論學，乃從「道德實踐」與「道德學習」相輔之處加以說明；第三、則論「德性之知」與「聞見之知」，在成德之學中的意義；最後，則論為學之工夫，則討論「以覺言學」、「學思並重」、「博學」與「講學」等問題。以下則依序論之：

〔註4〕見勞思光著，《新編中國哲學史（一）》，第三章，頁112。

一、學乃成德之學

二曲對《論語》一書宗旨之詮釋，乃是從《論語》首篇〈學而篇〉作爲開展的。他指出：

> 《論語》一書，夫子之語錄也。開卷第一義首標「學」字，以爲天下萬世倡。〔註5〕

二曲認爲《論語》〈學而篇〉首句——「學而時習之」之「學」，乃爲詮釋孔子學術之精神所在。徐復觀就針對孔子論學之意義指出：

> 由孔子開始有學的方法的自覺，因而奠定了中國學術發展之基礎。人類很早便有學的事實。西周金文中，已出現有不少的學字：春秋時代，已經有很明確地學的自覺。如左昭十八年閔子馬說「夫學，殖也，不學將落」，即是。但似乎還沒有明確方法的自覺。由學所得的結論，和對學所使用的方法，有不可分的關係。有學，必有學的方法；但方法須由反省、自覺而始趨於精密，學乃有其前進的途轍與基礎。中國似乎到孔子才有此一自覺。〔註6〕

這說明了孔子開啓了自覺爲學之法，成爲後代教育與學術發展之基礎。歷來學者多重視開卷首篇之意義。如朱子就指出〈學而第一〉：「此爲書之首篇，故所記多務本之意，乃入道之門、積德之基、學者之先務也。」〔註7〕「聖賢所說只一般，只是一箇『擇善固執之』。《論語》則說『學而時習之』，《孟子》則說『明善誠身』，下得字各自精細，眞實工夫只一般。」〔註8〕「今讀《論語》，且熟讀〈學而〉一篇，若明得一篇，其餘自然易曉。」〔註9〕整體來說，朱子認爲〈學而篇〉實乃《論語》一書之綱領、以及入道之基礎〔註10〕。

〔註5〕見《四書反身錄》，《二曲集》，卷三十一，頁426。
〔註6〕見徐復觀著，《中國人性論史》，第四章，頁71。
〔註7〕見《論語集注》〈學而第一〉，〔宋〕朱熹撰，《四書章句集注》，卷一，頁47。
〔註8〕見〈論語一：語孟綱領〉，〔宋〕黎靖德編、王星賢點校，《朱子語類二》，卷第十九，頁428。
〔註9〕見〈論語二：學而篇上〉，〔宋〕黎靖德編、王星賢點校，《朱子語類二》，卷第二十，頁446。
〔註10〕錢穆亦指出：「孔子一生重在教，孔子之教重在學。孔子之教人以學，重在學爲人之道。本篇各章，多務本之意，乃學者之先務，故《論語》編著列之全書之首。又以本章列本篇之首，實有深義。學者循此爲學，時時反驗之于己心，可以自考其學之虛實淺深，而其進不能自已矣。」參見錢穆著，《論語新解》（北京：三聯書店，2003年2月），頁4～5。這說明了《論語》一書宗旨之所在，實係於〈學而〉一篇。此篇以成德爲學本，本立而道生，乃爲掌握

既以夫子以學爲天下倡，其爲學之目的爲何？二曲則指出：

由是愚以之明，塞以之通，不肖以之賢，猶魚之於水，無一時一刻可以離焉者也。離則人欲肆而天理滅，不可以爲人矣。〔註 11〕

二曲認爲學之目的在於成就「人之所以爲人」的存在價值，無學則不可以爲人矣。是故，學即是主體從「天賦之善」到克除「人欲之私」，藉由工夫以達「此心即是天理之流行」的「成德之學」，此乃智能與道德兼備之發展。學乃成聖爲賢、優入聖域中最爲重要的一環。而爲學首要之處，即在學習動機與價值處作一分判。二曲指出：

夫何慍？慍則便是名根未斷，人欲猶雜，爲己、爲人之分，正在於此。故近名終喪己，無欲自通神。〔註 12〕

孔子云：「古之學者爲己，今之學者爲人。」〔註 13〕是以古今爲學之對比闡明爲學目的在於「欲得之於己」抑或「欲見知於人」〔註 14〕。「近名終喪己，無欲自通神」一語，乃出自明人郭郛之詩，其詩云：「近名終喪己，無欲自通神。識拄乾坤闊，心空意見新。閉門只靜坐，自是出風塵。」〔註 15〕此乃以靜坐之工，以達心如太虛，無一私欲橫生其中之境。二曲認爲「人不知而不慍，不亦君子乎？」乃「爲己之學」與「爲人之學」之判，亦天理與人欲之別。求爲人知，乃循名而有欲，此乃爲人之學，終爲喪己之學；求爲人知而人不知，故自怒而有慍，此名心病根未斷，非成德之學也；學不待人知，重視的是自我德性之成長，所求乃爲一「此心皆是天理流行」的爲己之學，故不知終不慍也。是故，成德之學乃「成己之學」。而成己之學，非一孤明自了的學問，終爲一經世之學，是以成己爲基，導向一「明體適用之學」的終極實踐。二曲指出：

夫學始於人心，關乎世運，治亂否泰，咸由於茲。故爲明善復初而學，則所存所發，莫非天理，處也有守，出也有爲，生民蒙其利濟，而世運寧有不泰；爲辭章名利而學，則所存所發，莫非人欲，處也

孔子教學爲人之道的關鍵之處。

〔註 11〕見《四書反身錄》，《二曲集》，卷三十一，頁 426。

〔註 12〕見《四書反身錄》，《二曲集》，卷三十一，頁 426。

〔註 13〕見《論語集注》〈憲問第十四〉，〔宋〕朱熹撰，《四書章句集注》，卷七，頁 155。

〔註 14〕見〈論語二十六：憲問篇〉，〔宋〕黎靖德編、王星賢點校，《朱子語類三》，卷第四十四，頁 1133。

〔註 15〕見〔清〕黃宗羲撰，《明儒學案上・河東學案下》，卷八，頁 154。

無守，出也無爲，生民毫無所賴，而世運寧有不否。〔註16〕

所謂「學」非自了之學，他必然的是從自我的「明善復初」、「明明德」到達「親民」之安頓與教養。這說明了儒學的終極目的是「成聖」。這說明了「成聖不能在獨體中完成，與外在的世界息息相關，成己與成物，立己與立人，是一種密結互動的關係。」〔註17〕此乃「爲己之學」的必然與必要的發展，寡落其體或用，即成爲儒學本質的喪失，按二曲之說法即成「腐儒」與「霸儒」；相對的，學非以「明體適用」，即爲儒學之異端。是故，學乃一成德之學，乃是從自我的「爲己之學」而導向一「明體適用之學」，首以成己，終以成人、成物。這是二曲對《論語》一書宗旨詮釋的方向。

所以二曲對《論語》一書宗旨之詮釋，乃從〈學而篇〉之「學」作爲申義，他認爲學以成德爲宗旨，是以成己之學爲基，而終以「明體適用」的經世實踐，作爲終極目標而開展的學習歷程。

二、學乃兼具「道德實踐」與「道德學習」

爲學之目的在於「成德之學」，其具體之開展，即是落於日用常行的道德人倫實踐與道德學習。這種以人倫之學作爲學之目的，見於《論語・學而篇》載：

> 子夏曰：「賢賢易色，事父母能竭其力，事君能致其身，與朋友交言而有信。雖曰未學，吾必謂之學矣。」〔註18〕

基本上以道德人倫實踐作爲學的主旨，是儒學通義所在。但朱子對此確頗有疑義的。他指出：「『雖曰未學』。世間也有資稟高，會做許多事底。但子夏此兩句被他說殺了，所以吳氏謂其言之有弊。」〔註19〕「子夏本言，卻作不須學底意思。吳才老以子夏此言，與子路『何必讀書』之說同，其意固善，然其弊皆至於廢學。若『行有餘力，則以學文，就有道而正焉，可謂好學』之類，方爲聖人之言。此說卻好。子夏既說殺了，雖是上面說務本，終不如聖人之言。」〔註20〕亦即，朱子認爲學本質上，是一「道德學習」與「道德實

〔註16〕見《四書反身錄》，《二曲集》，卷三十一，頁426。

〔註17〕見韋政通著，《中國思想史（上冊）》，第三章，頁67。

〔註18〕見《論語集注》〈學而第一〉，〔宋〕朱熹撰，《四書章句集注》，卷一，頁50。

〔註19〕見〈論語三：學而篇中〉，〔宋〕黎靖德編、王星賢點校，《朱子語類二》，卷第二十一，頁501。

〔註20〕見〈論語三：學而篇中〉，〔宋〕黎靖德編、王星賢點校，《朱子語類二》，卷第二十一，頁501～502。

踐」兼具的歷程，子夏（卜商，前 507～？）之說實恐有只重實踐而廢道德學習之慮。是故，朱子雖贊子夏之踐履，但指出其行不如孔子之全備。二曲對此說亦有討論。他指出：

> 學，所以敦倫也。倫苟弗敦，縱背誦五車，文工一世，徒增口耳之虛談，紙上之贅疣，在流俗雖曰吾學，吾必謂之未學；倫紀誠敦，實行過人，在流俗雖曰未學，吾必謂之學矣。〔註21〕

> 舍倫而言學，則其學為口耳章句之學、富貴利達之學，失其所以學。〔註22〕

學乃「敦倫」，即意謂儒學之學，是從孝悌等日用常行當中，落實主體的天賦之善，此即「孝弟其為仁之本與」之意。相對的，背誦五車，文工一世之學非實行實學，而是口耳章句之學。道德人倫之實踐，才是為學的本旨所在，正是基於此意義，二曲認為吳才老批評子夏之言，實為未達之言。他指出：

> 子夏口氣，蓋抑揚其語，正所以折衷學問之實，令人知學之所以為學，在此不在彼，所重在此，所學即在此。自此說出，而天下後世人人曉然知所從事，不致誤以口耳辭章之未了生平，其有補於綱常名教非少，真學者之清夜鐘也，何流弊之可言？亦何至於廢學。〔註23〕

二曲認為子夏點明為學在於人倫之踐履，實有對為學宗旨與目之歧出者，有振聾發聵之處，此一意義之點明其功甚大，是無關廢學與流弊的。

其次，二曲雖重道德踐履，但亦不廢道德學習的。二曲在論《中庸》「擇善固執」一文時就指出：「『擇善固執』，是為學實下手處。『善』非書語成迹之善，擇而執之，義襲於外。乃吾人天然固有之良也。」〔註24〕二曲在論《中庸》「尊德性」一文中又指出：「若問學而不以『德性』為事，縱向博雅人問盡古今疑義，學盡古今典籍，制作可侔姬公，刪述不讓孔子，總是為耳目所役，不惟於『德性』毫無干涉，適以累其『德性』」〔註25〕。這說明了學之目的即是一「善的成就」，乃是一德性之培養與道德人倫之落實，學必須建立於

〔註21〕見《四書反身錄》，《二曲集》，卷三十一，頁 429。
〔註22〕見《四書反身錄》，《二曲集》，卷三十一，頁 429。
〔註23〕見《四書反身錄》，《二曲集》，卷三十一，頁 430。
〔註24〕見《四書反身錄》，《二曲集》，卷三十，頁 422。
〔註25〕見《四書反身錄》，《二曲集》，卷三十，頁 423。

「德性」之基礎下而開展的學習。二曲認爲一般的「問學」之失，是喪失了「成德之學」的基礎認知，這樣的「問學」，所形的是一種往外的、知識性的理解與建構。「成德之學」本質上，乃是向內的就自我性情之私欲克除的性情之教。善之成就是從日用常行之際落實與把握的，惟有建立於日用常行的行爲，方是實學而非空寂的，而所謂日用常行，即是從五倫踐履中成就的。故二曲論「道問學」，實以「尊德性」作爲主，這樣的問學才能取得其在「成德之學」中的價值意義所在。是故，成德之學，除道德實踐外，亦兼具道德學習之過程，學習與問學是指向德性之踐履的過程。基於此意義，二曲甚爲重視道德學習的。他指出：

> 敦倫而不學，雖或至性過人，未必情文兼至，盡善盡美。是故好賢而不好學，則無知人之明，所好未必賢，而眞賢未必好。……。事親不好學，無由知力之當竭：即知竭力而無學以濟之，唯竭力以養其口體，未必先意承志，根心生色。……。事君不好學，無由知身之當致：即知致身而無學以濟之，則不學無術，不足以匡君定國：康濟時艱，雖鞠躬盡瘁，孜孜奉公，臨難殉節，不失其身，然無補於治亂安危，亦未得爲能致。交友而不學，則昧於愼擇，易蹈「比匪」之傷：即所交得人而無學以濟之，亦未必言所當言，信其所當信。〔註26〕

在論《論語》「好仁不好學」〔註27〕一文中，二曲亦指出：

> 仁、知、信、直、勇、剛六者，莫非懿德，惟不好學，諸病隨生，好處反成不好，甚矣人不可以不學也！學之如何？亦惟窮理以致其知而已，理明知致，而後施無不當。夫何蔽？若誤以詞章記誦爲學，不惟不能袪蔽，反有以滋蔽。〔註28〕

道德實踐在於反省克己；道德學習，在於增進智能之發展，惟有反省與學習並重，方能有「盡善盡美」的成德之學。二曲認爲在「道德實踐」過程中，

〔註26〕見《四書反身錄》，《二曲集》，卷三十一，頁 429。
〔註27〕見《論語集注》〈陽貨第十七〉：「子曰：『由也，女聞『六言六蔽』矣乎？』對曰：『未也。』『居！吾語女。好仁不好學，其蔽也愚：好知不好學，其蔽也蕩：好信不好學，其蔽也賊：好直不好學，其蔽也絞：好勇不好學，其蔽也亂：好剛不好學，其蔽也狂。』」〔宋〕朱熹撰，《四書章句集注》，卷九，頁 178。
〔註28〕見《四書反身錄》，《二曲集》，卷三十九，頁 503。

缺乏「道德學習」恐生諸病，故他從敦倫、事親、事君、交友等人倫實踐中，則舉其弊端加以輔證。質言之，從二曲之角度來看，主體單單依恃天賦之良作爲道德實踐，是有不足的，未能全備道德實踐之完整性。他認爲完整的道德實踐，當是窮理與致知並重的，德性的價值自覺，尚須有知覺理解等認知與學習爲輔，作爲道德實踐之指導與規範，惟有建立於窮理與致知合一，道德實踐與道德學習相輔的成德之學，才是完整而全備的，才是下學而上達之學。

所以學是一「道德實踐」與「道德學習」兼具之過程，道德實踐實從人倫之落實，而在此道德實踐中，是必須導向一「道德學習」的，惟有此學習方能輔其道德實踐之完整性；二曲是不廢知識之學習，但強調知識學習必須建構於以道德、德性爲本，方不爲歧出。

三、「德性之知」與「聞見之知」

如上所述，成德之學是兼具「道德實踐」與「道德學習」，二曲在此進一步的論及「德性之知」與「聞見之知」（或見聞之知）之說。

關于「德性之知」，乃指主體透過自我反思而得的先驗的道德知識；「見聞之知」，乃相對於「德性之知」，屬于主體透過耳目而得的經驗知識。從成德之學的結構來說，「德性之知」與「聞見之知」乃誠屬主體「道德」與「知識」的內在之基礎，此知識經驗的「聞見之知」（或見聞之知），以及德性之知，扣緊學習之方法而言，則有所謂「道問學」與「尊德性」之型態。傳統儒學在成德之學上的諸多差異與爭議，相當多之問題即產生於此。

儒學最早對此範疇加以討論的是宋儒張載，此後包括程伊川、朱子、王陽明、羅欽順、王廷相（字子衡，號浚川，1474～1544）、劉蕺山等人對此亦有所討論〔註29〕。張載就指出：「見聞之知，乃物交而知，非德性所知；德性所知，不萌於見聞。」〔註30〕張載認爲「德性之知」不假聞見；「聞見之知」乃主體經過五官所獲得之經驗知識。其論述之主旨在於「世人之心，止於聞見之狹」〔註31〕，此聞見之心非眞正之大心。是故，要能「不以見聞梏其心」、

〔註29〕 此處之論可參余英時著，〈清代思想史重要觀念通釋〉一文，見氏著，《中國思想傳統的現代詮釋》（臺北：聯經出版事業公司，民國81年2月），頁431～440。
〔註30〕 見《正蒙・大心篇第七》，〔宋〕張載撰，《張載集》，頁24。
〔註31〕 見《正蒙・大心篇第七》，〔宋〕張載撰，《張載集》，頁24。

「大其心則能體天下之物」〔註32〕。其說之目的，即在於張大其心而超越見聞之知，進而達至「德性之知」的體認，以爲道德實踐之基。

爾後，程伊川亦循此觀點而論：「聞見之知，非德性之知。物交物則知之，非內也，今之所謂博物多能者是也。德性之知，不假聞見。」〔註33〕「學也者，使人求於內也。不求於內而求於外，非聖人之學也。何謂不求於內而求於外？以文爲主者是也。學也者，使人求之於本也。不求於本而求於末，非聖人之學也。何謂不求於本而求於末？考詳略，採同異者是也。」〔註34〕他認爲聞見等經驗知識乃求之於外、求之於末，「是二者皆無益於身，君子弗學。」〔註35〕這是他重視求之於內的「德性之知」，而排斥求之於外的「聞見之知」的看法。〔註36〕

至於朱子雖重「德性之知」，但不排斥「聞見之知」。他針對張載言「聖人盡性，不以見聞梏其心。」一說指出：「張子此說，是說聖人盡性事。如今人理會學，須是有見聞，豈能舍此？先是於見聞上做工夫到，然後脫然貫通。蓋尋常見聞，一事只知得一箇道理，若到貫通，便都是一理，曾子是已。盡性，是論聖人事。」〔註37〕其論「聞見之知」，如其論格物窮理等下達之學一般，乃物物求其理也。是故，他認爲「聞見之知與德性之知，皆知也。只是要知得到，信得及。如君之仁，子之孝之類，人所共知而多不能盡者，非眞知故也。」〔註38〕這是他將「聞見之知」視爲主體窮理盡性工夫之一。

至明代，王陽明對「德性之知」與「聞見之知」亦有所論，他在答〈歐陽崇一〉之信提到：「竊意良知雖不由見聞而有，然學者之知，未常不由見聞

〔註32〕見《正蒙・大心篇第七》，〔宋〕張載撰，《張載集》，頁24。
〔註33〕見〈河南程氏遺書〉，〔宋〕程顥、程頤撰，《二程集》，卷第二十五，頁317。
〔註34〕見〈河南程氏遺書〉，〔宋〕程顥、程頤撰，《二程集》，卷第二十五，頁319。
〔註35〕見〈河南程氏遺書〉，〔宋〕程顥、程頤撰，《二程集》，卷第二十五，頁319。
〔註36〕具體來說，張程雖近實有其異，余英時指出張載對此二知，未有清楚之對舉，亦未對「聞見」有明確之界義，甚至對德性是否始於聞見，並未說明。但在伊川處此二說則成對舉，以「博物多能」界義聞見，並認爲「德性之知，不萌於見聞。」見余英時著，〈清代思想史重要觀念通釋〉一文，見氏著，《中國思想傳統的現代詮釋》，頁432。
〔註37〕見〈張子之書一〉，〔宋〕黎靖德編、王星賢點校，《朱子語類七》，卷第九十八，頁2519。
〔註38〕見〈中庸三：第二十章〉，〔宋〕黎靖德編、王星賢點校，《朱子語類四》，卷第六十四，頁1560。

而發：滯於見聞固非，而見聞亦良知之用也；今日落在第二義，恐爲專以見聞爲學者而言。若致其良知，而求之見聞，似亦知行合一之功矣。如何？良知不由見聞而有，而見聞莫非良知之用；故良知不滯於見聞，而亦不離於見聞。」〔註39〕陽明本質上是將「良知」視爲「德性之知」，而且大抵尊張程之說，將良知、德性之知視爲先驗的道德知識，是不依賴見聞等經驗知識所生的；但顯然的，他又認爲良知與見聞非對立之概念，陽明認爲良知、德性之知雖非聞見而生，但良知之「致」，則必須依靠此經驗活動表現其作用的。質言之，陽明所謂的「良知」與「見聞」在實質上，即爲「致知必在格物」的另一種表述方式。〔註40〕

至於二曲對於「德性之知」與「聞見之知」之論述，主要在強調道德知識對道德實踐之意義性所在，本質上其觀點是調合朱王之說，但亦有不同之處。首先可見二曲對《論語》「不知而作」一文之詮釋。據《論語》載：

> 子曰：「蓋有不知而作之者，我無是也。多聞擇其善者而從之，多見而識之，知之次也。」〔註41〕

孔子論此乃重一自覺與反省，故曰「不知而做」；其次，則認爲多聞擇善，亦可輔其行爲之判。朱子論「不知而作」，乃曰：「不知其理而妄作也。」〔註42〕知乃知其天理也。二曲論知乃謂「眞知」、「良知」也。他指出：

> 眞知非從外入，人所自具，寂而能照，感而遂通，「廓然大公，物來順應」。心思言動，莫非天則，未嘗自私用智，雖作非作。〔註43〕

> 夫所謂眞知非他，即吾心一念靈明是也。天之所以與我，與之以此也。耳非此無以聞，目非此無以見，所聞所見非此無以擇、無以識；此實聞見擇識之主，而司乎聞見擇識者也。即「多聞多見」、「擇之識之」，亦惟藉以致此，非便以多聞多見、擇之識之爲主也。知此則知眞，知眞則動不妄，即妄亦易覺。所貴乎知者，在知其不善之動而已，此作聖之眞脈也。〔註44〕

二曲以「多聞」爲「聞見之知」，以「不知」乃「良知主宰無法自覺顯現之狀

〔註39〕見陳榮捷著，《王陽明傳習錄詳註集評》，卷中，頁239。
〔註40〕見陳來著，《有無之境》，第七章，頁185。
〔註41〕見《論語集注》〈述而第七〉，〔宋〕朱熹撰，《四書章句集注》，卷四，頁99。
〔註42〕見《論語集注》〈述而第七〉，〔宋〕朱熹撰，《四書章句集注》，卷四，頁99。
〔註43〕見《四書反身錄》，《二曲集》，卷三十四，頁459。
〔註44〕見《四書反身錄》，《二曲集》，卷三十四，頁459～460。

態」。質言之，其所謂「知」、「眞知」，實乃「良知本心」之謂，此爲天之所命的先驗之善，亦爲主體行爲之靈明主宰；而所謂「聞見之知」，即耳目感官交之於外而成的經驗知識。二曲之說，實以眞知、良知作爲主導性之原則。亦即，以「眞知」、「德性之知」、「良知」作爲主導「聞見之知」之狀態。其次，「聞見之知」就實質涵義上，是可輔其德性之知的。二曲指出：

> 「多聞」善言，「多見」善行，藉聞見以爲知，亦可以助我之鑑衡，
> 而動作不至於妄，然去眞知則有間矣，故曰「知之次也」。知聞見擇
> 識爲「知之次」，則知眞知矣。〔註45〕

客觀經驗之認識與鑑察，是有助於主體成德之學中的「道德認知」與「道德判斷」的，此其智能發展之意義性。是故，對於主體的德性之知而言，聞見之知是有其意義與價值的。二曲認爲主體的成德之學乃須依其「德性之知」爲主，而以「聞見之知」爲輔，方能在於權衡判斷之際，知所當爲。此乃二曲對「德性之知」與「聞見之知」彼此意義之釐清與確認。行爲之實踐在於「知理」、「行理」兩種過程的平衡之中，「道德實踐」與「道德學習」必須兼具，方能使主體的行爲盡善又能盡美矣。整體來說，二曲以良知爲德性之知，誠依循陽明而言，但他對「聞見之知」，並非如同陽明一般對聞見之知的壓抑，或只視爲經驗之作用，他反而重視知識聞見在成德中鑑衡之意義，這與朱子立場是較爲相近的。

其次，學若以「聞見之知」爲主，而忽略「德性之知」之反思與體認，則易流爲所謂「名物訓詁」之弊。二曲此批判乃見之《論語》「子夏曰：『日知其所亡，月無忘其所能，好學也已矣。』」〔註46〕一文之釋。關於此義，朱注甚詳，其注引尹氏曰：「好學者日新而不失。」〔註47〕其說乃以「溫故而知新」爲好學之意。至於二曲之說，並非從知識之理解來論此說。他指出：

> 道理無窮，德業亦無窮。日日反觀內省，知某道未盡、某理未明、
> 某德未立、某業未成，誠一一「知其所亡」，斯不安於亡，務求所以
> 盡之、立之、明之、成之；即已盡、已明、已立、已成，亦必日新
> 又新，緝熙弗懈，勉強不已，久而自然，如此方是「好學」。若不在

〔註45〕見《四書反身錄》，《二曲集》，卷三十四，頁 459。
〔註46〕見《論語集注》〈子張第十九〉，〔宋〕朱熹撰，《四書章句集注》，卷十，頁 189。
〔註47〕見《論語集注》〈子張第十九〉，〔宋〕朱熹撰，《四書章句集注》，卷十，頁 189。

> 道理上潛心、德業上操存，舍本逐末，區區致察於名物訓詁以爲學，
> 縱博覽強記，日知所未知，月能所未能，謂之「好古」則可，謂之
> 「好學」則未也。〔註48〕

二曲認爲眞正的「好學」，乃是主體體道知理、進德修業等修身不懈之過程，此過程當由「勉強而爲」直至自然之發展。相對的，非著重於道德體驗之歷程，而僅在知識聞見中博聞強記、訓詁名物中打轉，此爲知之歧出亦非好學。這是二曲對僅重視知識聞見，而喪失良知本心與德性之知的批判。二曲指出：

> 友人有以「日知」爲學者，每日凡有見聞，必隨手箚記，考據頗稱
> 精詳。余嘗謂之「日知」者，無不知也，當務之爲急。堯舜之知而
> 不偏物，急先務也。若舍卻自己身心切務，不先求知，而惟致察於
> 名物訓詁之末，豈所謂急先務乎？假令考盡古今名物，辨盡古今疑
> 誤，究於自己身心有何干涉？誠欲「日知」，須日知乎內外本末之分，
> 先內後外，由本以及末，則得矣。〔註49〕

這是二曲對顧炎武《日知錄》之質疑。二曲認爲「知識」之增進，本質上無法成就道德，他只是主體道德認知與判斷之輔助，知其所以然，未必能知所當然、如所當然。這說明了「知道」不一定等於「做到」，主體成德並非單靠認知，道德意志之純化更是決定性的關鍵。就主體成德之學而言，客觀知識與主體之進德修業，畢竟是有距離的，甚至等而下之更可能在博聞強記、名物訓詁下而玩物喪志，此皆爲對德性之知的誤解與歧出。二曲認爲爲學之目標在於成己，成己則當就以德性之知爲主體，以聞見之知爲輔的，實切的就主體身心之過切己自反，如此才是道德成聖之學，而不應以客爲主，陷溺於「爲學日益」的聞見之迷障中，而忽略了「爲道日損」的克己自反的道德實踐。

所以「德性之知」與「聞見之知」，實乃論述客觀經驗知識與先驗良知之關係，二曲認爲成德之學實以「德性之知」爲主導，「聞見之知」爲輔，方能建立一實踐與鑑衡等平衡關係；相對的，學不以「德性之知」爲主導，其成德爲學只會產生更多弊端而已。

四、爲學之工夫

二曲論爲學之工夫，大抵有幾種說法：首先，乃本之「學而時習之」，討

〔註48〕見《四書反身錄》，《二曲集》，卷四十，頁508。
〔註49〕見《四書反身錄》，《二曲集》，卷四十，頁508。

論「以覺言學」之意義。《論語》載：

> 子曰：「學而時習之，不亦說乎？有朋自遠方來，不亦樂乎？人不知
> 而不慍，不亦君子乎？」〔註50〕

關於「學而時習之」之「學」的意義。何晏（字平叔，190～249）曰：「時者，學者以時誦習之，誦習以時學無廢業，所以爲說懌。」〔註51〕其所謂「學」，乃謂「時誦」之意。朱子對學之論則較爲豐富，他指出：「學之言爲效也。人性皆善，而覺有先後，後覺者必效先覺之所爲，乃可以明善而復其初也。」〔註52〕「今且理會箇『學』，是學箇甚底，然後理會『習』字、『時』字。蓋人只有箇心，天下之理皆聚於此，此是主張自家一身者。若心不在，那裏得理來！惟學之久，則心與理一，而周流泛應，無不曲當矣。」〔註53〕「『學而時習之』，若伊川之說，則專在思索而無力行之功；如上蔡之說，則專於力行而廢講究之義，似皆偏了。」〔註54〕「是如此。博學，愼思，審問，明辨，篤行，皆學效之事也。」〔註55〕大抵朱子之說，是以「學而時習之」作整體涵義之掌握，其義首重「以效言學」，「以覺言效」之說，其最終之意義，在於覺此心之理。關於此義，劉寶楠（字楚楨，1791～1855）於《論語正義》就指出：

> 「學」者，《說文》云：「斅，覺悟也。从教从冂。冂，尚矇也，臼
> 聲。學，篆文斅省。」《白虎通‧辟雍篇》：「學之爲言覺也，以覺悟
> 所未知也。」與《說文》訓同。〔註56〕

這說明了，學之目的乃指向一主體的自我醒覺，是由未知達至已知之過程。除此，朱子所謂「學」之意義，乃一兼具實踐力行與講學的，此爲其調和伊川與上蔡之偏所在。是故，朱子之說，乃本之於覺悟之經驗下談學的意義，

〔註50〕見《論語集注》〈學而第一〉，〔宋〕朱熹撰，《四書章句集注》，卷一，頁47。

〔註51〕見〔魏〕何晏集解、〔宋〕邢昺疏，《論語正義》，收入於《十三經注疏》（臺北：藝文印書館，民國86年8月），卷一，頁5。

〔註52〕見《論語集注》〈學而第一〉，〔宋〕朱熹撰，《四書章句集注》，卷一，頁47。

〔註53〕見〈論語二：學而篇上〉，〔宋〕黎靖德編、王星賢點校，《朱子語類二》，卷第二十，頁446。

〔註54〕見〈論語二：學而篇上〉，〔宋〕黎靖德編、王星賢點校，《朱子語類二》，卷第二十，頁449。

〔註55〕見〈論語二：學而篇上〉，〔宋〕黎靖德編、王星賢點校，《朱子語類二》，卷第二十，頁447。

〔註56〕見《論語正義》〈學而第一〉，〔清〕劉寶楠撰，《論語正義上》（北京：中華書局，1998年12月，《十三經清人注疏》），卷一，頁2。

亦即「學」乃爲一種「仿效」的經驗歷程，乃主體覺悟的經驗借鑑，成德之
學的過程中，必須仰賴於客觀之學習。關於朱子這種重視客觀學習與講學力
行之處，亦爲二曲所法與調整。二曲指出：

> 高彙旂云：馮子謂「效先覺之所爲」，說「爲」便不落空。曰：學，
> 覺也。學以覺乎其固有，非覺先覺之固有也；然不效先覺之所爲，則
> 覺亦未易言也。先覺所爲，如堯之「執中」、舜之「精一」、禹之「祇
> 承」、湯以「以義制事，以禮治心」、文之「不聞亦式，不諫亦入」、
> 武之「敬勝怠，義勝欲」、周公之「思兼」、孔子之「敏求」、顏之「愚」、
> 曾之「魯」、元公之「主靜」、二程之「主敬」、朱子之「窮理致知」、
> 象山之「先立乎其大」、陽明之「致良知」、甘泉之「隨處體認」，皆
> 是也。學者誠效其所爲，就資之所近而「時習」焉，則覺矣。始也，
> 效先覺之所爲而求覺；終也，覺吾心之固有而爲己之所當爲。若自
> 始至終，事事效先覺之所爲，是義襲於外也。是行仁義，非由仁義
> 也，所爲雖善，終屬外入，又安能左右逢源，以稱自得哉？〔註57〕

二曲認爲「學」最終必然是一主體「深造以自得」之自明體驗，以學論效之
說恐悖此義。但顯然的，他亦認爲主體「深造以自得」之自明體驗，並非一
蹴而成的，是有其階段性的發展。故他主張爲學之初「後覺者必效先覺之所
爲」，這說明主體自覺之體驗尚未能純熟自如之際，必須就聖賢之學加以切己
自反，這是二曲本之朱子所論之處；相對的，單恃「效先覺之所爲」，而忽略
主體的自明體驗，則爲其弊。二曲點出孟子所謂「是行仁義，非由仁義也」，
即意在對此問題之討論。這說明主體內在的陷溺，惟主體自明，各人之經驗
未必一致，只從客觀學習切己自反，甚難對症下藥而使藥到病除。是故，學
之終當是「覺吾心之固有而爲己之所當爲」。眞正爲學，本質上是從主體的道
德意識之端，加以擴充而得的。爲學最後必然導向一主體的自明的體驗中，
而即知即覺，即覺即化，方是爲學的本質的正確把握。可見，二曲論學是學
有兩層的，初以效先覺之覺，而終以覺自覺之處的。

其次，二曲「以覺言學」。本質上是指向良知本心的識本之學。此說可見
二曲對《論語》「默而識之，學而不厭」一文之釋。據《論語》載：

> 子曰：「默而識之，學而不厭，誨人不倦，何有於我哉？」〔註58〕

〔註57〕見《四書反身錄》，《二曲集》，卷三十一，頁427。

〔註58〕見《論語集注》〈述而第七〉，〔宋〕朱熹撰，《四書章句集注》，卷四，頁93。

所謂「默而識之」，朱子注曰：「默，記也。默識，謂不言而存諸心也。」〔註59〕此乃謂默記於心之意。「學而不厭」，乃努力爲學而不厭棄。至於二曲之說，據《四書反身錄》載：

> 問：學所以求識本體，既識本體，則當下便是，如何還說「學」？
> 還說「不厭」？曰：識得本體，若不繼之以操存，則本體自本體；
> 夫惟繼之以學，斯緝熙無已。所謂識得本體，好做工夫；做得工夫，
> 方纔不失本體，夫是之謂「仁」。〔註60〕

二曲言「默而識之」，顯然是以「識本體」作爲「識之」之詮釋。是故，「學而不厭」之「學」與「不厭」，即指對良知本心之識後所進行的操存工夫。其目的在於使其良知本心能時時爲主宰，而不走作與放逸。可見，二曲以學言覺，覺乃謂識本體之意涵。

第三、二曲論學，注重「多元爲學」之方式，與「學思並重」、「講學」之意。以學爲多元，此說在釋《中庸》「博學」時已發其義。二曲在論「學而時習之」時亦言：

> 學非辭章記誦之謂也，所以存心復性，以盡乎人道之當然也。其用
> 工之實，在證諸先覺，考諸古訓。尊所聞，行所知，而進修之序，
> 敬以爲本，靜以爲基。……。〔註61〕

> 思者聖功之本，思則得之，不思則不得，晝夜默參，力到功深，豁
> 然頓契。辨之於友，以證所契，務期至當歸一，庶不毫釐千里，夫
> 然後沛然見之於行，步步腳踏實地，斯步步莫非天良，與空言虛悟、
> 對塔談相輪者，自不可同日而語。〔註62〕

二曲認爲儒學之「學」，本質上是兼具「主體先驗之善的自明」外，尚有所謂的考諸古訓、證諸先覺等「客觀學習經驗的他明」，進而共振匯合下學的學習成長。此多元爲學具體來說，有本體之覺悟，有工夫之操持，有讀書考證，有講學之啓，皆非單一路徑之學習歷程，故爲「博學」之「博」。博乃強調工夫進路之多元，其指向的是對成德之學「自明誠」或「自誠明」的完成，但絕非耽溺於辭章記誦等與身心無關之事上。除此、二曲論學中，亦重視「學

〔註59〕見《論語集注》〈述而第七〉，〔宋〕朱熹撰，《四書章句集注》，卷四，頁93。
〔註60〕見《四書反身錄》，《二曲集》，卷三十四，頁455。
〔註61〕見《四書反身錄》，《二曲集》，卷三十一，頁427。
〔註62〕見《四書反身錄》，《二曲集》，卷三十一，頁422。

思並重」之意義。儒學向學重視思之意義〔註63〕。《尚書・洪範》五事中即有「思曰睿，睿作聖」〔註64〕之語。《論語》中有「學而不思則罔，思而不學則殆。」〔註65〕「切問而近思，仁在其中矣。」〔註66〕「君子有九思」〔註67〕。孟子則言：「心之官則思」〔註68〕，《中庸》有所謂「慎思」〔註69〕。這說明了主體自覺契悟之體驗中，並非純粹不思的，他必須依靠主體的理性思維之作用的。思乃可將往內的道德自省、往外的客觀知識，加以消化、思考、判別與擇定。有所思方有所疑，有疑方能有悟。是故，主體之思乃成德爲聖之本所在。

〔註63〕儒學向來重視思之功能與意義，但《周易・繫辭下傳》有所謂：「憧憧往來，朋從爾思。子曰：『天下何思何慮？天下同歸而殊塗，一致而百慮，天下何思何慮？……。』」（見〔魏〕王弼、韓康伯注、〔唐〕孔穎達等正義，《周易正義》，卷八，頁169）似乎乃一「反思」之說，關於此說，可見陽明之釐清與說明。陽明指出：「『繫』言『何思何慮』，是言所思所慮只是天理，更無別思別慮耳，非謂無思無慮也。心之本體即是天理。有何可思慮得？學者用功，雖千思萬慮，只是要復他本體，不是以私意去安排思索出來。若安排思索，便是自私用智矣。學者之蔽，大率非沈空守寂，則安排思索。……。『思曰睿，睿作聖。』『心之官則思，思則得之。』思其可少乎？沈空守寂，與安排思索，正是自私用智。其爲喪失良知一也。良知是天理之昭明靈覺處。故良知即是天理，思是良知之發用。若是良知發用之思，則所思莫非天理矣。良知發用之思，自然明白簡易，良知亦自能知得。若是私意安排之思，自是紛紜勞擾，良知亦自會分別得。蓋思之是非邪正，良知無有不自知者。所以認賊作子，正爲致知之學不明，不知在良知上體認之耳。」（見陳榮捷著，《王陽明傳習錄詳註集評》，卷中，頁241）陽明認爲「何思何慮」，是針對軀殼起意等「自私用智之思」的否定，並非是「無思無慮」。是故，並無背離儒學之思的意涵。

〔註64〕見《尚書・洪範第六》：「二五事：一曰貌，二曰言，三曰視，四曰聽，五曰思。貌曰恭，言曰從，視曰明，聽曰聰，思曰睿。恭作肅，從作乂，明作哲，聰作謀，睿作聖。」見〔漢〕孔安國傳、〔唐〕孔穎達等正義，《尚書正義》，收入於《十三經注疏》，卷第十二，頁170。

〔註65〕見《論語集注》〈爲政第二〉，〔宋〕朱熹撰，《四書章句集注》，卷一，頁57。

〔註66〕見《論語集注》〈子張第十九〉，〔宋〕朱熹撰，《四書章句集注》，卷十，頁189。

〔註67〕見《論語集注》〈季氏第十六〉，〔宋〕朱熹撰，《四書章句集注》，卷八，頁173。

〔註68〕見《孟子集注》〈告子章句上〉：「耳目之官不思，而蔽於物。物交物，則引之而已矣。心之官則思；思則得之，不思則不得也。此天之所與我者，先立乎其大者，則其小者不能奪也。此爲大人而已矣。」見〔宋〕朱熹撰，《四書章句集注》，卷十一，頁335。

〔註69〕見《中庸章句》，〔宋〕朱熹撰：《四書章句集注》，頁31。

　　最後，二曲論學，則強調「講學」之意。二曲在論《論語》「學之不講」
〔註70〕一文中指出：

> 自己不知學，不可不尋人講，講則自心賴以維持；自己知學，不可
> 不與人講，講則人心賴以維持。所講在學，學術愈明，則世道賴以
> 維持。〔註71〕

二曲認爲講學主要在促及「世道人心之維持」，講乃意義之「釋放」，此意義
之釋放方能使人明理而知理，這是主體「內在道德化」與「群體世道人心道
德化」之建構，此乃講學之重要性所在。

　　所以「以覺論學」之意義，此二曲承朱注之說。但二曲認爲學之初當效
他人之覺，最終必須導向一「自覺」之意；除此，二曲論學，亦重視「博學」，
以明學乃多元之方式，注重思考之功能，而言「學思並重」。最終則以學必講
而後明之意義，申義講學之重要性。

第三節　「良知學」的詮釋

　　二曲對《論語》一書之詮釋，除論「成德之學」作爲論述外，最爲重要
即是以「良知學」的「良知本心」等「道德心性」之概念，作爲《論語》之
詮釋。「良知之詮」，重在於知善知惡、好善惡惡之主宰處；「本心之詮」，則
爲一超然無滯的心靈狀態的詮釋。本文在此，即對「良知本原」與「心體」
部份，分別討論。其次，除論此良知本心外，二曲亦基於「良知本心」實踐
之意義，展開對「語言之反省」，以及「體道之人格形象」的論述。以下則依
序論之：

一、良知之詮

　　良知學的第一種詮釋，主要是以「良知」作爲詮釋《四書》中之核心觀
念。如《大學》一書中的「明德」、《中庸》一書中「中庸」之「中」，與「愼
獨」之「獨」，二曲在此皆以知是知非，一念之靈明的良知作爲詮解。這種以
良知作爲詮釋，在《論語》當中更爲多見。首先如「一以貫之」。據《論語》
載：

〔註70〕見《論語集注》〈述而第七〉：「子曰：『德之不脩，學之不講，聞義不能徙，不
　　　　善不能改，是吾憂也。』」〔宋〕朱熹撰，《四書章句集注》，卷四，頁93。
〔註71〕見《四書反身錄》，《二曲集》，卷三十四，頁455。

子曰：「賜也，女以予爲多學而識之者與？」對曰：「然，非與？」
曰：「非也。予一以貫之。」〔註72〕

關於「一貫」之說，多有數解，大抵上程朱之學，乃以「主敬窮理」來發端，陽明之學則以良知本心爲論〔註73〕。至於二曲論「一以貫之」則指出：

子貢聰明博識而學昧本原，故夫子借已開發，使之反博於約，務敦本原。本原誠虛靈純粹，終始無間，自然「四端」萬善，「溥博淵泉而時出」，肆應不窮，無往不貫。〔註74〕

天下之動，貞夫一者也，貞夫一斯貫矣。問一，曰：即人心固有之理，良知之不昧者是也。常知則常一，常一則事有萬變，理本一致。故曰：「殊途而同歸，百慮而一致。」〔註75〕

二曲謂「多學而識」乃屬聞見之知，而非本原的良知本心之學，故其認爲孔子之言在於告誡子貢（端木賜，前 520～456），當由博而返約，執理以治事。這種「天下之動，貞夫一者也」的理本觀念，乃本於《易經》的觀念。焦循在《論語補疏》即指出：

《繫辭傳》云：「天下何思何慮？天下同歸而殊途，一致而百慮。」韓康伯注云：「少則得，多則惑。途雖殊，其歸則同。慮雖百，其致不二。苟識其要，不在博求。一以貫之，不慮而盡矣。」與何晏説同。《易傳》言：「同歸而殊途，一致而百慮」。何氏倒其文，爲「殊途而同歸，百慮而一致」，則失乎聖人之指。〔註76〕

「一」於《易經》中乃爲本體性的描述與說明。「一」與「萬有」，乃屬「少」與「多」之關係，執一方能馭有，萬事之繁必趨於對本體易簡原則之掌握。

〔註72〕見《論語集注》〈衛靈公第十五〉，〔宋〕朱熹撰，《四書章句集注》，卷八，頁 161。

〔註73〕程樹德（字郁庭，1877～1944）針對程朱之學與王學對「一以貫之」之別時指出：「程朱派以主敬窮理爲一貫，無有是處，孔氏廣森之說是也。至主敬之不能一貫，則陽明《傳習錄》已言之矣：『人若矜持太過，終是有弊。曰矜持太過何如有弊？曰人只有許多精神，若專在容貌上用功，則於中心照管不及者多矣。』數語切中主敬之弊。」見〔清〕程樹德撰、程俊英、蔣見元點校，《論語集釋四》（北京：中華書局，1997 年 10 月，《新編諸子集成》），卷三十一，頁 1059。

〔註74〕見《四書反身錄》，《二曲集》，卷三十九，頁 496。

〔註75〕見《四書反身錄》，《二曲集》，卷三十九，頁 496。

〔註76〕見〔清〕程樹德撰、程俊英、蔣見元點校，《論語集釋四》，卷三十一，頁 1055。

二曲之言亦本於此，一爲客觀之理，在人則爲的昭昭不昧之良知，子貢之爲在於舍本而逐末，忽略本原之識。是故，當執本、識本方能肆應不窮，無往不貫，這是一種「識本之學」的詮釋。

除此，二曲以「良知識本之學」作爲對《論語》一書之詮釋中，大多發揮在有關「之」字與「知」字之中，凡有此例二曲多以「良知」之字塡實之。此詮釋之法，正如朱子在《四書集注》中的注釋方式〔註77〕。二曲在論《論語》「知之爲知之，不知爲不知」時即見此傾向。據《論語》載：

> 子曰：「由，誨女知之乎？知之爲知之，不知爲不知，是知也。」
> 〔註78〕

關於此說之解，一般多從「強以爲知」的弊病來說明。荀子《儒效篇》言：「知之爲知之，不知曰不知，內不以自誣，外不以自欺，是以尊賢畏法而不敢怠傲，是雅儒者也。」〔註79〕朱子亦曰：「子路好勇，蓋有強其所不知以爲知，故夫子告之曰，……。」〔註80〕朱子之注亦以強以爲知，必生其弊來說。至於二曲論「知之爲知之，不知爲不知」則指出：

> 子路勇於爲善，所欠者知耳。平日非無所謂知，然不過聞見擇識、
> 外來塡塞之知，原非自性本有之良。夫子誨之「是知」也，是就一念
> 獨覺之良，指出本面，令其自識家珍；此知既明，則知其所知，固
> 是此知，而知其所不知，亦是此知。蓋資於聞見者，有知有不知，
> 而此知則無不知，乃吾人一生夢覺關也，既覺則無復夢矣。〔註81〕

二曲則認爲孔子乃以良知，爲人當所知之之處。此說乃在警子路（仲由，字子路，一名季路，前542～480）當以主體內在之良知爲主宰，良知乃行動之內在法則，仁者必有勇，勇者不必有仁，而非以聞見擇識、外來塡塞之知爲

〔註77〕程樹德於《論語集釋》〈凡例〉中指出：「宋儒理學爲儒、釋、道混合之一種哲學，本可成一家之言，但必以爲直接孔孟心傳道統，則余未敢信。一部《論語》中，何嘗有一個『理』字？而《集注》釋天爲即理也，釋天道爲天理；又遇《論語》凡有『斯』字或『之』字，悉以『理』字塡實之，皆不免強人就我，聖人胸中何嘗有此種理障耶？……以此立說著書，未嘗不可，但非解經正軌，讀者當分別觀之。」見〔清〕程樹德撰、程俊英、蔣見元點校，《論語集釋一》，頁7～8。

〔註78〕見《論語集注》〈爲政第二〉，〔宋〕朱熹撰，《四書章句集注》，卷一，頁58。

〔註79〕見〈爲政下〉，〔清〕程樹德撰、程俊英、蔣見元點校，《論語集釋一》，卷四，頁111。

〔註80〕見《論語集注》〈爲政第二〉，〔宋〕朱熹撰，《四書章句集注》，卷一，頁58。

〔註81〕見《四書反身錄》，《二曲集》，卷三十一，頁436。

主。是故，其知乃以良知爲詮釋。二曲這種「以知爲良知」的詮釋方式，亦見之《論語》「知及之，仁不能守之」一文之釋。據《論語》載：

> 子曰：「知及之，仁不能守之，雖得之，必失之。知及之，仁能守之，不莊以涖之，則民不敬。知及之，仁能守之，莊以涖之。動之不以禮，未善也。」〔註82〕

此章有以治民爲論，如包咸《論語包氏章句》曰：「知能及治其官，而仁不能守，雖得之，必失之。不嚴以臨之，則民不敬從其上。」〔註83〕而宋陸象山指此說爲「無頭柄」之話〔註84〕。朱子則曰：「知足以知此理，而私欲間之，則無以有之於身矣。」〔註85〕以知理與否來言行爲之問題。至於二曲論「知及之，仁不能守之」則指出：

> 「知及」者，識己心，悟己性，良知本體炯炯不昧是也。知及此，便是本領，便是得，守者守此而已。若理欲淆雜，「仁不能守」，則得者復失，雖仁守而莊不禮，則守之之功未至，終屬滲露。知至至之，知終終之，本諸身，徵諸庶民，內外交盡，斯知不徒知。〔註86〕

二曲則認爲「知及」乃屬體悟認識之過程，而這個體識「知及」之處，乃指向主體的「良知本心」，此即爲「識本」、本體之識。良知本心一但自覺體驗識取後，便能以工夫持守之，而以禮臨民也。這種「識本」之詮，亦見於《論語》「生而知之」一文之論。據《論語》載：

> 孔子曰：「生而知之者，上也；學而知之者，次也；困而學之，又其次也。困而不學，民斯爲下矣！」〔註87〕

〔註82〕見《論語集注》〈衛靈公第十五〉〔宋〕朱熹撰，《四書章句集注》，卷八，頁167。

〔註83〕見〈衛靈公下〉，〔清〕程樹德撰、程俊英、蔣見元點校，《論語集釋四》，卷三十二，頁1121。

〔註84〕陸象山云：「《論語》中，多有無頭柄底說話。如『知及之，仁不能守之』之類，不知所守者何事？如『學而時習之』，不知習者何事？非學有本領，未易讀也。苟學有本領，則知之所及者及此也，仁之所守者守此也，時習者習此也，說者說此，樂者樂此，如高屋之上建瓴水矣。學苟知本，六經皆我註腳。」見〔清〕黃宗羲撰、〔清〕全祖望續修、〔清〕王梓材校補，《宋元學案·象山學案》，第十五冊，卷五十八，頁11。

〔註85〕見《論語集注》〈衛靈公第十五〉，〔宋〕朱熹撰，《四書章句集注》，卷八，頁167。

〔註86〕見《四書反身錄》，《二曲集》，卷三十九，頁498。

〔註87〕見《論語集注》〈季氏第十六〉，〔宋〕朱熹撰，《四書章句集注》，卷八，頁172～173。

此章之意，皇侃（488～545）《論語義疏》乃曰：「此章勸學也。」〔註88〕是以好學與否別其四等。朱子注曰：「言人之氣不同，大約有此四等。」〔註89〕乃以氣質之別作爲說明。至於二曲論「生而知之」則指出：

> 「知之」只是「知良知」，「良知」之外更再無知，若於此外更求知，何異乘驢更覓驢？〔註90〕

> 「生知」、「學知」、「困知」、「民斯爲下」，等雖有四，知止一知。知之在人，猶月之在天，豈有兩乎？月本常明，其有明不明者，雲翳有聚散也，雲散則月無不明。有知有不知者，氣質有清濁，氣澄則知無不知。學也者，所以變化氣質，以求此知也，「上」、「次」、「又次」、「民下」，人自爲之耳。〔註91〕

二曲雖承朱子因氣質清濁有別來論四等，但顯然的，他對所謂「知之」的涵義，是明確指向人的天賦良知。他認爲良知乃人皆有之的，誠一普遍性。故「上」、「次」、「又次」、「民下」之別，乃在於能否擴充實現本有之知，學乃以變化氣質求此知，而非窮盡外在之知識。

　　二曲既以良知本心爲詮釋，故在說明「不知」與氣質之偏，則必然的以「良知之失」作爲論述。這種以「良知」爲論，強調一合乎良知本心的道德意識，亦可見於《論語》「不知而作」〔註92〕一文之詮。二曲指出：

> 曰：「作」，動也。動於心爲思，動於口爲言，動於身爲行，而知爲主。知則清明在躬，理欲弗淆，心無妄思，口無妄言，身無妄行，是謂動無不善；不知則昏惑冥昧，理欲弗辨，心多妄思，口多妄言，身多妄行，此之謂無知妄作。〔註93〕

誠如上述，所謂「不知而作」乃「良知主宰無法自覺呈現之狀態」。良知乃行爲之主宰。故「不知」而作，則謂失其知善知惡之良知良能，自然無法好善

〔註88〕見〈季氏〉，〔清〕程樹德撰、程俊英、蔣見元點校，《論語集釋四》，卷三十三，頁1159。

〔註89〕見《論語集注》〈季氏第十六〉，〔宋〕朱熹撰，《四書章句集注》，卷八，頁173。

〔註90〕見《四書反身錄》，《二曲集》，卷三十九，頁500。

〔註91〕見《四書反身錄》，《二曲集》，卷三十九，頁500。

〔註92〕見《論語集注》〈述而第七〉：「子曰：『蓋有不知而作之者，我無是也。多聞擇其善者而從之，多見而識之，知之次也。』」〔宋〕朱熹撰，《四書章句集注》，卷四，頁99。

〔註93〕見《四書反身錄》，《二曲集》，卷三十四，頁459。

而惡惡，而使主體行爲有所放逸。可見良知之詮，已然成爲二曲對《論語》一書德性行爲之詮釋意涵。是故，在論及主體行爲之失序處，自是此良知主宰無法落實之意。二曲在論《論語》「克、伐、怨、欲」〔註94〕之意時，即指出：

> 「克、伐、怨、欲」之不行，猶禦寇然，寇之竊發，多由主人昏昧，
> 主人若醒，寇自不發，何待於禦？〔註95〕

克、伐、怨、欲等道德偏失之形成，即在於良知本心之昏昧，而導致的「無知妄作」。相對的，若良知本心覺醒發揮其知能而克己，自然心無妄思，口無妄言，身無妄行，主體之動自無不善。

所以《論語》的「之」與「知」，傳統多以「知道」爲解，朱子則以「知理」爲訓，二曲則以「良知主宰」作爲其釋。此以「良知本體」爲詮釋，實爲二曲在詮釋《論語》之法。其目的在於建立一本體的實踐學。亦即，人之行爲的得失，關鍵在於價值自覺能否呈現而爲主宰之問題。是故，凡涉及行爲之論述，二曲皆以良知塡實之。

二、「心如太虛」之釋

良知學的第二個詮釋，主要針對「良知本心」的「心體」部份來討論。二曲對心體之論，主要針對《論語》一書中，有關「空」等字義的討論。例如《論語》「吾有知乎哉，無知也。」一文。據《論語》載：

> 子曰：「吾有知乎哉？無知也。有鄙夫問於我，空空如也；我叩其兩
> 端而竭焉。」〔註96〕

孔子所謂「無知」，當指知識之意。至於其說之整體意涵，程子以爲：「聖人之教人，俯就之若此，猶恐眾人以爲高遠而不親也。」〔註97〕朱子則曰：「孔子謙言己無知識，但其告人，雖於至愚，不敢不盡耳。」〔註98〕兩說大抵皆以謙遜之教來論「無知」與「空空」之意。至於二曲論「吾有知乎哉，無知也」則指出：

〔註94〕見《論語集注》〈憲問第十四〉：「『克、伐、怨、欲不行焉，可以爲仁矣？』子曰：『可以爲難矣，仁則吾不知也。』」〔宋〕朱熹撰，《四書章句集注》，卷七，頁149。

〔註95〕見《四書反身錄》，《二曲集》，卷三十九，頁492。

〔註96〕見《論語集注》〈子罕第九〉，〔宋〕朱熹撰，《四書章句集注》，卷五，頁110。

〔註97〕見《論語集注》〈子罕第九〉，〔宋〕朱熹撰，《四書章句集注》，卷五，頁111。

〔註98〕見《論語集注》〈子罕第九〉，〔宋〕朱熹撰，《四書章句集注》，卷五，頁111。

夫子自謂「無知」，此正知識盡捐、心同太虛處。有叩斯竭，如谷應聲，未叩不先起念；既竭，依舊忘知，雖曰「誨人不倦」，總是物來順應。〔註99〕

夫子「空空」，亦何待言，此則專就鄙夫說。蓋鄙夫惟其「空空」，素無意見橫於胸中，斯傾懷惟夫子之言是聽，若先有所見，必不向夫子問；即問亦必自以與夫子所見不合，必不能虛懷以受。曰：若謂夫子亦「空空」，議者以爲近禪，何也？曰：言夫子「空空」，而便疑其近禪，則是鄙夫胸無意見，而夫子反有意見，多聞多識，物而不化，與後世學生之學富二酉、胸記五車何異？夫子惟其「空空」，是以大而能化，心同太虛；顏子惟其「屢空」，是以未達一間，若無若虛。後儒見不及此，因釋氏談空，遂諱言空，並《論語》之明明言及於空者，亦必曲爲訓解，以避其嫌。是釋能空其五蘊，而儒不能空其所知；釋能上達，而儒僅能下達也？本以闢釋而反尊釋，崇儒而反卑儒，弗思甚矣！夫「空」之出於釋者固可避，而出於夫子之口則不可避；「苦空」、「空幻」、「眞空」、「無相空」、「無所空」之說可闢，而「空空」，「屢空」之說不可闢。彼釋氏空其心而並空其理，吾儒則空其心未嘗空其理；釋氏綱紀倫常一切皆空，吾儒則釋氏綱紀倫常一切皆實：得失判若霄壤，豈可因噎廢食。〔註100〕

首先，二曲所論之「無知」，並非其詮釋「不知而作」所言的「良知主宰無法自覺呈現之狀態」，他指向的是一境界型態的意涵，此無知乃「心如太虛」、「空空」之境。乃爲主體經由本體工夫操存，剝落成見、知識聞見、私欲後的心靈眞我之呈現狀態描述。此一心靈乃是無偏私執著、無分別計較、無主觀意識的超然狀態，故能「物來而順應」。從人格之表現上，雖爲一謙遜之態度，但更強調的是人格之深層的體道工夫與境界。其次，剋就文義來說，二曲認爲孔子「空空」一語，乃針對鄙夫而發。就其涵義而言，即論鄙夫心無意見糾葛纏繞其中，故方能傾聽孔子所論。除此，二曲亦專對「空空」一語的辭彙，因佛教倡盛，而與其空無之思想彌近而亂眞，而有所說明與深辨。二曲認爲儒釋雖亦言空，然名近而實異，儒釋論空雖有近似，但實質上，心如太虛後能否如天理之所然，而對綱紀倫常有所關注與實踐轉化，即爲儒釋之別。

〔註99〕見《四書反身錄》，《二曲集》，卷三十五，頁467。
〔註100〕見《四書反身錄》，《二曲集》，卷三十五，頁468。

按二曲之思想來說，儒則有體有用，既能空其心以達修養，亦能如其理而經綸參贊萬物；反之，釋則空其心亦空其理，乃有體無用之人。是故，佛教之空則當力闢之，孔子之空則應尊之。二曲以「心如太虛」作為詮釋本心之意向，亦見之於《論語》「庶乎屢空」一文之論。據《論語》載：

> 子曰：「回也其庶乎！屢空。賜不受命，而貨殖焉，億則屢中。」
> 〔註101〕

此章「屢空」之意，朱子曰：「屢空，數至空匱也。」〔註102〕是以「物質條件之匱乏」來解「屢空」。二曲對此之說則有不同之解。根據《四書反身錄》載：

> 問：「屢空」果室之空匱耶？抑心之空虛也？曰：「簞瓢陋巷」，室之空匱何待言，「屢空」還是說心之空虛。心惟空虛，是以近道；惟其近道，故不以空匱動其心。亦惟「屢空」而未至於常空，如夫子之「空空」，是以未達一間。若以「屢空」為空匱，不但同門如曾子之七日不火食、歌聲若金石，原憲之踵決，子夏之肘露，可以稱「屢空」、稱「庶乎」，後世狷介之士，亦有居無草錐、食無隔宿而恬坦自若者，亦可以稱「屢空」、稱「庶乎」矣！先儒所以解「空」為空匱，深駁「空虛無物」之說者，蓋恐學人墮於禪寂，不得不為之防。誠能明物察倫，深造自得，空豁其心，內外兩忘，而惺惺不昧，有體有用，不至操失其柄，體用俱空，庶不負先儒防微苦心。〔註103〕

二曲認為以「物質條件之匱乏」來解「屢空」，顯然是對墮於禪寂之學的防範，但此說並非善解。二曲指出所謂「屢空」，當為心體工夫境界之寫照，以顏淵為例，能安貧樂道乃在於道德工夫之得力。故「體道」方能「安貧」，這說明了道德工夫之得力，而使心靈無所偏私執著、無分別計較、無主觀意識，方能不以空匱動其心，此為邏輯之關係。心無所住方能隨遇而安。是故，「屢空」乃心靈境界工夫之達成，而非「物質條件之匱乏」。具體來說，何以達此「屢空」之境，二曲指出此即《論語》「子絕四」之境。據《論語》載：

〔註101〕見《論語集注》〈先進第十一〉，〔宋〕朱熹撰，《四書章句集注》，卷六，頁127。

〔註102〕見《論語集注》〈先進第十一〉，〔宋〕朱熹撰，《四書章句集注》，卷六，頁127。

〔註103〕見《四書反身錄》，《二曲集》，卷三十六，頁479。

子絕四：毋意、毋必、毋必、毋我。〔註104〕

此章朱子指出私意、期必、執滯、私己等意、必、固、我四者，乃「相爲終始，起於意，遂於必，留於固，而成於我也。」〔註105〕此爲主體負面狀態形成之因果關係。二曲論此，則以此絕四爲心體虛明之工。他指出：

問：「子絕四」。曰：無思無爲，寂而不動，感而遂通，物來順應。

猶鏡之照，不迎不隨，何「意」、何「必」、何「故」、何「我」？

〔註106〕

夫子「空空」絕四，顏子「屢空」，其庶乎！〔註107〕

無思無爲，寂而不動，感而遂通，物來順應，這是二曲對心體本質涵意之界定。二曲視心如鏡般之功能，無所將迎，無所留滯，這是心體的未發之中與已發之和的理想狀態。此層功能之成，即在於「意」、「必」、「故」、「我」之克除。「空」非物質條件之問題，而是心靈負面狀態之超越，而達至一虛明之境。故顏淵之「屢空」，乃「三月爲仁」之意，而孔子則爲「空空」，則爲「從心所欲而不踰矩」之旨，此爲工夫境界差異之別。

所以二曲論良知本心，實發端於對《論語》「屢空」、「空空」等字義之詮釋，其「空」非「物質條件之匱乏」，而實指心靈負面狀態之超越，而達至心如太虛，無思無爲，寂而不動，感而遂通，物來順應之境。

三、「言詮」與「恭默」之討論

良知學的第三個詮釋，即在於對體道之士的「人格形態」與「精神形象」之特質的說明。二曲對體道之士之問題，本質上乃集中於「語言」與「實踐」等問題的對比討論中。質言之，體道之士乃一恭默忘言等實踐躬行的人格形態，而非在語言、言詮等知識口耳之說；而此「恭默」人格形態，彼等精神形象，則爲一「大智若愚」之特質。以下則分別述之：

（一）首先，「言詮」與「恭默」，討論的是「語言」與「實踐」等言行之問題。二曲對「言詮」與「躬行」之論述，則側重於《論語》中關於「言

〔註104〕見《論語集注》〈子罕第九〉，〔宋〕朱熹撰，《四書章句集注》，卷五，頁109。

〔註105〕見《論語集注》〈子罕第九〉，〔宋〕朱熹撰，《四書章句集注》，卷五，頁110。

〔註106〕見《四書反身錄》，《二曲集》，卷三十五，頁466～467。

〔註107〕見《四書反身錄》，《二曲集》，卷三十六，頁479。

語」等字義等來討論的。如《論語》「言寡尤，行寡悔」一文。根據《論語》
載：

> 子張學干祿。子曰：「多聞闕疑，慎言其餘，則寡尤；多見闕殆，慎
> 行其餘，則寡悔。言寡尤，行寡悔，祿在其中矣。」〔註108〕

對於言行之問題，儒學向來重視的是「言行一致」，反對「言行不一」的。《論
語》一書中，孔子即多次申明此義。如「先行其言而後從之。」〔註109〕「古
者言之不出，恥躬之不逮也。」〔註110〕「君子欲訥於言而敏其行」〔註111〕「君
子恥其言而過其行。」〔註112〕此皆明語言乃不得已而後出之，此不得之處並
非存在於語言之溝通表達上，而是建立於「德行實踐」之難。孔子言「言寡
尤，行寡悔」，旨在闡明言行當為謹慎注意。朱子則曰：「闕疑殆者擇之精，
慎言行者守之約。」〔註113〕是以主體的精察與慎守來論「言寡尤，行寡悔」。
至於二曲論「言寡尤，行寡悔」則指出：

> 修身須先謹言。心者，身之主宰；口者，心之藩籬。藩籬不守，主
> 宰空存，故守口乃所以守心。〔註114〕

> 凡言不但無補於身心者當慎，即有補於身心而躬所未逮，亦當羞澀
> 其口而致慎。即躬行心得之餘，借言以明道淑人，而所遇非可言之
> 人，亦當慎而又慎，或不得以而言，言貴有節。〔註115〕

二曲承儒學之觀點，亦重視「語言」與「實踐」之關係。二曲認為，從邏輯
來說，語言當是奠基於身心修養下的一種發用，是主體與外在關係之溝通與表
達。是故，任何的語言的溝通與表達，都必須建立於「躬行實踐」為前提，
此為語言與躬行等關係之定位。亦即，語言必須本之於躬行心得後的發用，
故當「謹言」、「慎言」、「守口」。可見語言溝通與表達的問題，本質上即為「守
心」的本體工夫之問題。這是以道德修身實踐的意義來看待語言之問題。

二曲以本體修養來論語言之問題，亦申義於《論語》中「仁而不佞」、「道

〔註108〕見《論語集注》〈為政第二〉，〔宋〕朱熹撰，《四書章句集注》，卷一，頁58。
〔註109〕見《論語集注》〈為政第二〉，〔宋〕朱熹撰，《四書章句集注》，卷一，頁57。
〔註110〕見《論語集注》〈里仁第四〉，〔宋〕朱熹撰，《四書章句集注》，卷二，頁74。
〔註111〕見《論語集注》〈里仁第四〉，〔宋〕朱熹撰，《四書章句集注》，卷二，頁74。
〔註112〕見《論語集注》〈憲問第十四〉，〔宋〕朱熹撰，《四書章句集注》，卷七，頁
156。
〔註113〕見《論語集注》〈為政第二〉，〔宋〕朱熹撰，《四書章句集注》，卷一，頁58。
〔註114〕見《四書反身錄》，《二曲集》，卷三十一，頁438。
〔註115〕見《四書反身錄》，《二曲集》，卷三十一，頁438。

聽塗說」等負面言說的討論。如「仁而不佞」，據《論語》載：

> 或曰：「雍也仁而不佞。」子曰：「焉用佞？禦人以口給，屢憎於人。
> 不知其仁，焉用佞？」〔註116〕

朱子認爲「佞」乃「以口取辨而無情實」〔註117〕；「道聽塗說」乃「雖聞善言，
不爲己有，是自棄其德也。」〔註118〕朱子以巧辨無實論「佞」，以「聞善不行」
來論「德之棄也。」至於二曲論「仁而不佞」、「道聽塗說」則指出：

> 不必淫詞詭辨而後爲「佞」，只心口一不相應，正人君子早以窺其
> 中之不誠而惡之矣。徒取快於一時，而遂見悟於君子，亦何爲也
> 哉？〔註119〕

> 「道聽塗說」，乃書生通病，若余則殆有甚焉。讀聖賢遺書，嘉言善
> 行，非不飫聞，然不過講習討論，伴口度日而已，初何嘗實體諸
> 心、潛修密詣以見之行耶？每讀《論語》至此，慚悚跼蹐，不覺汗
> 下。同人當鑑余覆車，務以深造默成爲喫緊，以騰諸口說爲至戒，
> 甚勿入耳出口如流言溝，則幸矣。〔註120〕

二曲論「佞」，實非從言語之巧辨層次來論，其「佞」指的是未能誠於中而形
之外等「心口不一」的異化狀態來說明；而論「道聽塗說」，即以未能「體之
於心，以心驗之」來言。質言之，言語之表達，是必須本之於心體的道德修
養與實踐之歷程。言者，乃心之聲，言乃有德之言，他所重視的心體本源之
體驗。是故，由此體驗與實踐延展而出的語言觀，則爲一「深造默成」的修
道形象。二曲指出：

> 修德斷當自默始，凡行有未至，不可徒說；即所行已至，又何待說？
> 故善行爲善言之證，不在說上。〔註121〕

> 聖門高弟如顏之愚、參之魯，雍之簡，俱是渾厚醇樸氣象；蓋其平

〔註116〕見《論語集注》〈公冶長第五〉，〔宋〕朱熹撰，《四書章句集注》，卷三，頁
　　　　 76。
〔註117〕見《論語集注》〈公冶長第五〉，〔宋〕朱熹撰，《四書章句集注》，卷三，頁
　　　　 76。
〔註118〕見《論語集注》〈陽貨第十七〉，〔宋〕朱熹撰，《四書章句集注》，卷九，頁
　　　　 76。
〔註119〕見《四書反身錄》，《二曲集》，卷三十三，頁 445。
〔註120〕見《四書反身錄》，《二曲集》，卷三十九，頁 503。
〔註121〕見《四書反身錄》，《二曲集》，卷三十九，頁 503～504。

日皆斂華就實，故其徵之容貌辭氣之間者，無非有道之符。吾人有

志斯道，第一先要恭默。〔註122〕

「言默」乃儒道精神形象的同質處，此皆言體道者當不落言詮而潛藏深修。孔子言「默而識之」〔註123〕，孟子亦曰：「睟然見於面，盎於背，施於四體，四體不言而喻。」〔註124〕老莊對此亦有討論〔註125〕。老子曰：「多言數窮，不如守中。」〔註126〕「知者不言，言者不知。」〔註127〕「信言不美，美言不信。善者不辯，辯者不善；知者不博、博者不知。」〔註128〕莊子於〈知北遊〉亦言：「夫知者不言，言者不知，故聖人言不行之教。……。明見无值，辯不若默。道不可聞，聞不若塞。此之謂大得。」〔註129〕就道家人格修養而言，語言雖為表達意見與眞理處，但實然上「道可道，非常道」，眞理是「說似一物即不中的」，語言之效用誠為有限的。是故，多言則數窮，好辯者其德必不善，不如守道清靜無為不言〔註130〕。質言之，就儒道不言之義來說，儒家之「不言」乃本之實踐之義；老莊之不言「乃欲言而不能言，一則無須乎有言，一則不可得而言。」〔註131〕乃著眼於眞理、道體之無限定性，故而不言。二曲論「言詮」，本質上並非如老莊之不言，仍是建立於一實踐躬行之義。他認為體道者當以恭默實踐為要，實踐者不待說亦不必說。這是二曲反省言行不一，能言不能行之弊端而形成的體認。

（二）二曲對語言「言詮」之反省，乃是基於躬行實踐之目的，此說進一步則深化為「無言」之論述。如《論語》「予欲無言」之意。根據《論語》載：

〔註122〕見《四書反身錄》，《二曲集》，卷三十三，頁445。

〔註123〕見《論語集注》〈述而第七〉，〔宋〕朱熹撰，《四書章句集注》，卷四，頁93。

〔註124〕見《孟子集注》〈盡心章句上〉，〔宋〕朱熹撰，《四書章句集注》，卷十三，頁355。

〔註125〕見錢鍾書著，《管錐篇》（北京：中華書局，1999年11月），第二冊，頁453～459。

〔註126〕見〔晉〕王弼註，《老子註》，第五章，頁14。

〔註127〕見〔晉〕王弼註，《老子註》，第五十六章，頁114。

〔註128〕見〔晉〕王弼註，《老子註》，第八十一章，頁156。

〔註129〕見〔晉〕郭象注、〔唐〕成玄英疏、〔清〕郭慶藩集釋，《莊子集釋》，卷七下，頁187～191。

〔註130〕相關討論見王淮注釋，《老子探義》（臺北：臺灣商務印書館，民國79年12月），第五章，頁56、第八十章，頁26～298。

〔註131〕見錢鍾書著，《管錐篇》，第二冊，頁454。

子曰：「予欲無言。」子貢曰：「子如不言，則小子何述焉？」子曰：

「天何言哉？四時行焉，百物生焉，天何言哉？」〔註132〕

關於「無言」之意，何晏曰：「言之爲益少，故欲無言。」〔註133〕乃以多說無益爲解。朱子則曰：「學者多以言語觀聖人，而不察其天理流行之實，有不待言而著者。是以徒得其言，而不得其所以然，故夫子發此以警之。」、「聖人一動一靜，莫非妙道精之發，亦天而已，豈待言而顯哉？」〔註134〕朱子認爲聖人乃天道之至凝，其語默動境處無不合於天理之所以然，故不待言而顯，夫子即以此開悟子貢，可惜子貢終不喻也。至於二曲論「無言」則指出：

夫子懼學者徒以言語文字求道，故「欲無言」，使人知眞正學道，以心而不以辯，以行而不以言。而子貢不悟，反求之於言，區區惟言語文字是躭，是以又示之以「天道不言」之妙，所以警之者至矣。時行物生，眞機透露，魚躍鳶飛，現在目前。學者誠神明默成，「不識不知，順帝之則」，四端萬善，隨感而應，道即在是，夫何所言？一落言詮，便涉聲臭，去道遠矣。陸象山有云：「寄語同遊二三子，莫將言語壞天常。」而鄒南皋亦云：「寄語芸窗年少者，莫將章句送青春。」合二詩觀之，吾曹得無惕然乎？〔註135〕

言在無言處，方知道在心。賜若悟此，則亦「默識心融」，施於四體，四體不言而喻，便是「亦足以發」，又何患小子無述？〔註136〕

二曲論「無言」，主要是針對「言詮」意義的否定，並非如朱子言「有不待言而著者」。他認爲學道乃是一種「神明默成」的體驗，是建立在主體對心體的契悟，以及躬行實踐的基礎上，而非從文字語言等知識聞見的理解。從知識聞見之理解，正是子貢其弊亦爲孔子所警之處。孔子的「無言」、天之「何言」，體現的是一「無聲無臭」等，不可以文字描述的超越境界。這說明道不可言，亦不可以言求道，前者在於對道超越性的說明，後者在言體道當不涉

〔註132〕見《論語集注》〈陽貨第十七〉，〔宋〕朱熹撰，《四書章句集注》，卷九，頁180。

〔註133〕見〔魏〕何晏集解、〔宋〕邢昺疏，《論語正義》，收入於《十三經注疏》，卷第十七，頁157。

〔註134〕見《論語集注》〈陽貨第十七〉，〔宋〕朱熹撰，《四書章句集注》，卷九，頁180。

〔註135〕見《四書反身錄》，《二曲集》，卷三十九，頁504。

〔註136〕見《四書反身錄》，《二曲集》，卷三十一，頁434。

言詮與知識聞見，而貴在爲自悟與躬行。這種對比之經驗，正爲子貢與顏淵之別，二曲對此層涵意的說明，亦見於《論語》「聞一知十」之論。根據《論語》載：

> 子謂子貢曰：「女與回也孰愈？」對曰：「賜也何敢望回？回也聞一以知十，賜也聞一以知二。」子曰：「弗如也！吾與女弗如也。」
> 〔註137〕

關於此說，朱子認爲顏淵乃「明睿所照，即始而見終；子貢推測而之，因此而識彼。」〔註138〕又引胡氏曰：「子貢平日以己方回，見其不可企及，故喻之如此。夫子以其自知之明，而又不難於自屈，故既然之，又重許之。此其終聞性與天道，不特聞一知二而已也。」〔註139〕是以兩者所知不同來論此說。至於二曲論「聞一知十」則指出：

> 斯道非穎悟過人，則不足以承受。在昔聖門，故不乏學務躬修行誼淳篤之士，然聰明特達可以大受者，顏回而外，實莫如賜。故夫子屬望特殷，恐其恃聰明而不能自反，倚聞見而昧於自得。「多學而識之」之詰，「予欲無言」之訓，所以覺之者屢矣。又舉如愚之回以相質，蓋欲其鞭辟著裏，黜聰墮明，而務有以自得也。賜乃區區較量於所知之多寡，徒在聞見上比方，抑末矣。顧人多苦不自知，賜既曉然有以自知，欿然遜其弗如，即此一念虛心，便是入道之機，夫子是以迎其機而進之曰：「弗如也！吾與女弗如也。」殆與非也一貫之語，同一啓迪，此正夫子循循善誘處。〔註140〕

> 賜之折服回，徒折服其知解，豈知回之所以爲回，非徒知解也。潛心性命，學敦大原，一徹盡徹，故明無不照。賜則惟事見聞，學昧大原，其「聞一知二」，乃聰明用事，推測之知，與悟後之知，自不同日而語。不但「聞一知二」弗如回，即聞一知百知千，總是門外之見，終不切己，亦豈得如回也耶？是故學惟敦本之爲要，敦本而

〔註137〕見《論語集注》〈公治長第五〉，〔宋〕朱熹撰，《四書章句集注》，卷三，頁77。

〔註138〕見《論語集注》〈公治長第五〉，〔宋〕朱熹撰，《四書章句集注》，卷三，頁77。

〔註139〕見《論語集注》〈公治長第五〉，〔宋〕朱熹撰，《四書章句集注》，卷三，頁77。

〔註140〕見《四書反身錄》，《二曲集》，卷三十三，頁446～447。

知解盡忘，心如太虛，無知而無不知，一以貫之矣。〔註141〕

二曲以子貢的「知識聞見」，與顏淵的「躬行本源」爲其對比來加以說明。他認爲子貢乃「爲學日益」之徒，依傍的知識聞見與聰明知解，乃爲「小聰明不愚」，實爲「不愚而愚」之人，其知乃「推測之知」，此種成德之學，不能切己以自反，亦難深造以自得；而顏淵則爲「爲道日損」之人，其學乃鞭辟著裏，一本於心，黜聰墮明，而使心如太虛，是實切的切己自反，乃「大聰明似愚」，實乃「愚而不愚」，其知乃「悟後之知」，乃眞正的成德所在。孔子深知子貢學昧本原，雖有警省但仍然知有所缺，故以「弗如也」，望能以此善誘，不以言詮等知識聞見爲本，而導之於敦本躬行之學。子貢與顏淵的對比，本質上即在於「言詮」之問題。二曲指出：

　　此夫子所以於回「終日言」，於賜「欲無言」也。蓋回之聽言而悟，

　　超語言文字之外，賜之聽言而識，囿語言文字之中。悟超言外，因

　　言可以悟道；識囿言中，則因言反有以障道。〔註142〕

二曲認爲「言詮」本質上是不得以或不必要的過程，就成德之學而言，語言之表達或從言語文字中學習，皆有某種程度的限制與弊端。這種限制與弊端即會形成忽略識本之學與躬行實踐的積極性，而形成在言語中異化與喪失學習的眞誠意義。亦即，言詮之目的，本質上是藉對話與辯證之過程，形成一種解決生命之問題與困境的實踐之知。而當言詮形成了虛執文字，玩弄文義時，已成爲生命實踐之歧出。是故，夫子「因材施教」之處，即在於對「言詮」之負面作用能否有所超越？二曲認爲夫子對子貢教之以「無言」，目的在於對其「言詮」等障道黏著之負面所在的鬆解；對顏淵之教，乃知其能不陷於言詮而能超於言外而躬行自得也，故「終日言」也。依此義而言，「言詮」在理解詮釋上，最終是一否定之答案。二曲對此之見解，亦見於對《論語》「克己復禮」〔註143〕一文之討論。據《四書反身錄》：

　　問「克復」之旨。曰：解者已無剩義，只要實克實復，不必再涉言

　　詮。人千病萬病，只爲有己，是以天理之公，卒不能勝夫人欲之私。

〔註141〕見《四書反身錄》，《二曲集》，卷三十三，頁447。

〔註142〕見《四書反身錄》，《二曲集》，卷三十一，頁434。

〔註143〕見《論語集注》〈顏淵第十二〉：「顏淵問仁。子曰：『克己復禮爲仁。一日克己復禮，天下歸仁焉。爲仁由己，而由人乎哉？』顏淵曰：『請問其目。』子曰：『非禮勿視，非禮勿聽，非禮勿言，非禮勿動。』顏淵曰：『回雖不敏，請事斯語矣！』」〔宋〕朱熹撰，《四書章句集注》，卷六，頁131～132。

須是將心上種種嗜好、種種繫戀及名心、勝心、人我心、自利心，一一省察克治，如猛降克敵，誓不兩立，必滅此而後朝食，不勝不休。謝上蔡謂「克己須從性偏難克者克將去」，而薛文清亦云：「萬起萬滅之私，亂吾心久矣，當一切決去，以全吾湛然澄然之體。」此皆前輩折肱之言，可謂「克己」之鑑。〔註144〕

「言詮」是一種對文字涵義的理解與說明，二曲指出以「克己復禮」爲例，對其涵義的理解與說明皆以足盡，對於經典的理解應當建立於一「實克實復」的身心治療與自療，眞正的切己自反與躬行實踐，針對己私偏所在，實切的掃蕩廓清，此方爲對經典的體驗；相對的，不斷涉入對文字涵義的理解與說明，深化其意，知解其說，極易形成「言說而不能行」，「知其所以然而不能如所當然」，喪失了「學以成德」的眞諦所在。是故，基於此意義，言詮之負面所在是深而可見的，也是必須積極加以排除的。此爲二曲對語言與實踐所形成之問題，進而提出的一種詮釋。

（三）二曲反對「言詮」，重視躬行實踐與深造默成之人格特質，此種人格修養所展現的，即是以顏淵爲典範「大智若愚」精神形象。二曲之論即見於《論語》「不違如愚」一文之討論。據《論語》載：

> 子曰：「吾與回言終日，不違如愚。退而省其私，亦足以發。回也不愚。」〔註145〕

關於此說，朱子之注頗詳，其曰：「日用動靜語默之間，皆足以發明夫子之道，坦然由之而無疑，然後知其不疑也。」〔註146〕此說乃謂從顏淵日用常行中，知其體道，故其似愚而實非愚也。至於二曲論「不違如愚」則指出：

> 大凡聰明自用者，必不足以入道，顏子唯其「如愚」，所以能於仁不違。〔註147〕

> 大聰明似愚，愚而不愚；小聰明不愚，不愚而愚。大聰明黜聰墮明，知解盡忘，本心既空，受教有地；小聰明矜聰恃明，知解糾纏，心體未空，入道無其幾。回之「如愚」，正回之聰明絕人，受教有地，道有機處；夫子不容不喜，不容不言，言之不容不久，乃可以言而

〔註144〕見《四書反身錄》，《二曲集》，卷三十七，頁481。
〔註145〕見《論語集注》〈爲政第二〉，〔宋〕朱熹撰，《四書章句集注》，卷一，頁56。
〔註146〕見《論語集注》〈爲政第二〉，〔宋〕朱熹撰，《四書章句集注》，卷一，頁56。
〔註147〕見《四書反身錄》，《二曲集》，卷三十一，頁434。

言也。言苟當可，雖千言不爲多；言當可，即一言亦爲多。〔註148〕

二曲論顏淵如愚，實不同儒家之說。儒家本質上並不把愚者視爲體道者之必然的形象，故言顏淵如愚實也不愚。以愚者爲有道之士之形象，乃爲老子一書所言。老子曰：「和其光，同其塵」〔註149〕、「混兮其若濁」〔註150〕、「俗人昭昭，我獨昏昏；俗人察察，我獨悶悶。」〔註151〕「明道若昧」〔註152〕。老子認爲古之善道者，其內在之心智與外在的精神形貌是不同的，其智光反照卻「光而不耀」的。有道之士內在敦厚純樸，外在則守愚、守拙，誠一昏昏默默之象，此乃喪我去己後，不自見其智、不自逞其能，故終能「被褐懷玉」而得「與物宛轉」之境〔註153〕。二曲論顏淵之愚實近老子之說，其言「如愚」，實謂顏淵深知大聰明似愚，愚而不愚也。其次，二曲論「大智若愚」等精神形象，實仰賴於主體「黜聰墮明，知解盡忘」之工。「黜聰墮明，知解盡忘」之工，乃本之於莊子〈大宗師〉中顏淵所言的：「墮肢體，黜聰明，離形去知，同於大通，此謂坐忘。」〔註154〕此爲主體對自我進行負面意識之超越，對主體知解與聰知之消融，此超越與消融處後，方能使心不陷溺成見小智，也方能「入道知幾」與「虛心納物」。是故，可見二曲對顏淵「不違如愚」之詮釋，實有近於老莊所言，是以知愚與坐忘論其精神形象與工夫所在。而以此詮釋顏淵，主因在於二曲認爲顏淵乃一體道的典範所在。二曲指出：

> 「顏如愚」，所以具體夫子之道：「曾惟魯」，所以卒傳夫子之道。吾人如果有志於道，須「希顏之愚，爲曾之魯」，庶有入機。〔註155〕

> 高宗恭默思道，顏子如愚，亦足以發，必如此方是體道忘言之實；否則終屬「道聽塗說」，德之棄也。〔註156〕

〔註148〕見《四書反身錄》，《二曲集》，卷三十一，頁434。
〔註149〕見〔晉〕王弼註，《老子註》，第四章，頁11。
〔註150〕見〔晉〕王弼註，《老子註》，第十五章，頁28。
〔註151〕見〔晉〕王弼註，《老子註》，第二十章，頁40。
〔註152〕見〔晉〕王弼註，《老子註》，第四十一章，頁86。
〔註153〕相關討論見王淮注釋，《老子探義》，第十五章，頁 41、第五十六章，頁 64 ～226。
〔註154〕見〔晉〕郭象注、〔唐〕成玄英疏、〔清〕郭慶藩集釋，《莊子集釋》，卷三上，頁77。
〔註155〕見《四書反身錄》，《二曲集》，卷三十一，頁434。
〔註156〕見《四書反身錄》，《二曲集》，卷三十九，頁504。

二曲認爲顏淵如愚處，乃恭默而守道，能超於言表之外而能得悟，這是一種去除華而不實的容貌辭氣，進而展現出潛藏深修、歸眞返樸的人格型態。是故，顏淵卒傳夫子之道，亦是志道的典範之所在。

所以「言詮」與「恭默」所討論的是「語言」與「實踐」之問題。二曲認爲「言詮」在學習過程中，實爲明顯之弊端，它極易形成一口說巧辨與知識聞見，而喪失成德之學等實踐之眞諦。是故，否定言詮而重視提倡學習恭默，則爲其詮釋《論語》，一再闡明之處。具體來說，這種恭默如愚之人格形態與精神形象，正是顏淵所展現的精神意義，亦是今日志道爲學之典範。

第四節 「上帝」、「天」與「鬼神」之詮釋

本節之討論，主要針對二曲對《論語》「上帝」、「天」與「鬼神」等說之討論的詮釋。傳統對「上帝」與「天」之論述，殷商多論「帝」、周朝則言「天」，其義有言主宰人格神，亦有自然之天的意思。言其「主宰」之意，在於其對人事有其無上之權，人亦將一切責任交之於神，人無復有其自責與自覺承擔自我之意義。此種宗教之精神，在神權之衰落與憂患精神之躍動下，原有宗教性的天，已逐漸轉爲道德法則之天，無復有人格神之特質〔註157〕。是故，傳統對「上帝」與「天」之態度自然有所轉換。以宋明理學來說，對「上帝」與「天」之態度，即是從「宗教敬畏」一轉而爲「居敬之心」的發展〔註158〕。這代表者天人之距離的縮減，天之神聖超越地位已相對的弱化。而以其性理爲天理之觀點，本質上即是「把天道拉下來，收進自己的內心，使天道化爲自己的德性，把人的地位，通通參天地而爲三的過程，而與天地并列而爲三位一體。」〔註159〕這種以人心爲天心之發展，乃一人文道德理性之精神，重視的是主體道德意識之弘揚。

二曲對此之詮釋，主要體現在對「上帝」與「天」之敬畏，以及與「天

〔註157〕相關討論可參徐復觀著，《中國人性論史》，第二章，頁15～35。

〔註158〕關於「敬畏」之意，鄭家棟即指出：「對天命之敬畏是源於天人之間的距離和把天命視爲超越的、高高在上的主宰者所引發的神聖感。到了宋儒則只講一個『敬』字。……。明王陽明認爲『敬』字亦屬多餘。」見鄭家棟著，〈神性論：儒教觀點〉一文，收入於何光滬、許志偉主編，《對話：儒釋道與基督教》（臺北：世界宗教博物館基金會出版，2003年12月），頁249。

〔註159〕見牟宗三著，《中國哲學的特質》，頁44。

鑒天威」等報應不爽之力量。亦即,他認為對天的敬畏不足,即易形成道德
行為之失序。是故,他認為當體現「上帝」與「天」之敬畏。這是他對道德
失序之歷史存在加以診治的一種觀點。而此種意義與說法,亦見其論鬼神之
意。以下則依序論之:

一、「上帝」與「天」之討論

　　關於二曲對此對「上帝」與「天」之論述,乃見之於二曲對《論語》「樊
遲問仁」一文之討論。據《論語》載:

> 樊遲問仁。子曰:「居處恭,執事敬,與人忠。雖之夷狄,不可棄
> 也。」〔註160〕

孔子論恭、敬、忠皆是仁德之體的呈現,這是隸屬於日常之德性的自我要求。
朱子則曰:「恭主容,敬主事。恭見於外,敬主乎中。」〔註161〕此乃以外在容
貌之恭,與內心敬等工夫作為仁之修養。至於二曲則指出:

> 終日欽懍,對越上帝,「上帝臨汝,無貳爾心」,敢不恭乎?敢不敬
> 乎?敢不忠乎?否則此心一懈,即無以對天心,便非所以尊德性。
> 〔註162〕

「上帝降女,毋貳爾心」,此說出自《毛詩・大雅》〈大明〉云:「殷商之旅,
其會如林。矢于牧野,維予侯興。上帝臨女,無貳爾心!」〔註163〕宋明諸儒
在詮釋「上帝」,大多申義於對宇宙的超越本體的敬畏之心。如陸象山即言:
「無事時,不可忘小心翼翼,昭事上帝。」〔註164〕二曲之釋亦為此意。其論
恭敬與忠顯然已非日常之德性與主敬的內心修養,而是推至一「宗教性之敬
畏」來論主體道德實踐之意義。儒學是否為宗教,誠屬爭議之處,但無論是
否為宗教,其內涵宗教的特質,是可被接受的。黃俊傑就指出:

> 儒學有其「宗教性」之內涵,這種說法中所謂的「宗教性」,並不是
> 指具有嚴密組織的制度化宗教,而是指儒學價值的信仰者對於宇宙

〔註160〕見《論語集注》〈子路第十三〉,〔宋〕朱熹撰,《四書章句集注》,卷七,頁
　　　　146。

〔註161〕見《論語集注》〈子路第十三〉,〔宋〕朱熹撰,《四書章句集注》,卷七,頁
　　　　146。

〔註162〕見《四書反身錄》,《二曲集》,卷三十八,頁490。

〔註163〕見〔漢〕毛亨傳、〔漢〕鄭元箋、〔唐〕孔穎達等正義,《毛詩正義》收入於
　　　　《十三經注疏》,卷第十六,頁543～544。

〔註164〕見〈語錄下〉,〔宋〕陸九淵撰,《陸九淵》,卷三十五,頁455。

的超越的（transcendental）本體所興起的一種嚮往與敬畏之心，認
為人與這種宇宙的超越本體之間存有一種共生共感且交互滲透的關
係。這種信仰是一種博厚高明的宗教情操。〔註165〕

因對上帝之「嚮往」與「敬畏」，故人要能有德方能符應「天心」，這是重視
超越本體與個人德性而形成的宗教情操。二曲這種「宗教性之敬畏」詮釋，
亦見之於《論語》「獲罪於天，無所禱也」一文之討論。據《論語》載：

> 王孫賈問曰：「與其媚於奧，寧媚於竈，何謂也？」子曰：「不然，
> 獲罪於天，無所禱也。」〔註166〕

孔子此說，朱子注曰：「言但當順理，非特不當媚於竈，亦不可媚於奧也。」
〔註167〕朱注是從「言行之理」作為夫子申義之所在。至於二曲論「獲罪於天，
無所禱也」則指出：

> 君當敬也，而一有媚心，便難以對天，況媚權臣乎？王孫賈以媚君得
> 權，又欲孔子媚己以取位，小人肆無忌憚，遂不知頭上有天矣。夫
> 子以天折之，不特自存其所守之正，亦可以惕醒權奸之心。〔註168〕

> 孔子以上聖之賢，道全德備，言動純乎天理，猶恐「獲罪於天」，余
> 資本下愚，生平千破萬綻，違天理而「獲罪於天」者何限？冥冥之
> 中，逐日鑒記其罪，而陰有以加譴者何限？念及骨慄，夫何所逃，
> 惟有痛自悴礪，永堅末路，息天怒於萬一，是所願也。〔註169〕

二曲之論是以君臣之際當以敬來發端，但值得注意的是，誠如上述所言，其
論「敬」並非主體恭敬修養工夫而已，他論敬實以導入主體對「宗教性之敬
畏」的深層涵意。他認為夫子以天折之這個過程，不但是夫子自身深刻自省
的體驗，亦為警惕小人肆無忌憚之法，更是為眾人所應當警之處。是故，二
曲在此詮釋夫子之天，值得注意的是，其對上帝與天之討論，不僅僅停留在
對宇宙的超越本體的敬畏之心而已，其論上帝與天之詮釋，實帶有意志與主
宰之天。故其敬畏之本質不僅來自宗教性信仰，更有其對天鑒、天察、天怒、

〔註165〕見黃俊傑著，〈試論儒學的宗教性內涵〉一文，收入於李明輝編，《中國經典
　　　　詮釋傳統（二）：儒學篇》（臺北：喜瑪拉雅研究發展基金會，民國 91 年 2
　　　　月），頁 4～5。
〔註166〕見《論語集注》〈八佾第三〉，〔宋〕朱熹撰，《四書章句集注》，卷二，頁 65。
〔註167〕見《論語集注》〈八佾第三〉，〔宋〕朱熹撰，《四書章句集注》，卷二，頁 65。
〔註168〕見《四書反身錄》，《二曲集》，卷三十二，頁 440。
〔註169〕見《四書反身錄》，《二曲集》，卷三十二，頁 441。

天譴的恐懼意識存在。因天有此鑒察與怒譴，故主體的自省自察，誠是一永無間斷、無可間忽的實踐歷程，惟有主體的道德實踐不間，方能上符天心，息天怒於萬一。二曲這種強調天鑒、天察、天怒、天譴之力量，藉以突顯道德律己之意義與重要性，亦見於其對《大學》中「慎獨」一意之討論。二曲指出：

> 縱心於幽獨，自謂無人見聞，不思人即不見不聞，而天之必見必聞，未嘗不洞若觀火。故一念之萌，上帝汝臨；一動之非，難逃天鑒。人惟忽天、昧天、不知天，是以欺己欺人無忌憚，誠知上天之降鑒不爽，則懍然日慎，返觀內省之弗暇，又何至中節昭昭，隨行冥冥？〔註170〕

> 「上帝降女，毋貳爾心」。小心翼翼，時顧天命，何敢悠悠，自忽幾微。〔註171〕

> 況天命爲吾性之所自出，天鑒不爽，天威莫測，敢不畏乎？敢不兢兢祗敕、是惔是律乎？隨時隨處，無在敢忽，閒思妄念，何自而萌？〔註172〕

> 「戒慎恐懼」正是「顧諟天之明命」，惟恐心思念慮少有縱逸，不合天心。〔註173〕

儒學論「慎獨」，本質上即是一誠意之工，目的在於使其意念之動，皆能依理而爲。而此誠意之工不僅在眾人所見之中，更重「人不知己獨知」之時，惟有在此正本清源而行，方能遏人欲之滋長，這是儒學「重天理，滅人欲」的基本過程。但由「天賦之善」至「慎獨」之過程中，能夠循心性之理而爲，端賴的即是主體「居敬窮理之功」或「良知的即知即行之力」。這說明了主體成德最直接的動力，乃來自於主體積極的道德實踐。但道德自省與自律並非人人可爲、時時能爲的。「人何以爲道德？」這是一個成德之歷程中無可迴避的問題，道德行爲的動力源於何處？是有不同之觀點的。

　　如上所述，二曲認爲成德之學除主體「道德實踐」外，在其詮釋之中，亦提出一種類似「人格神的主宰性力量」作爲討論。這種人格神的主宰性力

〔註170〕見《四書反身錄》，《二曲集》，卷二十九，頁407。
〔註171〕見《四書反身錄》，《二曲集》，卷三十，頁415。
〔註172〕見《四書反身錄》，《二曲集》，卷三十，頁415。
〔註173〕見《四書反身錄》，《二曲集》，卷三十，頁415。

量，對存有一切的道德與否是動見瞻觀的，此「天鑒」與「天察」，必形成報應不爽的結果。二曲之詮釋，本質上是帶有深刻個人體驗的意義。質言之，一個深切自省，以契賢成聖爲目標之體驗者，在長期自我的反省與悔過中，必有其宗教性敬畏的內在信仰爲其動力的。這種敬畏與信仰推而極之，在內在心理之高度自省下，極易從「敬畏」導向一「恐懼」之意識。二曲個人對宗教之敬畏與體驗，自然轉化成在經典詮釋之中。是故，他強調一「天鑒不爽，天威莫測，敢不畏乎？」之觀點是可預期的。

但二曲這種觀點，是否當視爲一種迷信與報應之說呢？實質上，是否迷信與報應，當視其動機而論。二曲此說其目的，實爲突顯對群體非道德行爲的約束與箝制之力量，故不應視爲一種迷信與報應之說，其意義在於重視人之一念一行之慎察，而促使成德之學終爲可成之過程。

所以，二曲對「上帝」與「天」之詮釋，基本上是突顯了一種對宇宙本體的「敬畏之心」與「失德天鑒之恐懼」，這也說明了他對天之理解並非如宋儒諸家所理解的，純爲一天理之天。而二曲詮釋之目的，主要在於強化主體道德性之壓力，以促使成德之學成爲一無從懈怠之過程。

二、鬼神之討論

二曲對「上帝」與「天」之詮釋，不同宋明理學以來強調的以理作爲本體之意涵，而帶有人格神之味道；這樣的詮釋，亦見其對鬼神之討論。首先可從二曲對《論語》「季路問事鬼神」一文之討論談起。據《論語》載：

> 季路問事鬼神。子曰：「未能事人，焉能事鬼？」敢問死。曰：「未知生，焉之死？」〔註174〕

孔子對鬼神之態度，誠如徐復觀所言，其本質上是一「闕疑」之態度，其未公開反對鬼神，亦不認爲應當否定其信仰。基本上是要以「義」來代替一般人對鬼神之依賴〔註175〕。是故，他強調「事人」與「知生」之意義性，即爲盡己之理份等應當性的實踐。朱子論此注曰：「蓋幽明始終，初無二理，但學之有序，不可躐等，故夫子告之如此。」〔註176〕朱子此說旨在闡明幽明一理，

〔註174〕見《論語集注》〈先進第十一〉，〔宋〕朱熹撰，《四書章句集注》，卷六，頁125。

〔註175〕見徐復觀著，《中國人性論史》，第四章，頁81～82。

〔註176〕見《論語集注》〈先進第十一〉，〔宋〕朱熹撰，《四書章句集注》，卷六，頁125。

故學當有序，未對鬼神之意有所討論。至於二曲則指出：

> 幽明一理，能盡人道，則明無人非，幽無鬼責，以之事鬼事神，自
> 然來格來歆。〔註177〕

二曲認爲儒學乃「幽明一理」之學，主體的「自省之自律」，本質上亦爲「事神鬼神之理」，兩者恆爲一體兩面。是故，人除了不僅「捫心自問」自律外，亦須存在著「敬畏超越之力量」。可見二曲對鬼神之討論，實亦一「人格之鬼神」之詮釋，乃對人的所作所爲具有影響之力量。其詮釋之目的，主要將鬼神視爲一種主體成德自律外的約束與箝制之力量。二曲認爲藉由人對鬼神之責，有助於強化行爲之改過，如此一來，人自當不敢妄爲了。

其次，二曲以「人格之鬼神」詮釋鬼神，自然與宋明諸儒以一氣之聚散爲解有異。傳統論鬼神之說，大抵有幾種。陳淳於《北溪字義》中指出：「鬼神一節說話甚長，當以聖經說鬼神本意，作一項論；又以古人祭祀作一項論；又以後世淫祀，今不刊用；又以後世妖怪作一項論。」〔註178〕對於這四項說法，陳榮捷即指出「淫祀」與「妖怪」實爲同項，在人當祀不當祀，此二說與祭祀同爲自漢以來儒家所論；而所謂以聖經之說爲鬼神本意，實爲張載始創的以「二氣良能之說」論鬼神之意〔註179〕。宋明儒學論鬼神大抵尊從張載之說。我們可從如《中庸》言「鬼神之爲德」之說來加以討論。據《中庸》載：

> 子曰：「鬼神之爲德，其盛矣乎！視之而弗見，聽之而弗聞，體物而
> 不可遺。」〔註180〕

關於其意，朱子注曰指出：「程子曰：『鬼神，天地之功用，造化之迹也。』張子曰：『鬼神者，二氣之良能也。』愚謂以二氣言，則鬼者陰之靈也，神者陽之靈也，以一氣言，則至而伸者爲神，反而歸者爲鬼，其實一物而已。」〔註181〕朱子乃承張程之說，將鬼神之論予以理氣化之詮釋，鬼神實乃一氣的伸歸之變化，是從宇宙等造化之歷程來討論的。這種詮釋，是與傳統鬼神原意有所出入的。明儒李卓吾在其〈鬼神論〉中，就針對朱子之釋有所質疑。他指出：

〔註177〕見《四書反身錄》，《二曲集》，卷三十六，頁477。
〔註178〕見〔宋〕陳淳撰、〔宋〕王雋編，《北溪字義詳解》，頁191。
〔註179〕見陳榮捷著、朱榮貴編，《宋明理學之概念與歷史》，頁219。
〔註180〕見《中庸章句》，〔宋〕朱熹撰，《四書章句集注》，頁25。
〔註181〕見《中庸章句》，〔宋〕朱熹撰，《四書章句集注》，頁25。

> 子曰：「鬼神之爲德，其盛矣乎！使天下之人齊明盛服以承祭祀，洋
> 洋乎如在其上，如在其左右。」「吾不與祭，如不祭。」「祭如在，
> 祭神如神在。」夫子之敬鬼神如此。使其誣之以爲無，則將何所
> 不至耶！小人之無忌憚，皆由於不敬鬼神，是以不能務民義以致昭
> 事之勤，如臨女以祈陟降之饗。……。朱子曰：「天即理也。」又
> 曰：「鬼神者，二氣之良能也。」夫以天爲理可也，而謂祭天所以
> 祭理，可歟？以鬼神爲良能可也，而謂祭鬼神是祭良能，可
> 歟？……。〔註182〕

李卓吾認爲孔子論鬼神並非迷信與福報，而是有其教化爲善之功能的，而朱
子對此之釋，反而將孔子對鬼神信仰的看法「理氣化」，不但違背此說之原義，
甚至喪失孔子論鬼神中產生的道德教化之功能。二曲論鬼神之說，亦類似李
卓吾之意。二曲指出：

> 知鬼神體物不遺，則知無處無鬼神，無時無鬼神。人心甫動，鬼神
> 即覺，存心之功，眞無一時一刻而可忽，故必質諸鬼神而無疑，方
> 可言學。〔註183〕

> 夫子贊鬼神之德之盛，分明説體物而不遺；乃後儒動言無鬼神，啓
> 人無忌憚之心，而爲不善於幽獨者，必此之言夫。〔註184〕

> 氣一散而便都與之俱散者，草木是也。蓋草木本無知覺，故氣散而
> 與之俱散。人爲萬物之靈，若一死亦與之俱散，是人與草木無殊。
> 靈隨氣滅，無鬼無神，則季路事鬼神之問，夫子宜答以無鬼？何以
> 曰：「焉能事鬼？」而古今郊設之禮、六宗之禋、五祀之修、王者之
> 禘袷、士庶之蒸嘗，一切崇德報功之典、追遠之舉，皆虛費妄作，
> 爲不善於幽者，當無所忌矣。〔註185〕

二曲認爲「體物不遺」，乃謂鬼神等無時不在的存在之力量，是與主體即存即
感的。是故，道德之實踐與自省亦是無時可忽略的，這當然儒學強調「愼獨」
之意有關。實質上來說，二曲論鬼神，並非一自私迷信之傾向，而是強調對
「鬼神之敬畏」，對於主體成德具有正面之意義。他認爲「無神論」的人文理

〔註182〕見〔明〕李贄撰，《焚書／續焚書》，卷三，頁91～92。
〔註183〕見《四書反身錄》，《二曲集》，卷三十，頁421。
〔註184〕見《四書反身錄》，《二曲集》，卷三十，頁421。
〔註185〕見《四書反身錄》，《二曲集》，卷三十六，頁477～478。

性思想，對於成德之學是有某種弊端存在的，這應是他對時代道德價值之衰敗，所欲形成的一種對治之法。相對的，其說並非如傳統宗教一般，肯定鬼神之力量之目的，在於個人之福報等功利目的。而是藉由鬼神之感，通過其祭祀與一己之律，而促使自我之行爲得其淨化之過程。

當然，這也意謂著，以「一氣之聚散」來解鬼神之意，是有其「詮釋謬誤」之問題的。二曲認爲以「一氣之聚散」來解鬼神之意，此說無法區分人與草木之異，對於人的靈魂不滅之問題則無法釐清。如此一來，對於《論語》中孔子答季路之語「焉能事鬼」之意，更無法有其清楚之說明。故以「一氣之聚散」作爲鬼神之注釋，實際上是無法在原文之脈絡中通行無阻，是故，這是一種違背原文之解讀。

整體來說，二曲其釋與孔子之別，在於孔子的歷史任務，是並須對傳統價值信仰之衰敗，加以人文化、與道德化之解釋與轉化。二曲之說，顯然是將傳統價值信仰之衰敗，加以導回予以一種宗教性之解釋與轉化的。此乃其歷史背景之殊異，所產生的詮釋之差異性。二曲論「上帝」、「天」與「鬼神」、「鬼神」，目的非在信仰亦非迷信，而是建立於一「道德修養」動力不足下的思考。故他對此之討論，皆在言世人自律不足下，望其有所敬畏、畏懼人格神之力量，而能有積極性的道德實踐。但從反省的角度來看，二曲對鬼神之存在，並無一「知識性的論證」，例如對靈魂不滅，與死後靈魂存在問題之論，甚至鬼神如何形成天譴的自身之感與相關之例。其次，其論鬼神之說，除與傳統返本報初、愼終追遠祭祀之儀式不同，亦與勉懷先人之遺志等情志感召，進而自律超越有別，反而是從道德的他律力量來言，其說雖無迷信功利之意，但與其批判佛教因果報應說，實有所相悖。

所以對「鬼神」之理解與詮釋，從二曲之觀點來看，以「一氣之聚散」等宇宙造化來討論，雖可脫離宗教迷信虛妄之處；但相對的，對於成德之學而言，即形成動力弱化的弊病。二曲之關切顯然著重在「道德成就」之意義的。是故，他認爲鬼神之解釋，當回歸原始宗教之意義層面來解釋。

第五節　道德節義之詮釋

二曲討論道德節義，是有其歷史因素所在的，二曲身處明清政權鼎革、天崩地裂等環境之下，對此歷史之變動下道德行爲，自然有其關切與討論

〔註 186〕。而從儒學之角度而言，道德之實踐，不僅體現於日用常行之中，更應在「臨危患難」之際，展現應有之節操，如孔子言仁是「志士仁人，無求生以害人，有殺身以成仁」〔註 187〕，孟子更言「舍生而取義者也」〔註 188〕。故道德節義，本即爲儒者個人行爲之常規。

　　本節之論，主要探討關於二曲對「廉恥」、「節義」、「明哲保身」、「殉節」等內容之論述。分析來說，「節義」乃一道德行爲之體現，其本質在於「廉恥之心」；「廉恥之心」乃爲道德節義之基礎。有恥自然身不失節；身重名節與操守，在臨危之際則必能殉節以報國。是故，對「廉恥之心」的討論，是必然之前提。其次，「節義」與「名節」之觀念，極易在臨難之際，以「明哲保身」爲藉口而有所苟免。故對「明哲保身」之意義的釐清，亦有其深切的必要性。第三、論「節義」與「名節」，最終則需面臨「生」與「死」之抉擇，則有所謂「殉節」大義之問題。以下則依序論之：

一、廉恥之心與節義

　　二曲討論恥心之意義，其本質因素在於對「風俗」與「節義」之衰敗作一深刻的反省與思考，此爲明清學者論道德之要所在。顧炎武就揭示聖人之道即「博學於文」與「行己有恥」。他認爲：「士而不先言恥，則爲無本之人；非好古而多聞，則爲空虛之學。」〔註 189〕二曲論恥亦本之於《論語》「行己有恥」一意。據《論語》載：

> 子貢問曰：「何如斯可謂之士矣？」子曰：「行己有恥，使於四方，
>
> 不辱君命，可謂士矣。」〔註 190〕

《論語》此章乃言士行之意。其意朱子曰：「志乃有所不爲，而其材足以有爲者也。子貢能言，故以使事告之。」〔註 191〕「『行己有恥』，則不辱其身；『使

〔註 186〕關於明清道德節義之討論，可參何冠彪著，《生與死：明季士大夫的抉擇》
　　　　（臺北：聯經出版事業公司，1997 年 10 月）一書之討論。

〔註 187〕見《論語集注》〈衛靈公第十五〉，〔宋〕朱熹撰，《四書章句集注》，卷八，
　　　　頁 163。

〔註 188〕見《孟子集注》〈告子章句上〉，〔宋〕朱熹撰，《四書章句集注》，卷十一，
　　　　頁 332。

〔註 189〕見〈與友人論學書〉，〔清〕顧炎武撰，《顧亭林詩文集》，卷之三，頁 40。

〔註 190〕見《論語集注》〈子路第十三〉，〔宋〕朱熹撰，《四書章句集注》，卷七，頁
　　　　146。

〔註 191〕見《論語集注》〈子路第十三〉，〔宋〕朱熹撰，《四書章句集注》，卷七，頁
　　　　146。

於四方』，能盡其職，則『不辱君命』。」〔註192〕此謂夫子對子貢之才能的教誨，以行己有恥，爲不辱其身；以使於四方，能不辱君命乃謂之士。至於二曲論「行己有恥」則指出：

> 有恥則砥德勵行，顧惜名節，一切非禮非義之事，自羞而不爲，惟恐有浼乎生平。若恥心一失，放僻邪恥，何所不至，居鄉而鄉行有玷，居官而官常有虧，名節不足，人所羞齒，雖有他長，亦何以贖？〔註193〕

> 士人有廉恥，斯天下有風俗。風俗之所以日趨日下，其原起於士人寡廉鮮恥。〔註194〕

「恥心」相對於主體踐仁的積極性而言，乃屬一消極性的「非禮勿動」之意，但在一世衰道微之際，他卻是一種最艱難的道德展現。重視廉恥，即是要能重視個人的名譽與節操，無恥之心則無所不爲，無所不爲則不惜名節，節義一失則風俗自日趨日下。是故，「廉恥」，即成爲普世價值崩潰的最後一道防線。二曲論「恥」，即是呼籲士人要有廉恥，士乃普世價值之創造與體現，士人寡廉鮮恥，世風自然衰敗而不堪。二曲認爲「『行己有恥』，則行己不苟，立身方有本末。」〔註195〕廉恥乃爲主體立身之本，亦爲學之所在。二曲指出：

> 論學於今日，不專在窮深極微、高談性命，只要在全其羞惡之良，不失此一點恥心耳。不失此恥心，斯心爲眞心，人爲眞人，學爲眞學，道德、經濟咸本於心，一眞自無所不眞，猶水有源，木有根；恥心若失，則心非眞心，心一不眞，則人爲假人，學爲假學，道德、經濟不本於心，一假自無所不假，猶水無源，木無根。〔註196〕

恥心乃立身之本。所謂「恥」，乃爲主體的道德羞惡感，人有此羞惡自不爲惡而趨善，惡惡而好善，而形成道德的自省與實踐。故就成德之學來說，學問的眞假之判，乃取決於「恥心」之有無，這說明了「學」之目標在於成德，惟有建立與奠基於「道德之羞惡感」，眞誠而不僞，方爲眞心、眞人與眞學。

〔註192〕見〈論語二十五：子路篇〉，〔宋〕黎靖德編、王星賢點校，《朱子語類三》，卷第四十三，頁1108。
〔註193〕見《四書反身錄》，《二曲集》，卷三十八，頁490～491。
〔註194〕見《四書反身錄》，《二曲集》，卷三十八，頁490。
〔註195〕見《四書反身錄》，《二曲集》，卷三十八，頁490。
〔註196〕見《四書反身錄》，《二曲集》，卷三十八，頁491。

此恥心之建立，乃是儒學體用全學中的「本體性之建立」，此本體性立，相較於「窮深極微、高談性命」，專門探索抽象的形上之思辨，能言而不能行的，是來的有意義與價值。是故，「全其羞惡之良，不失此一點恥心耳」，這才是主體成德之學的真正落實，也是士人今日應有之操守。二曲指出：

> 論士於今日，勿先言才，且先言守，蓋有恥方有守也。〔註197〕

「道德操守」相較於「才能專業」來得重要，而此「道德操守」乃來自於內在之道德羞惡感，惟有內在之「行己有恥」，方能有此「道德操守」。這是二曲對品德與才能關係之論述。

其次，「廉恥之心」何以能至？何以能為？二曲揭示的是：「安貧」處境的體驗，與「無欲則剛」的本體狀態。二曲論「安貧」之意，乃見之於《論語》「君子固窮」一文之討論。據《論語》載：

> 子路慍見曰：「君子亦有窮乎？」子曰：「君子固窮，小人窮斯濫矣。」〔註198〕

此章乃孔子困於陳蔡之時，論君子固有其窮之際，然君子窮則不失節義，小人窮則無所不為。朱子注曰：「聖人當行而行，無所顧慮。處困而亨，無所怨悔。於此可見，學者宜深味之。」〔註199〕朱注旨在說明聖人「無入而不自得」之境。二曲則以「聖人亦有窮乎」來加以自勉。他指出：

> 以孔子之聖，猶厄窮絕糧，況吾人乎？饑寒困苦是其本色，夫何怨？〔註200〕

> 貧者士之常，士不安貧，是反常也；士窮然後見節義，士不固窮，是無節義也。反常殞節，何以自立？〔註201〕

安貧對於德性價值之成就乃具有關鍵之作用的。《論語》中孔子即言「君子謀道不謀食。耕也，餒在其中矣；學也，祿在其中矣。君子憂道不憂貧。」〔註202〕此皆以德性之價值成就為主，而不以個人形軀生理欲求為滿足。而關

〔註197〕見《四書反身錄》，《二曲集》，卷三十八，頁491。
〔註198〕見《論語集注》〈衛靈公第十五〉，〔宋〕朱熹撰，《四書章句集注》，卷八，頁161。
〔註199〕見《論語集注》〈衛靈公第十五〉，〔宋〕朱熹撰，《四書章句集注》，卷八，頁161。
〔註200〕見《四書反身錄》，《二曲集》，卷三十九，頁495。
〔註201〕見《四書反身錄》，《二曲集》，卷三十九，頁496。
〔註202〕見《論語集注》〈衛靈公第十五〉，〔宋〕朱熹撰，《四書章句集注》，卷八，頁167。

學之儒呂涇野亦言「甘貧改過」之說。其曰:「然能甘貧,則一切浮雲外物舉不足爲累矣;能改過,則可以日新而進於善矣。打抵過失亦多生於不能安貧中來,貧而能安,過亦可少,觀於顏子可見矣。」〔註203〕此亦以安貧作爲成就德性價值之前提。二曲即認爲聖賢之士的道德堅持,必然的會形成個人經濟與物質條件的匱乏。是故,他認爲貧窮乃道德之士的「常態發展」;這種貧窮常態,不但不應有所怨恨,反而是個人節義的完整性的呈現。士能「安貧」,方能不殞節而失節義。故要能以饑寒困苦作爲生活的本色,能安於貧窮,方能守節以立。

第三、討論安貧,從本質上而言,即要面對個人欲望之處理。二曲論此則申義於《論語》「棖也欲,焉得剛」一文之討論。據《論語》載:

> 子曰:「吾未見剛者!」或對曰:「申棖。」子曰:「棖也慾,焉得剛?」〔註204〕

此章之意,朱子注曰:「多嗜欲,則不得爲剛矣。」〔註205〕錢穆釋此指出:「剛德之人,能伸乎事物之上,而無所屈撓。富貴貧賤,威武患難,乃及利害毀譽之變,皆不足以攝其氣,動其心。凡儒家所重之道義,皆賴有剛德以達成之。若其人而多欲,則世情繫戀,心存求乞,剛大之氣餒矣。但此章僅言多欲不得爲剛,非謂無欲即是剛。」〔註206〕至於二曲的討論,非僅言「多欲不爲剛」,而是言「無欲則剛」的,並申義於道德節義之成就。他指出:

> 人惟有慾則不剛,不剛則不能直內而方外,故聖賢之學,以無慾爲主,以寡慾爲功。〔註207〕

> 德非剛則不能進,己非剛則不能克,品非剛則不能樹,名節非剛則不能全。擔當世道,非剛則不能任;頂天立地事業,非剛則不能做,做亦難成。〔註208〕

二曲認爲個人品德與名節之立,乃至於擔當世道與頂天立地事業的完成,皆

〔註203〕見〔明〕呂柟撰,《涇野子內篇》,收入於《四庫全書珍本五集》,頁3。

〔註204〕見《論語集注》〈公冶長第五〉,〔宋〕朱熹撰,《四書章句集注》,卷三,頁78。

〔註205〕見《論語集注》〈公冶長第五〉,〔宋〕朱熹撰,《四書章句集注》,卷三,頁78。

〔註206〕見錢穆著,《論語新解》,頁120。

〔註207〕見《四書反身錄》,《二曲集》,卷三十三,頁447。

〔註208〕見《四書反身錄》,《二曲集》,卷三十三,頁447。

須依賴於主體剛毅不怯懦之特質。此特質就其內在之品格，即是能夠依其內在的天德而爲。是故，「凡富貴、貧賤、威武、患難、一切毀譽利害，舉無足以動其心。」〔註209〕這是一種不同於血氣之勇的盲目性，而是以天理爲導向的道德意志之堅持。惟有這種道德堅持，方能不屈於物，亦不爲欲所屈，如此一來，道德之完整性與永恆性之追求，才是可爲而可成的。

所以廉恥之心是節義之本，重視道德節義，則必須從「恥心」之學，作爲開展的。這是二曲有見於道德價值衰敗，進而提出的道德意識之培養。而此「恥心」之學之養成，二曲則提出了，士當以「貧窮」爲常態，以「無欲」爲學，無欲則剛，自能安貧而樂道，能安貧而樂道，自能臨難而不失節。

二、明哲保身之討論

討論道德節義，重視的是道德價值與德性之完成，但此節義之仁，並非人人可爲，時時能爲的，於是便有與「道德節義」之行爲產生「模糊性」的「明哲保身」之說。這說明了，世人「明哲保身」之說，極易於臨難之際，形成苟免之藉口，而對道德節義形成一背離，導致失節之弊。二曲對此亦有釐清與說明。二曲討論「明哲保身」之觀點，主要見之於《論語》「曾子有疾」一文。據《論語》載：

> 曾子有疾，召門弟子曰：「啓予足！啓予手！《詩》云：『戰戰兢兢，
> 如臨深淵，如履薄冰。』而今而後，吾知免夫！小子！」〔註210〕

關於此說，朱子注曰：「曾子平日以爲身體受於父母，不敢毀傷，故於此使弟子開其衾而視之。」又引范氏曰：「身體猶不可虧也，況其行以辱其親。」〔註211〕這是發揮「孝乃不虧體辱親」之意。二曲則著重從「孝道」與「節義」處加以闡明。二曲指出：

> 「孝以保身爲本。身體髮膚受之父母，不敢毀傷，故曾子「啓手足」
> 以免於毀傷爲幸。然修身乃所以保身，手不舉非義，足不蹈非禮，
> 循禮盡道，方是不毀身之實。平日戰兢恪守，固是不毀傷，即不幸
> 遇大難、臨大節，如伯奇孝己，伯邑考、申生死於孝，關龍逢、文
> 天祥之身首異處，比干剖心，孫臏鋸身，方孝孺、鐵鉉、景清、黃
> 子澄、練子寧諸公，寸寸磔裂死於忠，亦是保身不毀傷。若言修身

〔註209〕見《四書反身錄》，《二曲集》，卷三十三，頁447。
〔註210〕見《論語集注》〈泰伯第八〉，〔宋〕朱熹撰，《四書章句集注》，卷四，頁103。
〔註211〕見《論語集注》〈泰伯第八〉，〔宋〕朱熹撰，《四書章句集注》，卷四，頁103。

> 而言不毀傷，則孔光、胡廣、蘇味道之模模稜取容，褚淵、馮道及
> 明末諸臣之臨難苟免，亦可謂保身矣？虧體辱親，其爲毀傷，孰大
> 於是？〔註212〕

個人形軀之保持，是對生育養護之父母的必要性的回報，但陷入兩難困境所謂「生與義」、「忠與孝」之衝突？又當如何爲之呢？二曲認爲保身之原則在於「修身」，惟有修身才是保身。修身乃指主體之道德實踐。二曲指出：

> 保身全在修身，而修身須是存心。終日凜凜，戰兢自持，察之念慮
> 之微，驗之事爲之著，慎而又慎，無所容乎人欲之私，而務全其天
> 理之正，如是則俯仰無怍，生順而死安矣。〔註213〕

修身即是存心，而「存心」即主體道德意識的自我省察，省察人欲之私後窮理滅欲之過程。這說明了二曲之身是以「德性我」爲主導的，保身在修身，修身在存心。以存心而修身，以修身爲保身，這說明了在面臨「忠」與「孝」、「生」與「義」之衝突下，是必須捨身而取義的、移孝而作忠的，這才是眞正的符合孝的眞締。

「虧體辱親，其爲毀傷，孰大於是？」以不辱親爲大，乃儒學經典所強調的。如《孝經》曰：「身體髮膚，受之父母，不敢毀傷，孝之始也；立身行道，揚名於後世，以顯父母，孝之終也。夫孝，始於事親，忠於事君，終於立身。」〔註214〕《禮記》亦言：「孝有三：大孝尊親，其次弗辱，其下能養。」〔註215〕此意謂著孝之始，固有其對「形軀我」之維護，但孝之終所謂的「尊親」、「揚名於後世，以顯父母」，則在強調主體面對社會國家價值之時，能否「循禮盡道」有一合乎道德之展現？基於此義，二曲認爲「節義與道德」之維護，才是眞正的「保身不毀」；「節義與道德」之喪失才是眞正的毀傷。是故，那些以盡孝而爲苟免者，其所保的只是形軀之短暫生命，保身造成的名節之失，才是眞正的辱親與不孝。保身應是保其「德性之身」而非「形軀之身」，二曲這種論點，亦見之於《中庸》「明哲保身」〔註216〕一文之

〔註212〕見《四書反身錄》，《二曲集》，卷三十四，頁461。
〔註213〕見《四書反身錄》，《二曲集》，卷三十四，頁461。
〔註214〕見《孝經》〈開宗明義章第一〉，見〔唐〕唐元宗明皇御注、〔宋〕邢昺疏，《孝經正義》，收入於《十三經注疏》（臺北：藝文印書館，民國86年8月），卷第一，頁11。
〔註215〕見《禮記》〈祭義〉，〔漢〕鄭元注、〔唐〕孔穎達等正義，《禮記正義》，收入於《十三經注疏》，卷第四十八，頁820。
〔註216〕《中庸章句》云：「國有道，其言足以興，國無道，其默足以容。《詩》曰：「既

討論。他指出：

> 夫等死耳，然死有輕於鴻毛，有重於泰山，此處要見之眞，守之定。
> 倘輕於鴻毛，不妨斂身避難，保其身以有待；苟事關綱常民彝，一
> 死重於泰山，若比干之剖心、文天祥之國亡與亡，此正保其千古不
> 磨之身，乃「明哲」之大者。揚雄、馮道，止緣錯認苟全爲「保身」，
> 偷生一時，貽譏千古，《綱目》書「莽大夫揚雄死」，《通鑑》於馮道
> 口誅筆伐，爲戒無窮。由斯觀之，果孰得而孰失耶？〔註217〕

二曲認爲世俗的明哲者不一定保身，保身者亦非皆爲明哲。其因在於所保之
身乃「形軀我」之身，而非「德性我」之身。故非「明哲保身」之眞諦與體
現，此爲其對「明哲保身」一義之釐清。

其次，關於「身之存否」，乃取決於「道德意義」與「存在價値」之整體
思考，二曲認爲在此可「殺身以成仁」，亦可「斂身避難以全其身」，但絕非
爲保其身軀而失其節義。臨難苟免者，所謂「保身」，乃全其形軀，而失其「明
哲」與節義所在，此即揚雄、馮道等輩貽譏千古之例；而相對的，成仁取義
者，才是眞正的「保身」，保其道德之身，而不失節義，方爲眞正之「明哲」，
此即比干剖心、文天祥（字履善，一字宋瑞，號文山，1236～1283）國亡與
亡之例。是故，「明哲保身」乃奠基於「道德意識」所展現的經權的態度，其
經權所在，乃爲「成仁取義」或「斂身避難」的意義與價値的思考，重視的
是不朽的「道德評價」，而非當下之苟全。基於此全否，即涉及主體生命之存
有意義的思考，二曲對此之討論，乃從《論語》「自古皆有死」一文加以闡述。
據《論語》載：

> 子貢問政。子曰：「足食，足兵，民信之矣。」子貢曰：「必不得已
> 而去，於斯三者何先？」曰：「去兵。」子貢曰：「必不得已而去，
> 於斯二者何先？」曰：「去食。自古皆有死，民無信不立。」〔註218〕

此章之解，朱子注曰：「言倉廩實而武備修，然後教化行，而民信於我，不離叛
也。」「是以爲政者，當身率其民而以死守之，不以危急而可棄也。」〔註219〕

> 明且哲，以保其身。」其此之謂與！」見〔宋〕朱熹撰，《四書章句集注》，
> 頁35～36。
〔註217〕見《四書反身錄》，《二曲集》，卷三十，頁424。
〔註218〕見《論語集注》〈顏淵第十二〉，〔宋〕朱熹撰，《四書章句集注》，卷六，頁
134～135。
〔註219〕見《論語集注》〈顏淵第十二〉，〔宋〕朱熹撰，《四書章句集注》，卷六，頁

這是從施政之先後來注此說。其論「自古皆有死」，乃以爲政者當信守於民來言。至於二曲之論，則著墨於「忠孝節義」處加以發揮。他指出：

> 「自古皆有死」，乃貪生怕死之徒，往往臨難而苟免，雖偷生得幾日，生則抱愧氣短，究竟終歸於死；死則遺臭無窮，何如死孝、死忠、死節、死義、死而無愧，照耀千古之爲得耶？〔註220〕

二曲認爲死亡乃一自然的發展，無須畏懼與逃避，人所應當追求的是「永恆的歷史定位」，而非一時之苟安。人應發揮廉恥之心，在忠孝節義應爲之際，作出「正確的判斷」，成就主體的道德完整性。能爲忠孝節義而「殉節」，依理而行，循理而爲，方能無愧與無咎，也才是「精神之不朽」的成就。

　　所以二曲認爲明哲保身，應是以道德節義爲本的保其道德之身，而不是一種臨難而苟免的保身；臨難而苟免的保身，不但非明智之謀，亦爲辱親之行，更是遺臭無窮之舉。

三、殉節之討論

　　論「廉恥之心」與「道德節義」，最終則須論「殉節」之問題，此爲明清政權轉移下，最爲人所關切之道德問題。論殉節之說，可先從儒學之仁論起。儒學之「道德評價」中，最高之稱譽乃爲仁的「歷史定位」。在《論語》之中，孔子以仁稱人處不多，僅有言如伯夷、叔齊之「求仁得仁」〔註221〕，論管仲之「如其仁」〔註222〕，以及稱微子、箕子與比干的「殷有三仁」中。歷代在詮釋「仁」之概念，除把握《論語》思想涵意外，亦多有其寄託與暗喻之處。以明末清初爲例，論仁之發揮，實深涵一民族節義之思想。胡師楚生就從《論語》〈憲問篇〉「管仲不死子糾」一文中，申義清初大儒在文網日密下，如何

134～135。

〔註220〕見《四書反身錄》，《二曲集》，卷三十七，頁484。

〔註221〕見《論語集注》〈述而第七〉：「冉有曰：『夫子爲衛君乎？』子貢曰：『諾。吾將問之。』入，曰：『伯夷、叔齊何人也？』曰：『古之賢人也。』曰：『怨乎？』曰：『求仁而得仁，又何怨！』出，曰：『夫子不爲也。』」〔宋〕朱熹撰，《四書章句集注》，卷四，頁96。

〔註222〕見《論語集注》〈憲問篇第十四〉：「子路曰：『桓公殺公子糾，召忽死之，管仲不死。曰：未仁乎？』子曰：『桓公九合諸侯，不以兵車，管仲之力也。如其仁！如其仁！』」、又見〈憲問篇〉：「子貢曰：『管仲非仁者與？桓公殺公子糾，不能死，又相之。』子曰：『管仲相桓公，霸諸侯，一匡天下，民到於今受其賜。微管仲，吾其被髮左衽矣！豈若匹夫匹婦之爲諒也，自經於溝瀆而莫之知也。』」〔宋〕朱熹撰，《四書章句集注》，卷七，頁153。

藉「詁經釋義之間，以暗寓其春秋之大義。」〔註 223〕二曲對「管仲不死公子糾」，雖無論述，但在論「殷有三仁」中，則對「道德節義」與「殉節」有所申義與發明。據《論語》載：

> 微子去之，箕子爲之奴，比干諫而死。孔子曰：「殷有三仁焉。」

〔註 224〕

關於此義，朱子注曰：「三人之行不同，而同出於至誠惻怛之意，故不咈乎愛之理，而有以全其心之德也。」〔註 225〕朱子認爲三人之心皆至誠惻怛，而皆合乎其理。二曲論此，除本於其內心之仁外，更著墨於「殉節」大義之中。二曲指出：

> 箕子因奴，比干剖心，忠節凜烈，天地爲昭。微子之去，迹同後世全身遠禍者所爲，而夫子并許其仁者，原其心也。以其心乎國，非私乎身，宗祀爲重，迹爲輕也。蓋微子本帝乙之元子、紂之親兄，與箕子、比干不同，有可去之義，故箕子詔王子出迪，不使紂有殺身之名，而元子在外，宗祀可延，所謂自靖。人自獻於先王，而即其心之所安，是以同謂之仁。後世若德非微子，分爲臣僕，主昏不能極諫，國亡不能殉節，跳身遠去，俯首異姓，斯乃名教之罪人，不仁之大者。公論自在人心，口諸筆伐，播諸青史，一時輕去，千載難逃，夫何原！〔註 226〕

> 微，國名；子，爵，也。啓雖封有爵土，而身常在朝，同箕子、比干諸人輔政，至是見紂惡日甚，不可以輔，乃去紂而還其所封之國，轉避於野，潛跡滅蹤，非去紂而入周也。微子之志故如此，若去紂而入周，又何以爲微子？〔註 227〕

二曲評「殷之三仁」，認爲此三人誠忠孝節義之體現。但此三人之中，微子之去，實屬爭議，故有幾層問題當加以說明：

〔註 223〕見胡師楚生著，〈清初諸儒論「管仲不死子糾」申義〉一文，見氏著，《清代學術史研究》（臺北：學生書局，民國 82 年 3 月），頁 125～139。
〔註 224〕見《論語集注》〈微子第十八〉，〔宋〕朱熹撰，《四書章句集注》，卷九，頁 182～183。
〔註 225〕見《論語集注》〈微子第十八〉，〔宋〕朱熹撰，《四書章句集注》，卷九，頁 182～183。
〔註 226〕見《四書反身錄》，《二曲集》，卷三十九，頁 505。
〔註 227〕見《四書反身錄》，《二曲集》，卷三十九，頁 505。

　　首先，二曲認爲「微子去之」，雖如後世「斂身避難」之行，但實質上更兼有存其宗祀之意義，固爲正確之舉。這說明仁的道德評價，絕非單一的取決於所謂死的問題。殺身固可成仁，不死亦非不仁；仁或不仁乃取決於是否違背「道德節義」，以及是否有其「存在價值」的思考。顯然的，二曲認爲在「道德節義」與「存在價值」之整體思考上，「微子去之」是不悖「道德節義」的。

　　其次，二曲認爲，位屬君臣者，在主昏之時則須勸諫，亡國之時則須殉節，而非俯首異姓以稱臣；臨難而不能守節與殉節，而又俯首異姓以稱臣者，則自屬名教之罪人也。是故，以二曲之觀點而言，位屬君臣者必須亡國而殉節，這是二曲詮釋「殷有三仁」之主要目的。

　　第三、微子之斂身避難，並無涉及所謂「去紂而入周」之爭議，這是對史實之釐清。二曲指出：「《左傳》引『微子銜璧迎降』之言，斯蓋後世臣人者借（藉）口；賢如微子，必不其然。」〔註228〕故《左傳》之載當爲有誤。《左傳》於僖公六年（654）載：「冬，蔡穆侯將許僖公以見楚子於武城。許男面縛，銜璧，大夫衰絰，士輿櫬。楚子問諸逢伯。對曰：『昔武王克殷，微子啓如是。武王親釋其縛，受其璧而祓之。焚其襯禮而命之，使復其所，楚子從之。」〔註229〕此說後亦見之《史記》〈宋微子世家第八〉：「周武王伐紂克殷，微子乃持其祭器造於軍門，肉袒面縛，左牽羊，右把茅，膝行而前以告。於是武王乃釋微子，復其位如故。」〔註230〕關於《左傳》與《史記》之載，雖有詳簡之別，但記微子之事，皆有失節之意。但此事並非僅有一說，如《四書翼注》即考證此事而斥《左傳》與《史記》之載。其載：

　　　　《左傳》、《史記》皆言微子面縛見武王，此亦妄也。《書》明言吾家
　　　　耄遜於荒，是遜於荒野，未嘗見武王也。武庚既誅，武王乃求微子，
　　　　封於宋。《左傳》所載，乃許男人用此禮，逢伯引武庚之事移之微子，
　　　　以媚楚子，司馬遷則因《左傳》之誤，又爲已甚之詞。既面縛矣，
　　　　是兩手向後矣，何以又能左手把茅，右手牽羊？〔註231〕

〔註228〕見《四書反身錄》，《二曲集》，卷三十九，頁505。
〔註229〕見〔周〕左丘明傳、〔晉〕杜預注、〔唐〕孔穎達疏，《春秋左傳正義》，收入於《十三經注疏》，卷十三，頁214。
〔註230〕見〔漢〕司馬遷撰，《史記》，卷三十八，頁1610。
〔註231〕見〈微子上〉，〔清〕程樹德撰、程俊英、蔣見元點校，《論語集釋四》，卷三十六，頁1248。

此說之考亦合情理，可證二曲之論。按二曲來看，以微子之身份與行爲而言，並無臨難而失節之處，但此去雖不違節義之舉，但終有「改封於宋，進爵爲公」之事，其弟子對此亦提出質疑。據《四書反身錄》載：

> 問：後世德非微子，固不可以俛首異姓，若果德如微子，便可借口宗祀，俛首異姓乎？曰：亦顧其所遇何如耳。苟遇非武王，只當如北地王劉諶之死社稷爲正。蓋時有不同，古今勢異故也，否則不惟不能存宗祀，反有以辱宗祀矣。〔註232〕

苟免者自有其藉口，其權衡判別之標準何在？這是二曲弟子對此說之質疑。二曲針對這問題指出在「道德節義」與「存有價值」思考下，則尚須辨別異姓之革命者，是否爲「奉天伐暴，誅止一夫」，等上應天命下應民心之意義。這說明了，二曲認爲在三者之理由充足下，似可接受一新的政權移轉，這亦是他對「微子去之」，雖無失節，卻又「改封於宋，進爵爲公」的整體意見與評定。但值得注意的是，以微子之例，微子乃因紂無道，去之以存宗祀，雖以武王之德，微子必竟無去紂而入周之舉，若去紂而入周，則又何以爲微子？這說明二曲，雖贊同與肯定微子之舉，但也相對的點明了「節義」與「殉節」是乃屬必要性的行爲，此條件之嚴苛，代表著他對明清政權移轉後臨難失節者的一種批判。

所以論道德節義，最終則必須涉及一國難家亡時「殉節」之問題。二曲論此，則以「殷有三仁」中關於「微子去之」加以申義，此詮釋是二曲志存民族節義下的發明與詮釋，透由其說之申義，藉以批判與贊揚節義之成與毀。

〔註232〕見《四書反身錄》，《二曲集》，卷三十九，頁506。

第五章　《孟子》一書之詮釋

第一節　緒　論

　　從學術發展來看，儒學之奠基者——孔子思想與其關心之旨趣，在於面對「周文疲弊」下，如何使其原有的禮儀制度「生命化」與「人文化」之處理。故孔子之思想精義所在，在於提出「攝禮歸義」、「攝禮歸仁」之學說，以建立儒學的道德、政治與文化的秩序。但孔子對其思想之闡明，多屬「因材而教」與「隨意指點」之方式，故其說僅就原則上施教，而不及於細節，對於理論之闡明以及他說之挑戰，則留待孟子而完成。從本質上來說，孟子身處春秋末世，楊墨諸說盈盛、功利主義成風，故其不得不以保衛儒學，息邪說、距詖行、放淫辭。是故，孟子哲學的歷史任務，主要建立在「闡明儒家所定目的之合理的學說。」〔註1〕而對儒學有一哲學系統之建立。

　　孟子對儒學思想的理論之闡明，主要從「心性論」、「修養論」、「政治思想」等三方面著手。「心性論」，探索的是「一切規範之道德價值根源，亦即一切規範之得以成立的最終依據。」〔註2〕按孟子思想來說，即提出「性善」與「四端之心」，由四端之心的價值自覺，而顯露道德之善。而「修養論」，主要討論的是對本體與涵育與養護，孟子即提出「知言養氣」、「養心莫善於寡欲」等說，以明生命理性化過程中，德性我對情意我的主宰過程〔註3〕。而

〔註1〕見勞思光著，〈對於如何理解中國哲學之探討及建議〉一文，見氏著，《思辨錄——思光近作集》，頁29。

〔註2〕見吳友能著，〈馮從吾心性論初探〉，收入於萬榮晉、趙馥洁、趙吉惠主編，《張載關學與實學》（西安：西安地圖出版社，2000年11月），頁501。

〔註3〕相關討論，可參見勞思光著，《新編中國哲學史一》，第三章，頁170～177。

就「政治思想」部份，主要在探討政治之本質、政權之轉移等問題。孟子重視民心之所向，故提出「民貴君輕」，以及「君權轉移」等問題；亦本之「民心為貴」之意，而有仁政王道之思想。此皆孟子思想的旨趣與哲學觀念之所在。

二曲對《孟子》一書之詮釋，本質上亦扣緊此三層面向加以申義，然受宋明理學本體概念與修養工夫之影響，在持論與解讀上，亦多與孟子所言有所出入，然自成理路亦可為解。整體來說，二曲對其之詮釋，就「心性論」上多承象山、陽明而言，亦採朱持敬說以為「修養論」之輔。在「政治思想」上，對於孟子仁政王道雖有申義與發明，但大多著墨於當下歷史脈絡加以反省；但顯然的，就孟子精采的「民貴君輕」，以及「君權轉移」等觀點，則未見二曲之討論，此為二曲對《孟子》一書詮釋中較為不足之處。

本章主要討論二曲對《孟子》一書之詮釋。二曲對《孟子》一書詮釋主要建立在三部份。分別為心性思想、修養工夫，以及仁政王道之思想。前兩者，主要闡明其心性工夫，偏於內聖之學部份。具體來說，就「心性思想」之詮釋部份，主要討論孟子之「性善說」與「識本之學」、「求心之學」與「求其放心之道」，以及「良知」與「四端之心」，和「恥心節義」等有關心性良知等重要觀念的說明；而就「修養工夫論」部份，則論「養心莫善於寡欲」、「知言養氣」、「操存持敬之工夫」等說，以明其成德工夫之輔；而「仁政王道」之學，則為外王思想之討論。主要針對仁政之說、王道思想，以及經界等諸說的討論。這是二曲對《孟子》一書之詮釋的主要面向。

第二節　心性良知思想之詮釋

二曲論孟子心性良知思想。首以「性善說」為開端，以明識性而率性的踐形之學。其次，則論「求心之學」，以明孟子學之精義所在，並言「求放心之道」，以明人心陷溺之救正，最終則言「正人心」的社會批判與關懷之說。第三、則論良知與四端之心等說，以明孟子、象山、陽明其學之承。最後，則申義於恥心與道德節義之討論，此為二曲對時代道德節操之重視與反省。以下則依序論之：

一、「性善說」與「識本之學」

儒學討論「人性善惡」之問題，主要是作為闡述人之為善的「道德根據」

所在，無性善之說，所謂成德之學則無有所據。儒學以孔子爲創始，定向儒學之發展。其立仁義與禮之說，以其爲成德之基，而建立一人文之學。但對此道德意識、價值根源之證立，並無明確的界定與說明。韋政通就指出孔子論心性，只言「性相近，習相遠」、「其心三月不違仁」。對其心性之關係，並無詳論，儒學的心性之學，直到了孟子方有其重要之發展〔註4〕。勞思光亦指出：孔子至少遺留兩個問題給後學，其中之一涉及性善說，即是「自覺心」或「主宰力」如何證立之問題〔註5〕。眞正對此有完整清處之討論，即爲孟子之說。孟子性善說，主要是論述「仁義內在」的問題，此一問題集中於與告子的論辨之中〔註6〕。孟子證立性善說，點明道德主體成德之根據，揭示儒學心性理論的初步完成。此正陸象山所言：「夫子以仁發明斯道，其言渾無罅縫，孟子十字打開，更無隱遁，蓋時不同也。」〔註7〕

　　二曲對此「性善說」之詮，主要見於《孟子》「道性善」一文之討論。據《孟子》載：

　　　　滕文公爲世子，將之楚，過宋而見孟子。孟子道性善，言必稱堯舜。〔註8〕

孟子「道性善，言必稱堯舜」。趙歧（字邠卿，約 108～201）注此曰：「孟子與世人言，人生皆有善性，但當充而用之耳，又言堯舜之治，天下不失仁義之道，故勉世子。」〔註9〕趙注釋此乃分別以「性善說」，與堯舜「仁政之道」言之。朱子注此則曰：「性者，人所稟於天以生之理也，渾然至善，未嘗有惡。人與堯舜初無少異，但眾人汨於私欲而失之，堯舜則無私欲之蔽，而能充其性爾。故孟子與世子言，每道性善，而必稱堯舜以實之。欲其知仁義不假外求，聖人可學而至，而不懈於用力也。」〔註10〕朱注乃謂聖人與人「成德之潛能」，實一致而相同的，聖人是可學而至的，有爲者亦若是。其論堯舜

〔註4〕　見韋政通，《中國思想史》，上冊，頁259。
〔註5〕　見勞思光著，《新編中國哲學史一》，第三章，頁157。
〔註6〕　關於此說之釋與討論，可參牟宗三著，《圓善論》，第一章，頁1～58。
〔註7〕　見〈語錄上〉，〔宋〕陸九淵撰，《陸九淵》，卷三十四，頁398。
〔註8〕　見《孟子集注》〈滕文公章句上〉，〔宋〕朱熹撰，《四書章句集注》，卷五，頁251。
〔註9〕　見〔漢〕趙歧注、〔宋〕孫奭疏，《孟子注疏》，收入於《十三經注疏》（臺北：藝文印書館，民國86年8月），卷五上，頁88。
〔註10〕　見《孟子集注》〈滕文公章句上〉，〔宋〕朱熹撰，《四書章句集注》，卷五，頁251。

乃以成聖而言，而非論其仁政之意。至於二曲論「道性善」，亦本朱子其說。
他指出：

> 人性本善，孟子「道性善」，道其所本然而已。聖如堯舜，亦不過率
> 性而行，不失其本然而已矣，非於本然之外有所增加也。人能率性
> 而行，不失本然，人皆可以為堯舜。〔註11〕

> 人性皆善，吾之性即堯舜之性，故曰「道一」，曰「有為者亦若是」，
> 曰「堯舜可為」。此實理實事，今人卻以為孟子故意引人為善，非
> 真「人皆可為堯舜」也。此等議論見識，不惟不信聖賢，自小其身
> 份，亦且甚壞人心術學問。某見此等，必深辨而痛闢之。〔註12〕

二曲論孟子性善之說，大抵同朱注所言。亦即，聖人之性與我之性為一，聖
人與人之別，非在本性之別，而在於能否率性而行？能否盡此性、全此性而
已。此外，他亦針對時說言孟子進人為善，非「人皆可為堯舜」也，加以深
辨而痛闢。以孟子進人為善而言，即說明了人性並非真善，只是把性視為中
性義，此即告子「以生為性」之論也。二曲認為孟子以乍見孺子入井，其惻
隱處實乃良心發見處，亦為性善之證。他指出：

> 「乍見孺子入井，皆有怵惕惻隱之心」，此良心發見處。良心即善也，
> 非由學而然，非擬議而然，非性善而何？故「性善」之旨明，而千
> 聖之統明矣，所以開萬世之蒙，而定萬世論性之準者，端在於斯。
> 周、程、張、朱相繼闡繹，顧涇陽《小心齋劄記》、馮少墟《辨學錄》
> 拳拳申明，至當歸一，確不可易，學人誠潛心從事，然後知告子「無
> 善無不善」及荀、揚、韓一偏之見，俱屬夢說。〔註13〕

二曲旨在申明孟子以人怵惕惻隱之心處，證其本性為善，此乃千古之學的定
論，亦為宋明諸儒拳拳申明之處。孟子論性實就「人禽之辨」中，人之所以
為人之道德本性、義理之性言之，而非如告子所謂「自然之質」而言的。是
故，如告子「無善無不善」，荀子「性惡」之說、揚雄的「人性善惡論」、韓
愈的「人性三品說」，實屬夢說與偏見。除此，二曲亦言告子義外之說，實為
今日儒學之挑戰所在。他指出

> 自「義外」之說倡，不特霸術假借之弊由於此，即佛、老虛寂之

〔註11〕見《四書反身錄》，《二曲集》，卷四十一，頁515。
〔註12〕見《反身續錄》，《二曲集》，卷四十三，頁545。
〔註13〕見《四書反身錄》，《二曲集》，卷四十一，頁515。

弊，亦由於此。其在今日，不特佛、老矣，即吾儒循跡摹象之學，

亦由於此。憂在彼者，孟子力辨之；憂在此者，責不在吾輩而誰

責？〔註14〕

告子所謂「仁內義外」之說，即說明了道德行為乃是「外律」而成的，非本自內心直就「義之所當為」而發的，而是據客觀事實來確立的，此與孟子認為道德仁義皆本之於心而發，誠有所別的。二曲認為告子論性之弊，不僅產生霸道假仁之學、佛老虛寂之弊，亦形成儒學內部見性不明之弊端，此為今日為學者當護教而力辨之責所在。故知其性善，無疑有其重要之意義。而知其性善其目的為何？二曲認為知性方能率性，率性即「踐形」也。根據《孟子》載：

孟子曰：「形色，天性也；惟聖人，然後可以踐形。」〔註15〕

孟子論「踐形」，實謂聖人能盡人之性，方能全其上天賦予之形貌。具體來說，「即是道德之心，透過官能的天性，官能的能力，以向客觀世界中實現。」〔註16〕朱子注此則曰：「眾人有是形，而不能盡其理，故無以踐其形；惟聖人有是形，而又能盡其理，然後可以踐其形而無歉也。」〔註17〕朱子論「踐形」，乃在於能否盡其天理與否？至於二曲論「踐形」則指出：

率性而行，便是「踐形」；行不率性，便被形踐。「踐形」，則目視耳

聽、手持足行莫非天性用事，動不違則；形踐，則耳視目聽、手持

足行莫非行色用事，動輒違則。〔註18〕

二曲以率性釋「踐形」，實以良心本性之善作為行為之指導。所謂「踐形」，即行為不違良心本性之善而合乎道德規範，違其良心本性之善即非「踐形」，而為「形踐」。基於此義，明其性善，方有率性、踐形之本。故首要關鍵在於「識性」。二曲指出：

識性方能率性，「大立則小不能奪」。根心生色，睟面盎背，「施於四

體，四體不言而喻」，動容周旋，即性即天。〔註19〕

〔註14〕見《反身續錄》，《二曲集》，卷四十四，頁551。

〔註15〕見《孟子集注》〈盡心章句上〉，〔宋〕朱熹撰，《四書章句集注》，卷十三，頁360。

〔註16〕見徐復觀著，《中國人性論史》，第六章，頁185。

〔註17〕見《孟子集注》〈盡心章句上〉，〔宋〕朱熹撰，《四書章句集注》，卷十三，頁360～361。

〔註18〕見《四書反身錄》，《二曲集》，卷四十二，頁531。

〔註19〕見《四書反身錄》，《二曲集》，卷四十二，頁531。

所謂「識性」即爲良知本心的自覺與呈現，「識性」後方能「率性」體道於身，能體道於身，才能全其上天賦予之形貌而「踐形」。是故，知其良知本心之善，自反而誠，方能使其視聽言行莫非天則，從心所欲而不踰矩，而最終方能達其「盡心而知性，知性而知天」的天人合德的道德境界。

其次，「識性」具體而言，即指向所謂「本體之識」的逆覺體驗過程。據《四書反身錄》載：

> 問：「求之」之要？曰：要在識得眞心，能識眞心，自然不放，即放亦易覺。曰：如何方是眞心？曰：惺惺不昧，天然一念是也。一切放下，方是不放；雖念不起，則正念自存；存則居仁由義，動無不臧。放之則彌六合，卷之則退藏於密，操縱如意，「允執厥中」。〔註20〕

所謂「眞心」即爲良知本心，乃主體知善知惡好善惡惡之所在，此一念之靈明自覺顯露而呈現，其他妄思之念自然消解。此眞心一存，主體之行，無不順乎仁義之正。二曲論此識眞心的本體之識，實即孟子所謂的「大人者，不失赤子之心」之意。據《孟子》載：

> 孟子曰：「大人者，不失其赤子之心者也。」〔註21〕

孟子的赤子之心，實即良知本心之謂。關於其義，朱子注曰：「大人之心，通權達變；赤子之心，純一無僞而已。然大人之所以爲大人，正以其不爲物誘，而有以全其純一無僞之本然。」〔註22〕此注大抵合孟子之意，但朱子論心，誠如上述，實非孟子之意。至於二曲論「大人者，不失赤子之心」則指出：

> 聖賢千言萬語，無非欲人不失其赤子之心；吾人千講萬講，亦無非求不失赤子之心。故必屛緣息慮：一切放下，內不牽於情感，外不紛於物誘。泯知見，忘人我，令胸中空空洞洞，了無一塵；良知良能，一如赤子有生之初，返本還原，纔算造詣。〔註23〕

二曲認爲「學道原爲了心。一事繫心，心便不了；心苟無事，一了百了。」

〔註20〕見《四書反身錄》，《二曲集》，卷四十二，頁526。
〔註21〕見《孟子集注》〈離婁章句下〉，〔宋〕朱熹撰，《四書章句集注》，卷八，頁292。
〔註22〕見《孟子集注》〈離婁章句下〉，〔宋〕朱熹撰，《四書章句集注》，卷八，頁292。
〔註23〕見《四書反身錄》，《二曲集》，卷四十二，頁520。

〔註24〕故所謂「了心」，並非使心之無思無覺，而是將此心受知見物誘與情移境奪之異化中，復其赤子之狀態，此處之工，實即以主靜的超越逆覺工夫爲之。赤子之心，即爲返本於良知本心的靈明狀態。是故，「了心」即爲了其放心之處，而使良知本心、眞心、赤子之心作爲主體主宰，這種識本之學，以本體爲其主宰，即爲孟子「從其大體」之說。據《孟子》載：

> 公都子問曰：「鈞是人也，或爲大人，或爲小人，何也？」孟子曰：
> 「從其大體爲大人，從其小體爲小人。」曰：「鈞是人也，或從其大
> 體，或從其小體，何也？」曰：「耳目之官不思，而蔽於物。物交
> 物，則引之而已矣。心之官則思；思則得之，不思則不得也。此天
> 之所與我者，先立乎其大者，則其小者不能奪也。此爲大人而已
> 矣。」〔註25〕

孟子認爲：「君子所性，仁義禮智根於心。」〔註26〕一切價值意識皆根之於心，作爲大體之心實具有思之能力；而小體的耳目之官，則無思之能力。此心之思，乃其主體實踐理性之思。牟宗三釋此即指出：心之官，乃謂仁義之心，「故若你能思，則你便得到你的心官（仁義之本心）而實有之，即你的心官（仁義之本心）便可存在在這裏而不放失；你若不失而只隨物欲轉，一若純任耳目之官逐物，則你便不得到你的心官（仁義之本心）而實有之，即你的心官（仁義之本心）便不能存在在這裏而亡失。此處以思不思定心之存亡。」〔註27〕而朱子之注則曰：「心則能思，而以思爲職。凡事物之來，心得其職，則得其理，而物不能蔽；失其職，則不得其理，而物來蔽之。此三者，皆天所之所以與我者，而心爲大。」〔註28〕朱子言心之思，實亦格物窮理致知的路徑，而非孟子反身而誠之意，其論「此三者，皆天所之所以我者」，亦有爭議〔註29〕。至於二曲論此「大體」，則近於孟子、象山之論，而非朱子之

〔註24〕見《四書反身錄》，《二曲集》，卷四十二，頁522。
〔註25〕見《孟子集注》〈告子章句上〉，〔宋〕朱熹撰，《四書章句集注》，卷十一，頁335。
〔註26〕見《孟子集注》〈盡心章句上〉，〔宋〕朱熹撰，《四書章句集注》，卷十三，頁355。
〔註27〕見牟宗三著，《圓善論》，第一章，頁51。
〔註28〕見《孟子集注》〈告子章句上〉，〔宋〕朱熹撰，《四書章句集注》，卷十一，頁335。
〔註29〕牟宗三指出：「又『此天之所與我者』語中之『此』字是直指『心之官』而說。朱註解爲『此三者』，指心之官與耳目之官三者而說，此解非是。孟子指

進路。他指出：

> 「先立乎其大者，則其小者不能奪」，此孟子喫緊爲人示以敦大
> 原、立大本處。象山先生平日自勵勵人，得力全在於此，此學問眞
> 血脈也。〔註30〕

> 若舍本趨末，靠耳目外索，支離葛藤，惟訓詁是耽，學無所本，便
> 是無本領。即自謂學問尚實踐，非托空言，然實踐而不「先立乎其大
> 者」，則其實踐爲踐迹，爲義襲，譬諸土木被文繡，血脈安在？〔註31〕

二曲認爲孟子學之喫緊處，即在對大體之本原處的把握，此立大本之學亦爲
象山所承。這說明了，良知本心之實踐，是依其內在的德性之知反身而求的
「實學」、「由仁義」之學；以耳目外索知識聞見之知而爲的，此乃「虛學」
與「行仁義」之學。

　　所以二曲論性善，實以性善乃攸關成德之道德根據所在，他認爲知其性
善，識其良知本心之善，方能率性而踐形，才能盡心而知性、知性而知天。
是故，今日論性善之學亦有其意義所在，故除斥告子之學弊外，亦需對今日
儒者循跡摹象之學，加以力辨而明其儒學性善之義。而論「識本之學」，此即
孟子「大人者，不失赤子之心」、「從其大體」之說，這是本於孟子、象山、
陽明，以良知本心而立的道德實學。

二、「求心之學」與「求其放心之道」

　　二曲論求心之學，主要論述有幾層面向。其內容是以「求心之學」爲其
本質，論「求放心之道」以明人心陷溺之救正，最終以正人心爲其社會實踐，
以展其人文關懷與批判意識。首先，二曲對《孟子》一書觀點之詮釋，主要
建立在「求心之學」的意義上。他指出：

> 人之所以爲人，止是一心，七篇之書反覆開導，無非欲人之求心。
> 孟氏而後，學知求心，若象山之「先立乎其大」、陽明之「致良知」，
> 簡易直截，令人當下直得心要，可爲千古一快。〔註32〕

言『仁義禮智我固有之』，又言『此心人皆有之』，不言五官我固有之，言之
無義。故此處之『此』字只指心官說，不包括耳目之官在內。」見牟宗三著，
《圓善論》，第一章，頁52。
〔註30〕見《四書反身錄》，《二曲集》，卷四十二，頁527。
〔註31〕見《四書反身錄》，《二曲集》，卷四十二，頁527。
〔註32〕見《四書反身錄》，《二曲集》，卷四十二，頁532。

二曲認爲「求心之學」乃孟子的思想之旨，此求心之學即爲陸象山「先立乎其大」與陽明的「致良知」之學所本。就此學的意義與價值之所在，旨在於對良知本心的自覺與體認。論求心之學，乃證「心即理」之說，乃闡本心自具理則之意，此爲性善說後必然之論述。二曲論此主要見於《孟子》「故理義之悅我心，猶芻豢之悅我口」一文之釋。據《孟子》載：

> 孟子曰：「富歲，子弟多賴；凶歲，子弟多暴。非天之降才爾殊也，
> 其所以陷溺其心者然也。……。故曰：口之於味也，有同耆焉；耳
> 之於聲也，有同聽焉；目之於色也，有同美焉。至於心，獨無所同
> 然乎？心之所同然者，何也？謂理也，義也。聖人先得我心之所同
> 然耳。故理義之悅我心，猶芻豢之悅我口。」〔註33〕

孟子此意，趙注頗詳。其曰：「心所同耆者義理也。理者，得道之理，聖人先得理義之要耳，理義之悅我心，如芻豢之悅我口，誰不同也。」〔註34〕此言人的仁義之理是普遍同一的，然因後天之陷溺而有種種不同之呈現，此非仁義之理有所不同，而實爲能盡與不能盡耳。人之自覺求此理，就猶如感官求其滿足一般，此乃人心循理之證。朱子論此則曰：「孟子言人心無不悅禮義，但聖人則先知先覺乎此耳，非有以異於人也。」〔註35〕朱子釋此雖無誤，但其論心實非孟子之意，其析心與理爲二，心爲氣之靈，能明理而非以心爲理。至於二曲論「故理義之悅我心，猶芻豢之悅我口」則指出：

> 「心之所同然者，理也，義也。」東海、西海、南海、北海，千百
> 世之上，千百世之下，無不同者，理義同也。若舍理義而言心，則
> 心爲無矩之心，不是狂率恣肆，便是昏冥虛無。故聖狂之分，吾儒
> 異端之分，全在於此。必也循理蹈義，而不爲欲所蔽，斯俯仰無怍，
> 而中心之悅無涯。〔註36〕

儒家之心並非純爲一感受、感知、感觸之心，此感知之心必受經驗之影響，則無法合乎道德法則。儒家之心，乃一「超越的義理之心」，此超越的義理之心，牟宗三指出：「而其所肯定的理義亦不由外至，而是自內出，即此超越的

〔註33〕見《孟子集注》〈告子章句上〉，〔宋〕朱熹撰，《四書章句集注》，卷十一，頁329～330。
〔註34〕見〔漢〕趙歧注、〔宋〕孫奭疏，《孟子注疏》，卷五上，頁196。
〔註35〕見《孟子集注》〈告子章句上〉，〔宋〕朱熹撰，《四書章句集注》，卷十一，頁330。
〔註36〕見《四書反身錄》，《二曲集》，卷四十二，頁525。

義理之心之所自發者——此即是康德所說的意志之自律性，立法性，亦是象山所說的『心即理』，王陽明所說的『良知之天理』。」〔註37〕心即理，即「本心自具理則」之意，乃以本心內在之理，作為行為之矩；無此理之心，所行必狂率恣肆而失其秩序。是故，二曲認為聖狂之分、儒學與異端之別，皆在於能否將此心之理全與不全。理既在吾心，當如何全盡？二曲指出：

> 「理義」固所自有，要在中心自盡，戒欺求慊，內省無惡，方為快活，方是真悅。〔註38〕

「理義之心」為人之所有，故「求心」之工，實即主體「自盡」、「自省」、「自反」的逆覺呈現本心之道，使其不受物欲障蔽之過程而已。

其次，二曲對孟子之詮釋，除闡明良知本心為成聖之學外，對於人何以無法循其良知本心而為？亦有所論述。按孟子言，此為「求其放心之道」的討論。據《孟子》載：

> 孟子曰：「仁，人心也。義，人路也。舍其路而弗由，放其心而不知求，哀哉！人有雞犬放，則知求之；有放心，而不知求。學問之道無他，求其放心而已矣。」〔註39〕

孟子論「求放心」，並非言良知本心之喪，而是因物欲驅殼起意，而使其不能彰顯與呈現。是故，為學之道即在此處求之。關於其義，朱子注曰：「學問之事，固非一端，然其道則在求其放心而已。蓋能如是則志氣清明，義理朝著，而可以上達；不然則昏昧放逸，雖日從事於學，而終不能有所發明矣。」〔註40〕朱子以學非一端，本質之因在於其工夫乃循「涵養須用敬，窮理在致知」之進路，故他所謂的求放心，「是使現實的心清明的工夫，而不是逆覺呈現本心。」〔註41〕朱子就針對孟子言：「仁，人心也。」一意指出：「竊謂以心之德為仁，則可；指人心即是仁，恐未安。」〔註42〕可見其論心與孟子言

〔註37〕見牟宗三著，《圓善論》，第一章，頁51。

〔註38〕見《四書反身錄》，《二曲集》，卷四十二，頁525。

〔註39〕見《孟子集注》〈告子章句上〉，〔宋〕朱熹撰，《四書章句集注》，卷十一，頁333～334。

〔註40〕見《孟子集注》〈告子章句上〉，〔宋〕朱熹撰，《四書章句集注》，卷十一，頁334。

〔註41〕見楊祖漢著，〈朱子對孟子學的詮釋〉一文，收入於黃俊傑主編，《孟子思想的歷史發展》（臺北：中研院文哲所，民國84年5月），頁137。

〔註42〕見〈孟子九：告子上〉，〔宋〕黎靖德編、王星賢點校，《朱子語類四》，卷第五十九，頁1406。

心有異。朱子論心，其心乃與理爲二，「理與心不同，心可以其虛靈明覺之作用而攝具理，以理作爲心之活動之指導原則，但心不即是理。」〔註43〕是故，其論求放心之工夫，亦非孟子之意。至於二曲論「求放心」則指出：

> 「學問之道無他，求其放心而已矣」，此千古學問斷案，千古學問指南也。故學問而不如此，學問之謂何？〔註44〕

> 「放心」不一。放於名、放於利、放於聲色、放於詩酒、放於博奕、放於閒談、放於驕矜，固是放；即數者無一焉，而内多游思、外多惰氣，虛明寂定之體，一有昏昧滲漏，亦是放；雖清濁不同，其爲放則一。〔註45〕

二曲認爲「求放心」，乃孟子學的宗旨與切要之言，誠爲學首當體會所在。所謂「放心」乃屬主體的自私偏執之處，此放心處雖有多重，但皆導至良知本心的昏昧不明。而論求放心之學，以今而言即是利心之溺。二曲論利心之溺，主要見之於《孟子》的「義利之辨」的詮釋中。據《孟子》載：

> 孟子見梁惠王，王曰：「叟！不遠千里而來，亦將有以利吾國乎？」孟子對曰：「王何必曰利？亦有仁義而已矣。王曰『何以利吾國？』大夫曰『何以利吾家？』士庶人曰『何以利吾身？』上下交征利而國危矣。萬乘之國弒其君者，必千乘之家；千乘之國弒其君者，必百乘之家。萬取千焉，千取百焉，不爲不多矣。苟爲後義而先利，不奪不饜。未有仁而遺其親者也；未有義而後其君者也。王亦曰仁義而已矣，何必曰利？」〔註46〕

孟子論義利，本質上除一承儒學素來強調的普遍性的道德價值外，更是他針對楊墨之學，以及對戰國時代謀利風氣的社會變化的批判。其說乃藉以彰顯「以義制利」，以理想批評現實的一種思想〔註47〕。關於其說，朱子曰：「仁義根於人心之固有，天理之公也。利心生於物我之相形，人欲之私也。循天

〔註43〕見楊祖漢著，〈朱子對孟子學的詮釋〉一文，收入於黃俊傑主編，《孟子思想的歷史發展》，頁135～136。

〔註44〕見《四書反身錄》，《二曲集》，卷四十二，頁526。

〔註45〕見《四書反身錄》，《二曲集》，卷四十二，頁526。

〔註46〕見《孟子集注》〈梁惠王章句上〉，〔宋〕朱熹撰，《四書章句集注》，卷一，頁201～202。

〔註47〕關於孟子義利之說的思想史的考察，可參黃俊傑著，〈義利之辨及其思想史的定位〉，見氏著，《孟學思想史論：卷一》，第五章，頁111～160。

理，則不求利而自無不利；殉人欲，則求利未得而害已隨之。」〔註48〕又引程子曰：「君子未嘗不欲利，但專以利爲心則有害。惟仁義則不求利而未嘗不利也。當是之時，天下之人惟利是求，而不復知有仁義。故孟子言仁義而不言利，所以拔本塞源而救其弊，此聖賢之心也。」〔註49〕程朱所論在於人亦有基本生理需求之存，但此基本生理需求能發而中節，而不悖其天理仁義之處；若陷溺其中而不能拔，此即爲人欲之私與利心之生。是故，其孟子論義利之說，旨在強調與民爲善、與民同樂。朱子在注「與民同樂」中，即指出「推好樂之心以行仁政，使民各得其所也。」〔註50〕此謂「義利」本之於內在動機之純正否？若純爲一己之欲而殘虐於民，此自爲人欲利心之私，則非天理之正。至於二曲論「義利」之說，與程朱之說亦有所同。他指出：

　　當時功利成風，人皆隨風而靡，此風不革，則致治無由。孟子目擊

　　斯弊，故一承梁王之問，即極口力闢，急先務也。〔註51〕

二曲言戰國以利爲風，此風關鍵在上，故要自上革，「上不好利則源清，源頭一清，流無不清，上下俱清，自然民安國泰，世躋雍熙。」〔註52〕此爲正本清源處，從人君好利之心作一潔淨之處理。但言仁義實非不言利，二曲指出：「仁義曷嘗不利，只患不能『仁義』耳。」〔註53〕「蓋王道初不外乎仁情，七情之發，即聖人不能無，但在得其正、得其公耳。」〔註54〕此亦與民爲善而非一己之欲。除此，二曲論義利之說，更著重於言今日的利病之害。他指出：

　　「利」之一字，毒垳於鴆，鴆一入口便喪命，利一薰心便喪品。

　　〔註55〕

　　論學於今日，不必談玄說妙，只革去「利」心，便是眞學；絕去「利」

〔註48〕見《孟子集注》〈梁惠王章句上〉，〔宋〕朱熹撰，《四書章句集注》，卷一，頁202。

〔註49〕見《孟子集注》〈梁惠王章句上〉，〔宋〕朱熹撰，《四書章句集注》，卷一，頁202。

〔註50〕見《孟子集注》〈梁惠王章句下〉，〔宋〕朱熹撰，《四書章句集注》，卷二，頁214。

〔註51〕見《反身續錄》，《二曲集》，卷四十三，頁534。

〔註52〕見《反身續錄》，《二曲集》，卷四十三，頁534。

〔註53〕見《反身續錄》，《二曲集》，卷四十三，頁535。

〔註54〕見《反身續錄》，《二曲集》，卷四十三，頁541。

〔註55〕見《反身續錄》，《二曲集》，卷四十三，頁535。

源，方是眞品。否則徒飾皮毛，病根終在。〔註56〕

二曲論義利之說，並無詳論「義利」之說中，關於普遍道德價值與個人之私等關係的辯證，其說乃針對因科舉之制，進而導致陷溺於功名之利的時代弊端來申義。是故，學即在於切己的絕此名利病根，而非言說口談、談玄說妙，方是今日論學之意義所在；能去除利病方有眞正之品格，才是眞正之學，亦爲今日論「求其放心之道」的基本原則所在。

第三、論「求心之學」以及「求其放心之道」，其最終之目的在於導向社會之關懷與人心之重建，此即「正人心」之意。據《孟子》載：

> 世衰道微，邪說暴行有作。臣弑其君者有之，子弑其父者有之。孔子懼，作《春秋》。《春秋》，天子之事也。是故孔子曰：「知我者其惟《春秋》乎！罪我者其惟《春秋》乎！」聖王不作，諸侯放恣，處士橫議。楊朱、墨翟之言盈天下。天下之言，不歸楊則歸墨。楊氏爲我，是無君也；墨氏兼愛，是無父也。無父無君，是禽獸也。公明儀曰：「庖有肥肉，廄有肥馬，民有飢色，野有餓莩，此率獸而食人也。」楊墨之道不息，孔子之道不著，是邪說誣民、充塞仁義也。仁義充塞，則率獸食人，人將相食。吾爲此懼，閑先聖之道，距楊墨、放淫辭，邪說者不得作。作於其心，害於其事；作於其事，害於其政。聖人復起，不易吾言矣。昔者禹抑洪水而天下平，周公兼夷狄驅猛獸而百姓寧，孔子成《春秋》而亂臣賊子懼。《詩》云：「戎狄是膺，荊舒是懲；則莫我敢承。」無父無君，是周公所膺也。我亦欲正人心、息邪說、距詖行、放淫辭，以承三聖者。豈好辯哉？予不得已也。能言距楊墨者，聖人之徒也。」〔註57〕

孟子「正人心」之意，朱子釋此頗詳。朱子曰：「蓋邪說橫流，壞人心術，甚於洪水猛獸之災，慘於夷狄篡弑之禍，故孟子深懼而力救之。再言豈好辯哉，予不得已也，所以深致意焉。然非知道之君子，孰能眞知其所以不得已之故哉？」〔註58〕此點明孟子居於一是非難顯之時代，此是非不明必辯邪說之嚴，以防人心之禍，以衛儒學之義。至於二曲論「正人心」則指出：

〔註56〕見《反身續錄》，《二曲集》，卷四十三，頁535。
〔註57〕見《孟子集注》〈滕文公章句下〉，〔宋〕朱熹撰，《四書章句集注》，卷六，頁272～273。
〔註58〕見《孟子集注》〈滕文公章句下〉，〔宋〕朱熹撰，《四書章句集注》，卷六，頁273。

> 戰國時，人心之害在楊墨，故孟子從而闢之。漢唐以來，人心之害
> 在佛老，故程朱從而辨之。至象山先生則云：「孟子闢楊墨，吾闢時
> 文。」而辛復元先生亦云：「正人心須從人心之壞處救，方是竈底抽
> 薪。而今救亂，不必辨楊墨、斥佛老，惟是記誦詞章、富貴利達爲
> 之祟；從此清理，可得治平上策。」按陸、辛此說，亦所以因時救
> 弊，不得已也，有心斯世者，不可不知。〔註 59〕

> 人心不正，由於學術不正，生心害政，烈於洪水猛獸，所謂「以學
> 術殺天下後世」也。「息邪說，距詖行，放淫辭」，正所以正學術以
> 正人心。〔註 60〕

二曲認爲「聖賢辨學，全爲正人心。」〔註 61〕此意謂著，學術思想乃有爲而
發的，皆是對道德人心之喪失處，予以救弊與補失。就孟子學而言，主要爲
良知本心之證，以及對無父無君的楊墨之學予以批判；而宋明之學，則指向
對「佛老」與「時文」之溺。而今日論學，則須針對「記誦詞章、富貴利
達」之弊。「人心之溺弊」，因時而有所不同，此亦思想的對治與治療亦有所
殊別；思想雖有別，但思想的本質型態，皆爲一致而相同，即皆在透由學術
之興而對人心有所改正。是故，學術功能在於「正人心」，他既是主體道德意
識的自明與自啓，更是指向對社會群體人心之溺的批判與指正，這是孟子的
歷史典範所在，亦爲今日爲學之應有的指向。

所以二曲以「求心之學」詮釋孟子思想。即以理爲內心所本有的，而此
本心之理，則須靠主體逆覺自反而得。論「求其放心之道」，旨在從放心之處，
闡明人心之弊，二曲以義利之關係，論述科舉之弊實爲今日去義而懷利之病
根所在。是故，求其放心之道即在絕此病根，方爲今日爲學之眞締所在，此
亦「正人心」之發展，即以道德之義嚴是非邪說，而對社會群體人心之溺有
所批判與重建。

三、良知之說

良知之說，乃儒學論道德意識之說。其說乃本之於孟子，後爲陽明所
倡。陽明後學對良知體驗、詮釋不一，進而形成王門後學之思想的分化與

〔註 59〕 見《四書反身錄》，《二曲集》，卷四十一，頁 518。
〔註 60〕 見《四書反身錄》，《二曲集》，卷四十一，頁 518。
〔註 61〕 見《四書反身錄》，《二曲集》，卷四十一，頁 518。

論爭，而成爲明中晚期思想最重要的學術爭議〔註62〕。良知一說，根據《孟子》載：

> 人之所不學而能者，其良能也；所不慮而知者，其良知也。孩提之
> 童，無不知愛其親者；及其長也，無不知敬其兄也。親親，仁也。
> 敬長，義也。無他，達之天下也。〔註63〕

孟子論良知良能，實謂人先驗的道德之善，此知能之落實，即爲愛其親者敬其長等道德人倫之實踐。朱子對此說並無深論，只言「愛親敬長，所謂良知良能也。」〔註64〕對良知有其別開生面之論述，則爲陽明良知說。陽明論良知大抵有幾種方式，如「良知是未發之中，即是廓然大公，寂然不動之本體」、「良知是造化之精靈」、「良知即是非之心」、「良知即是獨知時」、「良知是謂聖」、「良知即天理」、「良知即明德」、「心之虛靈明覺，即所謂本然良知也。」陽明乃將「良知」與儒學關於德性之善、本體之義作一契合，並以《大學》之「致知」爲「致良知」，而形成其本體、工夫之學〔註65〕。至於二曲論「良知」則指出：

> 「良知」人所固有，而人多不知其固有，孟子爲之點破，陽明先生
> 不過從而申明之耳。若以「良知」爲偏爲非，是以孟子爲偏爲非、
> 自己性靈爲偏爲非矣。自己不認自己，惑也甚矣！〔註66〕

二曲認爲孟子之功在點明人之固有之良，陽明則爲申明此學。是故，不能以良知爲人之固有，即是以孟子之學爲非，不識其本性之善，則是爲學之惑也。至於良知良能之意爲何？他指出：

> 「不學不慮」之「良」，乃人生本面，學焉而悟此，猶水有源、樹有
> 根、人有脈；學焉而昧此，猶水無源、樹無根、人無脈。孟子論學，
> 言言痛切，而「良知」二字，尤爲單傳直指，作聖眞脈。先「知」、

〔註62〕 相關討論可參考勞思光著，〈王門功夫問題之爭議及儒學精神之特色〉一文，
　　　　見氏著，《思辨錄——思光近作集》，頁55～97。
〔註63〕 見《孟子集注》〈盡心章句上〉，〔宋〕朱熹撰，《四書章句集注》，卷十三，
　　　　頁353。
〔註64〕 見《孟子集注》〈盡心章句上〉，〔宋〕朱熹撰，《四書章句集注》，卷十三，
　　　　頁353。
〔註65〕 關於陽明良知之論述，可參陳來著，《有無之境》，第七章，頁168～185。亦
　　　　可參陳榮捷著、朱榮貴編，《宋明理學之概念與歷史》，「良知、致良知」條，
　　　　頁109～116。
〔註66〕 見《四書反身錄》，《二曲集》，卷四十二，頁530。

「能」並言，後「知愛」、「知敬」。單言「知」而不言「能」者，蓋「知」為本體，「能」乃本體作用，猶知府、知州、知縣，苟真「知」之，則「能」在其中矣。後陽明先生以此明宗，當士習支離蔽錮之餘，得此提倡，聖學真脈，復大明於世，人始知鞭辟著裏，反之一念之隱，自識性靈，自見本面，日用之間，炯然煥然，無不快然自以為得。向也求之千萬里之隔，至是反諸己而裕如矣。〔註67〕

二曲此處論「良知」，約有幾層意思。首先，謂良知乃人生本面。此良知之學經孟子之言、陽明之闡，乃為千古作聖之脈也。而陽明倡良知學的歷史意義所在，此即由學之支離而反之於心，自得其心之理，自見其本然面目，而以此為成德之基，此為陽明接榫於聖學之道的因由。故學當以此為脈、為其本、為其源，此為良知理論與良知學之意義。其次，就良知良能之體用與工夫而言，良知良能實為人本然之善，亦本體之用。實一往乃往內的鞭辟著裏，自反而誠之體悟。楊祖漢就指出：

良知一旦呈現，便一定會引發道德的行為，因為良知本身便有沛然莫之能禦的要求實現之力量，此力量即是良能。良知良能，本是一事，就其明覺言良知，就其不容現的實現說良能。〔註68〕

良知為其體、良能為其用。是故，孩提之童，無不知愛其親者，及其長也，無不知敬其兄也，此知即「良知」也，良知乃即知即能，能知愛其親、知敬其兄，自能愛之、敬之，此體用一源，顯微無間也。除此，孟子論良知良能外，亦有「四端」之說。此四端之說與良知關係亦為何？亦須申明。首先，關於《孟子》「四端」之說。據《孟子》載：

孟子曰：「人皆有不忍人之心。先王有不忍人之心，斯有不忍人之政矣。以不忍人之心，行不忍人之政，治天下可運之掌上。所以謂人皆有不忍人之心者，今人乍見孺子將入於井，皆有怵惕惻隱之心。非所以內交於孺子之父母也，非所以要譽於鄉黨朋友也，非惡其聲而然也。由是觀之，無惻隱之心，非人也；無羞惡之心，非人也；無辭讓之心，非人也；無是非之心，非人也。惻隱之心，仁之端也；羞惡之心，義之端也；辭讓之心，禮之端也；是非之心，智之端也。

〔註67〕 見《四書反身錄》，《二曲集》，卷四十二，頁529。
〔註68〕 見王邦雄、曾昭旭、楊祖漢著，《孟子義理疏解》（臺北：鵝湖月刊雜誌社，民國72年10月），頁82。

> 人之有是四端也，猶其有四體也。有是四端而自謂不能者，自賊者
> 也；謂其君不能者，賊其君者也。凡有四端於我者，知皆擴而充之
> 矣，若火之始然、泉之始達。苟能充之，足以保四海；苟不充之，
> 不足以事父母。」〔註69〕

孟子論「四端」，乃言人的四種價值自覺，此四種價值自覺爲其德性之源、性
善之基。此四端若能充之，即能成就各種德行。孟子論四端，並未將其與良
知之說結合而論。陽明則以四端爲良知。他指出：

> 知是心之本體。心自然會知。見父自然知孝，見兄自然知弟，見孺
> 子入井，自然知惻隱。此便是良知。不假外求。若良知之發，更無
> 私意障礙。即所謂「充其惻隱之心。而仁不可勝用矣」。〔註70〕

陽明特別強調良知乃知是知非之心，實爲確立一道德的是非善惡準則。陽明
認爲知是知非之道德準則，實不悖道德情感的惻隱之心。基於此義，四端
亦當是良知之呈現，此即以「良知」結合「四端」來言。二曲亦延此說。他
指出：

> 「端」雖有四，全在一知。知苟不昧，四自不失。〔註71〕

> 乍起乍滅，皆緣本體昏昧，日用不知，知則中恆炯炯，「惻隱」、「羞
> 惡」、「辭讓」、「是非」，隨感而應，隨應隨覺，隨覺隨擴，日新又新，
> 自不能已。〔註72〕

四端之心乃主體的價值自覺的四種型態，二曲認爲四端之心當爲良知所統
攝，以良知作爲主導；知苟不昧，即良知的知善知非的準則，能啓其作用，
即能使道德意識、道德情感之發皆能中節如理也。亦即良知本心實踐而發用，
自覺而呈現，即能對人無所不愛，行爲無所不正、無所不敬、無所不明。

　　所以二曲論良知，實本孟子、陽明立說。其論點乃以良知爲人之本體，
乃主體成聖之本。是故，爲學之要在識其良知。其次，則以良知爲體、良能
爲用，以體用說釋良知良能之說。最後，則以良知之說結合四端之心爲論，
以良知爲四端之主宰，重視良知對價值自覺心的統攝作用。

〔註69〕見《孟子集注》〈公孫丑章句上〉，〔宋〕朱熹撰，《四書章句集注》，卷三，
　　　　頁237～238。
〔註70〕見陳榮捷著，《王陽明傳習錄詳註集評》，卷上，頁40。
〔註71〕見《四書反身錄》，《二曲集》，卷四十一，頁514。
〔註72〕見《四書反身錄》，《二曲集》，卷四十一，頁514。

四、恥心節義之說

　　二曲對於孟子之詮釋，特重恥心節義之說。首先，關於「恥心」之論，乃見於「人役而恥爲役」一文之釋。據《孟子》載：

> 孟子曰：「矢人豈不仁於函人哉？矢人惟恐不傷人，函人惟恐傷人。巫匠亦然。故術不可不慎也。孔子曰：『里仁爲美。擇不處仁，焉得智？』夫仁，天之尊爵也，人之安宅也。莫之禦而不仁，是不智也。不仁、不智，無禮、無義，人役也。人役而恥爲役，由弓人而恥爲弓、矢人而恥爲矢也。如恥之，莫如爲仁。仁者如射：射者正己而後發；發而不中，不怨勝己者，反求諸己而已矣。」〔註73〕

孟子言此，乃謂「爲仁由己」之意。朱子釋此則曰：「此亦因人愧恥之心，而引之使志於仁也。不言智、禮、義者，仁該全體。能爲仁，則三者在其中矣。」〔註74〕朱子認爲仁爲人心之全體，不仁者故不智、不禮、不義，恥心乃爲反求諸己爲仁之處。至於二曲論「人役而恥爲役」則指出：

> 「恥」之一字，人品、心術、善惡、生死之關。孟子曰：「不恥不若人，何若人有。」爲人君而有恥，則必恥不爲堯舜，恥不爲堯舜，則必爲堯舜矣；爲人臣而有恥，則必恥不爲禹、稷、皐、夔，恥不爲禹、稷、皐、夔，則必學禹、稷、皐、夔矣；爲學而有恥，則必恥不爲孔、孟、周、程，恥不爲孔、孟、周、程，則必爲孔、孟、周、程矣。故有恥則爲賢爲聖而無不足，一無恥而爲愚、爲罔、爲小人而有餘，恥之所關大矣哉！〔註75〕

二曲論恥心，旨在強調「恥心」之學，乃爲道德學習之基，更爲道德人格、道德善惡之分判所在。是故，由此道德之基擴展而成學聖賢之學，方是可爲而可成的；相對的，不以恥心等道德之基的爲學，則爲無恥之愚的小人。這種重視道德之恥，實因時代道德價值衰敗而形成之反省與重視。言「道德之恥」，自然重「節義」之說。二曲在詮釋《孟子》中「西子蒙不潔」一文時，即申義於道德節義之重要性。據《孟子》載：

> 孟子曰：「西子蒙不潔，則人皆掩鼻而過之。雖有惡人，齋戒沐浴，

〔註73〕見《孟子集注》〈公孫丑章句上〉，〔宋〕朱熹撰，《四書章句集注》，卷三，頁238～239。

〔註74〕見《孟子集注》〈公孫丑章句上〉，〔宋〕朱熹撰，《四書章句集注》，卷三，頁239。

〔註75〕見《反身續錄》，《二曲集》，卷四十三，頁543。

則可以祀上帝。」〔註76〕

孟子之意，朱注引尹氏曰：「此章戒人之喪善，而勉人以自新也。」〔註77〕旨
在言人當改過自新。二曲則申義於節義之處。他指出：

> 名節至大，守身當如白玉，一有玷污，舉生平而盡棄之，何異「西
> 子蒙之不潔？」慎之，慎之！〔註78〕

二曲之論，主要以西子蒙之不潔，而眾人掩之，來譬喻人若失節，即盡棄一
生所為，豈可不慎，故當守身如玉，不可失節。此恥心乃攸關節義風俗之所
在，強調「恥心」乃一切道德行為之基，亦為學之所本。而論道德節義，除
引原文申義發明外，二曲更透由《孟子》中「有不召之臣」一文之詮，來論
士之節操。據《孟子》載：

> 景子曰：「內則父子，外則君臣，人之大倫也。父子主恩，君臣主敬。
> 丑見王之敬子也，未見所以敬王也。」曰：「惡！是何言也！齊人無
> 以仁義與王言者，豈以仁義為不美也？其心曰『是何足與言仁義也』
> 云爾，則不敬莫大乎是。我非堯舜之道，不敢以陳於王前，故齊人
> 莫如我敬王也。」景子曰：「否，非此之謂也。《禮》曰：『父召，無
> 諾；君命召，不俟駕。』固將朝也，聞王命而遂不果，宜與夫禮若
> 不相似然。」曰：「豈謂是與？曾子曰：『晉楚之富，不可及也。彼
> 以其富，我以吾仁；彼以其爵，我以吾義，吾何慊乎哉？』夫豈不
> 義而曾子言之？是或一道也。天下有達尊三：爵一，齒一，德一。
> 朝廷莫如爵，鄉黨莫如齒，輔世長民莫如德。惡得有其一，以慢其
> 二哉？故將大有為之君，必有所不召之臣；欲有謀焉，則就之。其
> 尊德樂道，不如是不足以有為也。故湯之於伊尹，學焉而後臣之，
> 故不勞而王；桓公之於管仲，學焉而後臣之，故不勞而霸；今天下
> 地醜德齊，莫能相尚。無他，好臣其所教，而不好臣其所受教。湯
> 之於伊尹，桓公之於管仲，則不敢召；管仲且猶不可召，而況不為
> 管仲者乎？」〔註79〕

〔註76〕見《孟子集注》〈離婁章句下〉，見〔宋〕朱熹撰，《四書章句集注》，卷八，
　　　　頁297。

〔註77〕見《孟子集注》〈離婁章句下〉，見〔宋〕朱熹撰，《四書章句集注》，卷八，
　　　　頁297。

〔註78〕見《四書反身錄》，《二曲集》，卷四十二，頁521。

〔註79〕見《孟子集注》〈公孫丑章句下〉，〔宋〕朱熹撰，《四書章句集注》，卷四，

孟子言「故將大有爲之君，必有所不召之臣」，其義朱子陳述頗詳，其曰：「賓師不以趨走承順爲恭，而以責難陳善爲敬；人君不以崇高富貴爲重，而以貴德尊士爲賢，則上下交而德業成矣。」〔註80〕朱子言孟子乃賓師而非臣子，故其君必待臣以敬，臣必以責難陳善爲敬，而非趨炎附勢，崇尙富貴而失其節。至於二曲論「有不召之臣」，則申義於士之節操的重要性。他指出：

> 彼富吾仁，彼爵吾義，士君子不可無此志操；撥亂返志以輔世，惠鮮懷保以長民，士君子不可無此德業。苟處而不忘情富貴，出而無補於世道生民，無志無德，碌碌庸人而已，何足爲世有無也。〔註81〕

> 「不可召之臣」，伊尹而後唯諸葛武侯庶幾此風，故士必自重，而後爲人所重。〔註82〕

二曲認爲無節操德業者，以富貴爲重者，此道德之基已喪，必不能有補於士道。而鍾情富貴者，其志不自重者，亦不爲人所重。是故，不可「枉道以從人」，必待其誠而後有所爲，此乃「恥心節操」之重要性所在。二曲指出：

> 士必有恥，而後可望其服道德、建功業。故古之時，在上者遇士以禮，以作興其羞惡之心，士亦以道自重，以無虧其羞惡之實，是以居上有功業，在下有禮義。後世場屋待士之法，上之所以求之者，既非所以重之，下之所以自獻者，亦不知所以自重，習以成風，皆莫知反。〔註83〕

二曲此說旨在言今昔待士之道的差別。古以禮尊，故上下交而德業成；今則以科舉取士，上下之教皆非德業相教之意。這說明對人才的態度是有不同的。亦是二曲反省科舉舉士之弊。此弊一開，士人因求名利而失節操，而形成世風之弊與人心之壞。是故，二曲認爲今日之士，當重此「恥心節操」。二曲更透由《孟子》中「受餽」一文，來闡揚孟子之節操。據《孟子》載：

> 陳臻問曰：「前日於齊，王餽兼金一百而不受；於宋，餽七十鎰而受；於薛，餽五十鎰而受。前日之不受是，則今日之受非也；今日之受是，則前日之不受非也；夫子必居一於此矣。」孟子曰：「皆是

頁 242～243。

〔註80〕見《孟子集注》〈公孫丑章句下〉，〔宋〕朱熹撰，《四書章句集注》，卷四，頁 243。

〔註81〕見《四書反身錄》，《二曲集》，卷四十一，頁 515。

〔註82〕見《四書反身錄》，《二曲集》，卷四十一，頁 515。

〔註83〕見《反身續錄》，《二曲集》，卷四十三，頁 544。

也。當在宋也，予將有遠行：行者必以贐，辭曰『餽贐』，予何爲不受？當在薛也，予有戒心，辭曰『聞戒』故爲兵餽之，予何爲不受？若於齊，則未有處也。無處而餽之，是貨之也：焉有君子而可以貨取乎？」〔註84〕

孟子受餽與否，在於合乎義與不義。朱子引尹氏曰：「言君子之辭受取予，惟當於理而已。」〔註85〕至於二曲論「受餽」則指出：

「受餽」一節，生平大閑所關，孟子於列國之餽，或受或不受，惟義所在。若義不當受而受，一時苟得，生平掃地，可不愼乎？〔註86〕

不受百鎰、不受萬鍾，非其義一毫不以假借，如孟子者，始可謂財上分明。名節者，衛道之藩籬：辭受者，立身之大節。學者談仁義、服道德，必須有此操守，然後學爲眞學，品爲眞品。〔註87〕

二曲論「受餽」，乃從義與不義之處申明，而合乎義與否？乃本其心，而衡之於義理，而展現爲節操。他認爲孟子之辭受取予，皆合乎其義。人當法其不苟，不可失節。其論旨在闡明孟子之辭受取予，必合乎內在的「價值原則之義」，此合義處當爲，不合義處則不當爲：在當爲與不當爲之際，則爲節操之展現。此合乎義之節操處，即爲今日爲學與品格之培養者，必先重視之處。

　　所以二曲詮釋孟子，乃著重於「恥心節義」之詮釋，論述恥心與節義操守之重要性，他更以孟子的「故將大有爲之君，必有所不召之臣」、以及「受餽」一文，來闡明孟子的合乎節義與操守之處，以明今日論學應重之處。

第三節　修養工夫論

　　二曲論修養工夫論，主要有三個層面。首論「養心莫善於寡欲」之說，以「養心」、「不動心」爲啓，其論「養心」，乃從「寡欲」至「無欲」之推進，乃謂主體不因外物情狀累其心；其次，則論「知言養氣」之說，此乃道德意識往外之擴充，藉以成就道德踐履之過程；第三、則論操存持敬之工

〔註84〕見《孟子集注》〈公孫丑章句上〉，〔宋〕朱熹撰，《四書章句集注》，卷四，頁243～244。
〔註85〕見《孟子集注》〈公孫丑章句上〉，〔宋〕朱熹撰，《四書章句集注》，卷四，頁244。
〔註86〕見《四書反身錄》，《二曲集》，卷四十一，頁515。
〔註87〕見《反身續錄》，《二曲集》，卷四十三，頁544。

夫，此乃二曲在求心之學、識其本體後所進行的操存之工夫，此層實以程朱論「敬」之工夫輔之。亦即二曲之本體工夫，實爲陸王程朱的互補調和之道。以下則依序論之：

一、「養心莫善於寡欲」說

關於修養論，二曲首論「養心」之說。此即《孟子》「養心莫善於寡欲」一文之釋。據《孟子》載：

> 孟子曰：「養心莫善於寡欲。其爲人也寡欲，雖有不存焉者，寡矣；
> 其爲人也多欲，雖有存焉者，寡矣。」〔註88〕

孟子論養心，實指降低人之欲望；欲望多，則爲物欲所引，而失其仁心也。儒學論欲本以節制論，後受佛教無欲主張，遂有「滅人欲」之說。周敦頤〈養心亭說〉言：「予謂養心不止於寡而存耳，蓋寡焉以至於無，無則誠立明通。」〔註89〕此即由寡欲往無欲之推進發展。朱子釋此曰：「欲，如口鼻耳目四支之欲，雖人之所不能無，然多而不節，未有不失其本心者，學者所當深戒也。」〔註90〕朱子注釋「寡欲」之旨，大抵符合孟子原意。但又曰：「未說這事，只是纔有意在上面，便是欲，便是動自家心。……孟子說『寡欲』，如今且要得寡，漸至於無。」〔註91〕此即程子所謂：「所欲不必沈溺，只有所向便是欲。」〔註92〕即以不動心、無欲作爲對孟子「寡欲」的另一種解釋。至於二曲論「養心莫善於寡欲」則指出：

> 學以「養心」爲本，養心以「寡欲」爲要，以無欲爲至，欲不止於
> 聲色臭味安佚，凡人情逆順、世路險夷，以及窮通得喪、毀譽壽殀，
> 一有所動，皆欲也，皆足以累心。〔註93〕

二曲釋「養心莫善於寡欲」，其論寡欲、無欲，實非孟子、朱注所言的「口鼻耳目四支之欲」而已；其「欲」指的是「心之所向便是欲」。是從心體層次來

〔註88〕見《孟子集注》〈盡心章句下〉，〔宋〕朱熹撰，《四書章句集注》，卷十四，頁374。

〔註89〕見〔宋〕周敦頤撰、〔清〕董榕輯，《周子全書》，卷十六，頁334。

〔註90〕見《孟子集注》〈盡心章句下〉，〔宋〕朱熹撰，《四書章句集注》，卷十四，頁374。

〔註91〕見〈孟子十一：盡心下〉，〔宋〕黎靖德編、王星賢點校，《朱子語類四》，卷第六十一，頁1476。

〔註92〕見《孟子集注》〈盡心章句下〉，〔宋〕朱熹撰，《四書章句集注》，卷十四，頁374。

〔註93〕見《四書反身錄》，《二曲集》，卷四十二，頁531。

言，指心陷溺於各種情狀之中，而產生忿懥、好樂、恐懼、憂患所動心之處，
非指具體行為之嗜欲的問題。故其養心實亦以寡欲至於無欲之發展。而養心
之目的即在於「無欲」，即心無所陷溺而至「不動心」之境。所謂「不動心」，
據《孟子》載：

> 公孫丑問曰：「夫子加齊之卿相，得行道焉，雖由此霸王不異矣。如
> 此，則動心否乎？」孟子曰：「否，我四十不動心。」曰：「若是則
> 夫子過孟賁遠矣。」曰：「是不難，告子先我不動心。」……曰：「敢
> 問夫子之不動心與告子之不動心，可得聞與？」「告子曰：『不得於
> 言，勿求於心；不得於心，勿求於氣。』不得於心，勿求於氣，可；
> 不得於言，勿求於心，不可。夫志，氣之帥也；氣，體之充也。夫
> 志至焉，氣次焉。故曰：『持其志，無暴其氣。』」「既曰『志至焉，
> 氣次焉』，又曰『持其志，無暴其氣』者，何也？」曰：「志壹則動
> 氣；氣壹則動志也。今夫蹶者趨者，是氣也而反動其心。」〔註94〕

孟子與告子同臻不動心之境。關於二者之別，勞思光就指出：

> 蓋告子以為養心之道，在於斷離。講論思辯，視為外事，故以為心
> 不必為言所累；如此以求「不動」。毛奇齡以為如此則即是「道家之
> 嗒然若喪，佛氏之離心意識參」，頗得此節大旨。然孟子所持為儒學
> 成德之教，不能主心事斷離之說。故謂「不得於言，勿求於心，不
> 可」，蓋講論有不得理或不得正者，正須求之於心志，以心正言，方
> 是人文化成之精神。而所謂「不動心」者，正在於心志如理自在，
> 非心與事靜斂不動也。〔註95〕

可見告子「不動心」是與孟子「求理於心」有所別的。朱子論「不動心」，則
以「四十強仕，君子道明德立之時。孔子四十而不惑，亦不動心之謂。」
〔註96〕朱子以「不惑」釋之，雖自成理路，但不惑乃為對外在事物感應之狀
態，未有對其心之本質有所申義，故未必為詳解。〔註97〕

〔註94〕 見《孟子集注》〈公孫丑章句上〉，〔宋〕朱熹撰，《四書章句集注》，卷三，
　　　　 頁 229。
〔註95〕 見勞思光著，《新編中國哲學史一》，第三章，頁 172。
〔註96〕 見《孟子集注》〈公孫丑章句上〉，〔宋〕朱熹撰，《四書章句集注》，卷三，
　　　　 頁 229。
〔註97〕 此處之論，可參黃俊傑著，〈《孟子》知言養氣章集釋新詮〉一文，見氏著，《孟
　　　　 學思想史論：卷一》（臺北：東大圖書公司，民國 80 年 10 月），第二篇，頁
　　　　 340～341。

象山陽明對「不動心」之討論，則較爲詳盡與正確。象山曰：「告子之意：『不得於言，勿求於心』，是外面硬把捉的。要之亦孔門別派，將來也會成，只是終不自然。孟子出於子思，則是涵養成就者，故是『集義所生者』，集義只是積善。」〔註98〕陽明則曰：「告子是硬把捉著此心，要他不動。孟子卻是集義到自然不動。又曰，『心之本體原自不動。心之本體即是性。性即是理。性元不動。理元不動。集義是復其心之本體』」〔註99〕。象山、陽明認爲孟子不動心，乃爲集義所至，所行合乎理義，此心自無可動處。而告子乃硬捉此心，卻不集義，不但無助於心，一遇事自當有所不濟。至於二曲論「不動心」，亦本於象山陽明之說。他指出：

> 子有志心學，只爲不達心體，故差入硬把捉一途去。今之學者茫不知心爲何物，見先達言「主靜」亦主靜，至有輕視一切倫理爲繁文瑣節，而冥目跏坐於暗室屋漏之中，以爲道即在是者，不知此與告子何異？〔註100〕

二曲承陽明之意，以告子未能深明「心即理」之意，故只是差入硬把捉一途去。除此，二曲之論亦意在針對「靜斂而不動」者的批評。以告子之言來說，告子言：「不得於言，勿求於心」，實悖儒學之旨。亦即，言之不得理者，亦須反之於心，以心裁斷、評量，而予以一合乎本心義理之解；心事是不離的，須以心之理正之，而非如告子般捉之而不顧，不顧義理之是非，此亦不知心之弊。二曲認爲告子之弊亦如主靜者之流，枉顧倫理之常，而以爲道即在此，此皆無視儒學之實義者。徐復觀即對孟子、告子集義之別，有其精采的說明。他指出：

> 儒家的良心理性，以集義通向生命、成就生命；也以集義而通向社會，成就社會。停頓在觀念上的東西，與生命不相干，也與社會不相涉。由觀念而落實到集義之「事」，一面把志和氣連接起來，同時也將個人與社會連接起來。孤單的個人，無所謂事；事須人與人、人與物相接而始有。通向社會，便須對社會的事象，尤其是對社會生活發生推動作用的思想言論，須作是非的判斷。有此判斷，不僅不爲社會事象動其心，且可進而對社會有所成就。所以在知言之下，

〔註98〕見〈語錄下〉，〔宋〕陸九淵撰，《陸九淵》，卷三十五，頁445。

〔註99〕見陳榮捷著，《王陽明傳習錄詳註集評》，卷上，頁107。

〔註100〕見《反身續錄》，《二曲集》，卷四十三，頁542。

便直落在政治利害上立論，這是集義落實下來的另一面。〔註101〕
此意謂孟子的「集義」，乃從內在的道德意識爲擴充，不僅僅落在成己之養，
此內在的道德意識，必通向成人與成物的人文參贊。質言之，集義除本體的
自明，亦必落實爲一經世致用的社會改革。按孟子來說，此乃經內在道德之
道義，培養生理地生命力，使氣與道義不分融合爲一，經由主體的實踐，成
就生命進而成就社會。相對的，告子之不動心或主靜者流，乃孤明自守、遺
世而獨立，將自己與社會隔離起來，不受社會之影響，獨守其一點靈明，自
然有輕視倫常道理之處，故對社會而言是無所成的〔註102〕。可見，二曲論告
子之說言及主靜之弊，兩者之問題實有同質之處，此皆因修養工夫之弊而導
至社會人文關懷缺乏之問題。

二、「知言養氣」說

二曲論修養工夫除論「集義」外，亦言「知言養氣」之說。據《孟子》
載：

> 「敢問夫子惡乎長？」曰：「我知言，我善養吾浩然之氣。」「敢問
> 何謂浩然之氣？」曰：「難言也。其爲氣也，至大至剛，以直養而無
> 害，則塞于天地之間。其爲氣也，配義與道；無是，餒也。是集義
> 所生者，非義襲而取之也。行有不慊於心，則餒矣。我故曰，告子
> 未嘗知義。以其外之也。必有事焉而勿正，心勿忘，勿助長也。無
> 若宋人然：宋人有閔其苗之不長而揠之者，芒芒然歸。謂其人曰：『今
> 日病矣，予助苗長矣。』其子趨而往視之，苗則槁矣。天下之不助
> 苗長者寡矣。以爲無益而舍之者，不耘苗者也。助之長者，揠苗者
> 也，非徒無益，而又害之。」「何謂知言？」曰：「詖辭知其所蔽，
> 淫辭知其所陷，邪辭知其所離，遁辭知其所窮。生於其心，害於其
> 政；發於其政，害於其事。聖人復起，必從吾言矣。」〔註103〕

孟子論「集義」乃以道德意識之擴充，論「知言」乃指「德性我對認知我之

〔註101〕見徐復觀著，〈孟子知言養氣張試釋〉一文，見氏著，《中國思想史論集》（臺
　　　　北：學生書局，民國77年），頁153。
〔註102〕以上之論述，乃參見徐復觀著，〈孟子知言養氣張試釋〉一文，見氏著，《中
　　　　國思想史論集》，頁147～152。
〔註103〕見《孟子集注》〈公孫丑章句上〉，〔宋〕朱熹撰，《四書章句集注》，卷三，
　　　　頁231～232。

臨照」；論「養氣」乃指「德性我對生命情意之轉化」〔註104〕。朱子論此則曰：「知言者，盡心知性，於凡天下之言，無不有以究極其理，而識其是非得失之所以。……。蓋惟知言，則有以明夫道義，而於天下之事無所疑。」〔註105〕「須是先知言，知言則義理精明，所以能養浩然之氣。」、「孟子論浩然之氣一段，緊要處全在『知言』上。」〔註106〕至於「集義」，朱子曰：「集義，猶言積善，蓋欲事事合於義也。」整體來看，朱子論「知言」與「集義」，乃以「格物窮理」釋「知言」，以「積善」論「集義」，亦與其向外窮理格物致知一致，成為一往外的求知活動。此外，其以知言為養浩然之氣之要，此皆不合孟子原義。陽明言此則曰：「君子之學終身只是集義一事。義者宜也，心得其宜之謂義。能致良知，則心得其宜矣，故集義亦只是致良知，君子之酬酢萬變，當行則行，當止則止，當生則生，當死則死，斟酌調停，無非是致其良知，以求自慊而已。」〔註107〕陽明論「集義」實乃致良知之謂，實以致其心之理而為的，此為切近孟子原意的。至於二曲論「知言養氣」則指出：

> 言語動作一有失宜，便非義，便非所以「養氣」，便足以動其心。
> 〔註108〕

> 心本虛明，一言一動，是非可否，一毫不能自蔽，行有不慊於心，安得不餒？須是依心而行，無為其所不為，無欲其所不欲，則是俯仰無愧，氣自浩，心之慊，何動之有？〔註109〕

> 「養氣」以集義為功，須要明得何者為「義」，如何為「集」，然後可望其生「浩然之氣」。今之言「集義」者，吾見其義襲而取耳，所以資談柄則有餘，當大任則不足。〔註110〕

二曲論「知言」，似以「言語動作合宜」為釋，其言「浩然之氣」，乃以集義

〔註104〕見勞思光著，《新編中國哲學史一》，第三章，頁174。
〔註105〕見《孟子集注》〈公孫丑章句上〉，〔宋〕朱熹撰，《四書章句集注》，卷三，頁231。
〔註106〕見〈孟子二：公孫丑上之上〉，〔宋〕黎靖德編、王星賢點校，《朱子語類四》，卷第五十二，頁1241。
〔註107〕見陳榮捷著，《王陽明傳習錄詳註集評》，卷中，頁242。
〔註108〕見《四書反身錄》，《二曲集》，卷四十一，頁513。
〔註109〕見《四書反身錄》，《二曲集》，卷四十一，頁513。
〔註110〕見《反身續錄》，《二曲集》，卷四十三，頁542。

為要；其「集義」，乃主體知是知非之自反，是由內在的道義擴充而出的道德踐履，非是一求知於外，往外窮理的認知活動。是故，以內在道德之心為主，輔其生理之氣，使其言動舉止，皆不悖其心之是是非非，即二曲的「知言養氣」、「集義」之謂，此即達至「不動心」之法也。而此種「集義」，就二曲而言實「積累著行的工夫」，是由內在的道義意識，拓展於主體的人格與生命之中而形成的道德踐履，此非從語言文字思辨與推理而得的。二曲指出：

> 「理義」，吾心所自有，非從語言文字而得，日用平常，心上安處便是。「格物」格此也，「博文」博此也，「惟精」惟此也，一而不失，便是「允執厥中」。〔註111〕

二曲認為求心之理，並非建立於語言文字等知識理解上，而是本之於日用常行之際，內省自反而得。是故，如《大學》之格物、《論語》之博文，乃至《尚書》十六字心傳的「惟精」之工夫，都是指向求心之理的過程。此意謂者孟子之工夫，皆導向一對道德之心的實踐與落實而為的。

三、操存持敬之工夫

如上所述，二曲的「求心之學」，除對良知本心之識外，二曲尚重存養省察之工。其《四書反身錄》載：

> 問：學須主敬窮理，存養省察，方中正無弊，單致「良知」，恐有滲漏？曰：識得「良知」，則主敬窮理、存養省察方有著落，調理脈息，保養元氣，其與治病於標者，自不可同日而語。否則主敬是誰主敬？窮理是誰窮理？存甚？養甚？誰省？誰察？〔註112〕

針對弟子之疑，二曲舉出學非單悟良知而已，亦有其存養省察之工。但良知本體實為工夫之本；主敬窮理、存養省察等涵養工夫，乃為良知本體之識後所進行的工夫；此二層乃屬本末前後之關係。二曲論涵養省察之工，主要本之於《孟子》「操則存」一文之詮。據《孟子》載：

> 故苟得其養，無物不長；苟失其養，無物不消。孔子曰：「操則存，舍則亡。出入無時，莫知其鄉。」惟心之謂與？〔註113〕

孟子所謂操存，旨在對「心之出入無定時，亦無定處」，作一把持之工。牟宗

〔註111〕見《四書反身錄》，《二曲集》，卷四十二，頁525。

〔註112〕見《四書反身錄》，《二曲集》，卷四十二，頁530。

〔註113〕見《孟子集注》〈告子章句上〉，〔宋〕朱熹撰，《四書章句集注》，卷十一，頁331。

三釋此即指出：「其實心亦無所謂出，亦無所謂入，亦無所謂入，亦無所謂有定所可處。關鍵全在有無操存之工夫。你若能操而存之，則它即亭亭當當存在這裏。你若不能操而存之，則它即亡失而不見。其實也無我謂亡失，只是隱而不顯耳。是故程子云：『心豈有出入，亦以操舍而言耳。操之之道，敬以直內而已。』此言是也。出入是以操舍而言。操則入則存，舍則出而亡。若就心自身而言，無論操則存而顯，舍則亡而隱，皆總是自存地淵淳在那裏，並不可定其在何處也。」〔註114〕這說明了操存，實爲對良知本心的培養與把持，使其良知本心時時爲警省與呈現之狀態，而非昏昧不明。關於此義，朱子注曰：「『操則存，舍則亡』，程子以爲操之之道，惟在『敬以直內』而已。如今做工夫，卻只是這一事最緊要。這『主一無適』底道理，卻是一箇大底，其他道理總包在裏面。其他道理已具，所謂窮理，亦止是自此推之，不是從外面去尋討。一似有箇大底物事，包得百來箇小底物事；既存得這大底，其他小底只是逐一爲他點過，看他如何模樣，如何安頓。如今做工夫，只是這箇最緊要。若是閑時不能操而存之，這箇道理自是間斷。及臨事方要窮理，從那裏捉起！惟是平時常操得存，自然熟了，將這箇去窮理，自是分明。事已，此心依前自在。」〔註115〕朱子主張先涵養後察識，故以「臨事方要窮理，從那裏捉起」，實有其正確之意。然其操存涵養之功，實即以窮理明善之功而爲，而非逆覺人的道德本心。至於二曲論「操則存」，雖本於程朱以敬論之，但其涵養操存之功，實異於程朱之說。據《四書反身錄》載：

> 問：「操則存」，然則操之之法何如？曰：其敬乎？敬則中恆惺惺，即此便是心存。〔註116〕

> 學者苟眞實用力「操存」，久則自覺身心爽泰。當其未與物接，必有湛然虛明時，即從此攝保住，勿致汩昧，馴至常虛常明，浩然無涯。所謂「夜深人復靜，此境共誰言」，樂莫樂於此。孔子曰「樂在其中」，顏曰「不改其樂」，皆是此等景況也。〔註117〕

二曲論「求放心」之工，實即是先察識逆覺人的仁義道德本心後，再論此涵養省察之功。操存即是「存心」之工，這是良知本心之識後所進行的本體存

〔註114〕見牟宗三著，《圓善論》，第一章，頁35。

〔註115〕見〈孟子九一：告子上〉，〔宋〕黎靖德編、王星賢點校，《朱子語類四》，卷第五十九，頁1403。

〔註116〕見《四書反身錄》，《二曲集》，卷四十二，頁525。

〔註117〕見《四書反身錄》，《二曲集》，卷四十二，頁525～526。

養省察的工夫，此即「敬」之工夫。敬則良知本心惺惺不昧，即爲「良知本心之存」，此爲主體永無所間之工夫，此工夫得力，則能使此虛明寂定之境保任而不失，亦自然深體孔顏之樂所在。

　　整體來說，二曲論修養工夫實有對孟子原說之轉進處，如上所述，二曲實以靜坐超越逆覺之工夫，爲其識本之學，此識本之後即以程朱持敬工夫以爲輔，作爲其修養工夫之道。二曲指出：

> 人之所以爲人，止是一心，七篇之書反覆開導，無非欲人求心。孟氏而後，學知求心，若象山之「先立乎其大」、陽明之「致良知」，簡易直截，令人當下直得心要，可爲千古一快。而末流承傳不能無弊，往往略工夫而談本體，舍下學而務上達，不失之空踈杜撰鮮實用，則失之恍忽虛寂雜於禪。程子言「涵養須用敬，進學在致知」，朱子約之爲「主敬窮理」，以軌一學者，使人知行並進，深得孔門「博約」家法。而其末流之弊，高者做工夫而昧本體，事現在而忘源頭；卑者沒溺於文義，葛藤於論說，辨門戶同異而已。吾人生乎其後，當鑒偏救弊，舍短取長，以孔子爲宗，以孟子爲導，以程朱陸王爲輔，「先立其大」、「致良知」以明本體，「居敬窮理」、「涵養省察」以做工夫，既不失之支離，又不墮於空寂，内外兼詣，下學上達，一以貫之矣。〔註118〕

二曲以「求放心」爲儒學成聖之脈，此成聖之脈本之於孔孟、而爲陸王所承。

　　然從思想之歷程來看，程朱陸王之學各有所得亦有所失，或專於本體之工而略於工夫之道；或重工夫而疏於本體之識。他指出：「學術之有程朱，有陸王，猶車之有左輪，有右輪，缺一不可，尊一闢一皆偏也。」〔註119〕是故，須互補爲證方能眞實成就主體的成聖之學，而非溺於其長而失其所缺。二曲認爲今日論學，當以陸王的「先立其大」、「致良知」以明本體，以程朱的「居敬窮理」、「涵養省察」以做工夫，加以調合方是本體工夫之學。這是以良知本心爲體，以主敬工夫爲輔的成德之學。亦即，二曲認爲孟子、象山與陽明之學乃作聖眞脈，這是一條以良知本心之識、先立乎其大之學。此本原之學的識悟後，即爲朱子的主敬之工，無此存養省察，此本體亦難惺惺不昧。是

〔註118〕見《四書反身錄》，《二曲集》，卷四十二，頁532。
〔註119〕見《四書反身錄》，《二曲集》，卷四十二，頁532。

故，其本體工夫實為一程朱陸王之學的調和與互濟之學

所以二曲的修養工夫之道，是以超越逆覺人的仁義道德本心為其先，這是本之象山、陽明之學所在。其次，識本之後所進行的涵養之工，乃以程朱之學之敬，作為主體的涵養與省察。故其本體工夫之道，是衡之程朱陸王的學問之利弊後所作的一種整合與發展。

第四節　仁政王道思想

孟子之思想除心性理論之建構外，最為重要的即是其「政治思想」。孟子處周衰之際，皆知不可復興，其政治思想遂不同孔子以「尊周」、「存周」為志，而有「代周」之志〔註120〕。其政治思想之精華主要是，以民為本，以民心向背為定向，此定向所歸，亦代表政權可以轉移。故以「仁政得民」之觀念乃為孟子政治思想之精華。孟子基於仁政觀念，又提出一王道思想作為仁政實踐的基本藍圖。是故，孟子政治思想，是本之孔子以來的德治觀，而發展的一種理想主義的政治思想。

二曲對孟子政治思想之討論，在以民為本、政權轉移處，未有所論。其詮釋處主要針對所謂的「仁心仁政」、「王道」、「經界」等三個層面加以說明。「仁心仁政」乃儒學道德政治之學說，乃以內在的道德心作為成就政治之治為前提，政治是基於內在道德心作為實踐之論述，這種「仁心仁政」之實現，則為儒學理想的政治——王道之落實。王道之落實，其內在之精神與具體之措施，涵蓋了教育、政治、經濟等諸多層面之問題，而其中即以「經界」井田之制，最為重要與紛擾，亦為歷來重經濟者所關注的。以下則依序論之：

一、仁政之說

二曲對孟子政治思想之討論，首先申義於「仁政」之說。關於「仁政」之說，據《孟子》載：

> 孟子曰：「離婁之明，公輸子之巧，不以規矩，不能成方員。師曠之聰，不以六律，不能正五音；堯舜之道，不以仁政，不能平治天下。今有仁心仁聞而民不被其澤，不可法於後世者，不行先王之道也。

〔註120〕見勞思光著，《新編中國哲學史一》，第三章，頁178。

故曰：徒善不足以爲政，徒法不能以自行。《詩》云：『不愆不忘，率由舊章。』遵先王之法而過者，未之有也。聖人旣竭目力焉，繼之以規矩準繩，以爲方員平直，不可勝用也。旣竭耳力焉，繼之以六律正五音，不可勝用也。旣竭心思焉，繼之以不忍人之政而仁覆天下矣。故曰，爲高必因丘陵，爲下必因川澤。爲政不因先王之道，可謂智乎？是以惟仁者宜在高位。不仁而在高位，是播其惡於眾也。上無道揆也，下無法守也；朝不信道，工不信度；君子犯義，小人犯刑，國之所存者幸也。故曰：城郭不完，兵甲不多，非國之災也。田野不辟，貨財不聚，非國之害也。上無禮，下無學，賊民興，喪無日矣。《詩》曰：『天之方蹶，無然泄泄。』泄泄猶沓沓也。事君無義，進退無禮，言則非先王之道者，猶沓沓也。故曰：責難於君謂之恭，陳善閉邪謂之敬，吾君不能謂之賊。」〔註121〕

孟子仁政思想，朱子之注頗詳。朱子曰：「有其心，無其政，是謂徒善；有其政，無其心，是謂徒法。程子嘗曰：『爲政者須要有綱紀文章，謹權、審量、讀法、平價，皆不可闕。』而又曰：『必有〈關雎〉、〈麟趾〉之意，然後可以行《周官》之法度』，正謂此也。」〔註122〕此意謂有愛人之心，方有仁政，以仁心行先王之政；而在具體之實踐上，徒有其心而無治國之策，亦爲不善。是故，仁政實乃兼具一道德本質以及治國之能，方有所濟。至於二曲論「仁政」則指出：

堯舜必藉仁政以平治天下，而究其所爲政者，皆自一念不忍之心，推而達之，則是仁政者治天下之規矩六律；而仁心者，又仁政之規矩六律也。心得其養，仁政自沛然而出，康誥所謂「保赤誠求而不中不遠」者也。故王者必以正心爲第一義，而人臣事君，必以陳善閉邪爲恭敬。〔註123〕

「有不忍人之心，斯有不忍人之政」，政治的秩序化是本之於內在的惻隱之心爲發端，此爲一道德感爲動力，進而帶動的政治管理。故「不忍之仁心」，斯爲仁政之基，有仁政方能成就天下之治，這是儒學道德政治的基本概念。孟

〔註121〕見《孟子集注》〈離婁章句上〉，〔宋〕朱熹撰，《四書章句集注》，卷七，頁275～276。

〔註122〕見《孟子集注》〈離婁章句上〉，〔宋〕朱熹撰，《四書章句集注》，卷七，頁275。

〔註123〕見《反身續錄》，《二曲集》，卷四十四，頁548。

子認爲「三代之得天下也以仁，其失天下也以不仁」〔註124〕、「不嗜殺人者能一之」〔註125〕。是故，天下之治，本質上即是一「政治道德化」之實踐。此其「王道政治」之理想所在。其意在言「人心之善」，乃政治之基礎；政治領域，實乃道德之延申，並以三代寄寓其王道政治理想〔註126〕。是故，論仁政即強調人君的道德仁心之培養，事君之臣對人君的「責難」與「陳善閉邪」即是對君主敬君之至行，此乃有恐人君陷於有過之處而不自知也。除此，仁政之成亦有其標準與取法，孟子法三代之王，即是以其先王之道爲其仁政之典範。二曲指出：

> 「不以仁政，不能平治天下」，可見人主有志「平治天下」，須是力行仁政。如果力行仁政，要在取法先王，凡二帝、三王治天下大經大法，古今咸宜，確可通行者，奉以爲準；有宜於古而不宜於今者，不妨斟酌損益，期適時務。規模既定，蚤作夜思，心二帝、三王之心，行二帝、三王政之，勵精圖治，終始不變，如是而民不被澤，世不雍熙，吾不信也。〔註127〕

二曲認爲實施仁政的態度，本質上是必須取法先王的，故當體先王之心而成其政，但實施仁政之方法則須有所經權，經權之準則在於對時政的適當與否？有些仁政乃古今咸宜，則宜奉行而不悖，有些措施已不宜今，則當有所因革損益。二曲志在建構一「因時而制宜」、「因事而調整」的仁政實踐，他認爲仁政須切實於「歷史時空的脈絡性」作思考，而不盲目復古、泥古。

所以二曲釋仁政，旨在闡明政治中「道德」之意義，此爲儒學德治觀念之重視。而具體論政，則以正人君之心與先王之則，爲其首要。但他論仁政之法，並非亦步亦趨，而是有所因格損益的，如此方能切入歷史之脈絡，合乎今日之治的。

二、王道思想

仁政之具體措施與實踐，即爲「王道思想」。「王道」思想首見於《尚書·

〔註124〕見《孟子集注》〈離婁章句上〉，〔宋〕朱熹撰，《四書章句集注》，卷七，頁277。

〔註125〕見《孟子集注》〈梁惠王章句上〉，〔宋〕朱熹撰，《四書章句集注》，卷一，頁206。

〔註126〕關於此說，可參黃俊傑著，〈孟子的王道政治論及其方法論預設〉一文，見氏著，《孟學思想史論：卷一》，第六章，頁161～179。

〔註127〕見《反身續錄》，《二曲集》，卷四十四，頁547。

洪範》言：「無偏無黨，王道蕩蕩；無黨無偏，王道平平；無反無側，王道正直。」〔註128〕這是以「至公無私」之心方能爲天下之王來言。孔子雖無論王道，但其言：「如有王者，必世而後仁」〔註129〕則以王者受天承命，並以禮樂漸民以仁來解。朱子謂「蓋王者，天下之義主也。」〔註130〕以上數說言「王」，皆以「君王」爲論。熊十力則認爲：「王不謂君主也。王者，往義。天下所共同往之最高理想與最適於共存共榮而極美備之法紀制度，是《春秋》之所謂王事也。」〔註131〕質言之，熊氏言「王」則爲「往義」，往一理想之制邁進，其王非謂君主之意。儒家中對「王道」，最爲重視與討論的，即爲孟子之說。孟子指出：

> 不違農時，穀不可勝食也；數罟不入洿池，魚鱉不可勝食也；斧斤以時入山林，材木不可勝用也。穀與魚鱉不可勝食，材木不可勝用，是使民養生喪死無憾也。養生喪死無憾，王道之始也。五畝之宅，樹之以桑，五十者可以衣帛矣！雞豚狗彘之畜，無失其時，七十者可以食肉矣！百畝之田，勿奪其時，數口之家可以無飢矣；謹庠序之教，申之以孝悌之義，頒白者不負戴於道路矣。七十者衣帛食肉，黎民不飢不寒，然而不王者，未之有也。〔註132〕

孟子論王道，朱子注曰：「然飲食宮室所以養生，祭祀棺槨所以送死，皆民所急而不可無者。今皆有以資之，則人無所恨矣。王道以得民心爲本，故以此爲王道之始。」、「夫民衣食不足，則不暇治禮義；而飽煖無教，則又近於禽獸。故既富而教之以孝悌，則人知愛親敬長而代其勞，不使之負戴於道路矣。……。此言盡法制品節之詳，極財成輔相之道，以左右民，是王道之成也。」〔註133〕王道即仁政的實現，是以保民爲仁作爲基礎思想的措施，其內容不外乎「生養經濟」與「教育人倫」兼具的過程。二曲論王道亦基於此精

〔註128〕見〔漢〕孔安國傳、〔唐〕孔穎達等正義，《尚書正義》，卷第十二，頁173。
〔註129〕見《論語集注》〈子路第九〉，〔宋〕朱熹撰，《四書章句集注》，卷七，頁144。
〔註130〕見《孟子集注》〈梁惠王章句上〉，〔宋〕朱熹撰，《四書章句集注》，卷一，頁205。
〔註131〕見熊十力著，《韓非子評論》，收入於蕭萐父主編，《熊十力全集》（武漢：湖北教育出版社，2001年8月），卷五，頁296。
〔註132〕見《孟子集注》〈梁惠王章句上〉，〔宋〕朱熹撰，《四書章句集注》，卷一，頁203～204。
〔註133〕見《孟子集注》〈梁惠王章句上〉，〔宋〕朱熹撰，《四書章句集注》，卷一，頁204。

神,而進一步的提出合乎今日的王道措施。他指出:

> 王道本於不忍,聖學本於無欲。外不忍而言治,是雜霸之道,而非
> 王道也;外無欲而言學,是支離之學,而非聖學也。〔註134〕

二曲言「王道」,是本之於人心的「道德情感」而展現的政治行為,不以人心
的「道德情感」而展現的政治行為,此乃「霸道」之處;王道思想乃孟子之
道德政治的思想精華所在,其內在之涵義,是基於不忍人之心而為不忍人之
仁政。此為義利之辨,亦為王霸之別。至於「王道之始」與「王道之成」為
何?二曲指出:

> 荒政無奇策,皆不過權宜補救於什一耳;即行之盡善,僅足以救民
> 之死,而不足以贍民之生。故聖賢言治,皆以平日力行王道為要。
> 但在今日,時異勢殊,與古昔作用,必不能盡同。如孟子言王道之
> 始,在重農事、明禁戒;王道之成,在制里田、教樹畜、興學校。
> 今欲力行王道,唯重農、興學二事,今昔不異,其餘則不免於今昔
> 異宜。古法既不能盡行,而王道又不可以苟且粗略而成。吾人讀書
> 論世,正須從此反身,實究出一不乖於時、不悖於古的大經大法,
> 使他日得位行道,不必盡襲成跡,而亦足使民養生喪死如古時;不
> 必盡摹古法,而亦足使「老者衣帛食肉,黎民不饑不寒」如古時,
> 然後為通時變,善讀書也。不然,不達其意而徒古法之泥,縱於前
> 人之言解得明、說得當,究成何濟?〔註135〕

二曲論王道仁政之治,強調的是一「力行王道」之積極性,惟有平日之力行
王道,方能避免災荒時處只能權宜補救之失。是故,「力行王道」乃為後世當
經法之處。至於如何力行王道?二曲重視的是因革損益的務實之為,要能有
所經權,才能通權而達變。他不認為盡襲成跡與盡摹古法是有其意義的,物
質條件之改變,人心之變化,制度措施之不同,明白的顯示今昔王道仁政之
治的必然差異性,二曲認為惟有建構一「王道」的基本精神,以及「因時制
宜」的「權變態度」,方是今日論王道的真諦所在,亦是今日學者當反身理解
之處。而今日力行王道之法為何?二曲指出:

> 擇吏、重農、輕斂、禁暴,其始乎;明禮、正學、興賢,其成乎。
> 得其人則法行,非其人則法廢,責實效、慎保舉,此擇吏之要也。

〔註134〕見《反身續錄》,《二曲集》,卷四十三,頁539。
〔註135〕見《反身續錄》,《二曲集》,卷四十三,頁537。

農者，國之本、民之命，勸相有術，而後地無遺利，審其土宜，通其
有無，如水利其最要矣；次如種樹、種蔬、種藥之法，必詳必備，
則生眾而民富國足矣；此重農之要也。稅斂無藝，則吏緣爲奸，究之
上之所入無幾，而民之受害無窮，非時不征，額外有禁，則民力寬然
有餘矣，「百姓足，君孰與不足」？此輕斂之要也。污吏漁民，豪強
兼并，奸胥綱利，有一於此，皆爲民蠹，此禁暴之要也。夫如是，
則吾民養生喪死無憾矣，養生喪死無憾，此王道之始也。〔註136〕

以擇吏、重農、輕斂、禁暴等爲「王道之始」，以明禮、正學、興賢爲「王道
之成」，這是儒學素來強調「先養而後教」之觀點。具體來說，重視擇吏，其
因在於傳統人治之觀點，政務之推動要能適才適所。故強調人才之考察要能
確切與謹慎。其次，重農更是國之大本，在此則當注意水利土地運用與處理；
其他賦稅之問題，則攸關生民經濟，故當輕斂，以使民生活有餘；而禁暴，
則是針對惡吏豪強對百姓生活之凌虐。總的來說，「王道之始」，皆在指向一
黎民百姓生活的照顧與照應，這是儒學的「人道關懷」與「批判意識」所匯
合而成的「道德政治」的觀點，以保民、恤民、濟民、養民爲仁政王道之基
礎。至於「王道之成」的意義。二曲指出：

禮不明則體統陵，體統陵則民志惑。民志惑者，僭奢之端、禍亂之
原也。自君后以至庶人，自祭享以至日用飲食，自宮室以至車服器
用，貴賤有章，隆殺有等，崇樸尚雅，黜浮去靡，如是則上下志定，
而用度節約，民有餘財，國無乏用，而天災人害可無虞矣，此明禮
之要也。學術者，人心風尚所關，人才所由出也，無所統一，斯小
辯起而害道矣。明孔孟之大義，距異端之邪說，無妄分門戶，以壞吾
道之大全，無徒徇皮膚，以戕聖學之血脈，可大可久，「無黨無偏」，
此正學之要也。有治人，無治法，治以賢始，即以賢終，然無所待
而興者，其惟聖人乎？其餘則皆俟乎上之振作鼓舞矣，而興學校其
首也。其法則《禮記》之說詳，而前朝王文成之說，更爲精明可用。
慎師儒其次也，其法則宋明道先生上神宗之說爲至要而可行。精選
舉、嚴考成，又其次也，其說則《周禮》與《禮記》之言備矣。以
至宗族勳戚之學必嚴，武弁侍衛之教必詳，則《大學衍義補》之所
條陳，可斟酌而採取矣。教化明則學術端而人心正，人心正則人才

　　蒸蒸然出而不窮，人才眾而天下有不久安長治者乎？此興賢之要
也。如是則頒白不負戴，而黎民不饑寒，此王道之成也。人君誠以
是道實心行之，公卿大夫誠以是道實心奉行之，吾見三代之治，可
復見今日也。若夫井田封建之宜興宜廢，則存乎時與人，區區執一
偏之說，以爲必宜復、必不可復者，皆非至當之論也。〔註137〕

以明禮、正學、興賢爲王道之成，首先體現儒學重視禮教之觀念。禮乃別名
份，定尊卑，君君、臣臣、父父、子子，透由名份之安立，而卻立主體的道
德責任與彼此之應對之責。是故，「禮」即成爲儒學穩定秩序之力量。「明禮」
即在對社會道德失序處，做一重建之工作；相對的，禮之明亦需節儉，以免
物力之浪費，此正孔子所云：「禮，與其奢，寧儉。」〔註138〕之意。

　　其次，所謂「正學」即是對教育之注重。其實施之重點在於「興學校」、
「愼師儒」、「經選舉」、「嚴考成」等過程。教育學習是培養人才之處，興學
才能培育人才，而師儒則爲教育人才之人，則當謹愼而注重。二曲論師儒之
道，乃本之於明道的〈請修學校尊師儒取士劄子〉。明道此〈劄〉之意在言，
宋興起百餘年，而教化尚未大醇，人情未盡於美，其因在於「師道不立，儒
者之學幾近於廢熄。」〔註139〕是故，改其弊端之關鍵，明道認爲「治天下以
正風俗、得賢才爲本。」、「苟師學不正，則道德何從而一？」〔註140〕故宜當
就賢儒之士乃或篤志好學、材良行修者，加以推訪與延聘。「興學校」與「愼
師儒」，其目的在於「以道德仁義教養之，又專以行實材學升進，去其聲律小
碎、糊名謄錄，一切無義理之弊，不數年閒，學者靡然丕變矣。」〔註141〕此
自然能夠培育出賢能之才。賢能之才再經由選士之法「嚴考成」而選賢與能，
人才輩出方有切實之治，自能使天下長治久安，如此之爲方是王道之成。可
見「王道之成」，著重的是「教育人才」的特點，人才之培育根本於道德心之
培養，而此則賴學校制度之建全與師儒的講明正學，並以嚴格之考選以求其
備。明禮與正學即能構成人才的培育與教化，選舉與考成即能爲國舉才選賢
與能，此爲儒者人治而尚賢之觀念的具體發展。

　　所以二曲詮釋孟子的「仁政王道之學」，乃基於孟子「仁心仁政」、「不忍

〔註137〕見《反身續錄》，《二曲集》，卷四十三，頁537～538。
〔註138〕見《論語集注》〈八佾第三〉，〔宋〕朱熹撰，《四書章句集注》，卷二，頁62。
〔註139〕見〈河南程氏遺書〉，〔宋〕程顥、程頤撰，《二程集》，卷第一，頁448。
〔註140〕見〈河南程氏遺書〉，〔宋〕程顥、程頤撰，《二程集》，卷第一，頁448。
〔註141〕見〈河南程氏遺書〉，〔宋〕程顥、程頤撰，《二程集》，卷第一，頁450。

人之心，而有不忍人之政」之意，並在此精神下，體現一合於「歷史時空脈
絡」下的仁政與王道。其論「王道之始」，則重擇吏、重農、輕斂、禁暴，此
皆攸關人民之生養；而論「王道之成」，以明禮、正學、興賢，此生養而後教
之，使其道德有成，而成為治國之才。

三、經界之說

孟子仁政王道之精神而落實的社會改革中，最為重要的即是論經界之
說。經界主要是解決貧富不均所導至的社會、政治問題。孟子對此則提出「仁
政必自經界始」解決方案。他指出：

> 子之君將行仁政，選擇而使子，子必勉之！夫仁政，必自經界始。
> 經界不正，井地不鈞，穀祿不平。是故暴君汙吏必慢其經界。經界
> 既正，分田制祿可坐而定也。〔註142〕

「仁政必以經界始」，這是儒學在傳統農業社會中，注意到土地高度集中而形
成的社會經濟動亂之解決。儒學關切土地問題而提出最重要的兩個方案，
乃為孟子的「制民之產」，以及董仲舒的「限民名田」說，歷來儒學解決此土
地經濟問題，皆不出其這兩個方案〔註143〕。孟子的「制民之產」之說，在強
調「民之為道也，有恆產者有恆心，無恆者產而無恆心。」〔註144〕是故，當
為恢復井田，這是保障農民「樂歲終身飽，凶年免於死亡」〔註145〕的經濟改
革主張。而漢代董仲舒（前 179～104）所提出的「限民名田」之說，此說主
要在強調「承認不同家庭私有土地多寡不均的前提下，對大土地所有者所占
有的土地的數量加以限制，以免出現過度兼并現象的經主張。」〔註146〕就儒
學之角度而言，「孟子之說最為理想，董仲舒的方案是不得已而其次的方
案。」〔註147〕孟子對仁政經界之探究，有其復古與尊聖之意義在。孟子認為
先王所立之制盡善完美，可為後世楷模，故其政治制度乃以遵先王之法為

〔註142〕見《孟子集注》〈滕文公章句上〉，〔宋〕朱熹撰，《四書章句集注》，卷五，
　　　　頁 256～257。
〔註143〕見馬振鐸、徐遠和、鄭家棟著，《世界文明大系：儒家文明》（北京：中國社
　　　　會科學出版社，1999 年 9 月），頁 165。
〔註144〕見《孟子集注》〈滕文公章句上〉，〔宋〕朱熹撰，《四書章句集注》，卷五，
　　　　頁 254。
〔註145〕見《孟子集注》〈梁惠王章句上〉，〔宋〕朱熹撰，《四書章句集注》，卷一，
　　　　頁 211。
〔註146〕見馬振鐸、徐遠和、鄭家棟著，《世界文明大系：儒家文明》，頁 165。
〔註147〕見馬振鐸、徐遠和、鄭家棟著，《世界文明大系：儒家文明》，頁 165。

主。〔註148〕

　　爾後，宋明諸儒亦多以「井田」之說作爲社會改革之理想。如北宋張載即以井田、封建、內刑作爲其恢復三代之理想之觀點〔註149〕。據呂大臨（字與叔，1040～1092）所著的〈橫渠先生行狀〉載：「論治人先務，未始不以經界爲急，講求法制，粲然備要，要之可以行於今，如有用我者，舉而措之爾。嘗曰：『仁政必自經界始，貧富不均，教養無法，雖欲言治，皆苟而已。』」〔註150〕張載認爲貧富不均之問題，必須從土地改革作爲解決。他認爲：「今以天下之土某畫分布，人受一方，養民之本也。後世不制共產，止使其力，又反以天子之貴專利，公自公，民自民，不相爲計。『百姓足，君孰與不足！百姓不足，君孰與足！』」〔註151〕其目的即在於抑制土地兼併，使其土地分配得其均，進而解決貧富、教養之問題，而終達至復三代之法的政治改革。然程伊川對張載之說，則有不同意見。他指出：「必井田、必封建，必肉刑，非聖人之道也。善治者，放井田而行之而民不病，放封見而使之而民不勞，放肉邢而用之而民不怨。故善學者，得聖人之意而不取其迹。迹也者，聖人因一時之利而制之也。」〔註152〕伊川認爲聖人的政治改革，有其「意」與「迹」，後世之法先王之政者，當尊其意而不取其「迹」；所謂「迹」，乃指特定時空背景下的政治措施所在，不可一成不變的挪來使用；除此，亦當思考社會經濟變化下，這些政治主張下人民之感受。二曲之討論亦本於程子之意。他指出：

　　　　井田之行，古今紛如聚訟，有一輩人必可復，有一輩人謂必不可
　　　　復。夫大冬之可爲大夏，萌芽之可爲合抱，安在井田之必不可復於

〔註148〕關於孟子以先王之法爲制者，據蕭公權的研究指出：「似以井田、世祿、庠序爲主。凡此諸制，孟子認爲三代通行，非如孔子之尊崇周禮。」至於井田之制的精神與意義，蕭氏指出：「孟子以爲始於殷之『七十而助』，周人略變其法，『百畝而徹』，而均不背什一之原則。孟子又嘗勸舉時君師文王。其所舉歧山之政則爲『耕者九一，仕者世祿，關市譏而不征，澤梁無禁，罪人不孥』有所因格損益，其終的目地在於適應社會發展的經濟變化。見蕭公權著，《中國政治思想史》，收入於劉夢溪主編，《中國現代學術經典：蕭公權卷》（河北：河北教育出版社，1999年3月），頁84～85。

〔註149〕關於張載之社會改革思想，可參張立文著，《宋明理學研究》（北京：人民出版社，2002年11月），頁171～180。

〔註150〕見〔宋〕張載撰，《張載集》，附錄，頁384。

〔註151〕見〈經學理窟〉，〔宋〕張載撰，《張載集》，頁249。

〔註152〕見〈河南程氏遺書〉，〔宋〕程顥、程頤撰，《二程集》，卷第二十五，頁326。

後世？然大冬之不能遽爲大夏，萌芽之不能遽爲合抱，又安在井田之能遽行於今日？兩家各執一偏，而不能相通，宜其牴牾而不合也。即如三代而後，授田之制，唐爲近古，然實是緣周隋遺制而緣飾之，以成其制。今謂井田之必不可復，何以於王制久湮之後而唐獨能行之？今謂井田之可以遽復，何以於留心均田之周世宗而終未能行？大率古法無必可復，亦無必不可復，亦視乎其時與人耳。學者論古不時之思，而區區執可不可以爲說者，是皆游談無根之說，非定論也。〔註153〕

二曲對井田之制的實施，是以謹愼與理性的態度來面對。質言之，他對井田之制能否實行並無確切的答案，與具體之措施。他認爲執以爲可與不可，皆無法對歷史之經驗作出正確之解釋。其次，今日論井田之制，亦當落實於現今之況，須以因時制宜的態度，來面對現今之況加以研究與推行，方爲今日論井田之制最合理之處。他指出：

顧今時非同古時，田各有主，難以井授，雖欲區畫，其道無由。板腐書生慕古而不知變通，好執迂闊之見，動言井田可復，亦可只私下弄筆，復之紙上，隔壁閒聽而已，若實見之施行，地方從此多事，其禍更甚於王荊公之行新法。〔註154〕

基於此原則，他認爲「可復」與「不可復」的對立爭論，實屬無意義之爭論。這說明了他對井田之制的詮釋，是置於「歷史時空脈絡」下來思考的，他認爲藉古人的思維來論述當代之問題時，當不泥古、復古亦不廢古，應以務實之態度來加以面對。至於現實的經界之道，二曲認爲「除漢人限田法稍可通融及導民開荒外，惟有就民所由之田，逐一清均，以正其經界，爲可盡心。」〔註155〕但具體落實上，則當注意富豪隱糧滅籍，並以種種不法之舉，促使富者愈富，貧者愈貧之弊端。最後，他認爲當可仿呂新吾〈民務〉中的「惕釐之法」爲之，並擇公明廉幹之人以任其事，則可有濟於事。

　　所以二曲論經界之實施，誠屬謹愼而保留之態度。其因主要在於歷史時空之變化，對於傳統之措施當有所因革損益，而予以更多之理解方可付諸於行。此爲其詮釋「經界」之主要意涵所在。

〔註153〕見《反身續錄》，《二曲集》，卷四十三，頁546。
〔註154〕見《四書反身錄》，《二曲集》，卷四十一，頁517。
〔註155〕見《四書反身錄》，《二曲集》，卷四十一，頁517。

下編總結

　　二曲晚年之著述——《四書反身錄》之研究，可從幾個層面來加以說明。首先，就思想發展而言，《四書反身錄》實為二曲思想中年之教的成熟、定型後的系統性的補充與論證。其次，就個人思想而言，《四書反身錄》實為個人思想與經驗等心路歷程之詮釋。最後，《四書反身錄》更是二曲其針對學術之問題的總檢討。故對二曲《四書反身錄》一書之研究，可分幾層來依序加以說明：

　　第一、二曲對《四書反身錄》的詮釋方式，並非著重於「名物訓詁」與「考證」的。而是近乎一種「發明」之意。所謂「發明」，指的是詮釋者對文本展現自我體驗的新意，而非對原意之說明。程樹德於其《論語集釋》之〈凡例〉中即列有「發明」一門。關於此說之涵意。他指出：「宋學中陸王一派多以禪學詁經，其中不乏確有心得之語。即程朱派中亦間有精確不磨之論。蓋通經本原以致用，孔氏之言，可以為修己處世之準繩、齊家治國之方法者，當復不少；惜無貫串說明之書，僅一《四書反身錄》，尚多未備。因欲後人研究《論語》者發明其中原理原則，故特立此門。」〔註1〕既為「致用」，即為當時、當世之用，這說明了所言所論，皆是本之於當下的「歷史脈絡」的問題來作說明的。二曲之釋志不在原意，亦非考據式的說明，而是藉《四書》之詮釋，申義其所欲言之處。

　　第二、二曲對《四書反身錄》創作之目的與詮釋之動機，即在為《四書章句集注》成為正統官學思想而深入人心後，所形成的諸多問題而發的。這意謂當教育、思想學術與政治功利一但緊密結合，不但造成人心之異化、更

　　〔註1〕見〔清〕程樹德撰、程俊英、蔣見元點校：《論語集釋》，頁5。

影響著世風與國家政治之發展，其破壞力是深而久遠的；而更本質之問題在於，人漸此學而不知此弊。這種謬誤造成對《四書》之詮釋，是「以知識為進路」，「以言說為特徵」，「以功利為目」下的「為人之學」，此乃儒學的異化與變質，更是儒學的「異端」。二曲對其之對治與反省，即在從知識的理解轉為「體認」、「體驗」，從言說變為「實踐」，從功利返回「道德」，從為人之學之異化規正成「為己之學」。故二曲在此即以「反身」的道德實踐加以對治，其目的是欲藉其釋，使人知儒學乃兼具「道德修養」與「經世實踐」的「明體適用」之學。

以「反身實踐」為目的詮釋，其重視是本體自明與社會實踐的「明體適用」等兩層意義為開展的「經典詮釋」。這說明詮釋不是單純建立在「理解文本」是什麼的涵意之中，而是有其經世致用，扭轉時弊的功能上，這一層意義將使詮釋的目的建立在，對實然現狀弊端的指正，提出其應然之道的具體功能上。他所對治的是對《四書》應有的詮釋與體驗——明體適用之喪失，批判的是以功利價值為目的、以訓詁與講誦為方法的《四書》閱讀，二曲認為這是就儒學內以明體、外以經世致用的精神之背離。是故，當以於一躬行實踐之意義上作為對治與反省。

第三、關於二曲對《大學》一書之詮釋。二曲論《大學》即〈明體適用〉之書，乃為儒學宗旨與實踐之目標所在。其釋《大學》三綱領，主要以「明德」、「明明德」為「本體」與「本體實現之狀態」；以「明明德」與「親民」為「明體適用」之謂，這些觀念之解釋，明顯的是趨向陽明學來立說的。至於二曲論「格物」，實乃一「明善」之過程，其釋並非如陽明正己之意，亦非如朱子的窮至事物之理。其「格物致知」之說，實有對朱子側重事理、物理，乃至陽明只重性理等缺失，加以補正。是以下學而至上達，既重道德意識之顯露，亦重知識之經驗而成的成德工夫。

整體來說，二曲論「格物」是趨近《大學》原意的，但以「良知」亦為物之說，則有悖於《大學》之說，進而消解了格物致知中的「致知」之意。

第四、關於二曲對《中庸》一書之詮釋。二曲詮釋《中庸》主要建立在「盡性至命」之意義上。此「盡性至命」之學，內容上涵蓋著「心性本原」與「道德實踐之工夫」。是由主體之踐履，以達至「盡性至命」等天人合德之境，以明聖學道統之傳為其目的。至於「盡性至命」之工夫，二曲強調人之所以不能盡，在於自昧良知、不知性命，故首要之工，在於「識性」之學。

能識其性方能率性，此識性之道，其方法是多元的，故爲「博學」之謂。二曲旨在建立一下學而上達，既重道德意識之顯露，亦重道德修養與道德學習的實踐歷程。

二曲詮釋「中和」，則以性情之教言之。其目的在於未發之涵養，而使已發之情能中節如和，其重視的是「默坐澄心」——超越逆覺體證之工夫，而使主體未發一如已發。而論「未發」與「已發」之涵養，其目的在於「時中」之意義，即主體現象界的一言一行，皆能不悖其普遍之理序，如次一來，方爲成己之意。故其論「時中」，實亦導向一重視「人倫規範」與「道德節義」之落實。而論「致中和」，即強調主體參贊化育之意義，此爲經世思想之發揮。他點明無論「居之在上」或「處之在下」，皆須完成個人的道德使命，或以善治或以講學佐助朝廷之治化。是故，「性情之教」導向「時中」之意義，「時中」發展爲「致中和」之經世實踐，實其詮釋「中和之說」的整體要旨。

第五、關於二曲對《論語》一書之詮釋。二曲詮釋《論語》一書宗旨之詮釋，主要是以「學」的意義作爲掌握。是以「成己」爲基，以「明體適用」爲終極目標的成德爲學之道。

二曲對《論語》之詮釋，旨在闡明「成德之學」、「道德心性」、「道德規範」、「道德節義」等幾層重點。其論「成德之學」，主要詳論了關於知識與道德、德性之知與聞見之知、道問學與尊德性等問題，並論述了爲學之工夫的內容。「道德心性」之部份，主要是以良知學的意涵詮釋《論語》一書中諸多概念，呈現了其《四書》學的基本特色，此說大抵針對《論語》一書中如「一」、「知」、「之」、「空」、「無」等字眼加以申義，此詮釋之說本質上雖不符《論語》原意，但自成理路。其特點是以「良知」之主宰性觀念，代替《論語》一書中「知識」之概念；以「心如太虛」等心體之超越，釋《論語》一書中「無知」之概念。此良知本心之釋，最後指向一對「言詮」之意義的否定，以及守默如愚的修道精神形態，這是本之於儒學實踐躬行的意義，以及老莊思想中修道之士形象的融合。

而「道德規範」與「道德節義」，主要在論述道德行爲之重要性，故特別強調儒學宗教敬畏之意義，重視道德節義之趨向，申義人應當敬畏於天地鬼神，人當求道德不朽的定位，而非臨難而苟免。此些問題皆是二曲針對明清政權鼎革，學術功利成習，恥心不彰而失節義等諸弊的反省與思考。

　　第六、關於二曲對《孟子》一書之詮釋。二曲對孟子思想之詮釋，主要建立在「求心之學」上。他認爲求心之學爲儒學一脈之相承，亦是孟子思想的精義之處。二曲認爲儒學心性之學的發展，乃源於孟子之說，而爲象山、陽明所承，此一思想實爲其儒學「明體」之說的系譜所在。而除孟子、象山、陽明此明體之學外，二曲亦言須以程朱持敬工夫爲輔，以明下學上達「一以貫之」之學。二曲認爲學術思想乃一對治問題之特質，故今日論學當思問題與對治之法，而非一層不變，這亦是他對孟子本體工夫之調整。

　　二曲詮釋孟子思想的進路，首先實以「心性論」爲基，闡明的是「知性」、「知其善性」、「此心即理」，能知性方能「識性」。「識性」之路，二曲建立的是一「主靜」的「超越逆覺道德本心」之路。「識性」後方能「率性」而「踐形」。其次，二曲亦重「放其心」而「求放心」之道。二曲主要從「義利之辨」中，論其人心之陷溺；而救之之道，則以「先立乎其大」的「從其大體」之說，與「不失赤子之心」作爲治療之道。此乃以道德本心爲逆覺，作爲主體因受物欲障蔽而無法呈現之覺省。最後，則以「養心莫善於寡欲」、「知言養氣」、「操存持敬之工夫」論其修養之道。但值得注意的是，孟子之說實爲一逆覺本心之道，二曲在此實以「超越逆覺道德本心」主靜工夫言之，此說自不同孟子原意；此外，二曲釋寡欲處，實以無欲爲釋，此亦殊別於孟子所言。

　　二曲詮釋孟子之政治思想，並非純粹論述孟子「原意」爲止，其論述之重點，乃援古論今，論述今日仁政、王道、經界三種政治思想與社會改革的應有之道。亦即，二曲詮釋此說，主要是切於當下的「歷史時空脈絡」作一申義與發明，以建立今日仁政、王道、經界之說。但既爲切於當下的「歷史時空脈絡」，故對於孟子之說乃著重於「道德之本質」，對於「應用之措施」，則認爲應因革損益，不可泥古與盲目之挪移。

　　第七、整體來說，二曲對《四書反身錄》詮釋之方法與內容，主要闡述「道德本體」、「道德修養工夫」、「道德實踐」、「道德節義」、「宗教他律」、「道德政治」等說。就《四書》學的詮釋內容來說，二曲實以《大學》建立「明體適用」之內聖外王之道；以《中庸》建立「盡心至命」的道德實踐之歷程；以《論語》建立道德學習之進路；以《孟子》建立心性思想與求放心之道。這是二曲就《四書》之內容涵意提出的宗旨與說法。關於二曲《四書反身錄》一書之宗旨，約有數層：

（一）二曲論《四書》之閱讀，應當體現儒學〈明體適用〉之宗旨，而非在功名利祿之求；當以《四書》之義切己自反而加以實踐，而非口說而言談。此爲二曲在朱子《四書》學之流行而形成諸多弊端後，提出的對治、反省之道。

（二）《四書反身錄》所揭示本體與修養工夫之道：在於藉由經典之閱讀而至「下學而上達」；經由個人的悔過自新而達其自明；以及靜坐的超越逆覺體驗，達至本體之識；此諸多工夫之融合之目的皆在「識其本體」。本體之識後，由本體而工夫，由工夫而本體，達至「此心皆是天理流行的道德境界」。這一層本體工夫之學，乃以孔、孟思想爲基，以陸王之明體說爲宗，並輔之程朱等工夫涵養的學術實踐。此爲二曲融合宋明理學程朱、陸王之學與其後學之優劣，所提出適切於今日的爲學之道。

（三）成德之學的目的，在於導向行爲能夠合乎道德之規範。二曲乃申義於廉恥之心，行爲能依節義而行，在面對生與義之擇時，自能臨難而不失節，此方爲成德之學的完整體現。而除道德自律外，二曲亦重視宗教他律，他針對道德不足、行爲失常之人，則以「上帝」、「天」、「鬼神」之責，作爲人的行爲道德弱化的另一種約束力量。此說皆是二曲在明清政權轉移之下，對道德節義價值衰敗之重視與解決之道。除此，就經世參贊部份，二曲言出要能兼善天下，處則能講學濟世，方學眞學、實學。此爲二曲針對儒學經世價值之弱化，而提出的重視與實踐之道。故二曲《四書反身錄》一書之宗旨，即是儒學成己之學、成德之學、明體適用之學。其論述目的即在建立一個「知識與實踐並重」、「自律與他律兼具」、「既重本體之識取，亦有工夫之涵養」，除「自我之明外，亦重親民思想」的《四書》學。此爲《四書反身錄》一書所展現的總體意向。

第八、就「中年之教」與「晚年著述」等思想的轉變與發展而言，《四書反身錄》一書所闡明之觀念，大抵不脫中年之教的理論範圍。但是在中年之教中，二曲對其理論之闡明，未能如《四書反身錄》一書詳細而明確。《四書反身錄》一書中，實有更多之補充與發明。首先，在《四書反身錄》中，二曲強調反身躬行之意義性，確立其《四書》學的基本特徵與詮釋，更是他對學術流弊的反思與建構。其次，在《四書反身錄》中，二曲對道德節義之重視，這是二曲歷經清廷薦舉後的個人心路歷程的體驗，二曲在此屢屢申義廉恥、道德節操、重視殉節之大義，亦因對道德節義之重視，二曲在面對道德

弱化之弊，更強調宗教他律之力量，以作為人的行為能夠符合道德規範之可能性。最後，在《四書反身錄》中，二曲更完整的提出了對傳統儒家觀念之詮釋與論述。如《大學》一書中，格致誠正、修齊治平之觀念；《中庸》一書中所謂中庸、中和、致中和之說；《論語》一書中為學之意義，德性之知與見聞之知，等知識與道德之問題；《孟子》一書中，關於心性思想，以及仁政王道政治、經界的社會改革理想。此皆豐富了對二曲思想的理解，亦為「中年之教」所未見之說，故可藉此數說以見其晚年思想之觀念。

綜上所論，從「中年之教」思想的「成熟與定型」發展來看，「晚年著述」可視為二曲思想的「完成階段」。在「晚年著述」的思想「完成階段」中，二曲藉由《四書》之詮釋，將其本體論、修養工夫、經世思想、儒學道德修養與經世宗旨，妥善的加以定位與論述，這是其思想發展中，甚為重要的一環。代表著其對思想成熟的自我體認，亦彰顯著其對儒學最重要的義理文獻，全面性之理解與詮釋；更本質的他揭示「實踐反身」實為讀《四書》之應有的體驗與切入，突顯了他對學術浮弊之總反省，標示著其學術思想的基本特質與精神所在。所以「晚年著述」實是在其「中年之教」之「成熟與定型」基礎上，更進一步之發展，而標示著其思想的「完成階段」。

伍、結　論

　　本論文在具體之研究上，基本上是採取一動態歷時性之考察作為分析的方法。其目的在於對二曲思想之形成與發展有所釐清與說明。而在具體之討論上，主要從「早年為學的歷程」、「中年之教——體用全學的思想與經世實踐」、「晚年著述——《四書反身錄》之研究」等三個環節作為討論。

　　首先，就「早年為學的歷程」而言，實為二曲思想之形成與發展的階段。在此歷程中，二曲之〈悔過自新說〉思想，著重於反身自省，此一學說往後形成「中年之教」中，以悔過自新為日用常行的修養工夫；亦構成「晚年著述」《四書反身錄》對學風浮弊、功利成習之破除，強調對經典閱讀、體驗與反省的——「反身」意旨之確立。而以講學作為經世，更構成其「中年之教」實踐之依據。而其思想從程朱轉向陸王，實譜下其後來〈明體適用〉思想，以陸王為本體，以程朱為工夫的緒曲。是故，「早年為學的歷程」，實為二曲思想初期階段的建構、反思與重建。由著述之學轉向切己之學，形成〈悔過自新說〉之思想結晶，並依此切己之學與靜坐工夫，導向了——心性本體價值之體悟，進而對其本體工夫與教學有其反省與確立。此為理解二曲「早年為學的歷程」中最為重要發展的掌握。

　　其次，就「中年之教——體用全學的思想與經世實踐」而言，實為二曲思想的定型與成熟階段。在此歷程中，二曲所立之「明體適用」之宗旨，以陸王程朱為本體工夫，以主靜與主敬為證悟之涵養與操存之工夫，重視仁心仁政、強調道德教育與品性，注重個人節操，大抵在晚年著述中，亦有所體現而未有轉變。是故，二曲之思想於此可言成熟與定型，其思想之核心部份，在此階段已有相當的論述與體現。

　　第三、「晚年著述——《四書反身錄》之研究」，實為二曲思想「成熟與定型」期後的「完成階段」。若以思想理論而言，此階段的部份觀念，亦皆見之於「中年之教」中。但值得注意的是，二曲在《四書反身錄》中，乃將其「中年之教」之思想理論，融入《四書》之中，並有其層次與系統的詮釋；而他更突顯了他對學術人心之弊的反省，並以「反身實踐」之旨予以救正。除此，二曲在此階段的立論，亦有不同前期所論，而有另外之側重。如對天地鬼神之詮釋，對知識與道德的關係，對道德節義之申義，對民族大義與殉節之討論，乃至仁政王道思想、經界之說，皆為此《四書反身錄》一書中所獨見的。是故，《四書反身錄》實可見二曲晚年思想之觀點，以及思索之方向，故可謂之思想的「完成階段」。

　　綜上所論，就二曲思想之動態考察上，實有其「形成與發展」，「成熟與定型」，乃至「完成階段」等幾個階段。釐清二曲思想之動態考察的意義後，本文結論即將從幾個方向加以論述。首先，先將二曲之思想，作一整體性的說明，以明其宗旨與大要。其次，對二曲思想之觀照，最終也必須置於儒學傳統中，予以定位與檢討，並說明二曲思想理論之特點、貢獻與限制處，而此層之分析，則將二曲思想置於「明末清初」、「王學」、「宋明理學」等視域之中加以闡明，藉以申義其在思想史上之地位。以下則依序論之：

一、二曲理論整體性的觀照

　　釐清二曲思想的動態考察，則可而從「整體性」層面來觀照二曲思想的特質。論二曲之學，首先必須掌握的是二曲思想理論的基本特質、為學進路與方法。以下則依序論之：

　　（一）二曲有鑑於學術人心之浮弊，知而不行，以功名利祿為學，二曲對其救正與立旨所在，即是將儒學重新導正為「成聖為己」之學的方向。儒學既為成聖為己之學，如何落實與實踐呢？二曲所揭示的，即是以「反求諸己」為工夫，重視個人的「幽暗意識」與「道德自省」，藉由「切己自反」之工夫，實切的就己心之過加以對治與反省，此學不離主體生命之實踐與自省，故為一種實學，躬行實踐的生命之學，此亦後來學者論二曲之學為「實學」、「關學」之意。

　　而此「反求諸己」的「道德自省」的思想，實為二曲思想中最為重要的基本觀念。二曲論〈悔過自新說〉、論明體之修養工夫，乃至《四書反身錄》

中「反身」之意；皆明確的指向對主體身心之過的克己之功；其論「講學」，亦是朝向「自我檢點」之身心轉化的過程。故可見其成德為聖之學，實即「反躬實踐」之學，此乃二曲思想的基本特質所在，這與程朱所謂的「進學在致知」等窮理於外之進路，是極為明顯的差異。

（二）具體來說，二曲論「成聖為己」的為學之道，實展現一「治療學」之涵義。按照二曲之觀察來看，主體與群體存有之異化，本質上實為學術人心之弊所形成的，人因雜染名心病根，於是將儒學「為己之學」歧出為「為人之學」，此不但為科舉之引誘、物欲之習染外，亦是學術不明狀態所影響。故他屢屢申義講學之意義性，即在彰顯講學的社會教育之功能，以達學術倡明、人心淨化之目的；除此，他亦談「經典之治療」的意義，他認為經典乃聖人之醫書，實對陷溺於名心功利之弊有其積極之功能，故要能深體其意、切己治療。而最終之療治必然的是指向對存有之本源──良知本心之體驗，方能真正的達至藥到病除的治癒之功。此治療實以「立志躬行」為起始，以「經典之閱讀」與「良知本心之體」為方法，以「克己之損」、「由仁義行之擴充」為工夫，以人皆有過而勿自棄，望其人能絕此名心病根，以躋聖賢之域。這是一種積極重視人之幽暗意識，而導之克己閱讀與學習的成聖之學。

（三）更進一步來看，二曲論「成聖之學」，其所展示之方法，實亦一種「博學」之多元的學習途徑。就基本工夫而言，二曲實以〈悔過自新說〉之克己自省、存理去欲之法作為入門下手處，此悔過克己、存天理滅人欲，實為「以工夫恢復本體」之進路：而論「修養工夫」，二曲則以「主靜」、「靜坐」講究靜存之工，此工實欲導向一「證悟」等洞徹本原之體驗。二曲日以數坐把握本體，以達「虛、明、寂、定」之境，此體驗之至，即以「主敬」操存此心，隨時保持惺惺不昧之覺省狀態，其目的即為促使此本原之主宰性能為日用常行之規範，促使主體語默動靜之際無不依於天理。故其道德實踐，其本質目的即為「識本之學」，是以「超越逆覺體證」之工作為把握「本體」之工夫，這是二曲成聖之學首要掌握的基本路向。

除此，二曲論「道德實踐」亦不廢「道德學習」。從其論《論語》「以覺為學」、「學思並重」、《大學》之「格物」、《中庸》之「博學」等觀念中，實亦見二曲重視為學歷程中的「理性思惟之作用」、「知識學習之意義」、「聞見之知的輔助」、「經典閱讀之重要性」，這是主體明善盡性中甚為重要之一環。故就成聖之學而言，二曲論學實一「尊德性」、「道問學」並重之路、是循「下

學而上達」之工夫，綰合了「道德實踐」、「道德知識」、「道德學習」之過程。

（四）而對於儒學的成聖之學的目標，必有其理論與宗旨的概括，二曲論此實亦以〈明體適用〉之說作為掌握，此說乃二曲對儒學「內聖外王」之基調的概括，亦是二曲詮釋《大學》一書的意旨所在。二曲認為儒學實乃「內以明道，外以經世」之學，明道講究的是「本體之識」，經世所展現的即為「治道之管理」與「世道人心重建」。具體來說，即為「心性本體」與「經世致用」兩層面向。

從「本體」層面來說，實質上即為「心性之學」的闡明，二曲對心性之學的依歸，明確的指向陸王之學的。從二曲早年的「證悟」中，即可見其接榫心學脈絡體驗之痕跡；從中年之教對於「明體」之論述，即以「明體中的明體」、「明體中的工夫」，作為分別陸王程朱之學的界定；而其心性本體之論述──〈學髓〉一說，從其對「本體界」、「經驗界」，乃至「經驗界之念起」與「無念對治之工夫」的分析上，實亦深涵陽明〈四句教〉之思維與論證的；乃至《四書反身錄》中，關於心性之學的詮釋，無論從《論語》「之」、「知」之釋、《孟子》求放心之學、良知良能說，《大學》致知之論、《中庸》獨體之闡釋，亦皆指向陽明良知本心之學的觀點。由此可見，二曲心性思想實為陸王之學，實為心學的「心即理」，「心性不二」，心乃為萬化之源，為道德實踐之本的觀點之繼承。

（五）而就「經世」層面來說，二曲之著眼點，實為「學術人心」的講明。二曲認為學術是攸關世道人心之意義所在，講學實即人心賴以維持之法，故無論居之在上、或處之在下，皆須藉由經世講學完成默佐朝廷致化之處，此不但為其一生行動之準則，亦是其著〈匡時要務〉屢屢申義之處。

就二曲之經世層面而言，從早年經世之實踐的改變，二曲實然上已確立從「得君行道」轉向「世道人心」的觀照。這意謂著透由學術啟迪人心，藉由講學作為社會教化，是二曲一生的實踐目標。故其早年、中年之教，實為此觀念之延伸。晚年因薦舉之因，轉向閉門注述，觀切的依然是學術之問題。故其著《四書反身錄》一書，實欲說明人讀聖賢之經典，而皆對經典產生詮釋之誤，追根究柢即是儒學志道的異化所形成的。二曲對《四書》之經典冠以「反身」，實然上亦是對學術人心之弊的反省。故其釋《論語》「學之不講」、《中庸》之「致中和」，仍然殷切的申義於學術人心之意義、講學之重要性。而鑑於「學術人心」之重要性，二曲在面對清廷不斷之薦舉，仍遵守

節義，臨死而不屈，展現其氣節與人格，此亦有見於士人之辭受出處，非關一人之得失而已，實際上身繫風俗之盛衰，若以隱居而求其榮，實開天下飾偽之端。這意謂士人之道德操守與氣節，實具社會價值之指標作用，此亦二曲重視學術風俗人心之意義。故整體來說，二曲論經世實從「學術人心重建」作爲目標與改革的，學術之重建」、「人心之淨化」，實終其一生關切之課題所在。從其一生講學、著述、不出仕，實亦環繞著對學術人心之重視，他是以「講學經世」與「道德經世」落實其經世實踐的。

　　二曲論「經世致用」除學術人心、經世講學外，亦申義於「治道與政道」之問題。二曲對政道之討論，早年有《帝學宏綱》、《經筵僭擬》、《經世蠡測》、《時務急著》諸書，後因非切己之學進而焚燬。二曲對於治道之書，較有系統之陳述，主要見之於〈體用全書〉中的「適用之書」中；除此，二曲亦著〈司牧寶鑑〉陳述爲政之道，在《四書反身錄》中對「治道與政道」之闡明，亦見之於對《孟子》的王道思想、《中庸》致中和之意、《大學》治國平天下等詮釋之中。整體來說，二曲論治道與政道觀念，實爲儒學道德政治思想的發揮。他認爲有「天德自有王道」，「明體方能適用」，「王道本於不忍」，「有仁心斯有仁政」，這說明了政治秩序化須本之道德惻隱之心，此道德惻隱之心發而爲政，自能形成保民、愛民、恤民、養民之仁政，故無論政道與治道皆不悖此道德價值原則，這是二曲對於治道與政道之主要論述觀點。

　　綜上所論，二曲之思想特質，實爲講究反求諸己、道德實踐之學，其重視己過之切己自反，以主靜、靜坐默坐澄心之法以達至本體之明，並由此明體進而拓展至經世致用之學。故其學實以明體道德修養爲基，經世致用爲終極目的，講究德業與功業並重，重視道德實踐與道德學習之學。具體而言，其心性本體實以陸王爲定規，輔以程朱之工夫。其經世實踐而言，實是透由講明學術，以明人心之弊，以達經世之目的，所側重的是精神文化之建設。除此，其論政道、治道，其所展現的實爲儒學道德政治之思想，強調政治秩序化須本之道德心性之的觀點，這是二曲思想的整體性之特質所在。

二、就儒學發展之特點、貢獻與限制

　　釐清二曲思想的動態考察與整體性觀照後，則必須將二曲思想置於中國儒學傳統之視域中加以評價。依其論述與可將二曲思想置於幾個層次加以論述。首先，就「明末清初學術」發展來談，此處主要針對二曲之〈悔過自新

說〉、〈明體適用〉理論，以及二曲論「道德節義」與「行己有恥」等觀點，討論其理論提出之意義，以及反映時代問題之特點、貢獻與限制處。其次，就宋明理學的發展上，學術之主流與爭議，主要呈現在程朱陸王之問題上，二曲對此亦有所反應，此處則從二曲調和程朱、陸王之學處加以論述，以窺其意義。第三、二曲實爲王學之衍流，王學之發展上有其正反之評價與錯誤之理解，此處將針對二曲對王學之說的繼承與修正，所產生之積極面與不足之處加以評價。以下則依序論之：

（一）就明末清初之學術發展而言

二曲身處明末清初之際，對傳統儒學之反省、批判、詮釋與重建，即在將儒學導向一能明體與適用之「全儒」、「眞儒」、「大人儒」之涵意。這是他企圖藉由學術人心之振弊，以解決其經世實踐之宗旨。他認爲於今之儒學不流於「腐儒」、「霸儒」即流於「異端之學」。二曲論「全儒」、「眞儒」、「大人儒」，實爲有體有用，實亦一兼具「道德修養」與「社會實踐」之展現。二曲論道德思想與道德修養之學，本質上是涵括其〈悔過自新說〉、切己自反之學，以及道德節義等層面，這是二曲道德思想與道德修養學說中最爲重要之面向。二曲論經世致用層面而言，主要建立在傳統「內聖外王」、「有天德自有王道」、「道德政治」等說之論述，並以〈明體適用〉之宗旨加以概括。以下即根據此理論與觀點分別加以論述，論二曲對明末清初儒學發展之特點、貢獻與限制。

第一、首先，就二曲的「切己自反」之學，與〈悔過自新〉的的意義來說。儒學乃爲成德之學，此成德之學本質上，即是剋就主體德性與德行處做克己之工夫，針對己過加以刮磨洗剗，故此實爲儒學道德實踐、優入聖欲中最爲重要之一環，亦爲儒學通義之處。二曲早年爲學歷程中，即由著述之學轉向一「切己」之學，並進而形成〈悔過自新說〉，乃至中年、晚年論道德體驗與經典閱讀，亦皆以「切己自反」、「反身」作爲主體進德修業之方法，這是儒學「實踐之學」、「踐履之學」的體現，亦是對「人性幽暗意識」的重視與突顯。

更進一步來說，二曲提出〈悔過自新說〉，實爲接榫儒學「自省悔過」、「克己」之傳統而有一發展。儒學自《論語》一書中，即屢屢申義自省悔過與克己之重要性；而宋明以來，諸家對悔過自新之思想雖有所論述，但皆未見系統之討論，直至晚明大儒劉蕺山之〈人譜〉，方有對自省悔過有其深入之探討

與分析。綜觀劉氏與二曲對悔過之討論，兩者皆志在突顯「自省改過」在成德之學的重要性；亦皆對「改過」、「慎獨」、「知幾」、「靜坐」、「證悟」等成德工夫有其系統的討論；並且對改過以求利益的「道德功利主義」者加以批判；亦皆舉歷來聖賢改過遷善之例加以說明。但整體而言，劉氏之說更爲體大精密，如以圖、字從天道宇宙之思想，下貫至人性論與人生論之說明、對人之過做更仔細更嚴密的區隔與討論，這都是二曲之說所未見的〔註1〕。但顯然的，劉氏並未將此說標示成爲個人爲學之工夫的「宗旨」。

　　〈悔過自新說〉，實爲二曲對儒學思想之精義的掌握與體現，他明確的將其概括爲成德之學的「入門工夫」與「宗旨」。自王學朱學末流之後，爲學之目的已然導向一科舉功利、空疏不實，缺乏實踐，喪失自省之弊時，更可見二曲反映時代弊端，以及匡時救世的積極意義。從理論發展來看，二曲論改過，並非純然只就經驗層面的自省，此工夫最終之目的在於「明體」，乃在於心性本原的察識，可見其實欲將此修養工夫作爲貫穿本體之處。這是二曲對原始儒學成德之學，與宋明以來的心性修養的融合，更是對人性幽暗意識之重視，使其工夫成爲主體淨化自我意志與行爲之過中，一種具有「永恆無間斷的身心體驗」，並進而導向「本體之識」的目標，而達至「爲己成聖之學」的道德修養與實踐。這是二曲思想理論中深具意義，且值得注意的面向。他不是單純的復原儒學，而是將原始儒學之精義，與宋明儒學道德修養之發展，作一妥善之融合。

　　是故，就儒學發展而言，二曲的〈悔過自新說〉的切己自反之學，實爲儒學克除己過等道德實踐之學的一環，亦是二曲對儒學成德之學具體的掌握與體現，更是儒學幽暗意識層面之發展。二曲在此則有意突顯，〈悔過自新說〉乃儒學爲學之「宗旨」，並將其提升至爲學之入門處，藉以申義「道德實踐」之重要性，這是他提升與豐富儒學理論之貢獻所在，亦是他反省時代問題所提出的救正之法。

　　第二、儒學向來重視道德之羞惡感與道德節義，此種德性與行爲，在一政治民族之危機中，道德淪喪之時，更彰顯其重要性。在明末清初之政權鼎革中，清初大儒顧炎武即針對神州蕩覆之反省與究責中，分別提出「博學於文」、「行己有恥」之語，以作爲其「明道救世」之實踐綱領；其論「行己

〔註1〕關於劉蕺山之〈人譜〉之討論，可參黃敏浩著，《劉宗周及其慎獨哲學》（臺北：學生書局，2001年2月），第四章，頁176〜210。

有恥」即是將傳統德性之一端，突顯至爲學立本之處，以其恥心節義等道德意識，作爲移風易俗之目的，這是他對明末清初道德衰敗恥心節義淪喪之救正。

同樣的，二曲對此時代之反省，亦有相同之見解與論述。二曲在《四書反身錄》中，關於《論語》「殷有三仁」、《孟子》「西子蒙不節」等詮釋中，即特別申義道德節義、操守等重要性。他認爲人應有其廉恥之心，尤其在政權鼎革之際，爲臣者當殉難而守其節義、爲士者當有操守，不可臨難而失其節操，不可求保身而苟免，當求道德歷史之定位與不朽，這是他對恥心節義乃至殉節的看法與重視。

是故，二曲與顧炎武論「行己有恥」、以恥心爲立學之本，其目的皆在救正人心、顯揚名教，以圖挽救世衰道微之弊，這在時代問題之反省上，是有其積極意義與價值的。

第三、儒學的基本向度是一入世之關懷，其觀照面主要建立在「內聖與外王」之體現中，講求的是「自我的轉化」與「世界的轉化」。自《論語》孔子言「修己安人」後，儒家經典與傳統無不突顯此要旨。如《大學》所謂「明明德」而「親民」，乃至「修身」、「齊家」、「治國」、「平天下」之說；《中庸》所謂的「中和」、「愼獨」之成己，以及成人成物之參贊萬物，此皆儒學之終極關懷所在。

二曲之〈明體適用〉說，就其本質而言，實講究「明道存心以爲體，經世宰物以爲用」，是一兼具道德本體工夫，以及講求經國濟世之思想。其理論提出之目的，即志在透由此學說，解決儒學異化與外教異端之問題。二曲觀察儒學異化之現狀，不是導向一「明體而不適用」之「腐儒」，即是發展成「不明體而適用」的「霸儒」，此皆偏離儒學「明體而適用」、「內聖外王」之發展；此外，因科舉制度下進而扭曲的學術發展，亦形成的功利性與知識性之弊病。而對於學術之弊外，自魏晉隋唐以來佛老昌盛，亦對儒學形成威脅。故二曲本之體用觀而建立的〈明體適用〉說，實可視爲其思想的核心與基礎之理論，亦是其批判自先秦至明末清初以來的三教合一、儒學異化、科舉功利等學術弊病的利器。

儒學自以入世爲教，以內聖外王爲基調，傳統對於體用之說亦有所申義。其中最爲重要包括了胡安定之〈明體達用〉、朱子與丘濬之〈全體大用〉、以及呂新吾之〈明體適用〉。觀以上諸說，其論點雖相近但實亦有所殊。胡氏論

〈明體達用〉之學，實有體、有用、有文；其體乃道德本體、其用乃潤澤斯民、其文乃經史子集垂法於後世者，故其明體是以講明六經爲主，其達用是以專功治事爲依據；朱子之〈全體大用〉乃論本體與作用之關係；丘濬言〈全體大用〉乃上承朱子之說，而有所發展。其說以本之一身者，體也；達之天下者，用也，以〈全體大用〉來論道德修養與經世實踐；呂氏之說則在於明其所適，以爲實用，在內容上是以「適用」作爲價值之依據所在。

二曲論〈明體適用〉上，其特質在於繼承傳統道德政治之論述外，又有其的發展意義。就繼承面來說，二曲論道德實踐自能成就經世致用之治，乃「有天德自有王道」之說，是與胡安定和丘濬之意義是接近的。這說明了他不同傳統論體用之處，僅扣緊於道德本體與作用面來發揮，而是將其「用」界定於「經世致用」，這顯然的受到胡安定、丘濬與明末清初經世思潮之影響，其體用觀實質上是帶有一轉虛入實之意義。但實際上，二曲論〈明體適用〉，其「明體」講求的是「洞徹本原」的識本之學，與胡安定講明六經、朱子與丘濬以「性即理」作爲「明體」、「全體」是有所殊別的；而論「適用」與「達用」之別，二曲言「適用」是談經國濟世之用，與胡安定專治一事兼攝一事亦有所不同。顯然的，二曲所提出的「適用」之說，其涵括之企圖是較爲深遠的。從這層意義上來看，他提出的〈明體適用〉說，是對傳統之說有所反思而亦有其發展的，這是他接榫於王學，又修正了王學之空疏不實，而進行了一種新的改造。

故就其說之理論特點與貢獻而言，二曲論〈明體適用〉，實亦突顯了「體用不二」之觀點，既重「本體」亦重「致用」，強調「明體」方能「適用」，此一論點繼承儒學心性之學，亦修正心性之學專求「內傾」之發展，進而批判了儒學「論體不論用」、「論用不論體」的偏頗，解決儒學功利化、知識性、形上化之弊端，而一返爲儒學內外并重的「內聖外王」、「經世致用」的傳統上。更進一步，二曲更強化了講求武備、農政、經濟、軍事、地理，甚至學習西方科學知識意義，故其視野是恢弘的，其態度是進步的；其〈明體適用〉說，無疑的，是準確的對傳統儒學之「內聖外王」之「宗旨」的概括，反映了他對歷史時空之變化，意圖藉由學術之改造，作爲修正現象之發展，此爲其學術中務實進步之一面。

但相對的，無論其視野與態度之正確與進步，其〈明體適用〉仍然存在著無法避免的理論之缺限與困難。論二曲〈明體適用〉與「經世致用」之說

大抵存在著幾層問題：

1. 儒學素來強調「天德王道」、「內聖外王」之說，其論述與實踐本質上是存在幾許的限制與不足之處。誠如林聰舜在反省明末清初學術之問題時，即明確指出：

> 儒學是一種淑世的學問，它雖然強調成德之教，強調內聖的重要性，但內聖是爲了外王，修己是爲了治人，從沒有任何一家一派公然放棄內聖外王、修己治人的理想，這點連最講究心性工夫的理學家也不例外，所以儒者的終極理想是外王經世之業是無可置疑的。然而，外王經世之業雖是儒者的終極理想，但理學家用力最勤的心性工夫是否能有效支持這個經世思想？或者細密謹嚴的心性工夫竟是外王事業的牽累？他們似乎從未反省到這個問題，甚至認爲心性工夫到家，外王經世之功便垂手可得，於是心性工夫的功效遂有被過度誇大的傾向，他們的經世目標雖未曾改變，但經世的內容已被壓縮，甚至被心性夫取代。……由此可知，就儒者的理想而言，內聖外王雖可並行不悖，而且內聖是外王的預備，但落在現實上，內聖工夫過度膨脹後，非但不能有效支持經世理想，反而會壓縮其他領域的活動，最後變成外王事業的牽累。宋明儒者中，固然有少數豪傑之士仍表現出旺盛的生命力與輝煌的事功，但只能歸功於他們超人一等的稟賦，而與理學成就無關。就整體而言，理學家所表現的生命力與經世熱力皆較爲衰頹是不容諱言的。〔註2〕

這對傳統儒學的「內聖外王」之說，無疑的是深刻的點出其缺失。以二曲之說來看，二曲早年雖著有經世之著，講學亦申義於〈明體適用〉之說，但其中年之教實以「返觀默識、潛心性命」爲主。此一轉變，自然對其經世之弘願是有所壓縮的。這說明了，突顯了本體與心性之體認，故有其特殊之意義性，但在具體之操作上，實亦產生對經世致用實踐的不足之處，這是二曲學思歷程中，過於強調「內省」之發展而必然形成之問題。

2. 二曲論〈明體適用〉，實以「天德自有王道」、「內聖必能外王」、「明體方能適用」之觀點加以陳述，這種論述乃謂「政治秩序」乃本於「道德自省」之觀念，這是傳統儒學在對治佛老思想之衝擊，進而深化於本體層次的方法，

〔註2〕 見林聰舜著，《明清之際儒家思想的變遷與發展》（臺北：學生書局，民國79年10月），第六章，頁271〜272。

是以道德本體作為解決文化危機，與建立儒學心性主體性、道德理想性之過程。但這種以道德思想解決經世之問題，是有其意義亦有其限制的。針對其問題，林毓生在對「自由主義」的論爭分析中，即點明必須突破傳統儒學「內聖外王」問題之謬誤，方能有效的建立一現代化之發展。傳統「內聖外王」之說，即認為政治秩序之形成，主要來自於道德與思想直接影響之觀念，這種認為道德與思想的意圖（intentions）可以直接有效地導致政治秩序的建立觀念，可稱之謂「道德與思想意圖的謬誤」。傳統儒家思想的觀念，即要求政治上之領袖人物是大聖大賢，由「內聖」而至「外王」，並且相信道德力量本身具有「奇理斯瑪的」（charismatic）功能，只要居高位的能成聖成賢，下面的百姓自然景從，所謂「君子之德風，小人之德草，草上之風必偃。」這是一種將政治之問題，視為是道德之問題，政治秩序當然是由道德意圖形成的論點。林毓生認為此說理論之限制在於，此乃深受傳統儒家所強調的「心的理知與道德功能」的影響，以至多半採用「藉思想、文化以解決問題的方法」，而未能對制度的重要性與優先性有其清楚之認識與系統之論述，於是形成了意圖之謬誤〔註3〕。他認為政治秩序之形成當從制度面建立，必須有法治方能形成正確之制度。就二曲〈明體而適用〉之論述來看，二曲謂「明體方能適用」、「有天德必有王道」，亦即須經由道德自覺自省，對本體之識後，方能建立政治秩序化之過程。無可置疑，在傳統社會中，道德自省誠然為政治秩序化之主要動力，這並非謬誤，但此說仍深限於傳統人治思想、內聖外王之思維，把複雜的政治經濟問題，約化成為道德思想的問題，乃誠為不足的。此一觀點，自然無法開展出突破傳統經世觀的新思維。故此不但是傳統儒學的限制所在，亦是二曲的限制之處。

　　3. 更進一步的說，二曲所謂的「適用」，本質上是一種「切近實用」的觀點，觀察二曲所提出的「適用」之說，無論在理論分析上，乃至具體之論述都是甚為薄弱與不足的。其所講究之「適用」，必然是針對「當下」與「未來」之政治與經濟問題作思考與改革的，論述何以為「適」？何以切近實用？但顯然的，二曲並未針對其所提出的理論有一充份之論述與說明的。尤其在一歷史背景時空之轉換下，不能對「傳統」政治制度作反省，不能考察「現狀」

〔註3〕　相關討論可參閱林毓生著，〈兩種關於如何構成政治秩序的觀念〉、〈對於胡適、毛子水、與殷海光論「容忍與自由的省察」〉、〈法治與道德〉等文，收錄於林毓生著，《政治秩序與多元社會》（臺北：聯經出版社，民國79年9月）一書。

政經之問題，不能對「未來」之發展有所建言，只能從傳統經世致用之書作為資源，提出一不違背原則下之經權思考，這對其欲成就的經世弘願，實有許多不足之處。這說明了，二曲過於強調道德精神文化之自省，相對的缺乏了批判意識，與對客觀化問題之重視與反思，不能對傳統制度之弊有一全面式的省察，故對於現實之政治革新，其作用畢竟是不大的。

4. 而就主體經世講學之實踐而言，儒學自宋代以來，藉講學以開明智，作為學術人心之啟蒙，已然成為儒家經世之實踐目標。從二曲所論的經世、學術、人心之論點，實亦可見他認為透由講明學術，以啟人心，以先覺覺後覺，作為儒學經世之目標，可見二曲承繼宋明諸儒之經世講學觀的一面。二曲論經世講學，明確的指向一種「自我檢點」的形態，實際上是承繼關學馮從吾講學之精神。這說明了，講學之目的在於朝向內部之自我反省，是主體改過遷善之實踐歷程，而非對於外部政治社會之批判，由此可見二曲講學的特質所在。這說明了二曲講學，實欲導入一人心自我淨化之意義。但相對的，亦突顯了其保守性之一面。儒學是有批判意識的，尤其在孔孟思想中是尤為顯著的，孔子即曾對踰節失禮的政治失序加以抨擊，孟子亦針對功利成風、仁義失序的文化加以批判。二曲講學首重人心自我檢點，無疑的是正確的，但反對將講學轉向一種如東林般的「文化批判」與「公共倫理事務」之反映，這無疑具有一定的保守性。論其因素除重視主體自我淨化為優先觀念外，當然亦與清初之高壓政策有其必然之關係。但如此一來，不朝向社會公共事務之參與與批判，自然對現實之政經制度缺乏反省與建言，此一層限制，自然反映在其經世之主張中。

綜上所論，二曲之道德修養、切己自反以及重視道德實踐，實對儒學的心性修養工夫，是有其深刻之掌握的。這說明了就儒學內聖的道德修養面來說，二曲實有其意義與貢獻所在。二曲深切的反省到「實踐」之意義所在，並回歸儒學對人性至善的體悟，強調人必有過而必須悔過而自新之路，開啟了一條啟人為聖、時時不絕的成聖修養工夫；他不作宇宙論般的論述與推論，只是一種平實、篤實的就主體的身心之過加以切己自反；此克除己過最終必導向對心性本原之證悟，以作為現實道德規範之準則。二曲除重上達之路，亦重道德知識之學習，講究博學多元式的學習，故其道德修養工夫，實為對傳統儒學之優點——「下學而上達」、「尊德性而道問學」的兼容並蓄之發展。

　　但相對的，二曲過於強化自省與實踐，則在其「經世思想」上，自然形成限制，這說明了，過於突顯了道德自省反對批判，對公共事務、客觀化之層面的探索與反省自有其不足之處。從理論層面來說，二曲是重視經世致用的，但他無法突破傳統儒學的「內聖外王」之限制，故無法提出對有效的理論與見解。從現實層面來說，處於明末清初之際的二曲雖有經世之意圖，但無法實踐經世之意旨，只能就學術人心層面作改善與淨化之工夫。二曲以「內聖外王」為基礎，以天德自有王道說概括道德與政治，以〈明體適用〉說為其宗旨，實為傳統儒學經世精神之展現。此一觀點，就思想史的歷史長流之中，雖有其積極的意義層面，亦有其保守與傳統、限制與不足之處。

　　故就其一生之理論思想與行動實踐來說，其道德修養與個人實踐實為儒學「內聖」之典範，但受限於個人氣質與時代之因素，以及傳統儒學之觀點，二曲在「經世致用」層面，並未如黃宗羲般提出「有治法而後有治人」，這種突破傳統「人治思想」、「道德政治」的新思維與論點。這是就儒學「內聖外王」的「道德修養」與「經世實踐」等層面，對二曲學術的評價。

（二）就宋明理學之發展而言

　　關於二曲對於宋明理學之發展的意義，基本上要從二曲對程朱陸王學術之融合與取譫上來著手，方能窺其意義，以見其特點與限制之所在。

　　就儒學來說，宋代儒學之形成，本質上是在「魏晉玄學」與「隋唐佛學」之刺激與對立下而產生的。從唐代韓愈開始，韓愈即提倡師道，而立道統之說，並從〈原道〉中劃分儒與老釋之異，此師道、道統與異端等說，實為宋初儒學精神所承繼。從宋初三先生至周、張、二程與陸朱，其說雖異，但明顯可見，其對儒學意識之自承，對佛「捨離世界」之否定，皆是本於先秦孔孟道德思想之宗旨，故可視為從漢以來，儒學之義的回歸。然雖為儒學之義的回歸，各家思想亦多有所殊，發展亦有所別。具體而言，因對本體之理的體驗與工夫進路之差異，在宋代既已形成了所謂的「朱陸之爭」。朱子之學自宋之後，歷經元、明、清三代，逐漸成為官學學說之主流，亦成普遍知識份子思想與觀念之本。但其學日生，其弊日滋，朱學末流於利祿、考據、訓詁之失。直至明代，方有以心學良知為說，致良知為教的王學，重新作了一次「革新運動」。其意義在於孔孟儒學「心性論」真正的回歸。故名之「心學」，亦有見程朱理學外繞與支離，而指出良知人人現在，一反觀而自得而自作主宰。但王學後學因對良知理論之體悟不同，故亦形成理論的爭辨；王學末流

空疏不實，陷於玄虛與情識之弊，此一弊端即導至東林學派與劉蕺山諸等人之批評與救正。

整體來說，儒學自宋明理學發展中，有以良知心性爲主的陸王之學，有以理爲首出的程朱之學，亦有重視氣的概念如張載之說。二曲對「心」、「理」、「氣」等哲學思想的把握上，明顯的是以程朱、陸王之學作爲對象的。二曲本質上乃身處程朱、陸王等學術視域中，朱陸王之學亦如水火，相爭疑難，故從宋明理學發展來看，二曲最爲重要的是學術課題，即是對程朱、陸王學術之定位與整合。

二曲對程朱陸王之說，認爲其學實皆儒學發展下之一環，實各有所側重，亦有所偏失，故須兩相爲濟，而互補其缺。其展示的，實一立足於陸王之本體，兼攝程朱之工夫。二曲乃以陸王乃洞徹本原之學，程朱之學乃洙泗家法所在，二者實爲儒學所自有而不可偏廢，此正如禪宗有南能北秀一般。此說無疑的，是二曲作爲宋明理學學術反省中最爲重要之一環，亦見其識見與超然之處。觀二曲對程朱陸王之整合，展現其理論之中，即見於〈體用全學〉一文、《孟子》「求放心之學」的詮釋，以及《大學》一書中的「格物」之說中。二曲於〈體用全學〉中即以「明體中之明體」、「明體中之功夫」，對陸王之本體與程朱之功夫，有所定位與界定；在「求放心之學」中，更申義以孔子爲宗、孟子爲導，以程朱陸王爲輔之述，可見其重道德本原之識，亦重道德工夫之修養；於「格物」說中，以明善爲旨歸，強調尊德性與道問學並重之路，不但肯定朱子之下學，亦修正其「物物而究之」的博物之弊；取陸王反之於己，而又修正其只求正己之缺，進而開展出一重「道德實踐」與「道德知識與學習」的途徑。於此亦可見二曲乃本於陸王之學，亦相當程度的吸收了程朱「主敬」與「格物明善」之思維的傾向。

除此，從宋明理學從儒學發展中，甚爲重要之一環，即形上學與宇宙論之證立，二曲對此亦有其反省。二曲論學重實踐與切己自反之路，故反對摹劃虛擬，更對宋明諸儒言性命理氣等觀點有所批評，這是他對宋明理學形上化與知識辯證過程中，進而淡化與弱化了道德實踐的一種反省，於此亦可窺見其對宋明理學反省之處。

是故，二曲於宋明理學之發展中，實欲展現一超越而兼容並蓄之心胸，而將儒學之爭議加以消弭，立足於陸王本體而兼取程朱工夫，以下學而上達之論，定位程朱陸王，以其皆爲儒學之「學脈」，故不可有偏執。可見其立足

於程朱陸王，亦反省程朱陸王；取程朱陸王之優，亦譴程朱陸王末流之弊，在時代學術之發展，將程朱陸王之爭難，進行了調和與兼併，化解彼此宗旨理論之爭，從儒學內部之發展，重新定位與取譴，這是二曲對宋明理學發展中所作出的積極貢獻。

但相對的，二曲對程朱陸王之定位與取譴，雖有其貢獻但亦有其限制。具體來說，以陸王爲本體，以程朱爲工夫，二曲在定位中缺乏了一詳細而嚴格之論述，二者彼此本體工夫之殊異處，實質上未見二曲有其論證，這必然促使學者在實踐上產生一定之困難性。這說明了學術不但爲實踐切己之過程，亦須有其進路與工夫的，理論層次的辨明，實爲一指導入門所在，二曲於此實有其不足之處。其次，二曲調合程朱陸王，即說明了二曲論主體修養，並非純粹的只論心性修養工夫，二曲甚爲重視道德之識、道德學習，強調經典閱讀之意義，此皆道德修養中的「明善如理」之工夫，這顯然的修正了傳統王學之缺失所在。但顯然的，二曲對知識的意義，嚴格來說，並未將知識經驗界之學加以重視，而獨立於道德實踐之外，仍就只是視爲倫理學的附庸。就此層面來說，仍受限於傳統的「德性之知」與「聞見之知」的觀念中。

綜上所論，二曲於宋明理學的發展上，實有其積極意義，其對宋明理學不同之發展有其定位與區隔，互取其優而加以整合，使其思想中不囿於一途，而能互濟其用，互補其缺，對其爭難而有所化解，使儒學能導向一兼容並蓄而良性之發展，這是二曲對程朱陸王之學、宋明理學作出的積極貢獻之處。然二曲在對程朱陸王本體工夫的差異性來說，就理論之論述上，並未成功的溝通整合其理論之殊異性，故有其不足與限制的，此就個人之實踐上或可克服，但對於立教興學之處，實有分解不足之弊端的。

（三）對王學之發展而言

二曲其學實爲王學之發展，故就王學之衍化的立場考察其說，亦有其重要性。陽明以致良知立教，而經後學衍化，形成了明中葉至晚明學術之主流，當然亦形成學術批判之主要目標。此有良知理論之問題，亦有立教之弊與人病之處，當然亦有學術立場殊異之攻訐。

陽明之學實以良知爲本體，以致良知爲工夫。陽明認爲良知本體實乃成聖之基，此潛能雖人亦有之，然實際上「本然之知」，則須經由後天的「工夫之致」，盈科而後進的，方得以實現。陽明後學對本體、工夫體認不一，於是形成所謂「現成派」、「歸寂派」、「工夫派」等說。重視先天之悟，消解後天

之工夫，形成了所謂「現成良知」說；重視未發之體認的，則形成了「歸寂」之說；重視後天致知之工夫，則有「修證工夫」之說。

大抵就「現成良知」說而言，利根者「一悟本體即工夫」，故持自然簡易之工，進而喪失後天之「致」。而其悟亦因工夫之失而終產生如「良知現成」論的「玄虛而蕩」、「情識而肆」、「入於佛禪」等弊病。直接導致了良知品質之**轉變**。就轉變上有四條路徑：其一乃將良知之「倫理性」懸置，而以情欲、本能、利害、意見作代替，所謂「混情識為良知」；其二乃則將良知之理置於第二序，而視節義為其次，而終成「狂蕩之徒」。其三乃將良知帶入虛無化，而喪失了日常倫理落實之一面。最後，則雜入於禪，只著重「主體性」明覺的一面，而喪失心理合一之處。就整體而言，此弊端在於主自然之工，以不學不慮為工夫，故「率性」，即易「由仁義行」而變成「任性」之變質，故普遍呈現一「反理性思維」的特質，此即王學末流所形成之弊病所在。此外，「歸寂」之說，割裂本體與作用，強調當下良知非真良知，良知必待未發修證而始得，於是走上神秘主義，忽略良知乃即體即用，動靜一如，須於事上磨練之現實的特質，亦非善學陽明之說。

自王學興起王學衍化後，王學即產生若干之爭議。從陽明開始，「無善無惡心之體」之說、《朱子晚學定論》，即以開啟陽明乃「陽儒陰釋」之疑義，如明儒羅欽順著《困知記》、陳建著《學蔀通辯》，即以王學為禪；王龍溪與王艮之「二王」所衍之泰州學派，其以良知為現成，和護持良知「自然」之特色，亦引發諸多批評；乃至王學末流空疏不實，鳩合儒釋，混情識為良知，亦是爭議所在，此一爭議，亦進而導至如東林諸子、劉蕺山、黃宗羲亦認為「無善無惡心之體」之說，實有悖儒學性善之說。王學末流不辨此「無善無惡」之旨，「混情識於良知」，而陷入玄虛與狂蕩之弊端。由明至清，顧炎武在一歷史興衰之追究反省中，即以「清談亡國」來批判王學，王船山則從成德之立場，而言陸王之說乃「異端之頓教」。故可見「良知本體工夫」、「陽儒陰禪」、「無善無惡心之體的爭議」，「王學之歷史定位」，實為身為王學之後勁的二曲所必須面對的爭議，我們亦可藉此窺其對王學思想發展的貢獻與限制所在。以下則依序說明：

第一、二曲認為王學實為儒學之一環，更為功利積弊人心陷溺下的治世猛藥，故學當要以陸王之學為本體，這是他對王學之歷史意義與功能的評價。就王學之定位上，二曲於〈體用全書〉中推崇陸王與二溪，並視其為「明

體中之明體」，實爲對當時批判王學之說的不同看法。二曲以陸王之學爲本
體、爲儒學之說，自然對王學諸多不實，如以「王學爲禪」、「無善無惡心之
體」乃否定儒學性善之說一一加以辨明。二曲指出陽明之學實爲洞徹本原之
說，乃爲王霸、義利、人鬼關也，乃大功於世教而非禪學，陽明言致良知之
說，乃泄千載不傳之祕，乃萬世之功也；此外，陽明言「無善無惡心之體」，
乃謂心體本原處之超越與無滯，方能成就一切至善之意，而非否定儒家性善
之說，這是二曲對王學超越與本體面之理解與體悟，進而對諸多誤解的釐
清。除此，二曲論〈明體適用〉，亦是對王學過於「內傾」發展的一種修正與
補充。整體來說，二曲實深刻的掌握陽明其說之精義所在，亦能辨明陽明立
說之本旨與後學之差異性，觀此可見二曲對王學之理解的深度，與釐清誤解
之意義所在。

　　第二、二曲論良知本體工夫，亦針對各派之優缺有所攝取與揚棄，對末
流之弊亦有克服。二曲推重「現成派」中王龍溪之悟，但實然上二曲並非以
一悟爲究竟，亦非悟後無工夫，二曲重視良知本體之悟，亦重視本體之工
夫，故雖以二溪爲「明體中之明體」，實非完全循其爲學之法。二曲重悔過自
新等克己之功，實爲以工夫恢復本體的爲學之法，故其論「明體中之明體」
後，則詳論「明體中之工夫」；其重泰州一派的「日用踐履」之功，但亦非如
泰州之學以率性自然爲保任，而不重明覺之工，二曲亦重視「格物明善」等
道德知識之學習的過程。故其對現成派之優點頗能掌握與吸收，亦能克服其
弊端之處。

　　第三、進一步而言，從本原之就證悟與修養工夫而言，二曲實以陸王立
本心爲依循，以其對良知本心之超越性、無滯性、至善性作爲形下經驗道德
行爲之規範，這是一種自立本心、淨化自我意志之本心之識。而對此本心之
識，二曲實循道南一派、乃至陽明主靜之說爲依歸。但二曲對此說乃強調一
修正之立場。此立場即在主靜、靜坐之「默坐澄心」、「以心觀心」工夫外，
尚強調一主敬的工夫來說，其說實爲對主靜、靜坐之說的修正。二曲並非如
王門後學聶雙江般，只重視未發前的涵養，而謂「格物無工夫」，故養良知之
體只在未發處用功〔註4〕。關於聶說之誤，勞思光分析此說指出：

　　　　雙江的「養良知」或「歸寂以通感」，若作爲下手工夫看，原無可

〔註 4〕聶雙江云：「致知如磨鏡，格物如鏡之照，謬謂格物無工夫者此。」見〈致
　　　　知議辨〉，見〔明〕王龍谿撰，《王龍谿全集上》，卷六，頁 430。

議。問題在於雙江卻以此作爲全部工夫看，於是認爲只有「致知」工夫，「格物」只是餘事，無工夫可言。這表示雙江看準了「良知」未必自然顯現（這是無可反對的），但卻以爲良知顯現後，自然處處發用。對於於成德工夫講，這裡就有了一理論困難。……。以「磨鏡」喻「心體」之明或「良知」之朗照，很容易推至不須照處的工夫一論點；因爲，眞就「鏡」講，它的明或不明，確實不是「照」的問題。但是，「心」或「良知」是否眞是和「鏡」那樣相似，而使得在「鏡」一面不發生問題的地方，在「心」或「良知」一面也就不發生問題呢？顯然不是。「心」或「良知」的第一特性正是那「最高自由」或「主體」。這裡一面涵有「不受決定」的意義，另一面同時特涵有「不獲保證」的意義。因此，與作爲一個被決定的對象的「鏡」大大不同。「鏡」被磨得「明」了，通常不會在照物特突然變得昏暗；這正由於「鏡」是受條件決定的經驗存在；而「心」或「良知」既不是受經驗的決定而「明」，也就並無任何外在條件來保證其不昏暗。所以，「心」或「良知」的自發之「明」，在應物時並非一定不曾昏暗，而必須有一種自覺力使它的「明」能不失。因此，縱使「心」或「良知」已至光明朗照之境，仍然隨時可以因一念疏忽而轉昏；在應物時更是如此。〔註5〕

勞氏之說實爲眞諦，這說明了工夫實爲保證成德的關鑑所在，故必須持守而不失，這意謂著「工夫無終結之時，造境無外在保證可託。」〔註6〕以陽明爲例，「致良知」實質即爲念念不息，無時可停的工夫。陽明曰：「戒懼之念，無時可息。若戒懼之心稍有不存，不是昏瞶，便是流入惡念。」〔註7〕陽明這層意涵，勞氏認爲良知之顯現「並非時時顯現；學者用功，只在『良知』顯現處自覺自省，這需要意志上一種警惕，因此程門所謂『敬』，王門所謂『戒愼恐懼』，都是這種工夫的原始描述。」〔註8〕釐清此意，即可說明二曲雖如

〔註5〕見勞思光著，〈王門功夫問題之爭議及儒學精神之特色〉一文，見氏著，《思辨錄——思光近作集》，頁76～77。
〔註6〕見勞思光著，〈王門功夫問題之爭議及儒學精神之特色〉一文，見氏著，《思辨錄——思光近作集》，頁77。
〔註7〕見陳榮捷著，《王陽明傳習錄詳註集評》，卷上，頁142。
〔註8〕見勞思光著，〈王門功夫問題之爭議及儒學精神之特色〉一文，見氏著，《思辨錄——思光近作集》，頁91。

聶雙江等以主靜、靜坐作為逆覺道德本體之工夫，但實質上非謂已發之後無工夫，其論「主敬」之操存，實亦有見主靜工夫不必然成為本心之明的保證，此正王龍溪所言「得於靜坐者，謂之證悟，收攝保聚，猶有待於境，譬之濁水初澄，濁根尚在，纔遇風波，易於淆動」〔註9〕故須以念念不息的工夫護持之，以使其良知本心之顯能成為一穩定之狀態。這是二曲對主靜、靜坐工夫之修正，而具有積極意義層面之處。

故二曲雖重主靜與靜坐，但非如「歸寂派」般，割裂了良知本體與后天感應之過程，進而產生脫略事為，類於禪悟之弊。二曲不認為主靜與靜坐實為一了百了之法。二曲雖重視主靜與靜坐而視其為洞徹本原之工，但此本原之悟亦極易散失與走作，喪失其明覺之特質，故要以敬操存之，必須戰戰兢兢，使其炯然而常在，惺惺而不昧。可見二曲就王學之「良知本體工夫」理論特質來說，是對現成派與歸寂派各有所取而亦有所棄。而針對王學末流之空疏與不實，二曲更以程朱之學矯之，以居敬窮理，作為去其弊端之法。這是二曲對王學理論之整合與修正之處。

第四、自陽明言「箇箇人心有仲尼」、王艮言「滿街皆是聖人」，實從人格之潛能處，鼓動人心為聖，而具有一種平等之思想。從王學之發展來說，不同傳統論學僅就精英層面、知識份子之處來談，而觀照到非知識階級等普羅大眾群體亦可成聖為賢，這種強調聖凡潛能之一致，反觀而自得的思想，實亦王學能普及天下之因。陽明講學本即強調平民化，自泰州之傳更將心學朝向世俗化發展，故其門下有農夫、陶匠、樵夫、皂隸等。此種王學之特質，亦為二曲所本，而二曲更著書以明此意。二曲曾著〈觀感錄〉，實亦本其平等觀念，強調成聖之潛能實聖凡一致，端賴立志與否。具體來說，此〈觀感錄〉，不但是其個人立志成聖意義之突顯，亦為普羅大眾、下層份子道德踐履之推揚，這意謂著二曲接樺於王學之思想，關注到人性之尊嚴與平等，而不分其貴賤之精神，故實帶有其思想啟蒙之意義。

除此，王學亦以講學作為經世之法，藉由師道之教，以正學術人心之弊。從歷史發展來看，傳統的儒家道德教育，早已異化成功利主義之發展，而能重新拔本塞源，推其一體之心，以講學為慧命相續，便是陽明一派頗引人注目之處。二曲在個人經世講學的實踐上，即明顯的承繼王學之精神。二曲言陽明之講學，實為豪傑無待之舉，故為千古人心義利之辨；其亦推舉包括心

〔註9〕見〔明〕王龍谿撰，《王龍谿全集下》，卷十七，頁1224。

齋不藉名位而講學經世、近溪論爲政亦應講學之意義，故其一生經世講學實
亦爲王學講學精神之繼承者。

是故，整體來說，二曲對王學之誤解實有廓清之功，這包括了對王學爲
禪、無善無惡心之體之說，二曲皆有所釐清，其說更超越了在清初中尊重王
學如黃宗羲等人之見解；其對王學良知本體工夫有所調整補正，亦對王學末
流有所救正，其補偏救弊之立場，實同晚明以來東林諸子與劉蕺山一般。而
他更對王學成聖之平等思想，與講學濟世之社會教育精神有所承繼，此皆爲
二曲對王學發展之特點與貢獻所在。

但相對的，二曲對王學理論之推進與發展處，以作爲適應時代課題之變
化，則是明顯不足。王學從晚明至清初就思想理論，有其重要之推進，即爲
李贄的「童心說」與黃宗羲所言「無工夫而無眞本體」之論。前者之說，在
於重視個體性之原則，反對良知天理之規範，進而對人心情感意志之認同與
顯揚；後者意謂著本體不是作爲先驗之存在，而是後天致知工夫所致，此無
疑的已開始超越出先驗論之樊籬，而以事功與經世之學作爲發展。此皆對陽
明學說之普遍性與個體性，乃至本體工夫理論皆有其揚棄、批判與反省，而
有一新的解構與詮釋〔註10〕。李黃之說實乃重視客觀世界、現實世界之探索
與後天之工夫，進而揚棄了傳統儒學心性先驗論之缺點，而有其反應社會變
遷發展之特質。二曲其學較之於李黃之說，實較爲保守，其對王學在理論思
想發展之推進上，並無多大之改變，他所強調的，仍在於道德規範與天理之
普遍性的層面上。

綜上所論，衛道與修正之處，實亦二曲身爲王學之衍流所作出的積極
之貢獻所在，他是王學學術精神之承繼，更是其經世講學之實踐者，但對王
學理論之發展，以適應時代變遷之課題上，二曲實亦未能有突破性之見解
產生。

總結來說，我們對二曲一生之思想與實踐，必須有其正面特點之顯揚，
亦須對其學術限制與不足之處，提出商榷，方能彰顯研究之意義所在。

就思想史之發展來論二曲之特點、貢獻與限制。二曲對王學末流之修正，
對程朱陸王之調合，對人性幽暗意識之重視，對道德實踐之落實，對道德節
義之關注，對講學經世之實踐，對儒學經世精神之闡明，實爲對明末清初之

〔註10〕相關討論，可參楊國榮著，《王學通論——從王陽明到熊十力》（上海：華東
師範大學出版社，2003年9月）一書。

學術、宋明理學、王學有其積極之貢獻。

　　但二曲其學之特質，在於重視道德內省、講究心性體驗、與道德境界之追尋，此其思想之特質亦爲其思想之內在限制。亦即，心性體驗實一無窮盡之工夫，著墨於此，強調內省與自我檢點，固有其意義與價值，但亦會形成對客觀外王事業發展之壓縮。二曲固有其對學術人心弊病之深刻的反省，但其欲以學術人心之反省進而救正世道，亦是不夠的；其雖提出〈體用全書〉，而欲人成爲德業與功業並重、道德修養與社會實踐兼具，但實有分解不足、論述不夠、反省不深之現象。故其過於內傾之結果，終進而壓縮其對政治經濟、社會文化之批判與反省，促使其〈明體適用〉與「經世致用」之目標是不易實現的。

　　具體來說，從明末清初之學術變遷與發展之歷史來看，二曲對於政治之觀察實有其「泛道德化」之傾向；其對客觀制度如「政治權力」與「政治制度」則缺乏反省與批判；對於明末清初因社會經濟發展，而形成的重商功利之思想未能有具體之體認；對於具體客觀世界之探索與發展，亦未有其積極之回應。此「內在之限制」，加上清初對心性之學的批判與反省等客觀因素下，二曲其學，自然無法形成新的學術發展與變遷之典範，此固然是時代之問題，亦是二曲個人自身的限制所在。

　　是故，論二曲思想之研究，最終必須指出，二曲個人之道德修養與心性工夫，無疑的，是宋明理學以來最爲成熟之發展；二曲面對時代課題的回應上，在學術人心之弊等層面的反省，是有其深刻之見解的；但相對的，在論經世致用層面，如政治制度與社會經濟之反省與批判上，則是明顯不足的，此爲二曲在面對時代之轉型與變遷下，具體所形成的貢獻與限制之處。這是本論文對二曲思想之研究，最後所提出的結論與說明。

陸、參考書目

一、歷代典籍（以年代前後爲順序）

1. 〔周〕左丘明傳、〔晉〕杜預注、〔唐〕孔穎達疏,《春秋左傳正義》,收入於《十三經注疏》（臺北：藝文印書館,民國 86 年 8 月）。

2. 〔漢〕司馬遷撰,《史記》（臺北：鼎文書局,民國 84 年 10 月）。

3. 〔漢〕揚雄撰,《法言：太玄經》,收入於《四部備要》（臺灣：中華書局,民國 54 年）。

4. 〔漢〕孔安國傳、〔唐〕孔穎達等正義,《尚書正義》,收入於《十三經注疏》（臺北：藝文印書館,民國 86 年 8 月）。

5. 〔漢〕毛亨傳、〔漢〕鄭元箋、〔唐〕孔穎達等正義,《毛詩正義》,收入於《十三經注疏》（臺北：藝文印書館,民國 86 年 8 月）。

6. 〔漢〕班固撰、〔唐〕顏師古注、〔清〕王先謙補注,《漢書補注》（臺北：藝文印書館,民國 85 年 8 月）。

7. 〔漢〕趙歧注、〔宋〕孫奭疏,《孟子注疏》,收入於《十三經注疏》（臺北：藝文印書館,民國 86 年 8 月）。

8. 〔漢〕鄭元注、〔唐〕孔穎達等正義,《禮記正義》,收入於《十三經注疏》（臺北：藝文印書館,民國 86 年 8 月）。

9. 〔魏〕王弼、韓康伯注、〔唐〕孔穎達等正義,《周易正義》,收入於《十三經注疏》（臺北：藝文印書館,民國 86 年 8 月）。

10. 〔魏〕何晏集解、〔宋〕邢昺疏,《論語正義》,收入於《十三經注疏》（臺北：藝文印書館,民國 86 年 8 月）。

11. 〔晉〕王弼註,《老子註》（臺北：藝文印書館,民國 85 年 3 月）。

12. 〔晉〕陳壽撰、〔宋〕裴松之注,《三國志》（臺北：鼎文書局,民國 65 年）。

13. 〔晉〕郭象注、〔唐〕成玄英疏、〔清〕郭慶藩集釋，《莊子集釋》（臺北：廣文書局，民國 80 年 1 月）。

14. 〔晉〕郭璞注、〔宋〕邢昺疏，《爾雅》，收入於《十三經注疏》（臺北：藝文印書館，民國 86 年 8 月）。

15. 〔南朝梁〕僧佑撰、〔宋〕朱熹撰，《參同契考異：弘明集》，收入於《四部備要》（臺北：中華書局，民國 54 年）。

16. 〔北涼〕天竺三藏曇無讖譯梵，《大般涅槃經》（臺北：財團法人佛陀教育基金會出版部，民國 80 年 5 月）。

17. 〔梁〕劉勰著、周振甫注，《文心雕龍》（臺北：里仁書局，民國 83 年 7 月）。

18. 〔唐〕唐元宗明皇御注、〔宋〕邢昺疏，《孝經正義》，收入於《十三經注疏》（臺北：藝文印書館，民國 86 年 8 月）。

19. 〔唐〕劉知幾撰、〔清〕浦起龍釋、民國呂思勉評，《史通釋評》（臺北：華世出印社，民國 64 年 4 月）。

20. 〔唐〕楊倞注、〔清〕王先謙集解，《荀子集解》（臺北：世界書局，民國 80 年 11 月）。

21. 〔宋〕贊寧撰、范祥雍點校，《宋高僧傳》（北京：中華書局，1987 年 8 月）。

22. 〔宋〕邵康節撰，《皇極經世書》，收入於《四部備要》（臺北：中華書局，民國 54 年）。

23. 〔宋〕周敦頤撰、〔清〕董榕輯，《周子全書》（臺北：廣學社印書館，民國 64 年）。

24. 〔宋〕張載撰，《張載集》（臺北：漢京文化事業公司，民國 72 年 9 月）。

25. 〔宋〕程顥、程頤撰，《二程集》（臺北：漢京文化事業公司，民國 72 年 9 月）。

26. 〔宋〕程頤撰，《易程傳》（臺北：文津出版社，民國 79 年 10 月）。

27. 〔宋〕大慧宗杲撰、潘桂明釋譯，《大慧普覺禪師語錄》（臺北：佛光文化事業有限公司，2000 年 12 月）。

28. 〔宋〕釋道原編，《景德傳燈錄》（臺北：彙文堂出版社，民國 76 年 6 月）。

29. 〔宋〕胡寅撰、容肇祖點校，《崇正辯：斐然集》（北京：中華書局，1993 年 12 月）。

30. 〔宋〕朱熹撰，《四書章句集注》（北京：中華書局，2003 年 6 月，《新編諸子集成》）。

31. 〔宋〕朱熹撰、陳俊民校訂，《朱子文集》（臺北：財團法人德富文教基金會，民國 89 年 2 月）。

32.〔宋〕朱熹撰、黃坤校點,《四書或問》(上海:上海古籍出版社、安徽教育出版社,2001 年 12 月)。

33.〔宋〕朱熹撰,《伊洛淵源錄》(臺北:文海出版社,民國 57 年 1 月)。

34.〔宋〕朱熹撰、〔清〕聖祖批,《御批資治通鑑綱目》,收入於《景印文淵閣四庫全書》(臺北:臺灣商務印書館,民國 72 年)。

35.〔宋〕陸九淵撰,《陸九淵集》(北京:中華書局,1980 年 1 月)。

36.〔宋〕黎靖德編、王星賢點校,《朱子語類》(北京:中華書局,1999 年 6 月)。

37.〔宋〕楊簡撰、〔明〕周廣次編次,《慈湖遺書》,收入於《叢書集成續編第一三○冊》(臺北:新文豐出版社,民國 80 年,《四明叢書約園刊本》)。

38.〔宋〕道誠輯,《釋氏要覽》,收入於《佛學三書》(北京:中華全國圖書館文獻縮微復制中心,1995 年 12 月)。

39.〔宋〕陳淳撰、〔宋〕王雋編,《北溪字義詳解》(臺北:廣文書局,民國 68 年 5 月)。

40.〔宋〕真德秀撰,《真文忠公全集》(臺北:文友書局印行,民國 63 年)。

41.〔元〕吳澄撰,《吳文正集》,收入於《景印文淵閣四庫全書》(臺北:臺灣商務印書館,民國 72 年)。

42.〔元〕脫脫撰,《宋史》(臺北:洪氏出版社,民國 63 年)。

43.〔明〕宋濂等撰,《新校本元史并附編二種》(臺北:鼎文書局,民國 68 年)。

44.〔明〕李東陽纂、〔明〕申時行重修,《大明會典》(臺北:文海出版社,民國 77 年 6 月,明萬曆刊本)。

45.〔明〕黃淮、楊士奇編,《歷代名臣奏議》(上海:上海古籍出版社,1989 年)。

46.〔明〕曹端著、王秉倫點校,《曹端集》(北京:中華書局,2003 年 10 月)。

47.〔明〕丘濬撰、林冠群、周濟夫點校,《大學衍義補》(北京:京華出版社,1994 年 4 月)。

48.〔明〕王守仁撰、吳光、錢明、董平、姚延福編校,《王陽明全集》(上海:上海古籍出版社,1992 年 12 月)。

49.〔明〕羅欽順撰,《困知記等三種》(臺北:廣學社印書館,民國 64 年 6 月)。

50.〔明〕王艮撰,《王心齋全集》(臺北:廣文書局,民國 76 年 3 月,日本嘉永元年刻本)。

51.〔明〕陳建撰,《學蔀通辨》(臺北:廣文書局,民國 60 年 4 月)。

52.〔明〕王龍谿撰,《王龍谿全集》(臺北:廣文書局,民國 89 年 11 月)。

53.〔明〕羅近溪撰,《盱壇直詮》(臺北:廣文書局,民國 80 年 11 月)。

54.〔明〕李贄撰,《焚書/續焚書》(臺北:漢京文化事業有限公司,民國 73 年 5 月)。

55.〔明〕呂柟撰,《涇野子內篇》,收入於《四庫全書珍本五集》(臺北:臺灣商務印書館,民國 63 年)。

56.〔明〕呂坤、洪應明著,吳承學、李光摩校注,《呻吟語‧菜根談》(上海:上海古籍出版社,2001 年 7 月)。

57.〔明〕呂坤撰,《實政錄》,收入於《北京圖書館古籍珍本叢刊(四十八)》(北京:書目文獻出版社,1988 年,據明萬曆二十六年趙文炳刻本影印)。

58.〔明〕馮從吾著,《少墟集》,收入於《景印文淵閣四庫全書》(臺北:臺灣商務印書館,民國 72 年)。

59.〔明〕馮從吾輯、〔清〕王心敬增輯,《關學編》,收入於《四庫全書存目叢書‧史部第一二六冊》(濟南:齊魯書社出版印行,1995 年 5 月,據山西大學圖書館藏清乾隆王氏家刻嘉慶七年周元鼎增刻本)。

60.〔明〕蕅益大師撰,《四書蕅益解》(高雄:高雄淨宗學會,民國 83 年 6 月)。

61.〔明〕辛全輯,《衡門芹》,收入於《四庫全書存目叢書‧子部一五冊》(濟南:齊魯書社出版印行,1995 年 9 月,北京圖書館藏明晉淑健等刻本)。

62.〔明〕辛全輯,《經世石畫》,收入於《四庫全書存目叢書‧子部一六冊》(濟南:齊魯書社出版印行,1995 年 9 月,山西圖書館藏明末刻辛復元著述六種本)。

63.〔明〕張燧撰,《經世挈要》,收入於《北京圖書館古籍珍本叢刊(四十七)》(北京:書目文獻出版社,1998 年,據明崇禎六年傅昌辰版築居刻本影印)。

64.〔明〕馮應京輯,《皇明經世實用編》,收入於《四庫全書存目叢書‧史部二六七冊》(濟南:齊魯書社出版,1996 年 8 月,北京大學圖書館藏明萬曆刻本)。

65.〔明〕劉宗周撰、鍾彩鈞編校,《劉宗周全集》(臺北:中央院文哲所,民國 85 年 6 月)。

66.〔清〕孫奇逢著,《夏峰先生集》(北京:中華書局,2004 年 7 月)。

67.〔清〕黃宗羲撰,《明夷待訪錄》,收入於《黃宗羲全集》(臺北:里仁書局,民國 76 年 4 月)。

68.〔清〕黃宗羲撰、〔清〕全祖望續修、〔清〕王梓材校補,《宋元學案》（臺北：河洛書局,民國 64 年）。

69.〔清〕黃宗羲撰,《明儒學案》,收入於《黃宗羲全集》（臺北：里仁書局,民國 76 年 4 月）。

70.〔清〕黃宗羲撰、沈善洪主編,《孟子師說》,收入於《黃宗羲全集》（杭州：浙江古籍出版社,2005 年 1 月）。

71.〔清〕顧炎武撰,《原抄本日知錄》（臺北：明倫出版社,民國 59 年 10 月）。

72.〔清〕顧炎武撰,《顧亭林詩文集》（臺北：漢京文化事業有限公司,民國 73 年 3 月）。

73.〔清〕毛奇齡著,《大學證文》,收入於《景印文淵閣四庫全書》（臺北：臺灣商務印書館,民國 72 年）。

74.〔清〕李中孚著、王心敬編纂,《斷句李二曲全集》（臺北：廣文書局,民國 67 年 7 月）。

75.〔清〕李顒撰、陳俊民點校,《二曲集》（北京：中華書局,1996 年 3 月）。

76.〔清〕惠龗嗣撰,《李二曲先生歷年紀略》（臺北：廣文書局,民國 66 年 12 月）。

77.〔清〕朱彝尊原著、汪嘉玲等點校,《點校補正經義考》（臺北：中央研究院中國文哲研究所籌備處,民國 86 年 6 月）。

78.〔清〕龍文彬撰,《明會要》（北京：中華書局,1998 年 11 月）。

79.〔清〕李光地等撰,《性理精義》,收入於《四部備要》（臺北：中華書局,民國 54 年）。

80.〔清〕張伯行編,《學規類編》,收入於《續修四庫全書》（上海：上海古籍出版社,1995 年 9 月,據中國科學院圖書館藏清同治重刻正誼堂全書本影印）。

81.〔清〕全祖望撰、朱鑄禹彙校集注,《全祖望集彙校集注》（上海：上海古籍出版社,2000 年 12 月）。

82.〔清〕張廷玉等撰,《明史》（北京：中華書局,2003 年 2 月）。

83.〔清〕永瑢等撰,《合印四庫全書總目提要及四庫未收書目禁燬書目》（臺北：臺灣商務印書館,民國 74 年 5 月）。

84.〔清〕錢大昕撰、孫顯軍、陳文和點校,《嘉定錢大昕全集》（南京：江蘇古籍出版社,1997 年 12 月）。

85.〔清〕江藩、方東樹撰,《漢學師承記（外二種）》（北京：三聯書店,1998 年 6 月）。

86.〔清〕焦循撰,《雕菰集》（臺北：鼎文書局,民國 66 年 9 月）。

87. 〔清〕焦循撰，《孟子正義》（北京：中華書局，1998 年 12 月，《新編諸子集成》）。

88. 〔清〕劉寶楠撰，《論語正義》（北京：中華書局，1998 年 12 月，《十三經清人注疏》）。

89. 〔清〕舒其紳等修、嚴長明等纂，《陝西省·西安府志（三）》，收入於《中國方志叢書·華北地方·第三一三號》（臺北：成文出版社，民國 58 年，清乾隆四十四年刊本）。

90. 〔清〕唐鑑撰，《國朝學案小識》，收入於《四部備要》（臺灣：中華書局，民國 54 年）。

91. 〔清〕章學誠撰、民國葉瑛注，《文史通義校注》（臺北：漢京文化實業有限公司，民國 75 年 9 月）。

92. 〔清〕吳懷清撰、陳俊民校編，《關中三李年譜》（臺北：允晨文化實業有限公司，民國 81 年）。

93. 〔清〕皮錫瑞撰，《經學歷史》（臺北：藝文印書館，民國 76 年 12 月）。

94. 〔清〕徐世昌等撰，《清儒學案》（臺北：國防研究院，民國 56 年 10 月）。

95. 〔清〕程樹德撰、程俊英、蔣見元點校，《論語集釋》（北京：中華書局，1997 年 10 月，《新編諸子集成》）。

96. 趙爾巽等編著，《清史稿校注》（臺北：國史館，民國 75 年）。

97. 東方佛教學院編著，《六祖壇經註釋》（高雄：佛光文化事業，民國 59 年）。

98. 陳榮捷著，《王陽明傳習錄詳註集評》（臺北：學生書局，民國 81 年 10 月）。

99. 慧淨法師編訂，《佛說無量壽經》（臺北：本願山彌陀淨舍印經會，民國 83 年 5 月）。

100. 張保勝釋譯，《圓覺經》（臺北：佛光文化事業有限公司，1996 年 8 月）。

101. 劉文典撰、馮逸、喬華點校，《淮南鴻列集解》（北京：中華書局，1997 年 1 月）。

102. 古清美註譯，《近思錄今註今譯、大學問今註今譯》（臺北：臺灣商務印書館，2000 年 9 月）。

二、現代著作（以撰者筆劃爲順序）

1. 王淮注釋，《老子探義》（臺北：臺灣商務印書館，民國 79 年 12 月）。

2. 王壽南主編，《中國歷代思想家》（臺灣：臺灣商務印書館，民國 67 年）。

3. 王邦雄、曾師昭旭、楊祖漢著，《孟子義理疏解》（臺北：鵝湖月刊雜誌社，民國 72 年 10 月）。

4. 王茂、蔣國保、余秉頤、陶清著，《清代哲學》（安徽：安徽人民出版社，1992 年 1 月）。

5. 王爾敏著，《中國近代思想史論》（北京：社會科學文獻出版社，2003 年 8 月）。

6. 方立天著，《佛教哲學》（北京：中國人民出版社，1997 年 1 月）。

7. 方克立主編，《中國傳統哲學的現代詮釋》（北京：商務印書館，2003 年 6 月）。

8. 〔美〕包筠雅著、杜正貞、張林譯、趙世瑜校，《功過格：明清社會的道德秩序》（杭州：浙江人民出版社，1999 年 9 月）。

9. 〔美〕史泰司著、楊儒賓譯，《冥契主義與哲學》（臺北：正中書局，民國 87 年）。

10. 古清美著，《明代理學論文集》（臺北：大安出版社，1990 年 5 月）。

11. 台灣哲學學會主編，《儒家哲學》（臺北：桂冠圖書有限公司，2004 年 4 月）。

12. 牟宗三著，《生命的學問》（臺北：三民書局，民國 59 年 9 月）。

13. 牟宗三著，《歷史哲學》（臺北：學生書局，民國 63 年 10 月）。

14. 牟宗三著，《人文精神之重建》（臺北：學生書局，民國 66 年 8 月）。

15. 牟宗三著，《心體與性體》（臺北：正中書局，民國 72 年 5 月）。

16. 牟宗三著，《中國哲學的特質》（臺北：學生書局，民國 79 年 10 月）。

17. 牟宗三著，《中國哲學十九講》（臺北：學生書局，民國 80 年 12 月）。

18. 牟宗三著，《從陸象山到劉蕺山》（臺北：學生書局，民國 82 年 3 月）。

19. 牟宗三著，《圓善論》（臺北：學生書局，民國 85 年 4 月）。

20. 牟宗三著，《宋明儒學的問題與發展》（臺北：聯經出版事業公司，民國 92 年）。

21. 牟宗三著，《道德的理想主義》，收入於《牟宗三先生全集（九）》（臺北：聯經出版事業公司，2003 年 4 月）。

22. 牟宗三著，《智的直覺與中國哲學》，收入於《牟宗三先生全集（二十）》（臺北：聯經出版事業公司，民 2003 年 4 月）。

23. 牟宗三著，《人文講學錄》，收入於《牟宗三先生全集（二十八）》（臺北：聯經出版事業公司，2003 年 4 月）。

24. 〔美〕安樂哲、羅思文著，《論語的哲學詮釋》（北京：中國社會科學出版社，2003 年 3 月）。

25. 何冠彪著，《明清人物與著述》（臺北：臺灣商務印書館，1996 年 12 月）。

26. 何冠彪著，《生與死：明季士大夫的抉擇》（臺北：聯經出版事業公司，

1997 年 10 月）。

27. 任繼愈主編，《中國道教史》（上海：上海人民出版社，1990 年 6 月）。

28. 任繼愈主編，《佛教大辭典》（南京：江蘇古籍出版社，2002 年 12 月）。

29. 朱杰人主編，《邁入二十一世紀的朱子學——紀念朱熹誕辰八七〇周年、逝世八〇〇周年論文集》（上海：華東師範大學出版社，2001 年 11 月）。

30. 朱榮貴著，《全體大用之學：朱子學論文集》（臺北：學生書局，2002 年 6 月）。

31. 朱葵菊著，《中國歷代思想史：清代卷》（臺北：臺灣學生書局，民國 82 年 12 月）。

32. 李亦園著，《文化與修養》（廣西：廣西師範大學出版社，2004 年 5 月）。

33. 李澤厚著，《歷史本體論・己卯五說》（北京：三聯書店，2003 年 5 月）。

34. 李安德著、若水譯，《超個人心理學》（臺北：桂冠圖書有限公司，1994 年 8 月）。

35. 李紀祥著，《明末清初儒學之發展》（臺北：文津出版社，1992 年）。

36. 李師威熊著，《中國文化的精神的探索》（臺北：黎明文化事業公司，民國 74 年 11 月）。

37. 李師威熊著，《中國經學發展史論上冊》（臺北：文史哲出版社，民國 77 年 12 月）。

38. 李明輝著，《儒家與康德》（臺北：聯經出版事業公司，民國 79 年 7 月）。

39. 李明輝，《孟子重探》（臺北：聯經出版事業公司，2001 年）。

40. 李明輝編，《中國經典詮釋傳統（二）：儒學篇》（臺北：喜瑪拉雅研究發展基金會，民國 91 年 2 月）。

41. 沈清松著，《現代哲學論衡》（臺北：黎明文化事業公司，民國 83 年 10 月）。

42. 吳自甦著，《人文思想與人文教育》（臺北：水牛出版社，民國 82 年 6 月）。

43. 吳光著，《儒家哲學片論——東方道德人文主義研究》（臺北：允晨文化實業有限公司，民國 79 年 6 月）。

44. 吳友能著，《百家出入心無礙——勞思光教授》（臺北：文史哲出版社，民國 88 年 4 月）。

45. 吳友能著，《對比的視野——當代港臺哲學論衡》（臺北：駱駝出版社，2001 年 2 月）。

46. 吳汝鈞著，《中國佛學的現代詮釋》（臺北：文津出版社，民國 84 年 6 月）。

47. 吳震著，《明代知識界講學活動繫年 1522～1602》（北京：學林出版社，2003 年 9 月）。

48. 吳震著，《王陽明著述選評》（上海：上海古籍出版社，2004 年 4 月）。

49. 吳雁南、秦學頎、李禹階主編，《中國經學史》（福州：福建人民出版社，2001 年 9 月）。

50. 吳萬居著，《宋代書院與宋代學術之關係》（臺北：文史哲出版社，民國 80 年 9 月）。

51. 杜繼文、魏道儒著，《中國禪宗通史》（南京：江蘇古籍出版社，1995 年 2 月）。

52. 余英時著，《中國思想傳統的現代詮釋》（臺北：聯經出版事業公司，民國 81 年 2 月）。

53. 余英時著，《士與中國文化》（上海：上海人民出版社，2003 年 9 月）。

54. 余英時著，《朱熹的歷史世界》（北京：三聯書店，2004 年 8 月）。

55. 余英時著，《宋代理學與政治文化》（臺北：允晨文化實業股份有限公司，2004 年 7 月）。

56. 呂妙芬著，《陽明學人士人社群——歷史、思想與實踐》（臺北：中央研究院近代史研究所，民國 92 年 4 月）。

57. 何光滬、許志偉主編，《對話：儒釋道與基督教》（臺北：世界宗教博物館基金會出版，2003 年 12 月）。

58. 岑溢成著，《大學義理疏解》（臺北：鵝湖出版社，民國 83 年 3 月）。

59. 周谷城主編，《中國學術名著提要：經濟卷》（上海：復旦大學出版社，1995 年 6 月）。

60. 周谷城主編，《中國學術名著提要：歷史卷》（上海：復旦大學出版社，1995 年 6 月）。

61. 周谷城主編，《中國學術名著提要：科技卷》（上海：復旦大學出版社，1996 年 12 月）。

62. 林師安梧著，《中國宗教與意義治療》（臺北：明文書局，1996 年 4 月）。

63. 林師安梧著，《道的錯置——中國政治思想的根本困結》（臺北：學生書局，2003 年 8 月）。

64. 林師安梧著，《人文學方法論：詮釋的存有學探源》（臺北：讀冊文化，2003 年）。

65. 林毓生著，《政治秩序與多元社會》（臺北：聯經出版事業公司，民國 79 年 9 月）。

66. 林毓生著，，《思想與人物》（臺北：民國 82 年 2 月）。

67. 林繼平著，《李二曲研究》（臺北：臺灣商務印書館，1999 年 9 月）。

68. 林聰舜著，《明清之際儒家思想的變遷與發展》（臺北：學生書局，民國79年10月）。

69. 〔日〕岡田武彥著、吳光、錢明、屠承先譯，《王陽明與明末儒學》（上海：上海古籍出版社，2000年5月）。

70. 姜允明著，《陳白沙其人其學》（臺北：洪業文化事業有限公司，民國92年9月）。

71. 胡孚琛、呂錫琛等著，《道學通論：道家、道教、仙學》（北京：社會科學文獻出版社，1991年1月）。

72. 胡師楚生著，《儒行研究》（臺北：華正書局，民國75年3月）。

73. 胡師楚生著，《清代學術史研究》（臺北：學生書局，民國82年3月）。

74. 唐君毅著，《中國哲學原論：原教篇》（臺北：學生書局，民國73年2月）。

75. 唐君毅著，《人文精神之重建》（臺北：學生書局，民國77年5月）。

76. 唐君毅著，《中國人文精神之發展》（臺北：學生書局，民國77年8月）。

77. 唐君毅著，《人生之體驗續編》（臺北：學生書局，民國85年3月）。

78. 唐君毅著，《中國文化之精神價值》（臺北：正中書局，民國86年10月）。

79. 侯外廬主編，《中國思想通史》（北京：人民出版社，1958年1月）。

80. 侯外廬、邱漢生、張豈之主編，《宋明理學史》（北京：人民出版社，1997年10月）。

81. 苗潤田著，《中國儒學史》（廣東：廣東教育出版社，1998年6月）。

82. 高師大編，《大學論文資料彙編》（高雄：復文書局，民國70年）。

83. 梁啓超著，《中國近三百年學術史附清代學術概論》（臺灣：里仁書局，民國84年2月）。

84. 韋政通著，《中國思想史》（臺北：水牛出版社，民國81年9月）。

85. 韋政通著，《中國思想與人文關懷》（臺北：洪葉文化事業有限公司，民國89年11月）。

86. 徐復觀著，《中國思想史論集》（臺北：學生書局，民國77年）。

87. 徐復觀著，《中國人性論史》（臺北：臺灣商務印書館，民國79年12月）。

88. 秦家懿著，《王陽明》（臺北：東大圖書公司，民國81年1月）。

89. 馬振鐸、徐遠和、鄭家棟著，《世界文明大系：儒家文明》（北京：中國社會科學出版社，1999年9月）。

90. 陸寶千著，《清代思想史》（臺北：廣文書局，民國72年9月）。

91. 陳來著,《有無之境》(北京:人民出版社,1991 年 3 月)。

92. 陳來著,《宋明理學》(臺北:洪葉文化事業有限公司,民國 82 年)。

93. 陳來著,《哲學與傳統》(臺北:允晨文化實業股份有限公司,民國 83 年 3 月)。

94. 陳來著,《古代宗教與倫理——儒家思想的根源》(北京:三聯書店,1996 年 3 月)。

95. 陳來著,《朱子哲學研究》(上海:華東師範大學出版社,2000 年 9 月)。

96. 陳來著,《中國近世思想史研究》(北京:商務印書館,2003 年 10 月)。

97. 陳祖武著,《清初學術思辨錄》(河北:中國社會科學出版社,1992 年 6 月)。

98. 陳祖武著,《中國學案史》(臺北:文津出版,民國 83 年 4 月)。

99. 陳祖武著,《清初學術思拾零》(湖南:湖南人民出版社,2002 年 6 月)。

100. 陳俊民著,《張載哲學與關學學派》(臺北:學生書局,民國 79 年 11 月)。

101. 陳俊民著,《中國哲學研究論集》(臺北:臺灣商務印書館,1994 年 1 月)。

102. 陳榮捷著,《朱子新探索》(臺北:學生書局,民國 77 年 4 月)。

103. 陳榮捷著,《朱子門人》(臺北:學生書局,民國 71 年 3 月)。

104. 陳榮捷著,《王陽明傳習錄詳註集評》(臺北:學生書局,民國 81 年 10 月)。

105. 陳榮捷著、朱榮貴編,《宋明理學之概念與歷史》(臺北:中研院文哲所,民國 89 年 10 月)。

106. 陳鼓應、辛冠洁、葛榮晉主編,《明清實學簡史》(北京:社會科學文獻出版社,1994 年 9 月)。

107. 陶清著,《明遺民九大家哲學》(臺北:洪葉文化事業有限公司,1997 年 6 月)。

108. 許鶴齡著,《李二曲「體用全學」之研究》(臺北:文史哲出版社,民國 93 年 8 月)。

109. 勞思光著,《新編中國哲學史》(臺北:三民書局,民國 79 年 12 月)。

110. 勞思光著,《思辨錄——思光近作集》(臺北:東大圖書股份有限公司,民國 85 年 1 月)。

111. 勞思光著,《大學中庸譯註新編》(香港:中文大學出版社,2000 年)。

112. 溫偉耀著,《成聖之道——北宋二程修養工夫論之研究》(臺北:文史哲出版社,民國 85 年 10 月)。

113. 馮契主編,《哲學大辭典》(上海:上海辭書出版社,1992 年 12 月)。

114. 張立文著,《宋明理學研究》(北京:人民出版社,2002 年 11 月)。

115. 張永堂等譯,《中國思想與制度論集》(臺北:聯經出版事業公司,民國 74 年 11 月)。

116. 張澤洪著,《道教齋醮科儀研究》(成都:巴蜀書社,1999 年 9 月)。

117. 張麗珠著,《清代義理學新貌》(臺北:里仁書局,民國 91 年 3 月)。

118. 張麗珠著,《清代新義理學——傳統與現代的交會》(臺北:里仁書局,民國 92 年 1 月)。

119. 葛榮晉著,《中國哲學範疇通論》(北京:首都師範大學出版社,2001 年 4 月)。

120. 葛榮晉、趙馥洁、趙吉惠主編,《張載關學與實學》(西安:西安地圖出版社,2000 年 11 月)。

121. 黃俊傑編譯,《史學方法論叢》(臺北:學生書局,民國 73 年 10 月)。

122. 黃俊傑著,《孟學思想史論:卷一》(臺北:東大圖書公司,民國 80 年 10 月)。

123. 黃俊傑主編,《孟子思想的歷史發展》(臺北:中研院文哲所,民國 84 年 5 月)。

124. 黃俊傑、町田三郎、柴田篤等主編,《東亞文化的探索——傳統文化的發展》(臺北:正中書局,民國 85 年 11 月)。

125. 黃俊傑、町田三郎、柴田篤等主編,《孟子思想史論》(臺北:中研院文哲所,民國 86 年 6 月)。

126. 黃俊傑、町田三郎、柴田篤等編,《中國經典詮釋傳統(一):通論篇》(臺北:喜瑪拉雅研究發展基金會,民國 91 年 6 月)。

127. 黃俊傑、町田三郎、柴田篤等編,《歷史知識與歷史思考》(臺北:臺大出版社,2003 年 12 月)。

128. 黃敏浩著,《劉宗周及其慎獨哲學》(臺北:學生書局,2001 年 2 月)。

129. 曾師昭旭著,《良心教與人文教——論儒學的宗教面相》(臺北:臺灣商務印書館,2003 年 8 月)。

130. 曾師昭旭著,《存在感與歷史感——論儒學的實踐面相》(臺北:臺灣商務印書館,2003 年 8 月)。

131. 曾陽晴著,《無善無惡的理想道德主義》(臺北:國立臺灣大學出版委員會,民國 81 年 12 月)。

132. 董洪利著,《古籍的闡釋》(遼寧:遼寧教育出版社,1997 年 4 月)。

133. 楊向奎著,《清儒學案新編》(濟南:齊魯書社,1985 年 2 月)。

134. 傅偉勳著,《學問的生命與生命的學問》(臺北:正中書局,民國 83 年 5 月)。

135. 傅偉勳著，《死亡的尊嚴與生命的尊嚴》（臺北：正中書局，2001 年 10月）。

136. 傅世垣主編，《中醫大百科全書》（臺北：遠流書局，民國 91 年）。

137. 葉舒憲主編，《文學與治療》（北京：社會科學文獻出版社，1999 年 9月）。

138. 楊國榮著，《王學通論——從王陽明到熊十力》（臺北：五南圖書出版公司，民國 86 年）。

139. 楊國榮著，《良知與心體——王陽明哲學研究》（臺北：洪葉文化事業有限公司，1999 年 8 月）。

140. 熊十力著，《讀經示要》（臺北：明文書局，民國 73 年 7 月）。

141. 熊十力著，《原儒》（臺北：明文書局，民國 77 年 12 月）。

142. 熊十力著，《明心篇》（臺北：學生書局，民國 79 年 3 月）。

143. 熊十力著，《韓非子評論》，收入於蕭萐父主編，《熊十力全集》（武漢：湖北教育出版社，2001 年 8 月）。

144. 蒙培元著，《中國心性論》（臺北：學生書局，民國 79 年 4 月）。

145. 蒙培元著，《理學的演變——從朱熹到王夫之戴震》（福建：福建人民出版社，1998 年 4 月）。

146. 蒙培元著，《心靈超越與境界》（北京：人民出版社，1998 年 12 月）。

147. 臺灣中華書局辭海編輯委員會編輯，《辭海》（臺北：臺灣中華書局，民國 84 年）。

148. 蔡方鹿著，《朱熹經學與中國經學》（北京：人民出版社，2004 年 4 月）。

149. 蔡方鹿著，《中華道統思想發展史》（四川：四川人民出版社，2003 年 6月）。

150. 潘德榮著，《詮釋學導論》（臺北：五南圖書出版公司，民國 88 年 8月）。

151. 劉夢溪主編，《中國現代學術經典：馬一浮卷》（河北：河北教育出版社，1996 年 8 月）。

152. 劉子建著，《兩宋史研究彙編》（臺北：聯經出版事業公司，民國 76 年 11 月）。

153. 劉翔平著，《尋找生命的意義——弗蘭克爾的意義治療學說》（武漢：湖北教育出版社，2001 年 2 月）。

154. 劉蔚華、趙宗正著，《中國儒家學術思想史》（山東：山東教育出版社，1996 年 12 月）。

155. 劉述先著，《黃宗羲心學的定位》（臺北：允晨文化實業股份有限公司，1986 年 10 月）。

156. 劉述先著，《朱子哲學思想的發展與完成》（臺北：學生書局，民國 84 年 8 月）。

157. 蔡仁厚著，《孔子的生命境界——儒學的反思與開展》（臺北：學生書局，1998 年 4 月）。

158. 蔡仁厚著，《王陽明哲學》（臺北：三民書局，民國 89 年 8 月）。

159. 鄭志明主編，《生命關懷與心靈治療》（臺北：宗教文化中心，民國 89 年 8 月）。

160. 樊克政著，《中國書院史》（臺北：文津出版社，民國 84 年 9 月）。

161. 鄭宗義著，《明清儒學轉型研究——從劉蕺山到戴東原》（香港：中文大學出版社，2000 年）。

162. 錢鍾書著，《管錐篇》（北京：中華書局，1999 年 11 月）。

163. 錢茂偉著，《明代史學的歷程》（北京：社會科學文獻出版社，2003 年 10 月）。

164. 錢明著，《陽明學的形成與發展》（南京：江蘇古籍出版社，2002 年 9 月）。

165. 錢穆著，《國史大綱》（臺北：臺灣商務印書館，民國 81 年 9 月）。

166. 錢穆著，《朱子新學案》，收入於《錢賓四先生全集》（臺北：聯經出版事業公司，民國 79 年 10 月）。

167. 錢穆著，《中國學術思想史論叢（七）》（臺北：東大圖書公司，民國 82 年 12 月）。

168. 錢穆著，《中國近三百年學術史》（臺北：臺灣商務印書館，1996 年 7 月）。

169. 錢穆著，《宋明理學概述》（臺北：學生書局，民國 85 年 9 月）。

170. 錢穆著，《孔子與論語》（臺北：素書樓文教基金會，民國 89 年 11 月）。

171. 錢穆著，《論語新解》（北京：三聯書店，2003 年 2 月）。

172. 蕭公權著，《中國政治思想史》，收入於劉夢溪主編，《中國現代學術經典：蕭公權卷》（河北：河北教育出版社，1999 年 3 月）。

173. 戴師瑞坤著，《中日韓朱子學陽明學之研究》（臺北：文史哲版社，民國 91 年 7 月）。

174. 謝觀編纂，《中國醫學大辭典》（臺北：臺灣商務印書館，民國 77 年 11 月）。

175. 〔美〕羅傑・渥許（Roger Walsh）、法蘭西絲・方恩（Frances Vaughan）編著，《超越自我之道》（臺北：心靈工坊，民國 92 年）。

176. 龐樸、馬勇、劉貽祥等編，《先秦儒家研究》（武漢：湖北教育出版社，2003 年 8 月）。

177. 龐文中修任、任肇新纂，《陝西省‧盩厔縣志（一）》，收入於《中國方志叢書‧華北地方‧第二三七號》（臺北：成文出版社，民國 58 年）。

178. Anne D Birdwhistell: Li Yong (1627~1705) and Epistemological Dimensions of Confucian Philosophy, Stanford, California, Standford University Press, 1996.

三、期刊論文（以撰者筆劃爲順序）

1. 方克立著，〈從達摩到慧能：禪法的演變〉，《慈光禪學學報》創刊號，1999 年 10 月。

2. 方慶雲著，〈李二曲的讀書論〉，《逢甲中文學報》，1991 年 11 月。

3. 王煜著，〈評：李顒與儒學知識論〉（〈Li Yong and Epistemological Dimensions of Confucian Philosophy〉，Anne D Birdwhistell 著），《哲學雜誌》，1997 年。

4. 孔令興著，〈李二曲的思想及其現代價值〉，《唐都學刊》第十三卷第四期 1997 年 4 月。

5. 石軍著，〈關學與實學研究的反思與突破〉，《孔子研究》第一期，2000 年。

6. 朱康友著，〈李二曲心性實學發微〉，《晉陽學刊》第四期，2000 年。

7. 朱康友著，〈李二曲「心性實體」範疇論〉，《中國哲學史》第二期，2001 年。

8. 朱康友著，〈論李二曲對儒學正統的辯護〉，《寶雞文理學院學報》第二十二卷第四期，2002 年 12 月。

9. 朱康友著，〈論李二曲的文化教育思想體系〉，《陝西教育學院學報》第十九卷第四期，2003 年 11 月。

10. 朱康友著，〈論李二曲以「本體」爲基礎的「適用」觀〉，《西安電子科技大學學報》第十三卷第三期，2003 年。

11. 朱銀全著，〈李二曲教育思想略述〉，《西安石油學院學報》第四期，1999 年。

12. 吳有能著，〈陳俊民教授與關學論爭〉，《中國文哲研究通訊》第八卷第一期，1998 年。

13. 吳有能著，〈馮從吾論工夫〉，《彰化師大文學院學報》第一期，民國 91 年 11 月。

14. 吳自甦著，〈書刊評介—林著《李二曲研究》評介〉，《中華民國哲學會年刊》第一期，1981 年 12 月。

15. 吳興州、趙吉惠著，〈張載關學奠定了明清實學的思想基礎〉，《唐都學刊》第二十卷第二期，2004 年。

16. 李錦全著，〈下學上達，坐言起行——兼論李二曲學術思想的歷史地位〉，《河北學刊》第五期，1999 年。

17. 何澤恆著，〈《大學》格物別解〉，《漢學研究》十八卷二期，民國 89 年 12 月。

18. 姜國柱著，〈李二曲的淑世思想〉，《咸陽師範專科學校學報》第十五卷第五期，2000 年 10 月。

19. 姜國柱著，〈李二曲的哲學思想〉，《咸陽師範專科學校學報》第十六卷第一期，2001 年 2 月。

20. 姜國柱著，〈李二曲的人身修養論〉，《咸陽師範專科學校學報》第十五卷第四期，2002 年。

21. 武占江、孟昭信著，〈關學、實學與心學〉，《西安電子科技大學學報》第九卷第四期，1999 年 12 月。

22. 林樂昌著，〈李二曲的經世觀念與講學實踐〉，《中國哲學史》第一期，2000 年。

23. 林繼平著，〈從李二曲成學經歷再究宋明理學真相〉，《中華文化復興月刊》第七卷第一期，1974 年。

24. 林繼平著，〈從李二曲成學經歷看內聖學的形成〉，《鵝湖月刊》第七卷二期，1981 年 8 月。

25. 林繼平著，〈李二曲的志抱與著作〉，《陝西文獻》第五十八期，1985 年 2 月。

26. 林繼平著，〈李二曲成學的全部經歷（上）〉，《陝西文獻》第六十一期，1985 年 11 月。

27. 林繼平著，〈李二曲成學的全部經歷（中）〉，《陝西文獻》第六十二期，1986 年 1 月。

28. 林繼平著，〈李二曲成學的全部經歷（二續）〉，《陝西文獻》第六十三期，1986 年 5 月。

29. 林繼平著，〈李二曲成學的全部經歷（三續完）〉，《陝西文獻》第六十四期，1986 年 8 月。

30. 林繼平著，〈李二曲的生平及完人理想〉，《中央月刊》第九卷七十四期，1997 年 5 月。

31. 俞秀靈著，〈內聖心靈的追求——李二曲「悔過自新」說探微〉，《中山大學學報》第四十二卷第一期，2002 年。

32. 高柏園著，〈論牟宗三先生「逆覺體證」義之運用〉，《鵝湖月刊》第二十二卷第七期，民國 86 年。

33. 孫萌著，〈「李二曲及明末清初學術思潮」研討會綜述〉，《唐都學刊》第十三卷第二期，1997 年。

34. 孫萌著,〈李二曲「悔過自新」的基本內涵〉,《蘭州大學學報》第二十九 第三期,2001 年。

35. 孫萌著,〈李二曲是如何兼取朱子陸王的──與王昌偉先生商榷〉,《孔子 研究》第六期,2002 年。

36. 陳祖武著,〈李二曲思想研究〉,《淡江史學》第五期,1993 年 6 月。

37. 許鶴齡著,〈李二曲「體用全學」所展開之真儒典範〉,《東方人文學誌》 第一卷第三期,2002 年 9 月。

38. 曾師春海著,〈對李二曲儒學觀的形成之考察〉,《哲學與文化》第三十 一卷第八期,2004 年 8 月。

39. 黃釗著,〈論李二曲「悔過自新」的德育教法及其現實價值〉,《鄭州大學 學報》第三十卷第二期,1997 年 3 月。

40. 許春雄著,〈李二曲研究(上)〉,《臺北商專學報》第一期,民國 62 年。

41. 許春雄著,〈李二曲研究(下)〉,《臺北商專學報》第二期,民國 62 年。

42. 葛兆光著,〈拆了門檻便無內外:在政治、思想與社會史之間:讀余英時 先生《朱熹的歷史世界》及相關評論〉〉,《當代》第一九八期,2004 年 2 月。

43. 楊別科著,〈大儒李二曲淺探〉,《寶雞文理學院學報》第一期,1995 年。

44. 劉滌凡著,〈李二曲體用思想發微〉,《孔孟月刊》第三十二卷第六期, 1994 年 2 月。

45. 劉學智著,〈心學義趣,關學學風──李二曲思想特徵略析〉,《孔子研 究》第二期,1997 年。

46. 劉學智著,〈關學宗風:躬行禮教,崇尚氣節──從關中三李談起〉,《陝 西師範大學繼續教育學報》第十八卷第二期,2001 年 6 月。

47. 劉學智著,〈馮從吾與關學學風〉,《中國哲學史》第三期,2002 年。

48. 趙吉惠,〈論李二曲堅持實學方向,重建清代儒學〉,《開封大學學刊》 第十二卷第四期,1998 年 12 月。

49. 趙吉惠著,〈李二曲《四書反身錄》對傳統儒學的反省與闡釋〉,《中國哲 學史》第一期,1998 年。

50. 趙吉惠著,〈關中三李與關學精神〉,《西北交通大學學報》第二十一卷第 三期,2001 年 9 月。

51. 趙馥洁著,〈論李二曲建立價值主體的思想〉,《人文雜誌》第一期,1997 年。

52. 蔡仁厚著,〈周海門「九諦九解之辯的疏解」──王門天泉「四無」宗旨 之論辯〉,《鵝湖月刊》第一卷第四期、第五期,民國 64 年。

53. 蔡德貴著,〈李二曲真儒論和儒學適用論〉,《西北大學學報》第三十二

卷第一期，2002 年 2 月。

54. 鍾彩鈞著，〈李二曲思想概說〉，《陝西文獻》第四十一期，1980 年 4 月。

55. 鍾彩鈞著，〈李二曲思想概說〉，《孔孟月刊》第十八卷第三期，1979 年 11 月。

56. 謝丰泰著，〈李二曲與天水學者的交往及影響〉，《天水師範學院學報》第二十卷第四期，2000 年 12 月。

57. 謝揚舉著，〈李二曲安身立命思想述評〉，《中國哲學史》第一期，2000 年。

58. 龔杰著，〈簡論實學家李顒〉，《西北大學學報》第二十八卷第二期，1998 年。

59. 羅熾著，〈論中國實學範疇內涵的歷史演變〉，《湖北大學學報》第四期，1996 年。

四、論文部份（以撰者筆劃為順序）

1. 方慶雲著，《李二曲《四書反身錄》之研究》，逢甲大學中國文學研究所碩士論文，民國 79 年。

2. 許春雄著，《李二曲研究》，國立政治大學中國文學研究所碩士論文，民國 59 年。

3. 許鶴齡著，《李二曲「體用全學」之研究》，輔仁大學哲學研究所博士論文，民國 91 年。

4. 陳秀蘭著，《關學源流暨清初李二曲學派》，國立臺灣大學中國文學研究所碩士論文，民國 64 年。

5. 葉守桓著，《王艮思想及其對王學的承繼與轉化》，逢甲大學中國文學研究所碩士論文，民國 87 年。

6. 楊自青著，《李二曲「明體適用」思想的教育意義》，國立東華大學教育研究所碩士論文，民國 88 年。

7. 劉師榮賢著，《王船山張子正蒙注研究》，東海大學中文研究所碩士論文，民國 72 年。